"十二五"国家重点图书出版规划项目

中国社会科学院创新工程学术出版资助项目

总主编：金　碚

经济管理学科前沿研究报告系列丛书

THE FRONTIER RESEARCH REPORT ON DISCIPLINE OF REGIONAL ECONOMICS

孙久文　胡安俊　主编

区域经济学学科前沿研究报告

经济管理出版社
ECONOMY & MANAGEMENT PUBLISHING HOUSE

图书在版编目（CIP）数据

区域经济学学科前沿研究报告 2012～2014/孙久文，胡安俊主编．—北京：经济管理出版社，2017.5
ISBN 978－7－5096－5022－6

Ⅰ.①区…　Ⅱ.①孙…②胡…　Ⅲ.①区域经济学—研究报告—世界—2013　Ⅳ.①F061.5

中国版本图书馆 CIP 数据核字(2017)第 054127 号

组稿编辑：张永美
责任编辑：张永美　赵亚荣
责任印制：司东翔
责任校对：雨　千

出版发行：经济管理出版社
（北京市海淀区北蜂窝 8 号中雅大厦 A 座 11 层　100038）
网　　址：www.E－mp.com.cn
电　　话：(010) 51915602
印　　刷：三河市延风印装有限公司
经　　销：新华书店
开　　本：787mm×1092mm/16
印　　张：23
字　　数：517 千字
版　　次：2017 年 5 月第 1 版　2017 年 5 月第 1 次印刷
书　　号：ISBN 978－7－5096－5022－6
定　　价：78.00 元

《经济管理学科前沿研究报告》
专家委员会

主　任：李京文

副主任：金　碚　黄群慧　黄速建　吕本富

专家委员会委员（按姓氏笔画排序）：

方开泰　毛程连　王方华　王立彦　王重鸣　王　健　王浦劬　包　政
史　丹　左美云　石　勘　刘　怡　刘戒骄　刘　勇　刘伟强　刘秉链
刘金全　刘曼红　刘湘丽　吕　政　吕　铁　吕本富　孙玉栋　孙建敏
朱　玲　朱立言　何　瑛　宋　常　张　晓　张文杰　张世贤　张占斌
张玉利　张屹山　张晓山　张康之　李　平　李　周　李　晓　李子奈
李小北　李仁君　李兆前　李京文　李国平　李春瑜　李海峥　李海舰
李维安　李　群　杜莹芬　杨　杜　杨开忠　杨世伟　杨冠琼　杨春河
杨瑞龙　汪　平　汪同三　沈志渔　沈满洪　肖慈方　芮明杰　辛　暖
陈　耀　陈传明　陈国权　陈国清　陈　宪　周小虎　周文斌　周治忍
周晓明　林国强　罗仲伟　郑海航　金　碚　洪银兴　胡乃武　荆林波
贺　强　赵顺龙　赵景华　赵曙明　项保华　夏杰长　席酉民　徐二明
徐向艺　徐宏玲　徐晋涛　涂　平　秦荣生　袁　卫　郭国庆　高　闯
符国群　黄泰岩　黄速建　黄群慧　曾湘泉　程　伟　董纪昌　董克用
韩文科　赖德胜　雷　达　廖元和　蔡　昉　潘家华　薛　澜　魏一明
魏后凯

《经济管理学科前沿研究报告》编辑委员会

序 言

为了落实中国社会科学院哲学社会科学创新工程的实施，加快建设哲学社会科学创新体系，实现中国社会科学院成为马克思主义的坚强阵地、党中央国务院的思想库和智囊团、哲学社会科学的最高殿堂的定位要求，提升中国社会科学院在国际、国内哲学社会科学领域的话语权和影响力，加快中国社会科学院哲学社会科学学科建设，推进哲学社会科学的繁荣发展具有重大意义。

旨在准确把握经济和管理学科前沿发展状况，评估各学科发展近况，及时跟踪国内外学科发展的最新动态，准确把握学科前沿，引领学科发展方向，积极推进学科建设，特组织中国社会科学院和全国重点大学的专家学者研究撰写《经济管理学科前沿研究报告》。本系列报告的研究和出版得到了国家新闻出版广电总局的支持和肯定，特将本系列报告丛书列为“十二五”国家重点图书出版项目。

《经济管理学科前沿研究报告》包括经济学和管理学两大学科。经济学包括能源经济学、旅游经济学、服务经济学、农业经济学、国际经济合作、世界经济、资源与环境经济学、区域经济学、财政学、金融学、产业经济学、国际贸易学、劳动经济学、数量经济学、统计学。管理学包括工商管理学科、公共管理学科、管理科学与工程三个学科。工商管理学科包括管理学、创新管理、战略管理、技术管理与技术创新、公司治理、会计与审计、财务管理、市场营销、人力资源管理、组织行为学、企业信息管理、物流供应链管理、创业与中小企业管理等学科及研究方向；公共管理学科包括公共行政学、公共政策学、政府绩效管理学、公共部门战略管理学、城市管理学、危机管理学、公共部门经济学、电子政务学、社会保障学、政治学、公共政策与政府管理等学科及研究方向；管理科学与工程包括工程管理、电子商务、管理心理与行为、管理系统工程、信息系统与管理、数据科学、智能制造与运营等学科及研究方向。

《经济管理学科前沿研究报告》依托中国社会科学院独特的学术地位和超前的研究优势，撰写出具有一流水准的哲学社会科学前沿报告，致力于体现以下特点：

（1）前沿性。本系列报告能体现国内外学科发展的最新前沿动态，包括各学术领域内的最新理论观点和方法、热点问题及重大理论创新。

（2）系统性。本系列报告囊括学科发展的所有范畴和领域。一方面，学科覆盖具有全面性，包括本年度不同学科的科研成果、理论发展、科研队伍的建设，以及某学科发展过程中具有的优势和存在的问题；另一方面，就各学科而言，还将涉及该学科下的各个二级学科，既包括学科的传统范畴，也包括新兴领域。

（3）权威性。本系列报告由各个学科内长期从事理论研究的专家、学者主编和组织本领域内一流的专家、学者进行撰写，无疑将是各学科内的权威学术研究。

（4）文献性。本系列报告不仅系统总结和评价了每年各个学科的发展历程，还提炼了各学科学术发展进程中的重大问题、重大事件及重要学术成果，因此具有工具书式的资料性，为哲学社会科学研究的进一步发展奠定了新的基础。

《经济管理学科前沿研究报告》全面体现了经济、管理学科及研究方向本年度国内外的发展状况、最新动态、重要理论观点、前沿问题、热点问题等。该系列报告包括经济学、管理学一级学科和二级学科以及一些重要的研究方向，其中经济学科及研究方向15个，管理学科及研究方向45个。该系列丛书按年度撰写出版60部学科前沿报告，成为系统研究的年度连续出版物。这项工作虽然是学术研究的一项基础工作，但意义十分重大。要想做好这项工作，需要大量的组织、协调、研究工作，更需要专家学者付出大量的时间和艰苦的努力，在此，特向参与本研究的院内外专家、学者和参与出版工作的同人表示由衷的敬意和感谢。相信在大家的齐心努力下，会进一步推动中国对经济学和管理学学科建设的研究，同时，也希望本系列报告的连续出版能提升我国经济和管理学科的研究水平。

金　碚

2014年5月

目　录

第一章　2012 年以来国内外区域经济学研究热点综述 …… 001

第一节　全球经济的低迷与中国经济新常态 …… 001

第二节　“一带一路”、长江经济带、京津冀协同发展三大战略 …… 006

第三节　产业转移与国土开发的空间结构 …… 014

第四节　碳足迹、生态补偿与环境规制 …… 025

第二章　区域经济学学科 2012 ~ 2014 年中英文期刊论文精选 …… 028

第一节　中文期刊论文精选 …… 028

第二节　英文期刊论文精选 …… 301

第三章　区域经济学学科 2012 ~ 2014 年中英文图书精选 …… 313

第一节　中文图书精选 …… 313

第二节　英文图书精选 …… 324

第四章　区域经济学 2012 ~ 2014 年大事记 …… 349

后　记 …… 357

第一章　2012 年以来国内外区域经济学研究热点综述

2012 年以来，国内和国外的区域经济学研究都有很大的变化，特别是对于热点问题的研究，达到了一个新的热度。我们在本书中将分五个部分对 2012 年以来的区域经济学研究的前沿问题进行介绍：国外区域经济学前沿研究的期刊文献，国外区域经济学前沿研究的主要著作，国内区域经济学前沿研究的期刊文献，国内区域经济学前沿研究的主要著作，国内区域经济学大事记。同时，我们特别关注金融危机后经济下滑的研究，“一带一路”、长江经济带和京津冀协同发展三大战略的研究。

第一章作为导论，在总结国内外研究进展的基础上，我们将重点阐述金融危机后经济下滑的研究，“一带一路”、长江经济带和京津冀协同发展三大战略的研究，产业转移与国土空间结构的研究，碳足迹与环境规制的研究。

第一节　全球经济的低迷与中国经济新常态

一、全球经济的长期停滞

2008 年金融危机后，随着发达国家经济增速的普遍性下滑，长期停滞（Secular Stagnation）理论逐渐引发广泛关注。长期停滞这一概念始于 Hansen（1939）的研究，他认为出生率的下降、储蓄倾向的增加等将导致需求的长期不振，大萧条可能开启一个持续失业和增长停滞的新时期。2013 年 Summers 在 IMF 的演讲使得长期停滞理论重新获得关注。虽然此次危机引发的恐慌已经得到有效控制，但是大幅宏观政策干预下的经济增长依然迟迟回归不到危机前的趋势。在此背景下，Summers 认为，本轮全球危机可能如 Hansen 分析的那样开启一个以低增长、高失业、低物价与低产能利用率等为表征，难以由传统政策有效刺激的经济长期不景气时期。图 1 所示为 1980～2014 年发达经济体经济增长率、失业率与消费者价格年度变化。

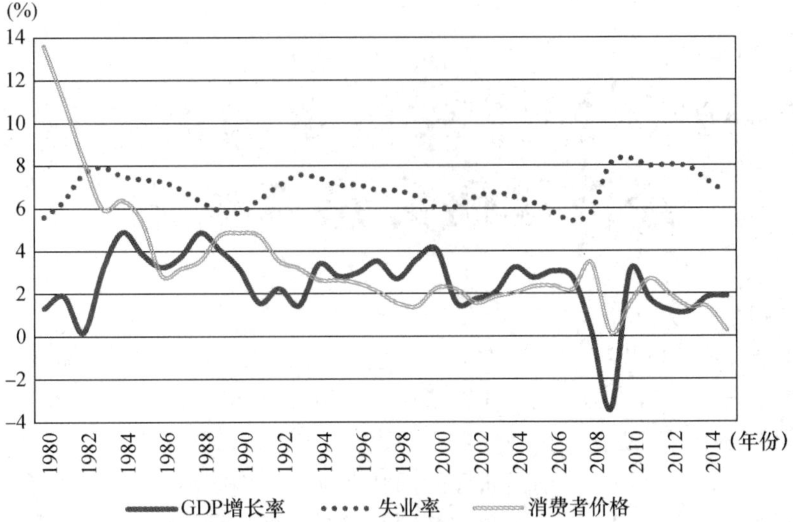

图1 发达经济体经济增长率、失业率与消费者价格年度变化（1980～2014年）

资料来源：刘元春，杨丹丹，胡安俊．金融延续增长、长期停滞与阶段分化［J］．社会经济体制比较，2016（11）．

1. 科技停滞

在丰饶而廉价的土地、大量移民与丰富的廉价劳动力、1880～1940年难以计数的科技进步成果等的推动下，发达经济体实现了快速增长。当土地、人口与科技红利消耗殆尽之后，发达经济体科技创新速度减缓，进入科技高原阶段。这与科技发展和创新的规律有关。人类社会任何的技术，都有一个起点。所谓进步，就是沿着这个起点，通过创新，演绎衍生出更加丰富的体系和框架，不断扩大技术本身的效用。但是随着技术不断发展，其体系本身的复杂性也会不断提升，新的创新就会越来越复杂，越来越困难，最终出现瓶颈，陷入停滞期。更关键的是，科技创新需要资金投入。一条技术道路开辟之后因为很容易看到回报，所以资本愿意投资技术改进。但随着复杂性的增加，投资金额开始变大，回报周期开始变长，回报金额开始递减，最终，资本望而却步，无力推进（泰勒·考恩，2015）。以美国为例，1972～1996年、2004～2014年TFP年均增长率分别为0.52和0.54，科技进步非常缓慢（Gordon，2015）。

近年来，第三次工业革命、物联网革命、大数据时代等名词不断涌现（杰里米·里夫金，2012；斯蒂芬·赫克、马特·罗杰斯和保罗·卡罗尔，2015；维克托·迈尔—舍恩伯格和肯尼思·库克耶，2013），但是互联网、大数据并没有创造足够的GDP和就业，不能推动经济的持续发展（泰勒·考恩，2015）。全球变暖背景下，互联网与可再生能源相结合的第三次工业革命前景广阔，但是其中涉及的可再生能源储存、全球能源互联网传输等诸多技术瓶颈还很难在短期内解决。因此，很难在短期内产生适用于普遍产品的科技革命。

2. 利润率的持续下滑

资本主义经济长期停滞的根本原因是利润率的持续下降。马克思认为，随着资本主义生产的发展，资本家倾向于采取效率更高的劳动节约型技术，以机器替代劳动。价值取决于劳动时间，因此资本主义制度下生产力的提高造成了一般利润率的下降。利润率的持续下降又通过低盈利能力和信用制度这两个中间环节影响社会总需求与科技进步（安德鲁·克莱曼，2013）。一方面，利润率下降导致企业平均盈利能力降低，低水平的盈利能力导致资本的积累率下降。低资本积累率又导致就业、产出、收入和对消费品与服务需求的低增长率。另一方面，资本积累率较低，利率也会较低。低利率使得借款更加具有吸引力，从而导致债券、股票和不动产的价格上升，鼓励了这些资产市场上的投机行为。信用的这种扩张不仅会进一步加剧经济的脆弱性，也会通过把资金从实体经济转向虚拟经济，阻碍科技创新的发展。

马克思、约翰·富拉顿（John Fullarton）认为，“资本消灭”（金融和实物资产价值下降或实物资产本身的破坏所造成的损失）会扭转利润率下降的趋势。面对20世纪70年代中期和80年代初期的衰退，发达经济体通过财政和货币政策，对经济进行了大量干预。经济的干预使得20世纪70年代和80年代初期所消灭的资产价值比20世纪30年代和40年代的少得多，从而利润率的下降过程没有得到扭转，发达经济体进入长期停滞期。

3. 有效需求不足

资本主义生产的目标是最大限度地追求利润。为了增加利润，设法削减工资、减少正式职工数量、增加临时工和短期的低工资劳动力。但是，无论经济发展多么迂回生产，产品最终要被大众消费购买力所购买，其生产能力最终要受到消费能力的制约。于是，资本主义生产中就存在着生产与消费的矛盾：一方面，最大限度地扩大生产；另一方面，最大限度地抑制最终购买者的消费能力。生产与消费的矛盾，引致有效需求不足（林直道，2005）。

全球经济的不平衡，也会导致意愿储蓄大于意愿投资，进而导致有效需求不足。20世纪中叶以来，日本、韩国、新加坡、中国台湾和中国香港、中国大陆等新兴经济体先后通过固定资产投资与出口战略，实现了经济的腾飞。在此过程中，新兴经济体实现了储蓄的加速积累。金融危机后，更加严格的资本和抵押品要求，增加了安全资产的数量。全球增加的不平等也大幅增加了储蓄数量。但是，发达国家缓慢的人口增长、资本品相对价格的持续下降，降低了消费和投资数量（Summers，2015；泰勒·考恩，2015；托马斯·皮凯蒂，2014）。在零利率下限的制约下，意愿储蓄相对意愿投资出现长期过剩，引起有效需求不足。正如 Hansen（1939）所言，在意愿储蓄长期超过意愿投资的条件下，未来经济体的特征是病恹恹的复苏和自我强化的衰退。

近年来，日本央行、欧洲央行、瑞典央行等先后实施负利率政策，增加流动性，产生通货膨胀预期，刺激经济发展。但由于超低或负利率政策有五个主要风险：丧失正确动机、偏离工作重点、扭曲合理机制、破坏商业模式以及幻觉消失。当政策利率降低到几乎为零，以及面对全球金融危机，各国中央银行大规模市场干预使得其资产负债表迅速扩张时，人们的共识是：这种非常规货币政策是暂时的（艾尔维·阿侬，2015）。因此，超低利率或负利率也无法解决意愿储蓄相对意愿投资的长期过剩问题。

4. 结构失衡

沉重的福利经济、臃肿的政府规模、僵化的雇佣体制与企业并购限制、扩大的不平等等结构性问题，降低了全球经济的灵活性与活力，从而带来了经济的长期停滞（Summers，2015；泰勒·考恩，2015；池田信夫，2015；托马斯·皮凯蒂，2014）。欧洲沉重的福利经济，已经严重制约了劳动者的生产积极性；伴随着交通、邮电等基础设施与教育、医疗等公共服务的快速需求，政府规模也在快速增加。但是，政府的角色越重要，所公布的 GDP 增长数据同我们的实际生活水平越脱节；政府财政支出在经济中所占比例越高，越难确切知道经济实际增长状况和生活水准状态。臃肿的政府规模降低了经济增长的效率（泰勒·考恩，2015）。对于日本经济，违反市场经济规律的雇佣制度才是经济停滞的最大原因。日本企业间的相互持仓防止并购，使得日本的资本市场变成了一潭死水（池田信夫，2015）。20 世纪 60 ~70 年代以来，发达经济体长期停滞的过程也是收入差距不断扩大的过程。资本收益率高于经济增长率，导致财富不平等，财富不平等的扩大制约了需求的增长（托马斯·皮凯蒂，2014）。

二、中国经济步入新常态

2008 年金融危机之后，国外市场疲软、国内需求不足，再加上货币超发、流动性泛滥，企业生产成本大幅上扬，导致大量企业纷纷倒闭，GDP、工业增加值、固定资产投资、出口等经济指标不断下滑，GDP 增速由 2007 年的 14.2% 下降到 2014 年的 7.4%，中国经济步入新常态。图 2 所示为 2000 ~2014 年中国经济增速的演化。

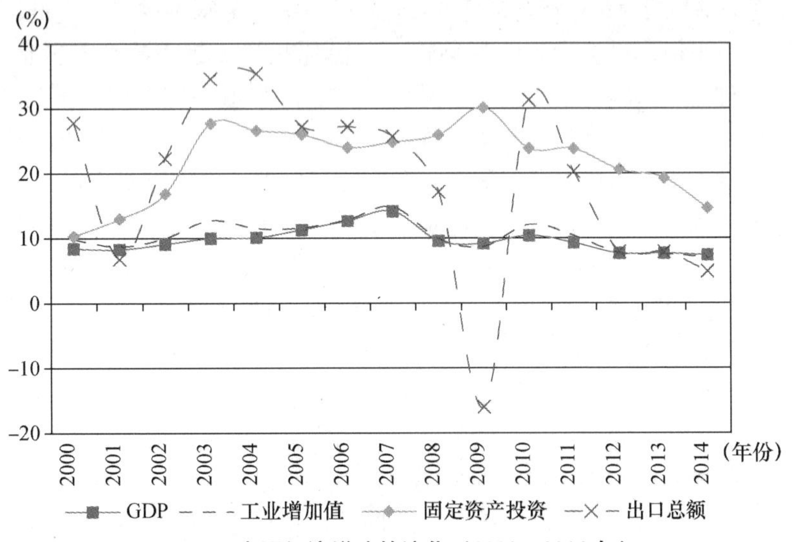

图 2　中国经济增速的演化（2000 ~2014 年）

资料来源：胡安俊．产业生命周期［M］．北京：中国人民大学出版社，2016.

经济增长速度的大幅下滑具有潜在增长能力、经济周期和政策决策三个方面的原因（胡安俊，2016）。

1. *潜在增长能力下滑*

根据 Solow 增长模型，在技术和制度给定的条件下，经济增长速度与经济发展水平负相关（曼昆，2011）。2014 年中国人均 GDP 达到 7595 美元，北京、上海、天津、江苏、浙江、内蒙古、辽宁、福建、广东 9 个省（市、区）进入人均 GDP “1 万美元俱乐部”。与较高的人均 GDP 相对应，潜在增长速度呈现下滑态势。尤其是经过 30 多年的改革开放之后，改革红利衰减、全球化红利耗竭、工业化红利递减、人口红利逆转，这些作用使得中国潜在 GDP 增速不断回落（中国人民大学宏观经济分析与预测课题组，2015）。

2. *经济周期波动*

中国是一个投资和出口拉动的国家，2008 年金融危机之后国外需求疲软，中国出口增长速度不断下降，2014 年中国出口增速跌到 4.9%。与此同时，在房地产周期调整、“去杠杆” 和 “去产能”、反腐等作用下，2014 年投资增速下降到 14.7%（刘元春，2014）。出口和投资的双下降，透过乘数效应引致经济加速下行。

3. *政策后遗症*

2008 ~2010 年国家实施了大规模救助和非常规政策，使得中国经济增长模式进入“信贷—投资驱动模式”，这导致中国经济在相当长的时期内面临流动性泛滥、经济泡沫化、产能过剩等问题，经济系统风险难以在短期化解（中国人民大学宏观经济分析与预测课题组，2015）。

在经济增长潜力下滑、外需增长尚不明朗、强刺激政策亟待消化的叠加作用下，中国经济步入新常态。中国经济需要通过创新驱动经济结构战略性调整，吸收过剩流动性，转换中国经济发展的动力，促进经济持续快速发展。

上述背景下，国内外学者围绕创新、企业家精神展开了大量研究，以期为经济发展提供新的动能。

三、中国区域经济发展面临的挑战

在面临机遇的同时，区域发展也面临着日益严峻的挑战，主要有全球经济再平衡、农业富余劳动力减少和人口老龄化程度提高、资源环境瓶颈制约日益加剧、城市内部二元结构矛盾日益凸显四大挑战（孙久文，2015）。

第一，全球经济再平衡倒逼我国经济转型升级。虽然全球经济在复苏，但主要经济体和地区之间存在重要差异，全球经济增长不均衡，新兴经济体和发展中国家会明显地放缓。值得注意的是，亚洲在力求实现持续经济增长的过程中，面临着中等收入陷阱、人口老龄化问题、日益加剧的不平等以及金融发展等挑战。作为亚洲最大的发展中国家、世界最大的发展中国家，我国经济面临全球经济再平衡的挑战，要实现可持续发展，只有不畏艰难地坚持转变经济发展方式。

第二，农业富余劳动力减少和人口老龄化程度提高。随着我国劳动年龄人口峰值的到来，农村剩余劳动力供给面临拐点。近年来各地“用工荒”已渐成常态，劳动力无限供给、依靠“人口红利”带动经济增长的时代结束了。目前，我国的老龄人口绝对值为世界之冠，占世界老龄人口总数的1/5，而且人口老龄化速度快，增速在人口大国发展史上也是前所未有的，出现了“未富先老”的现象。人口老龄化既是我国社会经济发展的一大阻碍，也是区域发展中地方财政的一个巨大负担。

第三，资源环境瓶颈制约日益加剧。随着工业化、城镇化进程的加速推进，经济发展与资源环境之间的矛盾日益突出，我国的区域可持续发展面临一系列严峻挑战。在资源环境瓶颈制约日益加剧的背景下，主要依靠土地等资源粗放消耗推动城镇化快速发展的模式不可持续。要坚持节约优先、保护优先、自然恢复为主的基本方针，着力推进绿色发展、循环发展、低碳发展，形成节约资源和保护环境的空间格局、产业结构、生产方式、生活方式，从源头上扭转生态环境的恶化趋势。

第四，城乡二元结构矛盾逐渐凸显。在城镇化过程中，传统的城乡二元结构正在被破除，而城市内部二元结构在某些地区却在强化，成了突出的二元结构矛盾，尤其是在发达地区各大、中城市中，外来人口数量已经大大超过了本地户籍的农业人口，外来人口不断增多，这是由户籍人口与外来人口公共服务差距造成的。消除城市二元结构，就是要解决农业转移人口的市民化问题。推进以人为核心的新型城镇化；紧紧围绕解决好现有“三个一亿人”问题，推进户籍制度改革和基本公共服务体系建设；围绕建立农业转移人口市民化成本分担机制和多元化可持续的投融资机制、创新行政管理体制和降低行政成本的设市设区模式等，推动开展国家新型城镇化试点和中小城市综合改革试点。

第二节　“一带一路”、长江经济带、京津冀协同发展三大战略

一、“一带一路”的提出与发展

2013年9~10月，中国国家主席习近平在出访中亚和东南亚国家期间，先后提出共建“丝绸之路经济带”和“21世纪海上丝绸之路”的重大倡议，得到国际社会的高度关注。

1. 合作方向

“一带一路”沿线各国资源禀赋各异，经济互补性较强，彼此合作潜力和空间很大。重点在政策沟通、设施联通、贸易畅通、资金融通、民心相通方面加强合作。

（1）“一带一路”政策沟通。加强政府间合作，积极构建多层次政府间宏观政策沟通

交流机制，深化利益融合，促进政治互信，达成合作新共识。

（2）“一带一路”设施联通。基础设施互联互通是“一带一路”建设的优先领域。在尊重相关国家主权和安全关切的基础上，沿线国家宜加强基础设施建设规划、技术标准体系的对接，共同推进国际骨干通道建设，逐步形成连接亚洲各次区域以及亚欧非之间的基础设施网络。

（3）“一带一路”贸易畅通。投资贸易合作是“一带一路”建设的重点内容。宜着力研究解决投资贸易便利化问题，消除投资和贸易壁垒，构建区域内和各国良好的营商环境，积极同沿线国家和地区共同商建自由贸易区，激发释放合作潜力，做大做好合作这块大“蛋糕”。

（4）“一带一路”资金融通。深化金融合作，推进亚洲货币稳定体系、投融资体系和信用体系建设。推动亚洲债券市场的开放和发展。共同推进亚洲基础设施投资银行、金砖国家开发银行筹建，有关各方就建立上海合作组织融资机构开展磋商。深化中国—东盟银行联合体、上合组织银行联合体务实合作，以银团贷款、银行授信等方式开展多边金融合作。支持沿线国家政府和信用等级较高的企业以及金融机构在中国境内发行人民币债券。符合条件的中国境内金融机构和企业可以在境外发行人民币债券和外币债券，鼓励在沿线国家使用所筹资金。

（5）“一带一路”民心相通。传承和弘扬丝绸之路友好合作精神，广泛开展文化交流、学术往来、人才交流合作、媒体合作、青年和妇女交往、志愿者服务等，为深化双、多边合作奠定坚实的民意基础。

2. 合作特征

随着全球化的深入以及“一带一路”战略的推进，沿线国家的国际区域合作出现了明显的区域化趋势。其主要特征是（孙久文和顾梦琛，2015）：

（1）国际贸易的区域化特征凸显。随着全球化的深入，国际贸易秩序发生了深刻的变化。以往的国际区域合作多基于地缘优势，主张在地理分布、文化背景、宗教信仰等基础上，构建规模大、层次高、机制化的多边区域合作关系。近年来，随着 WTO 区域贸易协定等多边机制步履维艰，基于双边、简单多边的全球区域贸易协定的发展加速，成为国际区域合作的新模式。区域性贸易协定范围小、交易成本低，使各国间的贸易自由化程度不断提升，其以更为灵活、多样的形式，促进区域经济一体化。

（2）国际分工进入价值链分工时代。全球产业链和价值链向世界范围延伸和布局，国际产业链和价值链分工在世界经济中的主导地位日益突出。中国正处于产业转型的关键时期，以往沿海地区出口导向型的劳动力密集型、资源密集型产业，依附于发达国家，处于产业链和价值链分工的低端环节。“一带一路”沿线多数是发展中国家，制造业较弱，对外贸易产品主要是能源类产品、初级产品。中国与这些国家的投资合作互补性较强，这为中国延伸价值链提供了新机遇。

（3）合作的空间结构：从圈层辐射开放模式向轴带合作模式演进。以往世界范围内的区域合作中，空间结构上以圈层辐射的开放模式占据主导。而在轴带合作模式中，铁路、公路、水路等交通主轴，将充当要素、产品流动交换的通道，交通主轴沿线将形成若干城市群，最终连成经济带合作形式的条带状空间结构。

（4）沿线的多数地区处于发展洼地，需要通过对外合作提升国内区域发展潜力。“一带一路”沿线的国家，除了欧洲以发达经济体居多外，大部分国家为亚非发展中国家。在中国向西开放的背景下，西部和边境地区有机会充当国内外开展往来的中介。随着跨境经贸往来的增加和基础设施条件的改善，这些地区将逐渐聚集产业、人口、资金和技术，有较大的市场潜力。

3. “一带一路”战略的国际区域合作重点方向

（1）主导跨国产业链分工。“产业”是“丝绸之路经济带”崛起的重要支撑点。作为中国，须在新一轮对外开放中构建以中国为主导的跨国产业链，占据高价值链环节。提升产业层次是主要任务。

（2）推进沿线城市与城市群的发展。城市群是随着工业化、城镇化发展到较高级阶段才出现的区域空间形态。城市系统的发展和升级与产业发展与分工深化的过程紧密联系。随着产业分工系统的扩张，中心地演化为中心城市，中心城市再由单中心向多中心的城市区域或城市群方向发展，最终贸易与分工腹地会延伸至更广泛区域以及国际范围。从长远看，“一带一路”沿线地区的对外开放和经济发展要依托中心城市和城市群的发展。

（3）创新国际区域合作模式。一般认为，“一带一路”战略的国际合作有三种模式：松散型合作、制度型合作、功能型合作。松散型合作难以促进国际合作的有效落实；制度型合作较为不便且难以在庞大的国家数量和覆盖范围内建立，所以，以发展产业和科技等非政治议题的且涵盖大量小的制度建设的功能型合作可以首先展开。对于功能型合作的模式，“一带一路”是一个宏大的蓝图，在多边机制进展缓慢的情况下，自下而上的、中微观层面上的多样化、灵活性的区域性合作将有效地将战略落实。

构建跨境次区域合作模式，不失为在初始阶段和中长期都较为合适的方案。跨境次区域合作，通常由边境地区的两国或多国政府、企业共同推动。相比跨国区域合作，此研究视角更中观和微观，关注重点在于边境区位影响核心城市区位而非核心国家辐射边缘国家，参与的主体除了国家外，还包括边境省份的地方政府和企业，合作上不一定规定统一制度，更具灵活性。

（4）促进广泛的互联互通。“一带一路”所提出的“五通”模式，旨在促进区域经济的一体化发展。交通基础设施是互联互通最重要的内容之一。国际大通道的建设能有效拉动内陆地区的对外进行。目前，第二欧亚大陆桥已成为中国与丝绸之路沿线国家经贸往来的重要纽带。近年来，由重庆、成都、武汉、郑州、西安通往欧洲的渝新欧、蓉欧、汉新欧、郑新欧、西新欧等对欧外贸物流专列陆续开通，为欧亚铁路运输网络再添通道，开创了欧亚互联互通的新机制。第三欧亚大陆桥已处于构想阶段，届时可能将以广东沿海港口群为起点，以昆明为枢纽，经缅甸、孟加拉国、印度、巴基斯坦、伊朗、土耳其，最终抵达荷兰鹿特丹港。随着这些国际大通道网络的不断完善和运输能力的日益提升，中国与沿线国家的经贸联系将更加密切，中国内陆地区对外开放的基础将更加稳固。同时，在铁

路的基础上，还应促进区域综合运输体系的建设，构建铁路、公路、航空、水运等多种运输方式组成的综合运输体系。

二、长江经济带的新建设

长江是货运量位居全球内河第一的黄金水道，长江通道是我国国土空间开发最重要的东西轴线，在区域发展总体格局中具有重要战略地位。依托黄金水道推动长江经济带发展，打造中国经济新支撑带，是党中央、国务院审时度势，谋划中国经济新棋局做出的既利当前又惠长远的重大战略决策。

1. 长江经济带的研究与实践过程

20 世纪 90 年代以来，对于以海岸地带和长江沿岸作为中国国土开发和经济布局的一级轴线的战略，国内著名学者及有关部门的领导孙尚清、王梦奎、王慧炯、李善同、陈栋生、白和金、林兆木、刘江、魏后凯等给予了充分的认同。他们同时强调了 21 世纪初中国应该继续实施“T”字型宏观结构战略的重要性。文献如下（陆大道，2014）：

（1）1987 年 3 月 25 日《全国国土总体规划纲要（草案）》中明确强调：“在生产力总体布局方面，以东部沿海地带和横贯东西的长江沿岸相结合的‘T’型结构为主轴线，以其他交通干线为二级轴线，按照点、线、面逐步扩展的方式展开生产力布局。”1988 年以“草案”的形式发到全国试行。

（2）国务院发展研究中心原主任，著名经济学家孙尚清强调：“在‘九五’期间乃至下个世纪，……要建设一个辐射和支撑全国的开发开放架构。这个架构就是以沿海开放地区为横轴，以长江流域为纵轴的‘T’型开发开放战略”，“‘T’字型经济增长格局发展后劲强而有力，对我国经济的长远发展举足轻重，意义重大……”

（3）2000 年，王梦奎和王慧炯强调：“加快长江经济带的综合开发，建成继沿海之后的又一经济发展先行区。……长江经济带将是我国今后经济增长潜力最大的地区，也将是支持 21 世纪中国经济成长的重要区域增长轴线。”

（4）2014 年国务院下发《国务院关于依托黄金水道推动长江经济带发展的指导意见》，从而为长江经济带的发展提出了新的目标与方向。

2. 长江经济带的战略定位

（1）长江经济带是具有全球影响力的内河经济带。要发挥长江黄金水道的独特作用，构建现代化综合交通运输体系，推动沿江产业结构优化升级，打造世界级产业集群，培育具有国际竞争力的城市群，使长江经济带成为充分体现国家综合经济实力、积极参与国际竞争与合作的内河经济带。

（2）长江经济带是东中西互动合作的协调发展带。要立足长江上中下游地区的比较优势，统筹人口分布、经济布局与资源环境承载能力，发挥长江三角洲地区的辐射引领作用，促进中上游地区有序承接产业转移，提高要素配置效率，激发内生发展活力，使长江经济带成为推动我国区域协调发展的示范带。

（3）长江经济带是沿海、沿江、沿边全面推进的对内、对外开放带。要用好海陆双向开放的区位资源，创新开放模式，促进优势互补，培育内陆开放高地，加快同周边国家和地区基础设施互联互通，加强与丝绸之路经济带、21 世纪海上丝绸之路的衔接互动，使长江经济带成为横贯东中西、连接南北方的开放合作走廊。

（4）长江经济带是生态文明建设的先行示范带。要统筹江河湖泊丰富多样的生态要素，推进长江经济带生态文明建设，构建以长江干支流为经脉、以山水林田湖为有机整体，江湖关系和谐、流域水质优良、生态流量充足、水土保持有效、生物种类多样的生态安全格局，使长江经济带成为水清地绿天蓝的生态廊道。

3. 长江经济带的建设任务

（1）提升长江黄金水道功能。充分发挥长江运能大、成本低、能耗少等优势，加快推进长江干线航道系统治理，整治浚深下游航道，有效缓解中上游瓶颈，改善支流通航条件，优化港口功能布局，加强集疏运体系建设，发展江海联运和干支直达运输，打造畅通、高效、平安、绿色的黄金水道。

（2）建设综合立体交通走廊。依托长江黄金水道，统筹铁路、公路、航空、管道建设，加强各种运输方式的衔接和综合交通枢纽建设，加快多式联运发展，建成安全便捷、绿色低碳的综合立体交通走廊，增强对长江经济带发展的战略支撑力。

（3）创新驱动促进产业转型升级。顺应全球新一轮科技革命和产业变革趋势，推动沿江产业由要素驱动向创新驱动转变，大力发展战略性新兴产业，加快改造提升传统产业，大幅提高服务业比重，引导产业合理布局和有序转移，培育形成具有国际水平的产业集群，增强长江经济带产业竞争力。

（4）全面推进新型城镇化。按照沿江集聚、组团发展、互动协作、因地制宜的思路，推进以人为核心的新型城镇化，优化城镇化布局和形态，增强城市可持续发展能力，创新城镇化发展体制机制，全面提高长江经济带城镇化质量。

（5）培育全方位对外开放新优势。发挥长江三角洲地区对外开放引领作用，建设向西开放的国际大通道，加强与东南亚、南亚、中亚等国家的经济合作，构建高水平对外开放平台，形成与国际投资、贸易通行规则相衔接的制度体系，全面提升长江经济带开放型经济水平。

（6）建设绿色生态廊道。顺应自然，保育生态，强化长江水资源保护和合理利用，加大重点生态功能区保护力度，加强流域生态系统修复和环境综合治理，稳步提高长江流域水质，显著改善长江生态环境。

（7）创新区域协调发展体制机制。打破行政区划界限和壁垒，加强规划统筹和衔接，形成市场体系统一开放、基础设施共建共享、生态环境联防联治、流域管理统筹协调的区域协调发展新机制。

三、京津冀协同发展战略的推进

京津冀协同发展被写进了“十三五”规划纲要，标志着在未来五年，国家将以更大的力度促进这一区域发展战略的实施。推进京津冀协同发展，不仅能够有效促进区域产业升级，而且也是加快国民经济转型发展的重要路径（孙久文，2016）。

1. 京津冀协同发展的目标与定位

2015 年 4 月，中央审议通过了《京津冀协同发展规划纲要》，提出打造世界级城市群的京津冀协同发展目标。打造世界级城市群，必须实现如下目标：一是区域目标。即把京津冀打造成中国的政治、文化、科教、国际交往中心，中国北方最具发展活力的经济增长极。二是产业目标。即把京津冀建设成为中国高端制造业和现代服务业的集聚区，引领中国科技创新和技术进步的示范区。三是协同目标。即把京津冀建设成为辐射带动环渤海地区乃至整个北方经济发展的核心区，成为带动中国北方向东北亚、西亚、中亚、欧洲全方位开放的门户区。

2. 京津冀协同发展的重点任务

（1）疏解北京非首都功能。北京作为中国的首都，强大的政治管理能力与调控全国资源的能力使其成为信息、资源集聚的中心，无论是金融机构、跨国公司总部，还是国际性组织、文化中心、科技研发机构，都将北京作为落户的首选之地。对比顶级国际化大都市的主要特征，在总部数量、金融控制力、科研文化机构集聚程度、国际交往活动频繁程度等方面，北京已经能够做到与这些城市比肩。但是，也正是这种无节制的发展，使北京的“大城市病”急剧恶化，主要表现在：北京城市功能的地域结构明显滞后于城市经济社会发展，由于人口与产业的过度集中，北京城市本身的交通拥堵和大气污染问题已经十分严重。而北京本身只有 16400 平方公里土地，2/3 又是山地，城市发展的空间较小，无法容纳过多的人口与产业，同时与周边区域的协同互动又很弱。

根据《京津冀协同发展规划纲要》的部署，北京非首都功能的疏解包括高耗能耗水的产业、区域性物流基地、区域性批发市场、部分教育医疗培训机构和部分行政性事业型服务机构及企业总部。通过疏解非首都功能，一是解决北京人口与产业功能整体上分布过度集中的问题；二是解决长期以来单中心发展导致的城市空间无序蔓延的问题；三是解决北京产业发展、交通顺畅、环境优良与周边地区协同的需求问题。

（2）缩小地区发展差距。加快河北省的发展，是缩小京津冀区域内部发展差距的关键。京津冀内部存在较大的发展差距是一个普遍受到关注的问题：所谓的“环京津贫困带”有 270 多万贫困人口；2013 年北京和天津人均 GDP 分别为河北的 2.4 倍和 2.6 倍，城镇居民人均可支配收入分别超过河北的 18000 多元和 10000 多元，人均财政支出分别为河北的 4.7 倍和 3.3 倍。2015 年以来的“去产能”政策导向使河北付出了经济增速大幅下滑的代价，急需新的发展动力的输入。发展河北可以缓解北京大城市病问题，解决北京和天津发展遇到的空间不足的问题，发展河北也是对河北多年来为京津发展做出的贡献的补偿。

（3）实现交通运输一体化。交通运输是京津冀区域协同发展的纽带。“十三五”期间，交通运输一体化的重点是着力构建以轨道交通为骨干的多节点、网格状、全覆盖的快速、便捷、高效、安全、大容量、低成本的互联互通的现代化交通网络，为打造京津冀世界级城市群提供强有力的保障和支撑。

目前，京津冀协同发展中交通运输一体化存在的问题主要有：交通设施建设各自为政、城际铁路发展相对滞后、海空港发展协调度不够、综合交通运输网络急需完善等。因此，实现交通运输一体化的着力点，一是建设“轨道上的京津冀”，即建设以北京为中心，以京津为主轴，以河北省主要城市为重要节点的大容量、低成本、快速便捷的轨道交通网络；二是建设北方国际航运港口群，形成渤海湾内各港口的合作分工、优势互补、协调有序的发展局面；三是高标准建设北京新机场，与首都机场协同打造大型国际航空枢纽，形成以北京、天津为主，石家庄为辅的国际国内航空客货运枢纽机场群。其中，建设城际交通网络是京津冀协同发展中交通运输一体化的核心。

（4）实现生态环境保护与治理一体化。2014 年以来，京津冀区域生态环境共治得到了各方面的高度重视，区域生态环境合作明显加速，信息共享机制逐步完善，一批重点领域污染治理工程开工建设。但是，由于该区域大气污染较严重，雾霾频发，生态压力较大，生态环境建设仍然存在一些障碍：京津冀生态环境综合治理规划欠缺，生态环境合作仍未形成有效的补偿机制；京津冀区域在环境政策执行方面存在差异，部分地区政策执行过于宽松，不利于整体的生态环境共建。推动京津冀生态环境保护与治理一体化，需要做好如下工作：一是完善体制机制。在目前已经建立的机构和制定的规划的基础上，推动生态环境整体综合规划的编制和生态补偿机制的实施。二是推动生态环境协同治理。通过建立覆盖三个行政区的管理机构，推行相同的生态环境污染控制指标、生态环境治理标准和生态环境监督办法。三是构建复合生态建设空间，优化生态空间布局，构建多层次生态屏障，扩大生态空间和区域环境容量。四是围绕治理雾霾、生态防护林建设、水资源保护、水环境治理、节能减排等重要领域，实施京津冀全区域的联防联治。

（5）实现京津冀产业发展一体化。京津冀产业发展一体化是协同发展中推进最快的一个领域，也是各区域最乐于合作的领域。其原因在于，一方面，河北原有的以能源原材料为主体的产业结构正面临“去产能”的艰巨任务，急需新的产业部门补充和充实；另一方面，北京和天津的部分产业向河北的疏解起到了有效优化京津冀区域产业结构的作用。

作为“十三五”期间京津冀协同发展当务之急的任务，其发展的方向是：第一，京津冀产业转移的方向需要进一步明确。以北京与河北的关系为中心，调整京津冀第三产业布局；以天津和河北的关系为中心，梳理第二产业的协同发展。第二，构建京津冀协同创新共同体。构建京津冀协同创新共同体既是产业发展的需要，更是国民经济转型升级的需要。要协调区域财政政策、货币政策、产业政策等，创造公平的竞争环境，形成区域统一的市场体系。第三，形成京津冀产业分工新格局。北京应充分发挥其人才、技术、信息等的首都优势，发展高精尖产业，重点打造京津冀的创新源头；天津发挥港口和物流中心的优势，发挥辐射作用，发展成为创新产品的实验和制造基地；河北以资源优势和产业基础条件为依托，发展成为协同创新共同体的产业化基地。

（6）推进京津冀基本公共服务一体化。推进基本公共服务一体化，是京津冀协同发展的长期任务，是京津冀经济社会发展到目前阶段的必然要求，是保民生保增长的重要手段。按照《京津冀协同发展规划纲要》提出的总体目标，到 2017 年，实现京津冀公共服务规划和政策统筹衔接，在教育、医疗、文化等方面开展改革试点，逐步推广。到 2020 年，河北与京津的公共服务差距明显缩小，区域基本公共服务均等化水平明显提高，公共服务共建共享体制机制初步形成。推进基本公共服务一体化包括四个方面：第一，劳动就业。建立覆盖城乡、区域均衡、全面共享、服务均等的公共就业服务体系和全面统一的就业服务标准，实行京津冀劳动者统一的就业登记和资格准入制度，完善区域内扶持创业的优惠政策。第二，公共教育。优化京津冀公共教育资源的配置，建立合理的教育资源配置机制，在北京非首都功能疏解的过程中，大力开展地区间教育的合作与交流。第三，医疗卫生。优化地区间的医疗卫生资源配置，探索建立京津冀区域医疗“一卡通”制度和药品供应和安全保障体系。第四，社会保险。逐步推进社会保险制度城乡衔接，制定适合京津冀经济社会发展水平的统一保险标准。探索建立城乡居民各类保险制度之间的衔接机制。

3. 京津冀协同发展的实施路径

如何完成京津冀协同发展的重点任务？笔者认为，需要在完善机制、加强合作、一体化发展等方面加快推进。

（1）完善跨区域利益协调机制。要在体制机制上保障京津冀协同发展战略的顺利推进，需要在以下几个方面做出努力：一是建立国家层面的统筹协调机制。统筹区域协同发展的战略决策，明确区域功能定位、产业布局、交通对接、要素对流、环境保护等重大问题，并从财政政策、投融资政策、绩效考核等方面形成具体措施。二是建立地方政府层面的协商平台，确定区域协同发展的目标、原则和重点，并设立专门的职能部门来落实和推进区域重大合作事项。三是建立包括政府、学者、企业、行业组织等在内的多层次网络交流平台，确保区域内各利益相关方都能够合理表达自己的利益诉求。

（2）推进配套制度改革。促进京津冀协同发展，需要推进如下配套制度改革：一是地区生态补偿的相关配套制度和利益协调机制设计。应设立专项基金对区域内水资源保护、生态林保护、污染减排等实施专项补偿，这些措施对河北北部地区的发展至关重要。二是公共服务支撑体系与城市服务体系的创新，包括京津冀协同发展进程中居民的教育、医疗、社保和就业等制度设计。三是城市管理制度的改革设计，其中包括农业转移人口市民化的管理制度。

（3）建立健全解决各类“城市病”的治理体系。治理京津等特大城市的各类城市病，需要建立健全解决各类“城市病”的治理体系，具体包括：京津中心城区疏解的统筹规划；提高城市空间利用效率具体方案；社区综合服务管理体系建设；社会治安综合治理机制；城市应急管理体系；灾害监测和预警体系。

（4）完善推进京津冀产业转型与人口转移的政策措施。围绕京津冀协同发展的目标，结合京津冀区域发展特点，建立京津冀协同发展的产业和空间组织模式，探索京津冀区域产业合理空间分布模式。同时，完善有利于京津冀协同发展的资金保障机制和财政预算机制；深化土地管理制度改革，突破产业转型的土地制度约束和资源短缺约束；创新京津冀协同发展的人才培养体系，突破区域创新的人才约束。在准确把握京津冀城市人口分布的基础上，出台新城、中小城市和小城镇等“反磁力中心”对特大城市核心区人口吸引的政策。

第三节　产业转移与国土开发的空间结构

一、产业转移的理论

1. 新古典学派

新古典学派以完全信息、完全理性、无迁移成本为假设前提，以边际分析方法为分析工具，认为当一个区位不再处于利润的空间边界之内，而另一个区位处于利润的空间边界之内时，产业就会发生迁移（Hayter，1997；Mccann and Sheppard，2003）。其中，自然禀赋、市场、交通等是影响区位变迁的原因。在产业转移过程中，企业追求的是利润最大化。

20 世纪 90 年代以来，产业转移受到了主流经济学家的青睐，形成了一系列新经济地理学模型。这些模型以垄断竞争、规模报酬递增与冰山交易成本为前提，分析均质空间中的企业在本地市场效应、价格指数效应与拥挤效应的作用下，如何随着交易成本、要素密集度、产业替代弹性等的变化而发生区位迁移（Puga and Venables，1996；Combes et al.，2008）。与早期研究强调资源禀赋的第一性质（First Nature）不同，新经济地理学模型强调了市场规模、劳动力成本、产业关联、知识关联等第二性质（Second Nature）对产业转移的作用（安虎森，2009）。

新经济地理学将产业转移理论模型化和规范化，提升了产业转移模型的分析与解释能力，从而便于采用实验与结构的方法对产业转移的效果进行评估。因此，近年来该学派发展非常迅速。但是由于新古典学派仅仅从区位因素的视角分析产业转移的原因，而将企业的内部运行视为一个“黑箱”（陈秀山和张可云，2003），同时，其分析的空间是抽象的均质空间，而不是现实的异质空间（Martin，1999），因此，受到行为学派和制度学派的批判。

2. 行为学派

Simon（1955）与 Cyert 和 March（1963）建立了企业的行为理论，Pred（1967，1969）将它引入到区位论中，形成了产业转移的行为学派。行为学派强调经济理论行为假设的真实性，用现实世界中观察到的真实经济行为分析企业迁移决策，提出了区位选择的满意原则。

Simon 认为，由于缺乏完整的、统一的能够对所有可能选择方案进行排序的效用函数，企业家只能找出一部分备选方案，并且无法估计各个备选方案可能产生的后果以及不确定的未来事件出现的现实概率（符正平，1998）。纳尔逊和温特等演化经济学家借用生物学中进化和自然选择理论，将企业视为有机体，将产业视为群体，将盈利性视为适应，将惯例视为基因，认为企业迁移不是由成本与收益决定的，而是由基于过去、面向发展的"惯例"带来的遗传和变异决定的（苗长虹，2004）。概言之，行为学派认为人是有限信息与有限理性的，企业在区位选择中受到惯性的约束，遵循的不是最优原则，而是满意原则；区位选择的目标不是最大利润，而是寻求次优结果。

行为学派强调使用案例研究、统计调查研究、实验室实验、计算机模拟等分析方法，从企业内部寻找区位转移的原因。它认为，企业的建立年限、企业规模、企业的组织结构（分公司还是总公司）等企业自身因素会影响企业掌握信息的数量、应用信息的能力与抵御不确定性的能力，从而影响企业的迁移决策（Dijk and Pellenbarg，2000；Rosenthal and Strange，2003）。

3. 制度学派

产业转移不仅受到区位因素与企业内部因素的影响，而且受到社会文化的影响。在 20 世纪 80 年代新古典学派与行为学派的观点受到批评，产业转移理论出现了文化和制度转向，形成了制度学派（Matin，1999）。

制度学派吸收了新经济社会学发展的"嵌入性"、"网络分析"、"根植性"等理论工具，认为区位迁移是特定的社会和制度情景的产物，不能只根据原子式的个人动机和市场均衡来对其进行解释，而必须把它置入更广的社会、经济、政治的规则、程序和传统中去解释（Granovetter，1985，1993）。同时，制度学派将博弈论作为其方法论基础，认为企业的区位迁移是企业与供应商、政府、工会和其他机构，针对价格、工资、税收、补贴、基础设施和其他关键的生产要素进行谈判的结果（Pellenbarg et al.，2002）。

由于思想来源的多样化，制度学派形成了六个有代表性的分支：弹性专业化和产业区学派、新产业空间学派、学习型区域学派、创新环境学派、区域创新学派、管制与治理学派（吕拉昌和魏也华，2005；苗长虹，2007）。尽管不同分支所持的观点具有一定的差异性，但是它们具有共同的研究目标：解析制度在产业转移中的作用，在制度"路径依赖"和"锁定"机制作用下产业转移的动态演化，以及区域发展的社会管制和治理机制（苗长虹，2004；Martin，2013）。

产业转移三大学派比较如表 1 所示。

表 1　产业转移三大学派比较

学派	假设	影响因素	核心观点
新古典学派	完全信息、完全理性	区位要素	利润最大化
行为学派	有限信息、有限理性、不确定性	企业内部因素	满意原则与决策过程
制度学派	社会文化背景	文化制度因素	社会网络的根植性

二、中国制造业的转移

1. 数据与尺度

产业聚集与分散具有产业、空间和时间三个尺度（Rosenthal and Strange，2004）。为了更好地反映产业转移的状况，本项研究选择的产业尺度是 169 个三位数制造业，空间尺度是 335 个地级及以上行政单元（为了表述方便，下面统一用地级行政单元），具体包括 4 个直辖市、15 个副省级市、266 个地级市（不是 268 个地级市的原因是广西来宾市和崇左市 2003 年的数据缺失）和 50 个自治州、盟、地区。在分析总量特征时也考虑四大板块的尺度。基于地级行政单元三位数制造业数据的可获得性，时间尺度选择 2003 ~2009 年。

2. 中国制造业转移的测度

产业转移分为绝对产业转移和相对产业转移两种类型。绝对产业转移是指转出地产业绝对规模逐渐减小，转入地产业绝对规模逐渐增大的情况。国外对产业转移（Relocation）的研究多基于企业数据，研究绝对产业转移（Pennings and Sleuwaegen，2000）。相对产业转移是测度产业相对份额的变化，以此来反映产业转移。由于中国企业数据相对不完善，本项研究测度相对产业转移。为了使产业转移的测度更具有客观性，本项研究选取了两种方法。

方法一：

通过比较 2009 年与 2003 年各地区三位数制造业工业总产值占全国该行业工业总产值比重的变化，测度地区间产业的相对转移，即：

$$\Delta v = v^k_{r,2009} - v^k_{r,2003} = \frac{A^k_{r,2009}}{\sum_r A^k_{r,2009}} - \frac{A^k_{r,2003}}{\sum_r A^k_{r,2003}}$$

其中，Δv 为 2003 ~2009 年 r 地区 k 产业的相对转移，负号为转出，正号为转入；$v^k_{r,2009}$、$v^k_{r,2003}$分别为 2009 年和 2003 年 r 地区 k 产业的工业总产值占全国该行业工业总产值的比重；$A^k_{r,2009}$、$A^k_{r,2003}$分别为 2009 年和 2003 年 r 地区 k 产业的工业总产值。

方法二：

考虑到金融危机对中国东部地区的冲击比对中西部地区的冲击要大，可能会出现因地区间产业份额缩小幅度不同而测度出的产业转移。为了验证产业转移的稳健性，本项研究还选择了区域从业人员数量占全国该行业从业人员数量的比重这一指标进行测度。

$$\Delta w = w^k_{r,2009} - w^k_{r,2003} = \frac{B^k_{r,2009}}{\sum_r B^k_{r,2009}} - \frac{B^k_{r,2003}}{\sum_r B^k_{r,2003}}$$

其中，Δw 为 2003 ~ 2009 年 r 地区 k 产业的相对转移，负号为转出，正号为转入；$w^k_{r,2009}$和 $w^k_{r,2003}$分别为 2009 年和 2003 年 r 地区 k 产业的从业人员占全国该行业从业人员总数的比重；$B^k_{r,2009}$和 $B^k_{r,2003}$分别为 2009 年和 2003 年 r 地区 k 产业的从业人员数。

3. 产业转移影响因素与转移次序

为了回答制造业如何进行空间布局，本项研究分析了制造业转移的影响因素与转移次序。制造业转移区位取决于区域供给条件、产业需求条件与贸易自由度（Midelfart - Knarvik, Overman and Venables, 2001），这三大条件可以归纳为地理因素、新经济地理因素和经济政策三大要素（金煜等，2006）。因此，制造业聚集的计量模型为如下形式：

$$Y_{it} = \alpha_0 + \alpha_1 X_{1i} + \alpha_2 X_{2i,t-1} + \alpha_3 X_{3i,t-1} + \varepsilon_{it}$$

其中，Y_{it}表示制造业份额变量，X_1 表示经济地理因素向量，X_2 表示新经济地理因素向量，X_3 表示经济政策因素向量；其他希腊字母表示常数项、变量系数和残差。

假定经济地理要素是区位条件、行政级别以及其他短期内不变的地理要素，对两个时期的制造业份额进行差分，可得到制造业转移的计量模型：

$$\Delta Y_{it} = \alpha_2 \Delta X_{2i,\Delta t} + \alpha_3 \Delta X_{3_i,\Delta t} + v_{i,t}$$

其中，ΔY_{it}表示制造业转移变量；ΔX_2 表示新经济地理因素变化向量；ΔX_3 表示经济政策因素变化向量。

在具体指标选择上，新经济地理因素包括：①产品替代弹性（rnpv）。由于产品的创新决定企业生存与迁移决策（Sharif and Huang, 2012），而创新的大小直接决定了产品的替代弹性，所以本项研究选择新产品产值率（新产品产值占工业总产值的比重）表示产品替代弹性，并假定新产品产值率高的产业替代弹性较小。②市场规模（gdp）。选择区域 GDP 与全国之比度量市场规模。③生产成本（wage）。选择区域工人工资与全国平均工资之比度量生产成本。④人力资本（hum）。选择区域每万人普通高校专任教师数与全国均值之比度量人力资本。⑤外部性（firm）。选择区域企业数量占该产业全国总数的比重度量产业的外部性。⑥交易条件。选择邮电业务量占 GDP 比重（com），客运量占全国比重与货运量占全国比重的平均值（transp）度量交易条件。

经济政策因素包括：①对外开放度（foreign）。选择实际利用外资占 GDP 的比重度量对外开放度。②地方政府参与度（gov）。借鉴经济增长文献的通用做法，基于地级行政单元数据的可获得性，选择扣除教育支出后的地方政府支出占 GDP 的比重度量地方政府参与度，反映区域战略与规划政策的作用。

4. 结论

从四大板块看，工业总产值和从业人员反映的制造业转移具有较大差异。工业总产值变化份额表明，2003 ~ 2009 年东部地区制造业份额整体下降了 8%，而中西部和东北地区则分别上升了 4.1%、2.8% 和 1.1%，中国已经出现了由东部向中西部和东北地区的大规模制造业转移；而从业人员变化份额表明，东部地区整体上升了 5.1%，而中西部和东北地区则下降了 3.7%、0.1% 和 1.3%，中国制造业在向东部地区集聚。

为了进一步分析制造业是否由东部向中西部地区转移，需要考察细分产业的情况。从细分产业看，两个指标都显示中国制造业出现了由东部向中西部地区的大规模转移。这种大规模制造业转移突出体现为“两多一大”。第一，转移产业数量多。工业总产值指标和从业人员指标反映的转移产业个数分别为 142 个和 83 个，分别占到产业总数的 84% 和 49%。第二，产业转移规模大。上述两个指标反映的产业转移份额超过全国规模 10% 的分别为 65 个和 8 个，超过 5% 的分别为 113 个和 32 个。第三，转移产业类型多。转移产业中既有劳动密集型产业，如纺织面料、鞋、软饮料、家具制造等，也有技术密集型与资本密集型产业，如通信设备制造、医疗仪器设备及器械制造等。

同时，计量模型还显示中西部地区 GDP 的增加、通信条件（com）的改善促进了产业转移，但是中西部地区交通设施（transp）的改善却促进了产业向东部的聚集。

2003～2009 年四大板块间三位数制造业转移状况如表 2 所示。

表 2　2003～2009 年四大板块间三位数制造业转移状况

产业	工业总产值比重变化（%）				从业人员比重变化（%）			
	东部	中部	西部	东北	东部	中部	西部	东北
东部转出份额最高的 10 个行业								
煤制品制造	-35.51	12.07	9.70	13.74	-5.34	-4.49	4.52	5.31
焙烤食品制造	-28.72	19.81	4.45	4.47	-10.87	7.38	2.17	1.32
纺织面料鞋的制造	-27.28	6.23	6.56	14.50	-20.58	9.39	5.56	5.63
羽毛（绒）加工及制品制造	-25.24	14.86	9.88	0.50	-8.03	3.64	4.47	-0.08
其他仪器仪表的制造及修理	-24.76	14.51	8.43	1.82	-17.19	12.45	6.36	-1.61
其他未列明的制造业	-24.09	11.61	9.79	2.69	-13.96	11.96	1.32	0.68
调味品、发酵制品制造	-22.85	-3.03	21.17	4.71	-9.80	-6.35	13.86	2.28
精制茶加工	-22.84	10.91	11.72	0.21	-7.43	-1.73	8.94	0.21
软饮料制造	-22.40	9.17	8.82	4.41	-5.65	1.25	2.04	2.36
稀有稀土金属冶炼	-21.68	15.91	4.19	1.57	-6.44	5.04	-3.08	4.47
东部转入份额最高的 10 个行业								
轮胎制造	3.90	-1.59	-0.93	-1.38	6.37	-2.69	-2.38	-1.30
合成纤维制造	4.32	-4.66	0.67	-0.34	0.14	-9.32	5.30	3.88
炼铁	5.55	-20.50	6.78	8.17	10.82	-19.52	4.77	3.93
麻纺织	6.16	3.99	2.31	-12.46	5.33	5.45	0.31	-11.09
铁路运输设备制造	7.38	2.08	-4.17	-5.29	4.42	2.96	-3.68	-3.71
其他烟草制品加工	14.83	-20.28	5.44	0.00	-2.12	-3.03	5.15	0.00
纸浆制造	20.18	-7.63	-12.05	-0.49	17.62	-16.27	-0.84	-0.51
摩托车制造	22.29	7.78	-29.77	-0.31	-0.15	-1.64	2.30	-0.51

续表

产业	工业总产值比重变化（%）				从业人员比重变化（%）			
	东部	中部	西部	东北	东部	中部	西部	东北
东部转入份额最高的 10 个行业								
非金属废料和碎屑的加工处理	23.93	-31.14	0.40	6.81	27.59	-39.47	3.30	8.57
电子和电工机械专用设备制造	48.02	-8.97	-30.63	-8.42	60.91	-15.01	-30.26	-15.63

注：三位数制造业包含 169 个产业，表中只列出转出与转入份额最高的 10 个行业；表格顺序按东部地区制造业工业总产值份额变化升序排列。

在测度产品替代弹性与产业转移的关系中，我们依次进行了混合回归、固定效应和随机效应估计，然后选择最优的估计方法。我们首先考察产品替代弹性与制造业转移次序在不同区域的特征。为了比较不同区域在产品替代弹性与产业转移关系上的差异，我们把四大区域作为虚拟变量。对于东部地区，产品替代弹性（rnpv_ E）表现为负数，表明东部地区低替代弹性的产业（高技术产业）倾向于在东部地区扩散；而对于中西部地区，产品替代弹性（rnpv_ M，rnpv_ W）为正数，说明低替代弹性的产业（高技术产业）在中西部地区倾向于集中。东部地区出现低替代弹性产业（高技术产业）扩散的现象，一方面与行政区经济主导下的政府行为有关，另一方面与后发区域全社会对替代弹性低的产业（高技术产业）良好前景存在共识与个体对投资总量信息不完全条件下，个体理性投资的“潮涌”有关（林毅夫，2010）。

地级行政单元三位数制造业转移的区域与行政特征分析如表 3 所示。

表 3　地级行政单元间三位数制造业转移的区域与行业特征分析

	工业份额变化				从业人员份额变化			
	区域特征		产业特征		区域特征		产业特征	
rnpv	-0.00003 (-1.43)		-0.00004 (-1.59)		0.00002 (0.46)		0.000004** (2.08)	
rnpv_ E		-0.0007* (-1.83)				0.0004 (1.57)		
rnpv_ M		0.0011** (2.44)				0.0012** (2.12)		
rnpv_ NE		-0.00002 (-1.45)				0.00001*** (3.75)		
rnpv_ W		0.0043*** (3.49)				0.0031*** (3.67)		
rnpv_ high				0.0003 (0.11)				0.0027** (2.12)
rnpv_ low				-0.00004 (-1.60)				0.000003 (1.22)

续表

	工业份额变化				从业人员份额变化			
	区域特征		产业特征		区域特征		产业特征	
firm	0.539*** (5.62)	0.539*** (5.62)	1.079*** (6.46)	1.079*** (6.45)	0.407*** (60.23)	0.424*** (5.58)	0.779*** (8.2)	0.780*** (8.16)
gdp	0.288* (1.65)	0.288* (1.65)	-0.758 (-1.37)	-0.757 (-1.37)	0.349*** (5.16)	0.325** (2.32)	0.116 (0.36)	0.121 (0.38)
wage	-0.182* (-1.78)	-0.188* (-1.83)	-0.886** (-2.36)	-0.884** (-2.33)	-0.109** (-2.23)	-0.0786 (-0.92)	-0.523** (-2.09)	-0.503** (-2.00)
hum	0.117*** (6.59)	0.117*** (6.62)	0.178*** (3.03)	0.179*** (3.02)	0.00327 (0.27)	0.00311 (0.23)	-0.0368 (-0.98)	-0.0309 (-0.82)
com	-0.0217*** (-3.89)	-0.0220*** (-3.94)	-0.0223 (-1.20)	-0.0223 (-1.20)	0.0051 (0.50)	0.0029 (0.72)	-0.0134 (-1.05)	-0.0138 (-1.08)
transp	46.72*** (7.26)	46.91*** (7.31)	90.01*** (2.95)	90.11*** (2.96)	6.930** (2.06)	7.384** (2.10)	15.56 (1.38)	16.35 (1.45)
foreign	0.0494*** (9.60)	0.0494*** (9.61)	0.0396*** (3.21)	0.0396*** (3.21)	-0.0044 (-1.61)	-0.00352 (-0.98)	0.01 (1.13)	0.01 (1.13)
gov	0.0118*** (5.84)	0.0116*** (5.73)	0.0215** (2.15)	0.0214** (2.14)	0.0036** (2.17)	0.0041*** (3.20)	0.0043 (0.71)	0.0040 (0.66)
_cons	-0.0641*** (-3.28)	-0.0644*** (-3.30)	-0.0671 (-0.95)	-0.067 (-0.95)	-0.0635*** (-4.91)	-0.0642*** (-5.32)	-0.0409 (-0.99)	-0.0407 (-0.99)
估计方法	OLS	OLS	OLS	OLS	FE	OLS	OLS	OLS
N	19819	19819	2130	2130	19818	19818	2130	2130

注：括号中的数为 t 值；*** 表示在 1% 水平上显著，** 表示在 5% 水平上显著，* 为在 10% 水平上显著。系数为负，表明促进产业转出；系数为正，则表明促进产业转入。high 和 low 分别表示高、低技术产业，或者说低、高替代弹性产业。OLS 与 FE 的选择标准在于检验是否所有个体效应都为 0，OLS 与 RE 的选择标准在于检验个体效应的方差是否为 0，而 FE 与 RE 的选择标准在于检验个体效应是否与自变量相关，可通过 Hausman 检验。

其次，我们考察产品替代弹性与制造业转移次序在不同产业上的特征。选择 2003 ~ 2009 年新产品产值率均值最高和最低的 10 个三位数制造业作为低替代弹性产业（高技术产业）和高替代弹性产业（低技术产业）的代表。为了比较不同产业在产品替代弹性与产业转移关系上的差异，我们把两类产业作为虚拟变量。对于低产品替代弹性（高技术）的产业，产品替代弹性（rnpv_ high）越高，越倾向于转入，即在空间上集中布局。而对于高产品替代弹性（低技术）的产业，产品替代弹性（rnpv_ low）与制造业转出在统计上并不显著。

对于其他变量，产业关联（firm）、GDP、人力资本（hum）、交通设施（transp）、对外开放度（foreign）、政府参与度（gov）都是促进制造业聚集的因素，而工资（wage）、通信（com）则是促进制造业分散的因素。

总结上面的分析，从制造业的技术性质看，高技术产业倾向于集中布局。从四大板块看，东部地区的高技术产业倾向于分散布局，而中西部地区的产业则倾向于集中布局。显然，这种特征既与产业的技术特性有关，也与区域的经济发展水平有关。

三、国土开发空间结构的优化

改革开放以来，在外需的拉动下，中国区域空间结构不断向东部漂移。2003 年以来，在国家一系列产业转移、区域政策构成的拉力和刘易斯拐点之后东部劳动力、土地市场短缺带来的外推力共同作用下，中国区域空间结构向中西部漂移，呈现不断优化态势。本节使用重心模型对这一过程进行演化。

文章的研究对象为中国大陆 31 个省、市、自治区，它由东部、中部、西部和东北四大板块组成。假定每个省、市、自治区的经济重心在省会城市（自治区首府）上，其经纬度坐标为（J_i，W_i），则整个国家的经济重心可以表达为：

$$J = \sum_{i=1}^{31} (A_i \times J_i) / \sum_{i=1}^{31} A_i$$

$$W = \sum_{i=1}^{31} (A_i \times W_i) / \sum_{i=1}^{31} A_i$$

其中，A_i 为第 i 个省级行政区的某项经济指标（GDP、消费、投资、进出口总额），（J，W）为整个国家的经济重心（经度与纬度）。

数据来自中国经济社会发展统计数据库（中国知网）中 1978 ~ 2015 年各个指标数据。

1. GDP 重心的漂移

1978 ~ 2015 年中国 GDP 重心呈“先向西南、东南，后向西”漂移的特征。随着对外开放进程的加快，特别是珠三角和长三角的崛起，中国 GDP 重心大幅度向东南方向移动；2003 年之后在西部大开发、东北振兴、中部崛起等战略和市场推动的叠加作用下，中西部地区的 GDP 份额持续上升，国家 GDP 重心向西方向“返移”，到 2015 年 GDP 重心在经度方向上达到 1978 年以来最西边水平。如图 3 所示。

2. 消费重心的漂移

从演化轨迹看，1978 ~ 2003 年消费重心向东南方向移动；之后，消费重心表现为向西移动。从经度看，2015 年向西移动到 1995 年的水平。不过，与 GDP 重心向西漂移的幅度相比，消费重心向西漂移的幅度较小。如图 4 所示。

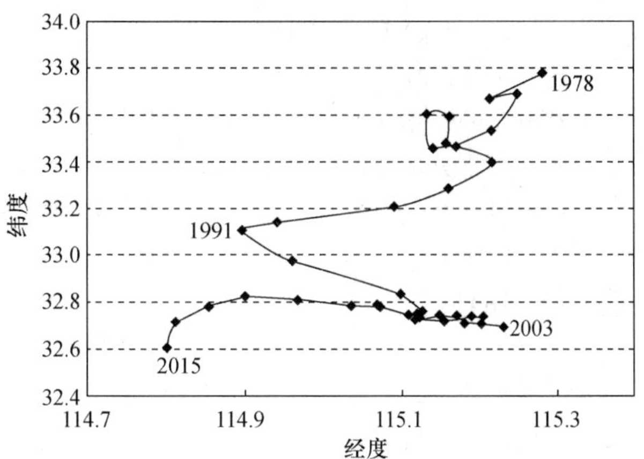

图 3 中国 GDP 重心的漂移（1978～2015 年）

注：图中曲线上的数字代表年份。

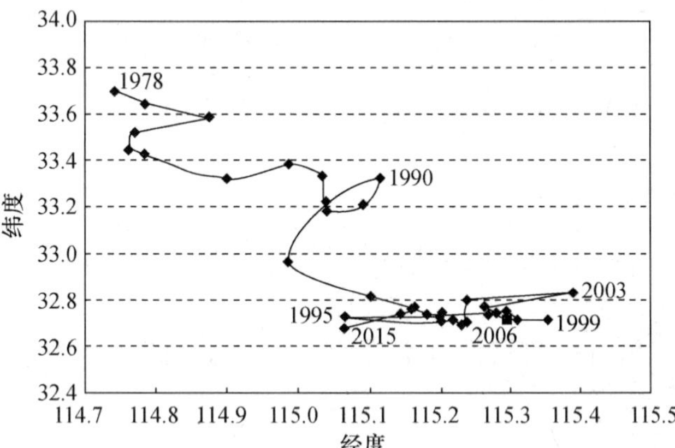

图 4 消费重心的漂移（1978～2015 年）

注：图中曲线上的数字代表年份。

3. 投资重心的漂移

相比于 GDP 和消费重心的漂移，全社会固定资产投资总额的重心变化要剧烈得多，表现为“先向东南，再向西北”漂移的特征。1978～1996 年，珠三角与长三角的崛起带动投资重心向东南方向大幅移动。之后，随着区域协调发展战略的实施，投资重心向西北方向大幅移动。其中，1995～2002 年投资重心主要向西移动，2002～2008 年主要向北移动，2008 年之后受四万亿投资等的驱动，投资重心大幅度西移。到 2015 年投资重心在纬度上几乎与 2005 年相同，但在经度上已经大幅度向西漂移，远远超过历年水平。因此，固定资产投资重心的漂移最为剧烈。如图 5 所示。

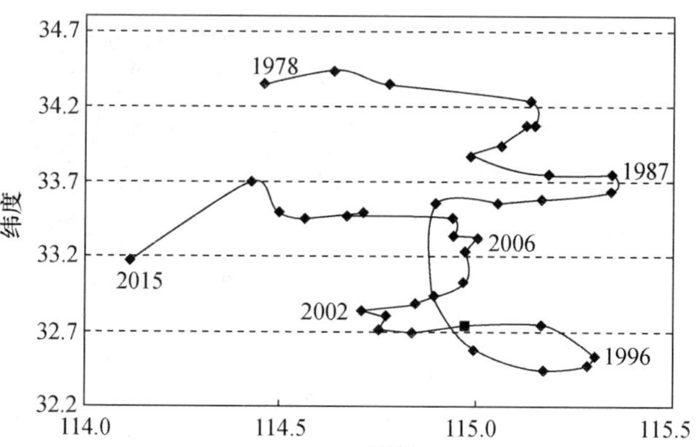

图 5　固定资产投资总额的重心漂移（1978～2014 年）

注：图中曲线上的数字代表年份。

4. 进出口重心的漂移

进出口总额的重心表现为“先向西南，向东，往北，再往西”漂移的特征，相比 GDP 与投资重心的漂移，进出口总额重心向西漂移的幅度较小。在出口导向型战略下，中国经济“大进大出”，1994 年以来进出口总额的重心大幅度向东移动；2005～2007 年主要表现为向北移动，2007 之后进出口总额的重心开始向西方向移动，且向西漂移的幅度超过 GDP 和消费。如图 6 所示。

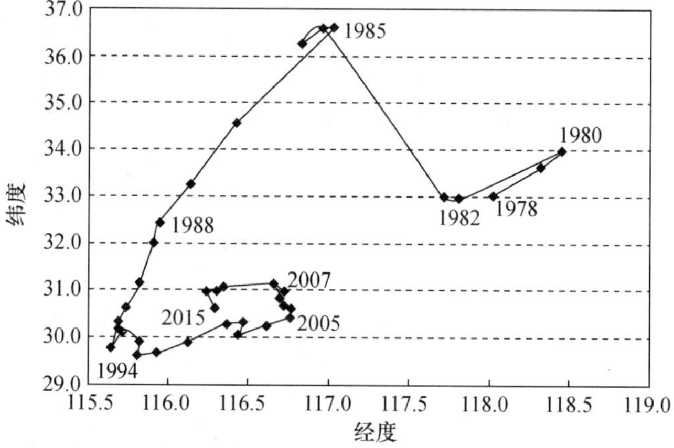

图 6　进出口总额的重心漂移（1978～2015 年）

注：图中曲线上的数字代表年份。

5. 中国经济重心的“雁阵漂移”模式

由赤松要（Akamatsu）提出、小岛清（Kojima）和小泽辉智（Ozawa）等完善的“雁阵模型”，刻画了产业梯度转移的过程（Kojima，2000；Ozawa，2003）。在这个过程中，产业转移具有规模和时间次序，低等级的产业先转移且转移规模较大，高等级的产业后转移且转移规模较小（胡安俊和孙久文，2014）。根据重心模型的结果，投资、GDP、进出口总额和消费重心的演进力度与演进次序呈现一定的规律。从演进力度看，固定资产投资重心的演进力度 > 进出口总额重心的演进力度 > GDP 重心的演进力度 > 消费重心的演进力度；从演进次序看，固定资产投资重心趋向均衡化的时间在 1996 年，GDP 重心与消费重心趋向均衡化的时间为 2003 年，进出口总额重心趋向均衡化的时间是 2007 年。固定资产投资重心趋向均衡化的时间早于 GDP 重心、消费重心和进出口总额重心的均衡化。受雁阵模型的启发，我们将力度比作规模、次序比作时间，可以将固定资产投资、进出口总额、GDP 和消费的重心漂移定义为“雁阵漂移”模式。如表 4、图 7 所示。

表 4　各项指标向西漂移时段和幅度

	向西漂移时段（年）	向西漂移幅度（经度）
GDP	2003 ~ 2015	0. 4296
投资	1996 ~ 2015	1. 1854
消费	2003 ~ 2015	0. 3255
进出口	2007 ~ 2015	0. 4313
	2005 ~ 2015	0. 4745

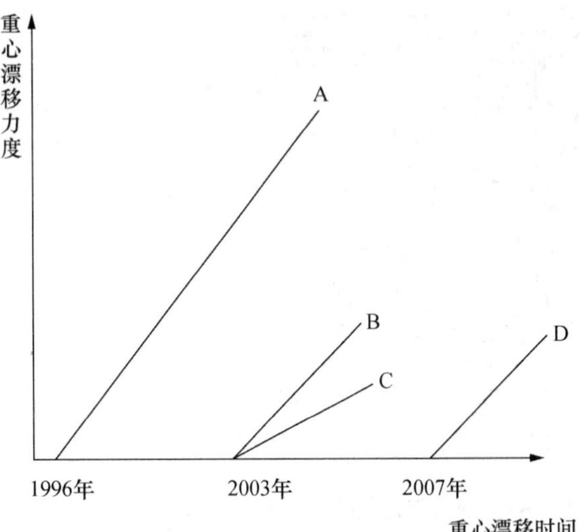

图 7　中国经济重心的“雁阵漂移”模式

注：A 代表固定资产投资，B 代表 GDP，C 代表消费，D 代表进出口总额。

第四节 碳足迹、生态补偿与环境规制

随着经济的发展，环境问题也受到越来越多的关注。碳足迹、生态补偿、环境规制的效果等成为学术热点，本节重点介绍这三方面的一些热点和进展。

1. 碳足迹

减排责任的区域分解需要科学评价各地区的排放责任。碳足迹（Carbon Footprint）是在生态足迹的概念基础上提出的、用来衡量碳排放水平的一个概念，指人类日常活动过程中所排放的二氧化碳总量，它可以全面客观地评价为满足消费而进行的生产的生命周期碳排放水平，除了生产过程的直接碳排放，也包括生产过程中所消耗的中间产品的隐含碳排放。石敏俊等（2012）应用2007 年各省区投入产出模型和2002 年中国省区间投入产出模型，从部门之间错综复杂的投入产出关系出发，将产业间和区域间经济联系完整地衔接在一起，通过列昂剔夫（Leontief）逆矩阵，计算出最终需求诱发的所有部门的直接和间接的碳排放，从而定量测算了各省区的碳足迹和省区间的碳排放转移。

模型结果显示，各省区之间碳足迹和人均碳足迹存在显著的差异。碳足迹较大的省份为经济大省，主要分布在北方地区；人均碳足迹较高的省份主要是北京、上海等中心城市和能源富集区域及重化工基地；中国存在着从能源富集区域和重化工基地分布区域向经济发达区域和产业结构不完整的欠发达区域的碳排放空间转移；碳排放空间转移与商品和服务的区际贸易走向基本一致。人均碳足迹高的经济发达省份应承担较大减排责任，能源富集区域和重化工基地分布区域有相当一部分的碳排放是为沿海发达省份和产业结构不完整的欠发达省份提供电力、原材料等高碳产品所致，减排责任的区域分解需要考虑碳排放空间转移的因素，适当减轻能源富集区域和重化工基地分布区域的减排责任，或使沿海发达省份向能源富集区域和重化工区域提供资金和技术上的扶持，帮助这些区域提高能源利用效率，减少碳排放。

2. 区际生态补偿

安虎森等（2013）在研究污染外部性导致的市场失灵以及地方政府和中央政府在区际生态补偿政策中的角色时，在新经济地理模型的框架下，建立一个差异化贸易成本的污染外部性模型，从社会福利不断改善的角度，运用数理模型与数值模拟方法分析市场机制下的长期均衡与污染外部性导致的市场失灵，以及地方政府、中央政府在区际生态补偿中的角色定位问题。模型结果显示，根据区域工业污染程度与区际贸易成本的不同，应当采取不同的区际生态补偿模式。当贸易成本很小或者在生态区实施更为自由的贸易政策时，只需要调整可流动要素的初始值或者调控区域贸易政策，在较小概率下市场机制是有效的；当贸易成本不足够低时，污染外部性将导致市场失灵，在此状况下，全社会福利只能实现次优或者最劣选择；市场失灵状态下，市场机制下厂商只能获得次高或者最低的实际

收入，厂商群体由于个体理性导致机体非理性。由于地方政府间的利益不完全一致必然会导致地方政府在治理市场失灵时出现政府失灵，因此由中央政府以第三方当事人主导的区际生态补偿政策是有效的。因此，安虎森等（2013）认为，应该实施差异化的税收补偿政策，在生态区实施相对自由的贸易政策等，这些举措将有助于政府主导的区际生态补偿政策的实施。

3. 环境规制与空气污染

中国不同城市的空气污染现状与年际变化存在巨大的差异，但总体而言正在经历着明显的改善。城市空气污染是政府环境规制效果的体现，贺灿飞等（2013）从影响环境规制的多种途径和渠道出发，将影响政府环境规制执行效果的原因分为三种因素，包括来自企业等利益攸关者的环境规制执行阻力、来自社会的空气污染改善受益方的环境规制执行压力和政府本身的环境规制执行能力。

被规制对象（指各排污源，包括企业和社会内部）只有付出成本，并改变既有的生产、社会活动方式才可能满足政府具体的环境规制目标要求。因此，理性的被规制对象有阻碍环境规制政策执行的激励。在有效的环境规制下，社会享受的环境质量得到改善，因此，各种社会力量激励对政府环境规制执行施加“压力”，敦促环境规制的积极实施。社会对环境规制执行的压力可以通过多种途径表达——如媒体的舆论攻势，甚至居民的请愿、信访和集会等行为。对我国部分城市的实证研究表明，投诉、请愿以及舆论对环保事件的关注的增加，能够使得地方政府的规制行为更有效率，并投入更多的精力于污染的改善。环境规制执行能力主要指地方政府执行环境规制政策所能掌握的资源、管理水平和政府执行环境政策的意愿。地方政府需具备充分的资金、人力资源，以完成环境规制执行，并激励污染源向规制政策“妥协”，遵从有利污染约束的规制制度安排。但当前，我国环境管理部门普遍“缺钱”、“缺人”，已经严重影响了基层环境政策的执行。基层政府羸弱的管理水平也成为我国环境政策推行的障碍。

在着重阐述了这三种动力内容之后，其利用 2006 ~ 2011 年各个城市的空气污染指数（API）数据制作非平衡面板模型，对这三种动力因素与规制执行效果的关系进行了验证，发现环境规制执行阻力和环境规制执行能力显著地影响规制执行效果。垄断城市经济的企业由于其所处的强大地位，往往使得城市环境的管理者放松规制，扮演了阻碍环境规制顺利执行的消极角色；教育等社会因素通过提升环境规制压力也能够对环境规制执行进行一定的推动。在社会压力的有效推动下，环境规制的真正有效执行离不开政府本身执政能力的保障。充足配置的环境工作人员、经费和透明执法的信心有助于环境规制的顺利实施，特别是基础环境执法人员，对于环境规制执行的作用是明显且显著的。

参考文献

[1] [美] 安德鲁·克莱曼. 大失败——资本主义生产大衰退的根本原因 [M]. 周延云，译，北京：中央编译出版社，2013.

[2] 安虎森，周亚雄. 区际生态补偿主体的研究 [J]. 世界经济，2013 (2)：117 - 137.

[3] [日] 池田信夫. 安倍经济学的妄想 [M]. 于航，译. 北京：机械工业出版社，2015.

[4] Gordon Robert. Secular Stagnation: A Supply - Side View [J]. American Economic Review: Papers & Proceedings, 2015, 105 (5): 54 - 59.

[5] 贺灿飞，张腾，杨晟朗. 环境规制效果与中国城市空气污染 [J]. 自然资源学报，2013 (10)：1651 - 1663.

[6] 胡安俊. 产业生命周期：企业家精神、聚集、匹配、转移、空间结构的综合研究 [M]. 北京：中国人民大学出版社，2016.

[7] 胡安俊，孙久文. 中国制造业转移的机制、次序与空间模式 [J]. 经济学（季刊），2014 (4)：1533 - 1556.

[8] 胡安俊，孙久文，胡浩. 产业转移：理论流派与研究方法 [J]. 产业经济评论，2014 (1)：1 - 9.

[9] [美] 杰里米·里夫金. 第三次工业革命 [M]. 张体伟，孙豫宁，译. 北京：中信出版社，2012.

[10] 刘元春. 2014 年中国宏观经济形势分析 [J]. 经济学动态，2014 (11)：15 - 24.

[11] 刘元春，杨丹丹，胡安俊. 金融延续增长、长期停滞与阶段分化 [J]. 社会经济体制比较，2016 (11).

[12] 陆大道. 建设长江经济带是经济发展布局的最佳选择 [J]. 地理科学，2014 (7)：769 - 772.

[13] 石敏俊，王妍，张卓颖等. 中国各省区碳足迹与碳排放空间转移 [J]. 地理学报，2012 (10)：1327 - 1338.

[14] [美] 斯蒂芬·赫克，马特·罗杰斯，保罗·卡罗尔. 资源革命：如何抓住一百年来最大的商机 [M]. 粟志敏，译. 杭州：浙江人民出版社，2015.

[15] Summers Lawrence H. Demand Side Secular Stagnation [J]. American Economic Review: Papers & Proceedings, 2015, 105 (5): 60 - 65.

[16] 孙久文. 新常态下"十三五"时期区域发展面临的机遇与挑战 [J]. 社会经济体制比较，2015 (1)：23 - 25.

[17] 孙久文. 京津冀协同发展的目标、任务与实施路径 [J]. 社会经济体制比较，2016 (3)：5 - 9.

[18] 孙久文，顾梦琛. "一带一路"战略的国际区域合作重点方向探讨 [J]. 华南师范大学学报，2015 (3)：85 - 92.

[19] [美] 泰勒·考恩. 大停滞？[M]. 王颖，译. 上海：上海人民出版社，2015.

[20] [法] 托马斯·皮凯蒂. 21 世纪资本论 [M]. 巴曙松等，译. 北京：中信出版社，2014.

[21] [英] 维克托·迈尔 - 舍恩伯格，肯尼思·库克耶. 大数据时代 [M]. 盛杨燕，周涛，译. 杭州：浙江人民出版社，2013.

[22] 中国人民大学宏观经济分析与预测课题组. 2014～2015 年中国宏观经济分析与预测 [J]. 经济理论与经济管理，2015 (3)：5 - 33.

第二章　区域经济学学科 2012～2014 年中英文期刊论文精选

第一节

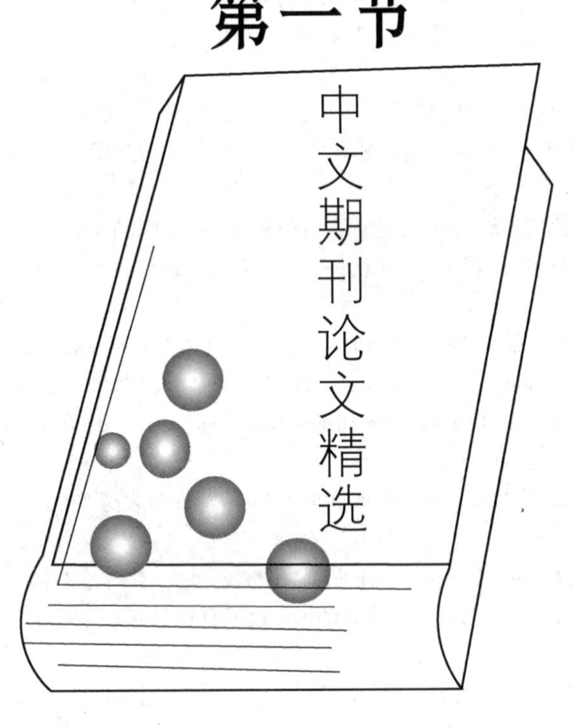

“一带一路”建设的国家战略分析

张　帆

（南京政治学院马克思主义理论系，南京　210003）

【摘　要】“一带一路”是丝绸之路经济带与21世纪海上丝绸之路的简称。它是新时期、新形势下构建我国开放新格局的必然要求，是我国谋求国家复兴的基本战略，是推动周边国家共同发展、共同繁荣的必然选择。“一带一路”的愿景自提出以来，受到了亚洲、欧洲各国的广泛支持与参与，国内各个省份也先后依据这一战略纷纷制定了形式多样的规划实施方案。但“一带一路”经济带内的大国战略举措，也给这一战略的实际建设造成了非常严峻的挑战。本文将对“一带一路”建设的国家战略进行研究分析，以期给相关研究者以有益借鉴。

【关键词】一带一路；丝绸之路；海上丝绸之路；国家战略

“一带一路”国家战略的愿景是在我国与周边国家通路、通航的基础上进行商业互通，是为了促进沿线国家的共同发展并为我国经济转型营造新的战略机遇空间，进而推动世界经济的平衡发展和国际格局的均衡化。“一带一路”战略以人文交流为支撑，以经济合作为主线，注重沿线国家经济共建的平等性和自由性，是沿线国家合作发展的倡议和理念，而并非是一个机制与实体。

1　“一带一路”建设的重要意义

“一带一路”国家建设战略给历史悠久的丝绸之路赋予了新的时代内涵，为我国改革开放的持续深化和经济社会的全面转型规划了新的蓝图，为国际区域经济合作提供了新的动力，为世界经济的共同发展、共同繁荣奠定了基础。

1.1　“一带一路”建设为丝绸之路的继续辉煌提供了新的路径

古丝绸之路是古老中国同国外国家政治、经济、文化往来通道的统称。千百年来，各国商队、学者、游客、教徒和工匠在丝绸之路上到处活动，与沿线群众互鉴互学、互通有无，使得丝绸之路逐渐成为联通世界各文明的友谊之路。

古代丝绸之路的形成是沿线各国民众共同努力的结果。各国民众跨千山、越万水，历经各种艰难险阻，以非凡的勇气和毅力打通了这条通道。它承载了沿线国家和民众的包容开放、互融合作、自由和平、互学互鉴、共同繁荣的精神。新时期、新背景下，欧亚各国都面临着增强国家发展动力、转变国家发展模式的共同挑战和使命，需要继续保持和完善丝绸之路的合作模式，让这一曾凝聚沿线国家人民友谊、为沿线人民创造巨大财富的友谊之路重现辉煌，成为惠及沿线国家人民的合作之路、发展之路、和平之路。

1.2 “一带一路”建设是构建我国新发展格局的必然要求

在纪念“和平共处五原则”六十周年大会上，中共中央总书记、中央军委主席、国家主席习近平在讲话中明确指出：“中国正在推动落实‘一带一路’的重大合作倡议，我们将以此为契机全面深化对外开放，使经济体系更为开放，为世界经济的持续发展提供新的空间和机遇。”

自我国实行对内改革、对外开放以来，尤其是西部大开发战略的提出和实施以来，我国西部经济欠发达地区积极实施赶超战略，发展速度逐年提升，但受基础设施水平、地域地理条件和资源能源禀赋等条件的限制，西部地区的总体经济水平与东部，特别是东南沿海地区的经济水平相比仍存在一定的差距。而“一带一路”国家战略的提出将在拓展东部开放空间的同时提升西部地区的开放水平，将西部开放的边缘推向前沿，有利于西部地区开放能力的进一步释放和创新创造水平的进一步提升。

1.3 “一带一路”建设是推动世界经济共同发展的重要力量

中国奉行互利共赢的开放战略，将始终坚持走和平发展的道路，愿在相互平等、互利合作的基础上加强同周边各国的经贸往来。“一带一路”战略的实施将会更好地推动“一带一路”经济带沿线各民众的友好往来，促进国家间的和谐互助，进而实现共同繁荣、共同发展的良好局面。

作为世界上覆盖范围最广的经济走廊，“一带一路”同时也是当今世界发展潜力最大的经济合作带。它起源于中国，经中亚、西亚和东南亚、南亚直达欧洲；东连亚太，西牵欧洲。覆盖人数约为44亿人，经济总量达21万亿美元，在世界范围中分别占比为63%和29%，具有巨大的发展潜力。这一战略的实施将会把我国经济同经济带各国的经济连接起来，将中华民族的复兴梦想同各国人民的生活追求进行对接，让沿线各国尽享中国经济发展的好处。

2 “一带一路”建设的实现路径

“一带一路”建设周边国家应互助互信、通力合作，将地缘优势、政治优势和经济结构互补优势切实转变为通力合作的优势，将经济带打造成一种命运共同体和利益共同体，为周边国家人民的生活建设增砖添瓦，共同续写古丝绸之路的新篇章。

2.1 中国同俄罗斯、中亚、南亚和欧盟国家要努力形成经济一体化发展的新格局

中国同沿线南亚、中亚国家是依山傍水的好邻居、好伙伴，我们必须共同追求合作模式的创新，共同努力建设“一带一路”经济带，坚持友好合作，做和睦和谐的好邻邦；互助互信，做真诚互信的好伙伴。

中国要加强同俄罗斯在上合组织、联合国、G20、金砖国家和亚太经济合作组织等框架内的合作，共同推动国际政治秩序、经济秩序朝着更为合理、更为公平的方向发展。积极推进两国在能源、信息、交通和经济范围内的互利合作，全面加强两国的互联互通和基础设施建设。

我们和欧洲国家，特别是欧盟国家持续加强合作，力求打造中欧关系的战略新高度，充分结合中国和欧盟的两种文明、两大市场和两大力量，不断为中欧合作提供新的动力，注入新的活力，共同打造中欧的共同繁荣、共同进步和共同发展。

2.2 中国同中东国家要不断深化合作关系

当前，中国和中东国家都肩负着振兴民族的共同使命，也面临着相似的挑战，双方需要在“一带一路”战略的引领下，不断深化合作，共同规划中国同中东国家关系的未来发展方向。首先，双方需要始终坚持共建、共商和共享的原则。这里的“共建”是指双方要各尽所长，充分发挥双方的潜能与优势，积水成渊，积沙成丘，不断推进双方的优势互补。“共商”就是有好事双方商量着做，让“一带一路”战略充分兼顾大家的关切和利益，体现共同的创意和智慧。而“共享”让中国和中东国家人民共享建设成果，打造双方的命运共同体。其次，要搞好顶层设计。就是以能源合作为主线，以投资贸易便利化和基础设施建设为两翼，以高新领域的合作为突破，推动中国和中东国家之间的资源要素的有序流动。最后，要不断深化务实合作。以双方的论坛建设为突破口，强化双方的政治沟通，增进双方的传统友谊，不断开拓创新合作的新局面。

2.3 要不断打造中国—东盟命运共同体

中国和东盟国家是依水相连的好邻居，是兴衰相伴的好朋友，同舟共济、安危与共的

好伙伴。第一，中国和东盟有关各国要友好相处、真诚相待，坚持互信互睦，相互支撑双方的重大关切问题，不断巩固和强化战略和政治互信。第二，双方要不断坚持合作共赢的新理念，逐渐提升双方的贸易合作水平，共同努力打造海洋合作的新型合作关系。第三，中国和东盟要通过和平的对话机制解决中国同部分东盟国家的主权争议问题。第四，中国和东盟要不断加强双方非政府间的交流沟通，推动双方民间的交流合作，增进双方人民之间的了解和友谊，为双方的友好合作奠定民意基础。

2.4 中国国内要不断建设全方位开放的新格局

“一带一路”战略是一项非常伟大的国家建设战略，它的实施离不开国内各部门、各地区的共同努力。首先，要不断强化顶层设计。我国各部门各机构要尽快制定完善的宏观规划方案和实施的具体步骤，明确各地区、各地域的产业布局、功能定位和优势资源整合等事项，努力形成资源共享互补、区域产业协同融合的良好发展格局。其次，强化互联互通。内陆，特别是西部地区城市要逐渐加强国际航线建设，形成联运的多样发展模式。最后，加强产业对接合作。内陆地区要紧紧把握住世界产业重新布局的有利机遇，将承接东中部转移产业和扩大向西开放充分结合，坚持“走出去”和“引进来”结合，不断促进国外产业和国内产业的对接合作。

3 结语

总之，中华民族的伟大复兴梦想和世界人民的生活期愿是始终相通的。曾经舟楫不断、川流不息的古丝绸之路，正不断重现活力，继续续写曾经的辉煌。“一带一路”经济带周边各国人民只要互信互助、共同建设，就必然能够共圆古丝绸之路的新梦想。

参考文献

[1] 蒋希蘅，程国强．“一带一路”建设的若干建议［J］．西部大开发，2014（10）．

[2] 阮宗泽．中国需要构建怎样的周边［J］．国际问题研究，2014（2）．

[3] 唐彦林，贡杨，韩佶．实施“一带一路”倡议面临的风险挑战及其治理研究综述［J］．当代世界与社会主义，2015（6）．

[4] 杨晨曦．“一带一路”区域能源合作中的大国因素及应对策略！［J］．新视野，2014（4）．

[5] 杨玉民．打造21世纪海上丝绸之路重要枢纽城市——基于发挥汕头特区优势的思考［J］．中共银川市委党校学报，2016（1）．

[6] 袁新涛．“一带一路”建设的国家战略分析［J］．理论月刊，2014（11）．

“一带一路”是中国建设大棋局中的棋眼

张玉杰
（中共中央党校经济学教研部　北京　100091）

2014 年 11 月 4 日，习近平总书记主持召开中央财经领导小组第八次会议时强调，要集中力量办好丝绸之路经济带和 21 世纪海上丝绸之路（以下简称“一带一路”）这件大事，秉持“亲、诚、惠、容”的周边外交理念，近睦远交，使沿线国家对我们更认同、更亲近、更支持。2014 年 11 月 8 日，习近平总书记在加强互联互通伙伴关系对话会上宣布，中国将出资 400 亿美元成立丝路基金，为“一带一路”沿线国家基础设施、资源开发、产业合作和金融合作等与互联互通有关的项目提供投融资支持。

为什么中国此时提出并倡导建设“一带一路”？其目标、内容是什么？能为周边地区带来什么好处？这是世界各国和中国民众普遍关心的问题。

1　破解东部海路屏障棋局

纵观世界格局，从地缘、生态、经济、政治、文化等不同视角观察，全球经济发展以及活力空间分布有五个突出特点：

一是沿海经济。全球经济活跃地区分布在沿海地区，全世界 80% 的人口，4/5 的城市，分布在沿海线以内纵深 370 公里沿线的地带上。

二是北半球经济。全球经济活跃地区分布在北半球地区，全球主要人口和大都市分布在北纬 30 ~ 60 度的纬度线内。

三是面向东方经济。全球经济活跃地区分布在面向东方地区，经济较为繁荣的地区几乎都是面向东方的地区。

四是城市经济。全球经济活跃地区分布在城市，人是市场中最为根本的元素，市场由人群数量、购买欲望、购买能力三个基本参数之积所构成（$M = Q \cdot W \cdot P$），只有城市才能汇集大量具有购买能力的人群，只有城市才能汇集众多创新资源，只有城市才能汇集现代的先进生产力。

五是平原经济。全球经济活跃地区分布在平原地区，经济发展水平与地势高度成反比，山越高经济越落后。

中国地理版图处于亚洲大陆西部，东临太平洋，只有面向东方的单面沿海线，大陆版图主要分布于北纬20~50度，处于世界主要经济活跃带之中。但是，东部沿海地区面临第一岛链（日本列岛、琉球群岛、中国台湾、菲律宾、印度尼西亚、马来西亚、新加坡构成的环状岛链），以及向外的第二岛链（日本南方诸岛、美国北马里亚纳群岛、关岛等构成的环状岛链），再向外是作为天然屏障的太平洋，越过万里遥遥的洋面才能到达美洲大陆。

因此，中国仅仅发展东部地区的沿海经济是不够的，也是不均衡的。这个不均衡包括两方面的不均衡：一方面是中国本土发展水平的不均衡，主要表现为东部、中部、西部三大地区的不均衡，内陆地区与沿海地区的不均衡，城市与农村的不均衡，南方与北方的不均衡；另一方面是中国与周边国家和地区发展的不均衡，既面临来自美国、日本、韩国、新加坡等发达国家和地区的压力，也面临阿富汗等国家和地区贫穷、战乱的挑战，以及周边地区恐怖主义、极端主义、民族分裂主义等势力的挑战。发展的压力来自东部，贫困的压力来自西部。

面对世界各种力量交错涌动的复杂局面，中国需要帷幄大智慧，部署大棋局，运作大战略。破解东部海路屏障的棋局，在战略上就要将重心向西转移，向亚洲大陆内部扩展，向陆地纵深挺进。

2 东出西进北上南下战略大部署

从东西南北四个方向出击，形成“东出”、“西进”、“北上”、“南下”四大战略部署，深度参与分工国际化、经济全球化。四大战略体系彼此方向互补、内容互补、力量互补、作为互补，最终形成亚洲大陆发展新格局。释放积极能量，实施中国“内陆地区外向化”、“西部地区国际化”，形成全面开放的格局，促进内陆地区发展，带动周边地区发展，从而影响亚太、影响世界。

东出战略。面向东部方向的沿海地区战略部署，中国东部地区北起辽宁丹东，沿着海岸线向南、向西，直至广西北海，覆盖辽宁、河北、天津、北京、山东、江苏、上海、浙江、福建、广东等省区市。向东发展，扩大沿海经济，充分利用沿海地区的地缘优势、交通优势、气候条件优势、经济资源优势，战略指向面向东方发展，走海路，面向环太平洋地区。

东出战略的合作平台是中国与亚太经济合作组织（APEC）建设、亚太自贸区建设。

西进战略。面向西部方向的中西部地区战略部署，中国内陆西部地区东起内蒙古，沿着陆路边境线向西、向南、向东，直至广西北海，覆盖内蒙古、甘肃、新疆、西藏、青海、云南、广西、陕西、山西、宁夏、四川、重庆、贵州等省区市。向西发展，扩大沿边经济，充分利用沿边地区的地缘优势、生态优势、民族优势、经济资源优势，战略指向面向西方发展，走陆路，面向中亚、西亚直至欧洲、非洲。

西进战略的合作平台是中国与上海合作组织建设、中欧命运共同体建设、中国与周边国家互联互通建设。

北上战略。面向北部方向的东北、西北、华北地区战略部署，中国“三北地区”幅员辽阔，涵盖省区较多，以黄河流域以北地区为主要省区市，涵盖内蒙古、甘肃、新疆、陕西、山西、宁夏、吉林、黑龙江、辽宁、河北、天津、北京等省区市。向北发展，扩大沿边经济、沿海经济，充分利用沿边地区的地缘优势、生态优势、民族优势、经济资源优势，战略指向面向北方发展，走陆路，面向蒙古国、俄罗斯、远东、东北亚。

北上战略的合作平台是中国与上海合作组织建设、中国与东北亚区域合作。

南下战略。面向南部方向的南部地区战略部署，中国内陆南部地区以长江两岸向南延伸的地区，覆盖西藏、云南、广西、四川、重庆、贵州、广东、湖北、湖南、江西等省区市。向南发展，扩大沿边经济和沿海经济，充分利用沿边地区的地缘优势、生态优势、民族优势、经济资源优势，战略指向面向南方发展，走陆路和海路，面向南洋、东南亚、东盟、南亚，直至海湾地区、非洲。

南下战略的合作平台是中国与东盟命运共同体建设、中国与南亚国家合作、中国与非盟合作、中国与阿盟合作。

3 “一带一路”是“通路”也是“活路”

落实“四大战略”要有载体，这个载体就是与周边国家实现互联互通，形成整个大陆板块地区各种经济要素流通的渠道。

中国医道有句名言：“通则不痛，痛则不通。”这个道理同样适用于经济发展和社会进步。“通”，就是开放；“通”，就是交流；“通”，就是信赖；“通”，就是包容。由“不通”到“通”的转变，是一次战略跃升；由“慢通”到“快通”的转变，又是一次战略跃升。遇山开路，遇水搭桥。包括硬件设施建设，即基础设施建设；也包括软件设施建设，即外交关系、法律法规、政策制度建设等。“通”已经是“通道”的概念。

中国自古以来就是发展陆路经济的大国。中国在古代时期就有了与周边国家交流的通道，即“陆路丝绸之路”和“海上丝绸之路”。

古“陆路丝绸之路”是指西汉（公元前202～公元8年）时，由张骞出使西域开辟的以长安（今西安）为起点，经甘肃、新疆，到中亚、西亚，并联结地中海各国的陆上通道，这条道路也被称为“西北丝绸之路”，由于这条路西运的货物中以丝绸制品影响最大而得名，而且有很多丝绸都是从中国运出的，基本走向定于两汉时期，包括南道、中道、北道三条路线。以西安为起点，往西行进一直延伸到罗马。丝绸之路不仅是古代亚欧互通有无的商贸大道，还是促进亚欧各国和中国的友好往来、沟通东西方文化的友谊之路。自从张骞出使西域以后，中国和中亚及欧洲的商业往来迅速增加。通过这条通道，中国的丝、绸、绫、缎、绢等，不断运向中亚和欧洲。

古“海上丝绸之路”形成于汉武帝之时。从中国出发，向西航行的南海航线，是“海上丝绸之路”的主线。“海上丝路”起于秦汉，兴于隋唐，盛于宋元，明朝初达到顶峰，明朝中叶因海禁而衰落。“海上丝路”的重要起点有番禺（后改称广州）、登州（今烟台）、扬州、泉州、刘家港等，规模最大的港口是广州和泉州。宋代以后，随着中国南方进一步开发开放和经济重心南移，从广州、泉州、杭州等地出发的海上航路日益发达，越走越远，从南洋到阿拉伯海，甚至远达非洲东海岸，人们把这些海上贸易往来的各条航线，统称为“海上丝绸之路”。历代海上丝路，亦可分三大航线：东洋航线、南洋航线、西洋航线。东洋航线由中国沿海港至朝鲜、日本；南洋航线由中国沿海港至东南亚诸国；西洋航线由中国沿海港至南亚、阿拉伯和东非沿海诸国。

今天的“陆路丝绸之路”和“海上丝绸之路”，既秉承了古“丝绸之路”的路径，又发扬光大了“丝路”的内涵，极大丰富了“丝路”的内容，创新了“丝路”建设的方式。

首先，路的内容更加现代化，是现代公路、现代铁路、现代大飞机、现代巨轮海运，运量更大、速度更快。其次，路的里程更长，可以从大陆的东部沿海线一直延伸到西部的沿海线，联通所有沿线国家和地区，呈网络状辐射，惠及面更大、更广。最后，路的包容性更广，人流、物流、信息流、资金流等共同流动，相互交叉，将经济、人文、社会、文化交融在一起，经济社会影响更加深刻，促进力量更大。

4 “一带一路”是“富路”也是“福路”

建设现代“陆路丝绸之路”和现代“海上丝绸之路”能给沿路国家或地区带来什么好处？这既是人们普遍关心的问题，也是需要向周边地区说明的问题。这个问题的答案就是：“丝路”就是“福路”。

第一，只有实现互联互通才能将自然资源变成经济资源。路通了就可以运输、就可以交流往来，才能将原产地的劳动产品转变为市场商品，开展贸易，才能增加财富。

第二，修路的过程就是创造就业机会的过程。建设现代铁路、公路、机场、码头等基础设施，需要大量的人力、财力、物力，需要科技创新，需要创意设计，会极大激励创新事业及相关产业发展，牵动很长的产业链，激活相关领域。

第三，构筑国际联通网络。现代社会最为突出的标志就是通信现代化和交通现代化，一国实现了现代化，还要将现代化的文明成果惠及世界各个角落，只有这样才能消除贫困，消除愚昧，消除信息不对称造成的误解。只有这样才能消除世界上的不稳定因素，促进世界文明进步。

第四，拉动地区经济增长。人们常说“要想富先修路”，中国过去 35 年保持长期经济增长，正是基础设施建设不断完善的过程。建设好“硬”环境的同时也促进“软”环境改善，促进产业发展，促进区域发展，促进文明进步。路通了，一通带合作，一通引万通，一通促发展。

“一带一路”战略的支点：中国与中东能源合作*

潜旭明

（复旦大学国际关系与公共事务学院，上海外国语大学中东研究院，上海 200083）

【摘　要】中东是全球主要的能源供应基地，在国际能源体系中扮演着重要的角色。随着习近平主席提出建设“一带一路”战略构想，中国与中东国家的能源关系发展迅速，已成为中国“一带一路”框架的战略支点。本文考察改革开放以来，中国与中东的能源关系的历程，通过分析中国与中东能源合作的主要机制，即中阿能源合作大会、中海战略对话，以及中国与中东能源合作面临的主要问题和挑战，即中东地缘政治风险、西方国家对中国在中东的指责，指出中国在中东面临的竞争加剧，并对中国中东能源合作提出了几点思考。

【关键词】中东能源；“一带一路”战略；中国中东能源合作；中阿能源合作大会

公元前138年，中国西汉的张骞肩负和平友好使命，出使西域，开启了中国同中亚各国友好交往的大门，开辟出一条横贯东西、连接欧亚的丝绸之路。公元73年，班超又出使西域，被东汉任命为西域都护，班超将丝绸之路延伸到波斯湾。21世纪初，贸易和投资在古丝绸之路上再度活跃。2013年9月，习近平主席出访中亚四国、参加上合峰会时提出构建“丝绸之路经济带”。2013年10月，习近平主席访问印度尼西亚、出席亚太经合峰会时倡导建设21世纪“海上丝绸之路”。李克强总理在2014年3月5日所作的政府工作报告中提出，抓紧规划建设丝绸之路经济带和21世纪海上丝绸之路。①随着建设“一带一路”战略构想的提出，丝绸之路将再次成为世界地图上贯通中西，促进各方面交流合作的黄金路线。近年来，中国与中东国家的经贸和能源关系发展迅速，成为中国“一

---

* 本文为教育部重大攻关项目（08JZD0039）、国家社会科学基金资助项目（12CGJ009）、教育部重点研究基地项目（2009JJD810010）、教育部重点研究基地自选项目（2012JDZDSZX001）的阶段性研究成果。

① 李克强．政府工作报告——2014年3月5日在第十二届全国人民代表大会第二次会议上［EB/OL］．http://www.gov.cn/guowuyuan/2014-03/05/content_2629550.htm.

带一路”战略的支点。

1 “一带一路”战略与中东能源

习近平总书记提出的“丝绸之路经济带”是在古丝绸之路基础上扩展而形成的一个新的经济发展区域。从空间来看，我们可将“丝绸之路经济带”分为国内路段和国外路段两大部分。丝绸之路国内路段部分，在交通通道方面，形成了在空间走向上以新欧亚大陆铁路桥为主的北线、以石油天然气管道为主的中线、以跨国公路为主的南线三条线。① 丝绸之路的国际部分，建设运行主要涉及中国和中亚、南亚、中东，辐射作用还可延伸至欧洲地区。②“21 世纪海上丝绸之路”不仅传承了古代“海上丝绸之路”和平友好、互利共赢的价值理念，而且注入新的时代内涵，合作层次更高，覆盖范围更广，参与国家更多，将串起连通东盟、南亚、中东、北非、欧洲等各大经济板块的市场链。③

中东地区连接亚、非、欧三大洲，扼东西半球的交通要冲，“连接欧亚大陆东西两端的运输网，世界 60% 以上的石油和 1/4 的贸易从黑海—地中海—红海—波斯湾—印度洋—马六甲这条海上黄金通道经过。”④ 中东地区地缘位置显要，能源资源丰富，发展潜力很大，是“一带一路”战略的枢纽地区。

中东蕴藏着丰富的石油资源，是世界石油阀门之一。中东油层埋藏浅，石油开采成本低于世界平均水平，出产石油油质好，多为经济价值较高的中、轻质油。2012 年，在中东各主要产油国中，沙特的石油剩余探明储量占世界剩余探明储量的 21%，伊朗占世界剩余探明储量的 10.9%，伊拉克占 9.1%，阿联酋占 7.8%，科威特占 8.1%。⑤ 海湾地区石油的蕴藏量要比世界各地平均水平高出 40 年以上。⑥

从国际能源机制来看，欧佩克成员除委内瑞拉和印度尼西亚外均为中东国家。虽然近年来在中亚里海地区和非洲等地发现了一些较高的油气储量地，但在今后的一个世纪中，中东地区仍将是国际石油市场的核心，在未来甚至会变得更加重要。

中东国家在国际能源生产和出口中占有巨大的份额，2012 年中东石油产量为 13.37 亿吨，占世界石油总产量的 32.5%，其中欧洲及亚欧大陆占 20.3%，北美占 17.5%，非

---

① 李秀中. 丝绸之路经济带“扩容”多地竞入 [EB/OL]. http://finance.eastmoney.com/news/1350.20131119338602854.html.

② 冯宗宪. 中国向欧亚大陆延伸的战略动脉——丝绸之路经济带的区域、线路划分和功能详解 [J]. 人民论坛·学术前沿，2014，44 (2).

③ 索有为. 广东湛江打造 21 世纪海上丝绸之路主要节点 [EB/OL]. http://www.chinadaily.com.cn/hqgj/jryw/2014-03-05/content_11341520.html.

④ 高祖贵. 美国与伊斯兰世界 [M]. 北京：时事出版社 2005：10.

⑤ BP. BP Statistical Review of World Energy [EB/OL]. http://www.bp.com/statisticalreview.

⑥ 朱耿华，陈丙先. 中东石油的忧与乐 [J]. 百科知识，2006 (4).

洲占10.9%，中南美占9.2%，亚太占9.6%（见表1）。

表1　2012年世界各个地区的石油产量及占世界总量的比重①

地　区	中东	欧洲及亚欧大陆	北美	非洲	中南美	亚太
产量（亿吨）	13.37	8.36	7.21	4.49	3.78	3.97
占世界百分比（%）	32.5	20.3	17.5	10.9	9.2	9.6

中东地区天然气产量也非常丰富，2012年中东天然气产量为5484亿立方米，占世界总产量的16.3%，总产量位于欧洲及亚欧大陆、北美之后，居第三位（见表2）。

表2　2012年世界各个地区的天然气产量及占世界总量的比重②

地　区	中东	欧洲及亚欧大陆	北美	非洲	中南美	亚太
产量（亿立方米）	5484	10354	8964	2162	1773	4902
占世界百分比（%）	16.3	30.7	26.8	6.4	5.3	14.5

在国际能源体系中，中东石油出口量也保持领先的趋势，2012年中东石油出口量为1970万桶/日，占世界石油出口总产量的35.6%，其中欧洲及亚欧大陆占19.4%，北美占12.8%，非洲占13%，中南美占6.9%，亚太占11.6%（见表3）。

表3　2012年世界各个地区的石油出口及占世界总量的比重③

地　区	中东	欧洲及亚欧大陆	北美	非洲	中南美	亚太
出口量（万桶/日）	1970	1077.1	710.2	716.8	383.4	641.9
占世界百分比（%）	35.6	19.4	12.8	13	6.9	11.6

美国正在大规模地从分布广泛的页岩层中提取原油和天然气，其能源产量大幅跃升，对国际能源价格的影响增加，石油输出国组织（OPEC）对石油生产和定价的主动权减弱。中东地区在美国整体外交中的角色将由此发生变化，由原来举足轻重的能源供应保障转变为可以进退自如，美国对中东地区能源的需求已经从自身需要转变为对其他国家的控制工具。

在短期内，美国、俄罗斯和中东国家之间在国际能源市场的竞争加剧，国际石油、天然气价格将会下降。在国际能源体系中，形成以中东、中亚、俄罗斯、北美为主体的四大能源供应板块，以欧洲、东亚、南亚三大区域为主体的能源需求板块的国际能源供求大格局。从长期来看，由于石油、页岩气是不可再生能源，随着大规模开采和使用，石油、页

①②③ BP. BP Statistical Review of World Energy [EB/OL]. http://www.bp.com/statisticalreview.

岩气总会有枯竭的一天。在新能源研发没有取得突破性进展之前，美国、欧洲、日本、印度，包括中国对石油、天然气的需求不会减少，国际能源价格具有长期上升的张力。

2 “一带一路”战略与中国—中东能源合作

“一带一路”战略大框架包括几个关键的支点：中亚、东南亚、中东、中东欧、欧洲。中东蕴藏丰富的石油资源，是丝绸之路经济带的重点区域，中东地区处于亚、非、欧三大洲连接点和交通要冲，是海上丝绸之路的枢纽。随着中国经济的增长，中国现在已成为世界第一大能源消费国、第二大石油进口国，能源因素在中国外交战略中的权重增加，中国与中东能源合作成为“一带一路”战略的重要支点。

中国与中东国家通过丝绸之路进行友好交往的历史源远流长，近年来中国与中东国家的合作日新月异。2012 年，中国与海湾合作委员会 6 国贸易额达 1550 亿美元，中国是沙特最大的贸易伙伴，中东地区是中国能源的主要进口来源。2013 年 1 月 17 日，国家主席习近平在人民大会堂会见来华出席中国—海湾阿拉伯国家合作委员会第三轮战略对话的海合会代表团时指出，中方愿同海方共同努力，推动丝绸之路经济带和 21 世纪海上丝绸之路建设。海合会代表也表示，海合会各成员国高度重视发展对华关系，愿积极推进双方在各领域友好合作。古老的丝绸之路曾把海湾国家同中国联系在一起。海合会各成员国愿积极参与丝绸之路经济带和 21 世纪海上丝绸之路建设。①

改革开放以来，随着经济的发展，中国对能源的需求不断增长。1980 ~ 1990 年的 10 年，中国的能源生产总量大于消费总量。从 1990 年开始，中国的能源消费总量开始接近能源生产总量，能源进口大幅上升，到 1992 年，能源消费总量已略高于能源生产总量，此后，能源的生产与消费的缺口逐渐拉大。1993 年中国石油消费大于石油生产，成为石油净进口国。② 中国从 1993 年成为石油的净进口国以后，石油进口量逐年增加，1993 年中国石油净进口量为 988 万吨（成品油净进口超过原油净出口），到 1996 年中国原油和成品油贸易均出现负值，成为完全意义上的石油净进口国（净进口量为 1395 万吨）。③

21 世纪以来，特别是中国加入 WTO 后，能源需求进一步增长，如图 1 所示，2003 年中国进口原油总量达 9102 万吨，依存度达 44.2%，2007 年中国进口原油 1.6316 亿吨，2008 年中国原油进口 1.7888 亿吨，2009 年中国进口原油约 2.0365 亿吨，比 2008 年增长约 14%，石油消费对外依存度为 51.3%。④ 2010 年中国原油进口 2.3768 亿吨，对外依存

---

① 郝亚琳．习近平会见海合会代表团：望早日签署自贸协定［EB/OL］．http：//www.china news.com/gn/2014/01－17/5751512.shtml.

② 倪健民，郭云涛．能源安全［M］．杭州：浙江大学出版社，2009：37.

③ 倪健民．国家能源安全报告［M］．北京：人民出版社，2005：58.

④ 陈柳钦．新世纪中国能源安全面临的挑战及其战略应付［J］．决策咨询通讯，2011（3）．

度为53.8%，① 中国能源消费量占全球的20.3%，超过美国成为世界上最大的能源消费国。② 2012年中国原油进口2.7103亿吨，③ 石油对外依存度为57%。④ 据预测，到2020年，我国石油的进口量将超过5亿吨，对外依存度将到70%。石油供需矛盾更加突出，石油资源将严重制约我国经济的发展。

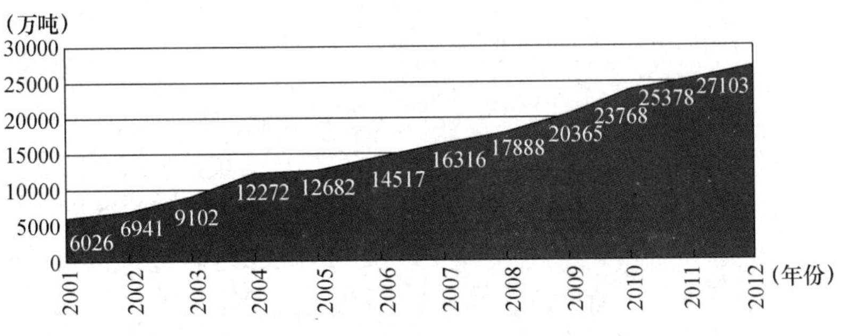

图1　2001～2012年中国进口原油数量⑤

从20世纪90年代开始，中国逐渐从中东进口石油及相关产品，中东地区逐渐发展为我石油进口的最大来源地，1996～2009年中东原油占我国进口总量的份额一直保持在45%～50%。在中国原油进口的地区结构中，中东、非洲、独联体为三大主要来源地，分别占中国原油进口总量的47.8%、30.1%和10.5%。从国家来看，阿拉伯产油国始终是我国原油进口的主要来源。最初主要是阿曼和也门，2000年之前它们是中国从中东和阿拉伯世界进口原油的前两位国家，1997～2000年阿曼取代印度尼西亚成为中国最大原油进口国（26%）。

2001年伊朗和沙特阿拉伯超过阿曼成为中国前两大原油供应国，2002～2009年沙特阿拉伯始终以明显的优势成为中国最大原油供应国，2008年和2009年沙特阿拉伯分别占当年中国原油进口量的20.3%和20.6%。2009年我国进口原油超过100万吨以上的阿拉伯国家就有沙特阿拉伯、阿曼、伊拉克、科威特、阿拉伯联合酋长国、也门、苏丹、利比亚和阿尔及利亚9个国家，其中海湾阿拉伯产油国占6个；1999～2009年来自阿拉伯国家的对华原油供应由1336万吨上升到9486万吨，占我国原油进口总量的份额也由36.5%上升到46.5%，其中来自海湾阿拉伯产油国的就占了36.5%。由此可见，阿拉伯世界尤其是海湾阿拉伯产油国在我国能源进口格局中占有举足轻重的地位。⑥ 2011年，中国从中

① 陈柳钦．新世纪中国能源安全面临的挑战及其战略应付［J］．决策咨询通讯，2011（3）．

② 中国超美国成全球最大能源消费国［EB/OL］．http：//www. neng yuan. net/201106/09－664231. html.

③ BP. BP Statistical Review of World Energy［EB/OL］．http：//www. bp. com/statisticalreview.

④ 中华人民共和国国务院新闻办公室．中国的能源政策（2012）白皮书［R］．2012－10－24.

⑤ 该图根据国家统计局数据制成。

⑥ 余建华．关于中阿能源合作的若干思考［J］．阿拉伯世界研究，2010（6）．

东进口原油约 1.3 亿吨，占当年进口原油总量的 50% 以上。①

2013 年，中国从中东进口原油达 1.4654 亿吨，增长了 8.6%，占到了石油总进口量的 52%。2013 年位居前 10 的中国原油进口国依次为：沙特阿拉伯、安哥拉、阿曼、俄罗斯、伊拉克、伊朗、委内瑞拉、哈萨克斯坦、阿拉伯联合酋长国、科威特，中东国家就占了 6 个。其中，从沙特阿拉伯进口了 5389.99 万吨、伊朗 2144.2 万吨、伊拉克 2351.54 万吨、阿曼 2547.53 万吨、阿拉伯联合酋长国 1027.58 万吨②（见表 4）。

表 4　2011 ~ 2013 年我国自中东进口原油的数量和金额③

年份	2011		2012		2013	
国别	数量（万吨）	金额（百万美元）	数量（万吨）	金额（百万美元）	数量（万吨）	金额（百万美元）
沙特阿拉伯	5027.24	39015.42	5390.52	44117.77	5389.99	42334.37
伊朗	2775.66	21820.14	2201.90	17845.80	2144.20	16885.89
阿曼	1815.42	13818.48	1957.28	15799.29	2547.53	19890.78
伊拉克	1377.36	10438.94	1568.46	12637.50	2351.54	17887.54
科威特	954.34	7343.68	1049.16	8401.69	934.42	7256.25
阿拉伯联合酋长国	673.52	5518.69	874.37	7480.74	1027.58	8358.33
也门	309.81	2578.99	358.45	3072.82	245.26	2003.57

随着中国经济持续发展，对能源的需求也进一步增长，能源安全成为重中之重，中国与中东国家的能源合作关系是确保中国能源安全的关键。能源合作成为中阿关系最具战略意义的领域之一，更是中阿关系持续、稳定发展的重要基石。“一带一路”战略下的中国—中东能源合作机制主要有“中阿合作论坛”、“中阿能源合作大会”、“中阿能源合作联盟”等，在这些机制的作用下，中国—中东能源合作取得了可喜的成绩。

2004 年中国与阿拉伯国家共同设立中阿合作论坛，作为中阿关系发展史上的重要里程碑，成为开启中阿能源合作大踏步进展的契机。根据 2006 年 6 月 1 日在北京召开的中国—阿拉伯国家合作论坛第二届部长级会议签署的《中阿合作论坛 2006 至 2008 年行动执行计划》，第一届中国—阿拉伯能源合作大会于 2008 年 1 月 9 ~ 11 日在中国三亚召开。中方参会人员包括国家发展与改革规划委员会、外交部、商务部和有关能源企业代表。阿方参会人员包括阿拉伯国家能源主管部门、阿拉伯国家联盟秘书处、阿拉伯石油输出国组织（OAPEC）、阿拉伯原子能机构代表团及有关能源企业代表。与会者探讨了中阿能源合作

① 中国海关总署网站：http：//www.customs.gov.cn。
② 2013 年我国石油进口增速放缓进口来源多样化显现［N］．中国能源报，2014 - 2 - 2.
③ 中国海关信息网：http：//www.haiguan.info/。

的前景和加强能源合作的途径，并对该领域合作取得的成果表示满意。双方就可再生能源合作，加强石油、天然气和电力行业合作广泛交换了意见。双方在石油和天然气领域、可再生能源和替代能源领域、电力、经验交流和技术转让领域的合作达成共识。双方强调，中阿能源合作大会是加强双方能源领域合作、提升建立在平等互利基础上的新型伙伴关系水平的重要平台，将更好地为中阿人民的共同利益服务，并将加强中阿合作论坛的建设。①

2010 年 1 月 26 ~ 28 日，第二届中阿能源合作大会在苏丹首都喀土穆召开，与会代表就中国和阿拉伯国家面临的传统化石能源及核能、可再生能源发展问题进行了交流，强调必须充分开发和利用各种能源，以满足发展需要。与会代表就中国与阿盟开展能源合作的重要意义达成共识，认为应加强双方在石油、天然气、电力、可再生能源及和平利用核能等领域的密切合作，共同维护全球能源安全。双方签署了《中国国家能源局和阿拉伯国家联盟关于中阿能源合作机制的谅解备忘录》及《第二届中阿能源合作大会闭幕公报》。②

2012 年 9 月 16 ~ 17 日，第三届中阿能源合作大会在银川召开。与会代表探讨了中阿能源合作的前景和加强能源合作的途径。双方强调必须开发与利用各种能源，共同保障全球能源安全，促进各自经济社会可持续发展。双方还就可再生能源合作，加强石油、天然气和电力行业合作广泛交换了意见。双方通过了《联合声明》，一致同意继续发挥中阿能源合作大会机制的作用，积极落实中国国家能源局和阿盟关于中阿能源合作机制的谅解备忘录；在互利基础上，继续加强能源领域，特别是石油、天然气、电力、可再生能源领域的合作。③

海湾国家在中国与中东能源合作中处于重心地位，由六个海湾阿拉伯国家（沙特阿拉伯、科威特、阿拉伯联合酋长国、卡塔尔、阿曼和巴林）组成的海湾阿拉伯国家合作委员会（海合会）在中国与中东能源合作中发挥重要作用。海合会成立后不久，中国就与其建立了联系。从 1990 年开始，中国外长每年都利用出席联合国大会的机会，与海合会 6 国外交大臣及海合会秘书长举行会晤。1996 年，中国与海合会建立了经济、政治磋商机制。2004 年 7 月，海合会秘书长和六国财长联合访华，中国与海合会签订了“经济、贸易、投资和技术合作框架协议”，并宣布启动建立自由贸易区的谈判。2004 ~ 2006 年中国与海合会共进行了 4 轮谈判，随后因种种原因一度中断。2009 年 6 月，双方在沙特阿拉伯重启自由贸易区谈判，迄今为止，已在货物贸易谈判大多数领域达成了共识，并启动了服务贸易谈判（见表 5）。

---

① 第一届中国—阿拉伯能源合作大会联合声明［EB/OL］. http：//wcm. fmprc. gov. cn/pub/zalt/chn/wjk/nyhzdh-ss/dyjnyhzdh/.

② 邵杰. 第二届中阿能源合作大会闭幕［EB/OL］. http：//news. xinhuanet. com/world/2010 - 01/28/content_12893783. htm.

③ 夏晨. 第三届中阿能源合作大会在宁夏银川开幕［EB/OL］. http：//news. xin huanet. com/politics/2012 - 09/16/c_ 113095576. htm.

表 5　中国与海合会自由贸易区谈判进程（2005 ~ 2009 年）

时间	谈判进程	谈判内容
2005 年 4 月 23 ~ 24 日	首轮谈判	双方确定了自贸区谈判工作机制和大纲，并就货物贸易的关税减让等问题进行了磋商。中国—海合会自贸区谈判涵盖货物贸易、服务贸易和经济技术合作等领域①
2005 年 6 月 20 ~ 21 日	第二轮谈判	签订了“经济贸易协定”、“投资保护协定”，并成立了双边经贸混委会；还与除沙特阿拉伯以外的五国签订了“避免双重征税协定”
2006 年 1 月 17 ~ 18 日	第三轮谈判	谈判主要集中在市场准入和原产地规则等方面，并就海关核查程序、贸易技术壁垒（TBT）、卫生和植物卫生措施（SPS）、贸易救济、与货物贸易有关的法律问题、自贸协定文本等问题交换了意见，取得了积极进展②
2009 年 6 月 22 ~ 24 日	第四轮谈判	双方就货物贸易主要关切和服务贸易初步出价进行了深入磋商，并就原产地规则、技术性贸易壁垒、卫生和植物卫生措施、经济技术合作等议题广泛交换了意见，谈判取得了积极进展③

2010 年 6 月 4 日，中国—海合会战略对话首届部长级会议在北京举行，双方强调愿意继续加强在各领域的合作，双方签署了《中华人民共和国和海湾阿拉伯国家合作委员会成员国关于战略对话的谅解备忘录》。④ 2011 年 5 月 2 日，第二届中国与海合会战略对话在阿布扎比举行。双方认为应尽快召开专家会议，为落实上述框架协议和谅解备忘录在贸易、投资、能源、文化、教育、科研、环境、卫生等领域的有关内容制订行动计划，确定具体时间表。双方同意继续加强磋商，尽早完成自由贸易区谈判。⑤ 2014 年 1 月 17 日，中国与海湾合作委员会在北京举行第三轮战略对话，会后发表新闻公报，强调要加快中国和海合会自由贸易区谈判进程，认为中国和海合会国家经济互补性强，建立自由贸易区符合双方的共同利益。国家主席习近平在会见参与第三轮战略对话的海合会代表时表示，中国希望双方快马加鞭，早日签署协定。古老的丝绸之路曾把海湾国家同中国联系在一起。现代海合会各成员国也积极参与“丝绸之路经济带”和“21 世纪海上

---

① 中国驻沙特使馆．中国与海湾合作委员会进行首轮自贸区谈判［EB/OL］．http：//wcm. fmprc. gov. cn/pub/chn/pds/wjdt/zwbd/t438846. htm.

② 商务部新闻办公室．中国—海合会自贸区第三轮谈判结束［EB/OL］．http：//www. mofcom. gov. cn/aarticle/ae/ai/200601/20060101395515. html.

③ 李震．中国与海合会重启自贸区谈判［EB/OL］．http：//news. xinhuanet. com/world/2009 – 06/24/content_11595246. htm.

④ 王慧慧．中国与海合会举行首轮战略对话［N］．人民日报，2010 – 6 – 5.

⑤ 安江．中国与海合会举行第二轮战略对话［EB/OL］．http：//news. xinhuanet. com/2011 – 05/03/c_121370255. htm.

丝绸之路”建设。

2013年9月15～19日，在银川举办的中阿博览会获得了2599亿元项目签约，其中能源化工类项目总投资达747.99亿元，涉及28个项目。9月17日，中阿能源合作联盟宣布成立，将为双方能源合作形成有效对接，不仅利于推动中国与阿拉伯国家在现有能源合作领域纵深发展，更被寄予拓展双方在其他能源领域合作的厚望。①

3 中国—中东能源合作面临的困难及其对策

中国自1993年成为石油净进口国以来，与中东石油的联系日益密切。中东石油对中国经济的发展有着不可估量的意义。中国经济与中东石油之间呈现一种互动的函变关系。油价上涨不利于中国经济的发展，但中国经济的发展持续陷入低谷也会减少其石油需求量，进而通过供求关系影响油价。中东地区局势错综复杂，反复多变，长期动荡不安，过分依赖中东石油存在极大风险。但在当前条件下，还没有其他地区可以取代中东成为中国的主要能源供应地。中国与沙特阿拉伯等国的能源合作已发展到通过相互投资保障长期供求关系的较高层次，中国与伊朗的能源合作也排除干扰稳步推进，中国与伊拉克关于开发阿达朴油田的合作也已经重启。②

3.1 中国与中东能源合作面临的困难和挑战

第一，中东地缘政治风险引发中东能源的产量波动，对能源运输线形成威胁，可能影响中国的能源安全。近年来，中东国家政局动荡、冲突频发。地区各类双边、多边冲突和国内骚乱导致能源供应中断或价格剧烈波动的可能性一直存在，一旦中东能源供应出现问题，中国将最先受到影响。近期伊朗核问题、利比亚内战及持续的叙利亚暴力冲突等中东地区问题导致油价出现波动。中国石油供应线漫长，安全形势的恶化还会直接威胁中国获取中东石油的海上供应线。如索马里海盗就直接威胁通过亚丁湾和曼德海峡的中国油轮。霍尔木兹海峡是中国进口大多数中东石油的必经之路，如果伊朗与西方国家发生冲突，霍尔木兹海峡有可能被切断，这将严重威胁中国的能源安全。

第二，中国与中东的能源合作受到西方国家的攻击和指责。一方面，随着许多全球性问题的凸显，国际社会在人权、劳工、环保、知识产权等方面的法律和规范也在不断发展和完善，而迅速拓展的中国公民、企业、法人在中东的经济贸易活动还没有适应这些新情况、跟上这些新发展，由此在当地引起了一些矛盾和纠纷。另一方面，西方有些人运用

---

① 钟银燕，仝晓．新能源成中阿能源合作新热点［N］．中国能源报，2013-9-23.

② 路透社迪拜2008年8月28日电。

“中国责任论”来牵制中国，以他们的标准来评价中国与中东经贸合作的发展。指责中国在中东、非洲、拉美等地区搞“新殖民主义”，特别攻击中国不遵守人权、劳工、环保、知识产权等方面的规范。从长远看，这对中国与中东的经贸合作稳步发展也形成一定的制约。

第三，中国在中东面临的竞争加剧。随着中东油气资源对国际能源安全具有越来越重要的战略意义，未来中国与中东的能源合作将面临与美、欧、日等西方大国及其他能源消费国的激烈竞争。有学者认为，中国与中东的关系可能取代美国与中东的关系，成为影响世界能源问题前景的决定因素。① 有人甚至将中国与美国在伊朗、苏丹、津巴布韦等问题上的分歧和争论均归因于能源竞争，认为中国为了扩大石油进口来源高调挺进苏丹、安哥拉和伊朗，因而引起了西方竞争者，特别是美国的严重不安。② 因此，如何处理中国与美国、欧洲等西方大国在中东的关系成为中国今后要面临的重要课题。

3.2 新的国际能源形势及中国的应对

在页岩气革命这个大形势下，美国对中东石油的需求相应减少，对中东能源的关注度将会降低。美国对中国与中东国家数额巨大石油贸易的负面态度减少，因为在国际能源市场上，中国石油需求的增加弥补了美国石油需求减少的缺口，维持国际石油价格的稳定，从而使美国能源企业从中获益。这对中国来说，意味着与中东国家有更多的能源合作机会。

从短期来看，中东国家更加欢迎中国石油企业对中东的投资，并加大中东能源企业对中国市场的开拓。中国可以加大与中东、中亚、俄罗斯，甚至北美四大能源供应板块的合作。从长期来看，中国与中东国家能源合作仍面临着激烈的竞争和严峻的挑战。一方面，中国应加大对中东地区的关注和引导力度，从顶层设计到具体的战略、各层次人员交流入手，展现中国积极的国家形象，增加与中东产油国的合作。另一方面，中国应大力发展新能源和可再生能源，发展低碳经济，提高能源的使用效率，充分利用好国际国内的能源资源，保障中国的能源安全。

通过对中国和中东能源关系的分析，对照中国能源安全的现状，笔者形成了关于中国中东能源合作的几点思考。

一是强化中东地区在中国全球战略中的地位，制定中国的中东外交政策，积极开展能源外交。随着中国经济的发展和国际地位的提升，中东在中国战略中的地位越来越重要。中东在政治上是中国的战略依托，经济上是中国的重要能源供应地，是中国商品走出去的重要市场，安全上是中国打击“三股势力”，维护国家安全的重要屏障。③

二是推动中国与中东经贸关系的发展，建立相互依存的经贸关系。通过提高相互依存

---

① ［日］. 中村玲子. 美国攻打伊拉克背后隐藏着石油地缘政治学［J］.［日］经济学人，2002（10）.

② Moises Naim. Rogue Aid［J］. Foreign Policy，2007（3/4）. 转引自［德］白小川. 能源安全：欧美中三角关系中的大难题［J］. 现代国际关系，2007（10）.

③ 刘中民，朱威烈. 中东地区发展报告［M］. 北京：时事出版社，2013：324.

度、增进互信，培育更加友好的国家间关系。为此，应当推动对中东国家非石油领域的外国直接投资，同时，提供投资激励、鼓励中东国家放开投资管理，允许更多的外国投资。设立由国家主导、企业运作的“中东国家发展基金”，帮助中国企业参与中东交通、能源、矿产等产业的建设和开发。进一步完善和改进“市场换资源”、“基础设施换资源”等政策。

三是加强机制建设，中国和中东在中阿合作论坛、中国—海合会战略对话等多边机制下加强合作，共同推动中国与中东能源关系发展，就重大全球性问题和地区热点问题保持沟通协调，共同维护地区和平稳定和发展中国家利益。①

四是整合国家资源，加强在能源领域的战略合作，制定综合应对能源供应风险的有效策略。加强国家发改委下属中国能源政策统筹能力，成立专门负责海外石油利益的跨部门协调机构，制定长远的海外能源投资发展战略。

五是加强与中东国家在人文领域的交流，夯实双边关系的民意基础。利用“中阿合作论坛”框架下的人文领域交流计划，增加中阿民间互访，搭建平台，开展形式多样的交流活动。②

六是实现能源来源多元化，政府支持国内有条件的石油企业尽快“走出去”，参与国外油气田的勘探开发，建立稳定的海外石油生产和供给基地，是保障中国油气安全供应的必然选择。目前中国对海外石油资源的利用，除了由政府指定的企业在国际市场上进行期货及现货贸易外，还包括在勘探、开采等领域与外方进行合作。加大对非洲、拉美、中亚、东南亚等区域的能源合作力度。中亚是中国理想的石油供应源，扩大与中亚的能源合作可以减少中国对中东石油的依赖，能源纽带可以加深中国和中亚国家的互信，保证国家的完整和西部边境的安全。

七是兼顾美国等西方国家在中东的能源安全和战略利益，尊重和理解美国的全球大国地位及西方国家在中东的地区利益，包括能源安全和其他方面的战略利益。中国在积极发展与资源丰富的中东产油国的双边关系的同时，必须兼顾与美国等西方国家的关系平衡，与美国等西方国家在中东石油问题上开展能源安全合作，愿意扮演“负责任的利益攸关者”角色地位，具体而言，在中东石油问题上，中国在不损害自己的能源安全和经济利益的前提下，应该尽可能与美国和欧洲协调政策和立场，共同努力和协调政策，解决伊朗和苏丹问题，尽可能把中美间的矛盾与冲突减少到可控制的范畴之内。③

---

① 吴乐珺．习近平同巴林国王哈马德会谈愿共同推动重启中海自贸区谈判李克强会见哈马德［N］．人民日报（海外版），2013－9－17.

② 刘中民，朱威烈．中东地区发展报告［M］．北京：时事出版社，203：326.

③ 吴磊．关于中国—中东能源关系发展的若干思考［J］．阿拉伯世界研究，2007（1）.

The Base of "the Silk Road Economic Belt and the Marine Silk Road" Strategy: China and the Middle East Energy Cooperation

Qian Xuming

(School of International Relations and Public Affairs, Fudan University, the Middle East Studies Institute, Shanghai International Studies University, Shanghai 200083)

Abstract: The Middle East, the main energy supply part of the world, plays a very important role in the international energy system. The Chinese economy has made a rapid development since it adopted the reform and open – up policy. There is a dramatic increase in the Chinese energy demand in the recent years, therefore, the Middle East become more and more important to the Chinese Energy security. The Middle East becomes the Strategic base of The Silk Road Economic Belt and the Marine Silk Route strategy. The paper analyses some energy cooperation mechanisms, and the main problems in China and the Middle East energy cooperation, and give some suggestions on how to enhance the cooperation.

Key Words: The Middle East Energy; The Silk Road Economic Belt and the Marine Silk Route Strategy; China and the Middle East Energy Cooperation; China and Middle East Energy Conference

丝绸之路经济带建设与中国贸易之应对*

——基于引力模型的研究

高新才　朱泽钢

（兰州大学经济学院，兰州　730000）

【摘　要】从贸易角度考察，中国对丝绸之路经济带上国家，尤其是对一些经济规模较小国家已经初步发挥了贸易带动作用，成为这些国家产品出口的重要市场，但与这些国家的贸易规模还较小。通过贸易引力模型实证研究发现，国家经济规模是影响中国与丝绸之路经济带上国家贸易规模的最重要因素，也成为制约贸易规模进一步拓展的最重要因素。中国在丝绸之路经济带贸易发展中，要将丝绸之路经济带上经济规模较小国家视为重要的利益攸关方，而不仅仅是产品出口的市场，并且依托巨大国内市场扩大进口。通过承担更多责任，成为带动丝绸之路经济带国家经贸发展的重要力量。

【关键词】中国；丝绸之路经济带；经济规模；经济贸易；引力模型；区域经济合作

丝绸之路经济带是开拓亚欧国家区域经济合作、实现经济共同发展的宏伟战略。丝绸之路经济带横跨亚欧大陆，涵盖数十个国家，各国经济发展规模与水平存在显著差异，其中大部分国家经济规模较小，经济发展水平较低，一些国家在开展区域经济合作方面还存在一些顾虑[1]。中国作为“负责任大国”，以及丝绸之路经济带的首位倡导者，又是世界第二大经济体、世界人口最多的国家，在丝绸之路经济带的国家中具有重要影响，因此，中国在丝绸之路经济带建设中可以并且应当起到带动全局、谋划长远的战略作用。国际性区域合作多为“竞争导向一体化”，比如欧盟就是通过建立无差异的税制、货币、市场与劳动力等制度以充分发掘各国的竞争力，而丝绸之路经济带由于所涵盖国家在经济、文化、政治制度等方面存在较大差异，所以不能实行无差异的竞争性一体化，而应该实行“合作导向一体化”，在将各国的文化特点、制度、资源禀赋、发展阶段的差异紧密融合的基本上，开展平等合作，共享发展成果。丝绸之路经济带国家之间经济规模与经济发展水平差异较大增加了区域经济合作的困难。对中国而言，需要考虑的问题是：在丝绸之路经济带区域经济合作中如何作为才能实现自身的战略目的，助推丝绸之路经济带建成最具

---

* 基金项目：连云港市科技局软科学研究计划项目（RK1304）。

作者简介：高新才（1961—），男，陕西大荔人，教授，博士生导师，从事区域经济学研究。

影响与活力的经济大走廊？

在丝绸之路经济带建设的“政策沟通、道路联通、贸易畅通、货币流通、民心相通”五项具体任务中，政策沟通与道路联通是基础，货币流通是关键，民心相通是保障，而贸易畅通是核心。同时，贸易也是丝绸之路经济带深化区域经济合作的切入点。中国对丝绸之路经济带上国家的贸易结构存在失衡的情况，与欧盟国家贸易往来较大，欧盟已成为中国最大贸易往来经济体，但与处于核心区的中亚五国、处于扩展区的巴基斯坦、印度等国的贸易往来规模较小，比如 2012 年中国与中亚五国的进出口总额只有 459 亿美元，占全国进出口总额的 1.18%。改善贸易失衡结构、加强与带上众多经济规模较小国家的贸易往来，应该是中国建设丝绸之路经济带与经营中西亚战略的紧迫任务。为了进一步拓展与众多经济的竞争性一体化，应该实行“合作导向一体化”，经济规模较小国家的贸易往来，有必要全面考察中国对丝绸之路经济带上国家贸易往来的决定因素，进而制定适切的贸易政策。因此，本文从贸易视角出发研究中国在丝绸之路经济带贸易发展中的战略应对。

在建设丝绸之路经济带历史使命的要求下，需要研究的具体问题是：当前阶段中国在丝绸之路经济带贸易发展中起到什么作用？在贸易进一步发展的过程中，中国面临着哪些问题或障碍，以及如何应对？基于以上考虑，本文之后的内容安排如下：首先对研究国家经济规模与贸易关系的理论文献进行回顾；其次利用实证数据分析中国与丝绸之路经济带国家的贸易关系，并采用引力模型分析中国与各国的贸易决定因素，以探究中国发挥自身引领作用可能存在的问题或障碍；最后在实证研究的基础上，提出相关政策建议。

1 文献回顾

宋玉华等根据国土面积、人口、资源、国内市场规模、地区影响、世界事务参与、经济增长等标准，把中国、巴西、俄罗斯、印度划分为新兴大国[2]。欧阳峣等以新兴四国为经验对象，总结了大国经济发展具有国内需求规模大、稳定性强等典型化特征[3]。大国经济区别于小国经济主要在于国内市场规模大并且对经济增长的贡献度高两个特征上，因此，中国应该充分认识自身已成为贸易与经济大国的基本事实，改变出口导向型贸易战略为外向型平衡贸易战略，扩大内需，适度降低外贸依存度，增加进口，利用大国优势加快产业结构升级[4]。柳思维认为，中国作为贸易大国还存在出口产品多为低端、低附加值产品，高端产品、高技术含量商品少，货物贸易多、服务贸易少，对国际市场依存度过高、国内消费需求动力不足，片面追求出口贸易，忽视科技创新导致贸易的内涵式集约增长基础薄弱[5]。Bhagwati 等研究认为，大国如果实行出口偏向型经济增长战略，那么贸易条件可能恶化，进而制约经济增长[6]。并且，对于大国而言，出口导向型的经济不能持续，必须依赖内需实现可持续发展[7]。易先忠等研究发现，中国自 1995 年以来发生了明显的福利对外“转移支付”[8]。因此，国内市场是大国开展对外贸易与经济持续增长的根本，中国应该走一条积极开拓国内市场、适度对外贸易的强国之路[9]。

经典贸易理论认为，开展对外贸易对一国经济发展有益，能推动生产技术改良与创新，扩大生产规模，促进产品生产多样化，但也有学者认为对外贸易对发展中国家不利，比如发展经济学激进主义流派认为，由于发展劣势导致贸易条件恶化，不但不能促进国家经济发展，而且会让发展中国家过度依赖发达国家[9]。马歇尔（Alfred Marshall）指出，经济规模大的国家与经济规模较小的国家影响不同，经济规模较小的国家在经济发展中对外贸的依赖性较强、对国内贸易的依赖性较弱，但是经济规模较大的国家则反之[10]。冯明认为，对外贸易对于后进发展中国家而言，从短期与局部角度看，在国家经济竞争中会处于弱势地位，但从长期与整体角度来看，对外贸易依然对后进发展中国家的经济增长起到重要作用[9]。

从以上文献可以看到以下事实：第一，国家经济规模对国际贸易具有重要影响，经济规模大的国家与经济规模较小的国家在双边贸易关系中处于不同的地位；第二，中国经济规模已发展到较高阶段，应该调整当前对外贸易战略，即由出口导向型经济向国内贸易与对外贸易平衡型战略转变；第三，经济规模较小国家在拓展与中国的贸易规模，并且加强经济联系的过程中存在担心本国经济过度依赖中国，国内市场受到冲击的问题。上述事实决定了中国在建设丝绸之路经济带中要承担更多责任，应该将带上经济规模较小国家看作重要的利益攸关方，而不仅仅是一个产品出口的市场。具体而言，中国与其他经济规模较小国家开展双边贸易，要进一步拓展贸易规模以加强双方经济联系；充分挖掘进口潜力，利用自身巨大的国内市场增强对经济规模较小国家的利益攸关程度；提升出口产品层次，避免对经济规模较小国家的国内市场形成冲击。

2　基本情况分析

为了具体考察中国在丝绸之路经济带上的贸易地位，本文首先从贸易规模角度分析中国与各国的贸易往来的基本情况，然后通过建立引力模型探究中国与丝绸之路经济带上其他国家之间贸易往来的决定因素。

目前对丝绸之路经济带涵盖区域还没有做出清晰划分，只形成大体上的认识。胡鞍钢等[11]、白永秀等[12]认为，丝绸之路经济带包括核心区、扩展区（重要区）与辐射区，其中核心区包括中国、俄罗斯与中亚五国，扩展区主要包括印度、巴基斯坦、伊朗、阿富汗等国，辐射区主要包括日韩、西亚、欧盟等国。本文选取胡鞍钢[11]在《丝绸之路经济带：战略内涵、定位和实现路径》一文中明确列明的国家作为分析对象，共有 24 个国家，分别为哈萨克斯坦、吉尔吉斯斯坦、塔吉克斯坦、乌兹别克斯坦、土库曼斯坦、俄罗斯、阿富汗、印度、巴基斯坦、伊朗、阿塞拜疆、亚美尼亚、格鲁吉亚、土耳其、沙特、伊拉

克、德国、法国、英国、意大利、乌克兰、埃及、利比亚、阿尔及利亚，下文用“24 国”代表这些国家。

2.1　中国与经济规模较小国家的贸易规模小

中国对 24 国进出口规模在 2012 年达到 7266.6 亿美元，占中国 2012 年进出口总额的 8.8%。根据《中国统计年鉴》中国与各国进出口数据编制图 1。

如图 1 所示，与中国贸易规模较大的国家是俄罗斯、印度、德国、法国、英国与意大利等大国。中国对该六国的进出口总额占中国对 24 国进出口总额的 64.9%。其他国家中，除伊朗与沙特阿拉伯两国之外，均与中国的进出口规模较小，其中，中亚五国与中国的进出口总额占中国对 24 国进出口总额的 6.3%。可见，中国对丝绸之路经济带上经济规模较小国家的贸易规模还很小。为了建设丝绸之路经济带，有必要进一步加强与中亚五国等经济规模较小国家的贸易往来。

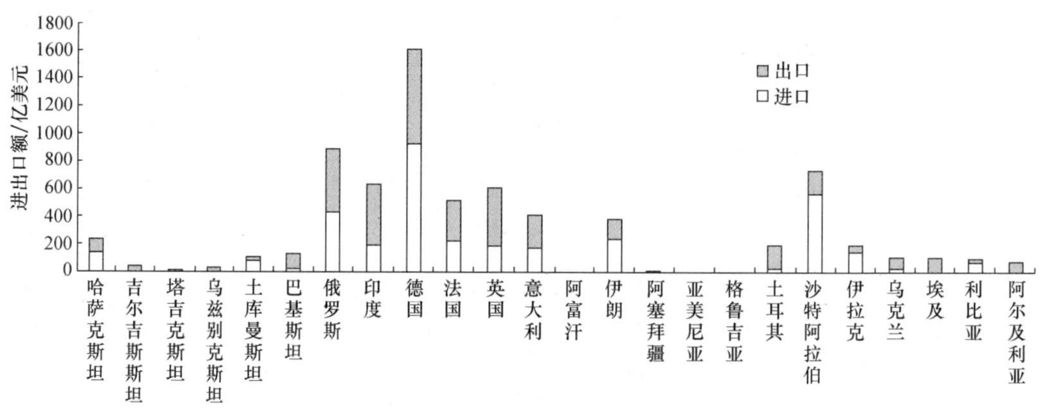

图 1　2012 年中国对 24 国的进出口额

2.2　经济规模较小国家对中国的依存度较高

虽然中国与经济规模较小国家的贸易规模小，但是这些国家对中国的贸易依存度较高，具体数据如表 1 所示。

2012 年，哈萨克斯坦、吉尔吉斯斯坦、塔吉克斯坦、乌兹别克斯坦、土库曼斯坦对中国的贸易依存度分别为 12.62%、78.16%、24.32%、5.61%、29.5%；俄罗斯、印度、德国、法国、英国、意大利对中国的贸易依存度分别为 4.37%、3.58%、4.70%、1.95%、2.56%、2.07%。其他 13 国中，2012 年对中国贸易依存度低于 53 的国家有 5 个，分别是阿富汗、阿塞拜疆、亚美尼亚、格鲁吉亚与土耳其，除此之外，另外 8 国对中国的贸易依存度均高于 53。2010～2012 年，中亚 5 国中除土库曼斯坦之外，其他 4 国对中国的贸易依存度呈微弱下降的趋势，而俄罗斯、印度等经济规模较大国家对中国的贸易依存度呈微弱上升的趋势。数据分析表明，经济规模较小国家对中国的贸易依赖程度较高，中国一定程度上已成为了这些国家的利益攸关方，这为中国在建设丝绸之路经济带的进程中进一步发挥引领作用奠定了基础；但是，中国对经济规模较小国家的贸易紧密关系还没有达到理想的程度，而且稳固性还不够。

表 1　2010～2012 年部分国家对中国外贸依存度　　单位：%

国别	指标	2010 年	2011 年	2012 年	国别	指标	2010 年	2011 年	2012 年
哈萨克斯坦	进出口	13.81	13.27	12.62	俄罗斯	进出口	3.64	4.16	4.37
	进口	6.31	5.09	5.41		进口	1.94	2.04	2.18
	出口	7.50	8.18	7.21		出口	1.70	2.12	2.19
吉尔吉斯斯坦	进出口	87.6	80.29	78.16	印度	进出口	3.61	3.93	3.58
	进口	86.1	78.71	76.81		进口	2.39	2.69	2.57
	出口	1.50	1.58	1.35		出口	1.22	1.24	1.01
塔吉克斯坦	进出口	25.39	31.72	24.32	德国	进出口	4.30	4.66	4.70
	进口	24.40	30.61	22.91		进口	2.06	2.12	2.02
	出口	0.99	1.11	1.43		出口	2.24	2.56	2.68
乌兹别克斯坦	进出口	6.31	4.78	5.61	法国	进出口	1.74	1.87	1.95
	进口	3.00	3.00	3.48		进口	1.08	1.08	1.03
	出口	3.31	1.78	2.13		出口	0.66	0.79	0.92
土库曼斯坦	进出口	7.09	18.73	29.50	英国	进出口	2.18	2.38	2.56
	进口	2.37	2.68	4.83		进口	1.69	1.79	1.88
	出口	4.72	16.05	24.67		出口	0.49	0.59	0.68
巴基斯坦	进出口	4.9	4.94	5.52	意大利	进出口	2.20	2.33	2.07
	进口	3.92	3.95	4.12		进口	1.52	1.53	1.27
	出口	0.98	0.99	1.40		出口	0.68	0.8	0.8

注：由于篇幅原因其他国家数据未列出。

2.3　中国与各国进出口贸易规模发展不平衡

出口是拉动一个国家经济增长的重要动力，各个国家都注重开拓国外市场以发展本国经济，因此，一个国家是否成为另一个国家重要的利益攸关方，在一定程度上可以通过该国对另一国的进口比来衡量。进出口比大于 1 意味着该国对另一国进口规模大于出口规模，比值越大说明该国市场对另一国越重要。根据 2012 年《中国统计年鉴》数据编制图 2。

如图 2 所示，2012 年，中国与 24 国进出口的比值大于 1 的国家有哈萨克斯坦、土库曼斯坦、德国、俄罗斯、伊朗、沙特阿拉伯、伊拉克、利比亚，而其他国家均小于 1。对土库曼斯坦、伊朗、沙特阿拉伯、伊拉克、利比亚等国家的进出口比值均大于 2，说明中

国对这些国家的进口远大于出口；但是中国对吉尔吉斯斯坦、塔吉克斯坦、阿富汗、阿塞拜疆、亚美尼亚、格鲁吉亚、乌克兰、埃及、阿尔及利亚等国的进出口比值小于 0.45，说明中国对这些国家的进口较少，而出口较多。

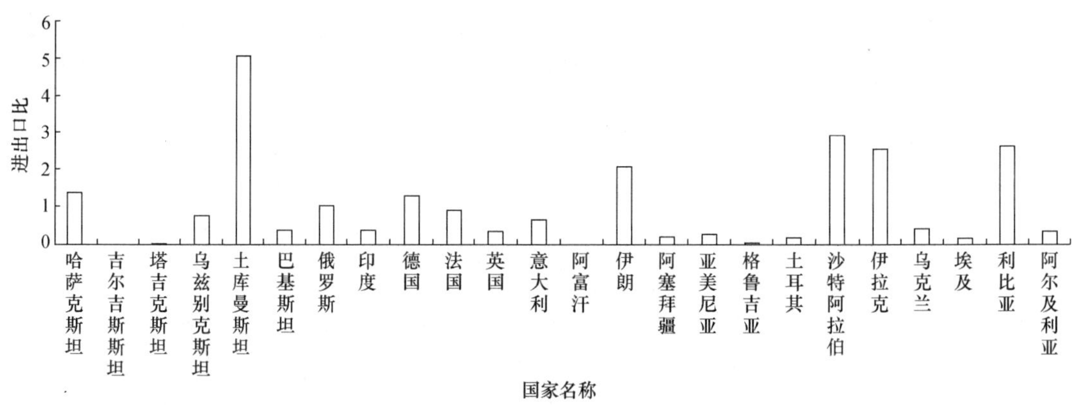

图 2　2012 年中国对 24 国进出口比

以上关于中国与丝绸之路经济带上国家的贸易基本情况说明：目前，中国对丝绸之路经济带上的国家，尤其是对一些经济规模较小国家已经初步发挥了贸易带动作用，成为这些国家产品出口的重要市场，但其作用的影响范围与深度还有限，在以后建设丝绸之路经济带中应该进一步挖掘贸易潜力，更大程度地发挥引领作用。

3　决定因素分析

丝绸之路经济带建设无疑是新时代国际经济合作与发展的创新之举，需要各国在遵循长期以来区域内经贸合作基本规律的基础上，创新合作方式、积极开拓和参与更加广泛的经贸合作。因此，本文利用国际贸易研究中的经典方法——引力模型，探究中国与丝绸之路经济带国家贸易的决定因素，为进一步加强丝绸之路经济带上国家间的贸易往来、充分发挥中国的引领作用提供政策依据。

3.1　模型的构建

贸易引力模型自 19 世纪 60 年代由 Tinbergen 与 Poyhonen 应用于国际贸易领域后，一直被广泛使用并且不断得到拓展。该模型的原始形式为：

$$T_{ii} = A(Y_i^{\alpha1} Y_j^{\alpha2}) / D_{ij}^{\alpha3}$$

其中：T_{ii}表示两个国家或地区的贸易额；Y_i 与 Y_j 分别代表两个国家或地区的 GDP；

D_{ij}代表两个国家或地区之间的空间距离。根据引力模型，决定两国贸易的主要因素是两国经济规模与两国之间的距离。丝绸之路经济带上国家恰好具备两个典型特征：一是国家经济发展水平差异较大，处于辐射区的欧盟等国经济规模较大、经济发展水平较高，而处于核心区的中亚等国的经济规模较小，经济发展水平较低；二是丝绸之路经济带为一条10000多千米的狭长区域，而中国位于最东端，所以地理距离与运输成本应该是影响中国与其他国家贸易往来的重要决定因素。上述两个特征决定了中国与丝绸之路经济带上国家的贸易往来有自身的规律。

对贸易引力模型进行拓展的方式主要是增设外生变量，随着贸易引力模型应用环境的改变，以及研究工作的不断深入，一系列外生变量引入到该模型[13]，人均收入、汇率、国民消费水平、人口资本密集度、是否拥有共同边界、是否属于共同经济组织等变量陆续被引入到该模型。本文沿用贸易引力模型的常用变量：GDP、两国距离、是否拥有共同边界、是否属于 WTO 与上海合作组织。除此之外，一个国家对外开放度会影响该国对某国的贸易规模，所以，本文在模型构建中增设对外开放度变量，并用指标“外贸依存度”代表。

本文根据不同被解释变量分别构建三个模型。首先，引力模型的被解释变量一般是贸易总规模，即进出口总额，因此，本文以进出口总额为被解释变量建立第一个模型。其次，根据前文分析，中国应该对经济规模较小国家进一步开放自身市场，扩大对这些国家的进口，以增进中国对这些国家的利益攸关程度，充分发挥中国在丝绸之路经济带建设中的引领作用，因此，探究中国对各国的进口规模的决定因素具有重要意义。鉴于此，本文以中国对各国进口规模作为被解释变量构建第二个模型。最后，因为进出口总额等于进口与出口之和，为了对贸易规模进行全面的分析，本文以中国对各国的出口为被解释变量构建第三个模型。基于引力模型的实证研究一般使用该模型的对数形式。根据本文研究目的，本文的模型形式设定如下：

模型 1：

$$\ln T_{it} = \alpha_0 + \alpha_1 \ln GDP_{ct} + \alpha_2 \ln GDP_{it} \alpha_3 + \ln D_{ct} + \alpha_4 \ln FTD_{it} + \alpha_5 WTO_{it} + \alpha_6 CO_{it} + \mu_{it}$$

模型 2：

$$\ln I_{it} = \beta_0 + \beta_1 \ln GDP_{ct} + \beta_2 \ln GDP_{it} + \beta_3 \ln D_{ct} + \beta_4 \ln FTD_{it} + \beta_5 WTO_{it} + \beta_6 CO_{it} + \mu_{it}$$

模型 3：

$$\ln E_{it} = c_0 + \beta_1 \ln GDP_{ct} + c_2 \ln GDP_{it} + c_3 + \ln D_{ct} + c_4 + \ln FTD_{it} + c_5 WTO_{it} + c_6 CO_{it} + \mu_{it}$$

其中：T_{it}表示 t 年中国对 i 国的进出口总额；I_{it}表示 t 年中国对 i 国的进口额；E_{it}表示 t 年中国对 i 国的出口额；GDP_{ct}表示中国 t 年 GDP；GDP_{it}表示 i 国 t 年 GDP；D_{ci}表示中国与 i 国的空间距离；FTD_{it}表示 i 国 t 年的外贸依存度（代表该国的对外开放度）；WTO_{it}是虚拟变量，表示 i 国 t 年是否是 WTO 成员国；SCO_{it}也是虚拟变量，表示 i 国 t 年是否是上海合作组织成员国。

在充分搜集数据的基础上，本文采用 1999 ~ 2012 年中国与前文所分析国家（由于伊拉克、阿富汗部分年度数据缺失，所以从分析样本中剔除）的面板数据进行分析。本文研究数据主要来源于《中国统计年鉴》与世界银行数据库，其中中国与各国的进出口数据来源于《中国统计年鉴》，各国 GDP、其他国家的进出口总额数据来源于世界银行数据库，各国距离采用各国首都之间的距离，数据来源于网站：www. chemical - ecology。

3.2 实证结果与分析

经过平稳性、影响形式检验，采用固定影响不变参数模型进行估计，经过 Eviews 6.0 软件的处理，得到模型估计结果如表 2 所示。

表 2　模型分析结果

变量	回归系数		
	模型 1	模型 2	模型 3
常数项	8.68	625.67***	-139.7
$lnGDP_{ct}$	1.37	-5.18**	2.95**
$lnGDP_{it}$	2.15***	1.9***	2.24***
lnD_{ct}	-2.94	-67***	12.35
$lnFTD_{it}$	-0.41*	0.2	0.15
WTO_{it}	-0.27*	-0.16	-0.09
SCO_{it}	0.1	-0.72**	0.33*
R^2	0.965	0.924	0.957

如表 2 所示，模型 1 的拟合优度为 0.965，说明模型的拟合程度较好。模型 1 中有 3 个解释变量的回归系数通过了 10% 及以上水平的显著性检验，分别是对方国 GDP、对方国外贸依存度、WTO。对方国 GDP 回归系数为 2.15，在 1% 的显著性水平上通过了检验，说明对方国的经济规模显著影响该国与中国的贸易规模。对方国外贸依存度的回归系数为 -0.41，在 10% 的显著性水平上通过了检验。该系数符号为负数，说明对方国的外贸依存度对该国与中国的贸易规模产生负面影响。造成这个现象的原因是：一个国家对外开放度的提高意味着该国与众多国家形成紧密的经济与贸易联系，从而会降低对某一个国家的依赖程度。随着丝绸之路经济带建设的推进，带上各国的对外开放度必然提高，各国之间在共同市场中形成更加激烈的竞争。因此，虽然当前一些国家对中国的贸易依赖程度较大，但在未来中国面对的竞争会更加激烈。WTO 变量的回归系数为 -0.27，在 10% 的显著性水平上通过了检验。该系数符号同样为负数，说明对方国加入 WTO 后对与中国的贸易规模有负面影响。导致这个现象的原因应该是当一个国家加入 WTO 后，该国与其他成员国的贸易便利化程度提高，造成对该国贸易的竞争程度增加，从而影响中国与该国的贸易规模。上述两个变量的回归系数虽然通过了显著性检验，但显著性水平较低，说明即使竞争效应存在，但其程度应该还不是很大。中国与对方国之间的距离变量的回归系数没有通过显著性检验，说明距离并不是影响中国对丝绸之路经济带上国家贸易规模的重要因

素，也从一个侧面说明经济规模才是影响两国贸易的重要因素。

模型 2 的拟合优度为 0.924，说明该模型的拟合优度也很好。该模型共有 4 个解释变量的回归系数通过了 10% 及以上水平的显著性检验。中国 GDP 的回归系数为 -5.18，在 5% 的显著性水平上通过了显著性检验，该变量的回归系数为负数，意味着中国的经济规模对本国进口有负面影响。变量对方国 GDP 回归系数为 1.9，在 1% 的水平上通过了显著性检验，说明对方国的经济规模对该国出口，即中国的进口有正向的影响。变量两国之间距离的回归系数为 -67，在 1% 的水平上通过了显著性检验，说明距离对中国的进口有负面影响，这主要是因为中国进口产品主要是能源、矿产资源等初级产品，受运输成本的影响较大。变量是否属于上海合作组织成员国的回归系数为 -0.72，在 5% 的水平上通过了显著性检验，说明中国对非上海合作组织成员国的进口数量比对成员国的进口数量要多，这意味着在建设丝绸之路经济带的过程中，中国要更加注重利用上海合作组织在经济上的作用。

模型 3 的拟合优度为 0.957，说明该模型的拟合优度很好。该模型共有 3 个变量的回归系数通过了 10% 及以上水平的显著性检验。中国 GDP 的回归系数为 2.95，在 5% 的水平上通过了显著性检验，说明中国自身的经济规模对本国的出口有促进作用。对方国 GDP 的回归系数为 2.24，在 1% 的水平上通过了显著性检验，说明随着对方国经济规模的扩大，会增加对中国产品的进口。变量是否属于上海合作组织成员国的回归系数为 0.33，在 10% 的水平上通过了显著性检验，意味着中国可能较好地利用了上海合作组织对自身产品出口的正面作用，增加了对上海合作组织成员国的产品出口。

中国 GDP 与是否属于上海合作组织成员国两个变量的回归系数在模型 1 中没有通过显著性检验，但在模型 2 与模型 3 中通过了 10% 及以上水平的显著性检验，也就是说，这两个变量本质上是中国与丝绸之路经济带上国家之间进口或出口的决定因素，只是对进口与出口的影响方向不同，对中国进口的影响是负向的（模型 2），而对中国出口的影响是正向的（模型 3），所以在总的贸易规模（进口与出口之和）为被解释变量的模型 1 中，其影响力相互抵消，导致其回归系数的显著性检验不能通过。是否属于 WTO 组织成员国与对方国外贸依存度两个变量的回归系数在模型 1 中通过了显著性检验，但在模型 2 与模型 3 中都没有通过显著性检验，在一定程度上说明这两个因素对中国与丝绸之路经济带上国家之间贸易规模具有影响，但影响的程度可能不是很大。

结合三个模型估计结果，可以看出中国对丝绸之路经济带上国家之间的贸易往来具有如下特点：

（1）各模型的解释变量的回归系数与贸易引力模型所内含的结论存在一定的差异。贸易引力模型认为，两国间的贸易规模与两国间的距离成反比，而模型 1 与模型 3 的距离变量的回归系数没有通过显著性检验。

（2）对方国 GDP 变量的回归系数的符号都为正数，并且在三个模型中都通过了显著性检验，表明对方国经济规模对贸易规模具有促进作用。这要求中国在进一步开拓与丝绸之路经济带上国家贸易往来的过程中需要高度重视对方国的经济规模，也意味着本研究以国家经济规模为研究视角具有较强的现实针对性。

（3）相比于 WTO，上海合作组织对中国与丝绸之路经济带上国家的贸易往来的影响程度更大。

（4）随着各国贸易开放度的提高，中国在区域市场面临的竞争会更加激烈。

4 总结与建议

随着中国经济规模与对外贸易规模的逐步扩大，国家整体经济形势已出现结构失衡的问题，过度依赖外需与国内市场需求不足就是其中一个重要的结构失衡，促进国内市场需求是未来国家经济可持续发展的必要保障。中国一方面具有国内市场巨大的优势，另一方面又处在由出口战略向国外国内市场平衡发展战略转变的历史阶段，因此，在建设丝绸之路经济带的过程中，中国有能力也有必要发挥引领作用，成为带动经济带上各国，尤其是众多经济规模较小国家发展的重要动力。

根据以上研究发现，中国在一定程度上已发挥了贸易带动作用，成为了许多国家重要的产品出口市场。但同时，在进一步拓展与丝绸之路经济带上国家贸易往来的过程中，中国也面临着如何与经济规模较小国家发展贸易的问题。一方面，前文数据研究发现，丝绸之路经济带上经济规模较小国家对中国的外贸依存度已然很大；另一方面，这些国家的经济规模较小，而本文的贸易引力模型研究表明经济规模是影响中国与丝绸之路经济带上国家贸易往来的最重要因素。上述两个方面意味着中国进一步拓展与这些经济规模较小国家的贸易规模越来越困难，也要求中国在构建建设丝绸之路经济带的过程中，创新区域经济合作方式、深挖贸易潜力以克服当前阶段的困难。在本文研究所形成的具体结论的启示下，为了更好地促进中国在丝绸之路经济带建设中贸易发展，本文提出如下建议：

（1）依托国内市场扩大进口，充分发挥引领作用。为了与丝绸之路经济带上国家，尤其是与经济规模较小国家建立更加紧密的利益攸关关系，中国有必要扩大对这些国家的进口规模，提高进出口比，建立以中国市场为核心的区域大市场，成为拉动各国经济的重要动力。丝绸之路经济带上的经济规模较小国家总体上未建立起健全的产业体系，出口产品的比较优势多依赖资源、能源与初级农牧产品等，因此，中国与这些国家发展贸易的过程中，要重视与这些国家开展产业合作，以加强中国核心市场地位，充分发挥中国在丝绸之路经济带贸易发展中的引领作用。

（2）发挥东中西部各自优势，充分挖掘贸易潜力。中国西部地区，尤其是西北地区与丝绸之路经济带上的中亚、西亚国家空间距离较近，具有民族宗教的联系，具有开展贸易的地缘优势，但是西部地区经济发展水平较低；而中国东部与中部地区经济发展水平较高，但与中亚、西亚地区距离较远。根据前文分析，相对于空间距离，经济发展水平是影响两国贸易更加重要的影响因素，因此，在充分发挥西部地缘优势的基础上，应该充分发挥东部与中部地区的技术和管理优势，鼓励东部与中部地区更加积极参与西部大开发与建设丝绸之路经济带，从而更大程度上挖掘贸易潜力。

（3）提升出口产品竞争力，增强经济互补性。目前，中国虽然经济规模较大，但还不是经济强国，有“中国制造”但缺“中国创造”，国家的经济优势还停留在规模优势的阶段，导致中国的产品出口存在两个问题：一是与丝绸之路经济带上的众多经济规模较小国家的产品具有同质性，市场竞争程度较强；二是与一些经济强国的产品相比，中国产品在国际市场的竞争力不强，附加值不高。为了破解上述问题，需要进一步提升产品科技竞争力。另外，由于丝绸之路经济带上的国家主要是一些发展中国家，与他们开展贸易，不再通过开展外资贸易、加工贸易等方式来出口产品，而需要依托技术比较优势，提升产品竞争力，扩大出口。因此，中国需要利用经济规模大的优势，不断进行产业结构升级以提升经济竞争力，与丝绸之路经济带上的国家，尤其是一些经济规模较小的国家，形成经济的高低互补，既避免与他们过度竞争，又可以成为带动这些国家产业升级与经济发展的动力。

（4）勇于承担责任，加强区域经济合作的制度建设。WTO 与上海合作组织对中国与丝绸之路经济带上国家开展贸易具有一定的影响作用，但影响程度与范围还有限。在建设丝绸之路经济带的过程中，需要更加完善、更具针对性的区域经济合作制度。主导国在区域经济合作中具有不可或缺的作用，缺乏公认主导国的区域一体化的建设存在区域凝聚力不足的问题[1]。作为区域内负责任的经济大国，中国不谋求区域合作的主导国地位但要在区域合作制度建设中起到牵头的作用，充分认知区域合作的长远利益，在建设丝绸之路经济带的区域经济合作制度中承担更多责任。

参考文献

[1] 李建明.“丝绸之路经济带”合作模式研究［J］. 中国党政干部论坛，2014（5）：85－89.

[2] 宋玉华，姚建农. 论新兴大国的崛起与现有大国的战略［J］. 国际问题研究，2004（6）：50－54.

[3] 欧阳晓，生延超，易先忠. 大国经济发展典型化特征［J］. 经济理论与经济管理，2012（5）：27－35.

[4] 顾秉维. 从出口导向到大国经济——试论我国在东南亚金融危机后的贸易战略选择［J］. 外国经济与管理，1998（5）：8－13.

[5] 柳思维. 从贸易大国走向贸易强国的制度创新思考［J］. 大国经济研究，2011（3）：154－163.

[6] Bhagwatj, Jagdish. Immiserizing Growth: A Geometrical Note［J］. Review of Economic Studies, 1958（3）：201－205.

[7] 王冰，胡列曲. 论发展中大国与小国经济发展模式差异——对中国经济可持续发展的启示［J］. 云南财经大学学报，2011（4）：23－25.

[8] 易先忠，张杨，阳志梅. 发展中大国外贸增长的“转移支付”效应［J］. 中国软科学，2010（6）：47－56.

[9] 冯明. 大国条件下国内贸易与对外贸易关系思考［J］. 价格月刊，2013（10）：43－46.

[10]［英］阿尔弗雷德·马歇尔. 货币、信用与商业［M］. 叶元龙，郭家麟，译. 北京：商务印

书馆，1986：113 - 117.

［11］胡鞍钢，马伟，鄢一龙．“丝绸之路经济带”：战略内涵、定位和实现路径［J］．新疆师范大学学报：哲学社会科学版，2014（4）：1 - 10.

［12］白永秀，王颂吉．丝绸之路经济带的纵深背景与地缘战略［J］．改革，2014（3）：64 - 73.

［13］谷克鉴．国际经济学对引力模型的开发与应用［J］．世界经济，2001（2）：14 - 24.

The Economic Belt Development of the Silk Road and China's Strategy in Trade

Gao Xincai　Zhu Zegang

(School of Economics, Lanzhou University, Lanzhou　730000, China)

Abstract: From the perspective of trade, China has been leading the business and trade amnong other countries on the economic belt of the Silk Road; it has already become an important market for exports of those countries—though the size of its trade with those countries is still small. An empirical study is done based on gravity model, and the result shows that the size of the national economy greatly influences the size of China trade with other countries on this economic belt and that it can also become a restrictive power to the expansion of trade scale. China should take smaller countries on the Silk Road as important stakeholders rather than simply export markets; it should rely on its huge domestic market and take on more responsibilities to become an important force in national trade and economic development for other countries on the Silk Road.

Key Words: China; Silk Road Economic Belt; Economic Scale; Economy and Trade; Gravity Model; Regional Economic Cooperation

建设经济带是经济发展布局的最佳选择*

——长江经济带经济发展的巨大潜力

陆大道

（中国科学院北京地理科学与资源研究所，北京　100101）

【摘　要】自1984年，“点—轴开发”理论和中国国土开发、经济布局的“T”字型宏观战略提出以来，“T”字型空间结构战略在20世纪80～90年代得到大规模实施。海岸经济带和长江经济带2个一级重点经济带构成“T”字型，长江经济带将内地2个最发达的核心地区（成渝地区和武汉地区）与海岸经济带联系起来，其腹地几乎包括半个中国，其范围内资源丰富，农业、经济和技术基础雄厚，已经形成世界上最大的以水运为主的，包括铁路、高速公路、管道以及超高压输电等的具有超大能力的综合运输通道，其巨大的发展潜力是除海岸经济带以外的其他经济带所不能比拟的。“点—轴开发”理论和中国国土开发、经济布局的“T”字型宏观战略（海岸带和长江沿线作为全国的一级发展轴线）已经得到国内诸多知名学者和有关部门领导的认同，符合中国国土开发和经济布局合理化的要求，以海岸地带和长江沿岸作为今后几十年中国国土开发和经济布局的一级轴线的战略将是长期的。

【关键词】“点—轴开发”理论；“T”字型宏观战略；经济带建设；长江经济带

2013年10月，中国国家发改委等13个部委的司局级领导组成调查组对长江经济带进行了考察研究。在中国经济发展进入“稳增长、调结构”的重要时期，启动长江经济带的建设具有极其重要的意义。长江经济带就其经济基础和发展潜力而言，仅次于中国海岸经济带。

海岸经济带和长江经济带2个一级重点经济带构成“T”字型。2个经济带在经济最发达的长江三角洲交会。长江经济带将内地2个最发达的核心地区（成渝地区和武汉地区）与海岸经济带联系起来。这种空间结构准确地反映了中国国土资源、经济实力及开发潜力的分布框架[1]。将此2个经济带进一步发展建设好，就可奠定国民经济持续发展和

* 作者简介：陆大道（1940—），男，安徽桐城人，中国科学院院士，《地理科学》主编。E－mail：ludd@igsnrr.ac.cn。

实现2020年经济总量较2010年翻一番的基础，并促进与之相联结的二级、三级经济带的发展，从而带动全国经济的持续发展。

建设经济带的空间布局理念和模式完全符合中国国土开发和经济布局合理化的要求。这种空间布局的理论基础是空间结构理论范畴的“点—轴系统”理论。

（1）“点—轴系统”理论及中国国土开发、经济布局的“T”字型宏观战略（海岸带和长江沿线作为全国的一级发展轴线）是陆大道在1984年吸取区位论和空间结构理论的精华，在分析中国自然基础、特别是中国经济布局特点和综合国力的基础上提出的①[1]。以经济带的模式进行国土开发和发展区域经济，是“点—轴系统”理论的应用核心。

1985年5月至1987年，当时的国家计委组织编制了《全国国土总体规划纲要》。作为未来15年中国国土开发和经济布局基本框架的“T”字型战略明确被写进了“纲要”。“纲要”经多次修改和1986年的省长会议讨论，1987年3月25日发到全国试行。1999年由原国家发改委副主任刘江主编的《中国地区发展回顾与展望（综合卷）》写道：“《全国国土总体规划纲要（草案）》提出由沿海和沿江组成的全国‘T’字型布局的主轴线构想，在大力发展外向型经济的大背景下，得到了逐步完善和发展”[2]。

“点—轴系统”理论的基本要点和意义：①经济和社会客体在区域或空间范畴总是处于相互作用之中，由此导致空间集聚和空间扩散2种倾向。②在国家和区域发展过程中，大部分社会经济要素（客体）在“点”上集聚，并由线状基础设施联系在一起而形成“轴”。③“轴”对附近区域有很强的经济吸引力和凝聚力。轴线上集中的社会经济设施通过产品、信息、技术、人员、金融等，对附近区域有扩散作用。扩散的物质要素和非物质要素作用于附近区域，形成新的生产力。在国家和区域的发展中，在“基础设施束”上一定会形成产业聚集带即经济带。④随着社会经济的进一步发展，“点—轴”必然发展到“点—轴—集聚区”。这里的“集聚区”也是“点”，是规模和对外作用力更大的“点”，在实践中表现为城市集聚区和城市群。同时，社会经济要素（客体）将由高等级的“点”和“轴”向较低级别的“点”和“轴”扩散，实现从区域间不平衡向较为平衡的发展。

“点—轴系统”是区域发展的最佳空间结构；要使区域最佳发展，必然要求以“点—轴系统”模式对社会经济客体进行组织，因而也就是最有效的国土开发和区域发展的空间结构模式[3]。

按照“点—轴系统”模式进行区域开发和经济与社会布局，可以使经济和社会要素（客体）与区域性基础设施之间实现有机结合，即经济和社会设施的布局在宏观、中观、

① 1984年9月，陆大道在乌鲁木齐“全国经济地理与国土规划学术讨论会”上作了“2000年我国工业生产力布局总图的科学基础”的报告，初步提出“点—轴开发”理论和我国国土开发、经济布局的“T”字型宏观战略。报告论文1985年在北京和湖北的内部刊物上发表（“2000年我国工业生产力布局总图的科学基础”，北京技术经济和管理现代化研究会编“效益与管理”，1985年第3期，内部刊物；“工业的点—轴开发模式与长江流域经济发展”，武汉市社会科学研究所出版《学习与实践》，1985，No. 2，内部刊物）。1986年以“2000年我国工业生产力布局总图的科学基础”为题，在《地理科学》1986年5月，第6卷第2期（375－384页）正式发表。

微观都与交通、水、土资源等实现最佳的空间结合。这样就会产生空间集聚效果；可以充分发挥各级中心城市的作用，有利于城市之间、区域之间、城乡之间便捷的联系；客观上有利于实现地区、城市间的专业化协作，形成有机的地域经济网络；可以使全国战略和地区战略较好地结合起来，使各地区、各部门有明确统一的地域开发方向，有利于提高建设投资效果和管理水平；随着国家和区域经济网络的逐步形成，可以实现从区域间的不平衡到较为平衡的发展。

（2）长江经济带经济发展具有巨大潜力。这种强大的发展潜力是中国除海岸经济带以外的其他经济带所不能比拟的。长江是中国东西向的运输大动脉。南京以下的长江下游航运发展和经济发展潜力相当于2条海岸带。

1）长江流域具有丰富的天然资源，包括以亚热带和暖温带为主的气候资源，降水丰沛，流域有耕地2460多万公顷，占全国耕地总面积的1/4，而农业生产值占全国农业总产值的40%，由此造就了强大的农业基础。长江上游和中游具有大规模的水能资源。为工业和大规模的城市发展提供了优越的条件。

2）已经发展起来雄厚的工业特别是重工业基础和高级制造业基础，其中，原材料工业和以交通运输工具、机电设备和电器产品、重型和精密机械、航空航天及国防军工等为主的制造业占全国突出地位。

3）已经形成为世界上最大的以水运为主的，包括铁路、高速公路、管道以及超高压输电等的综合性运输通道。2010年长江流域内河港口的货物吞吐量为20.94×10^8吨（2010年中国沿海主要规模以上的港口吞吐量完成为54.85×10^8吨），占全国包括沿海港口总吞吐量在内的水运货物吞吐量的28%（占到沿海港口总吞吐量的38.2%）。其中，上海（内河）港至南京港（含）吞吐量达到13.83×10^8吨，占全部内河港口吞吐量的66%。其中，万吨级以上港口有5个，吞吐量7.27×10^8吨，占整个长江流域的35%。滨江一带有大量的适宜工业、交通设施建设的土地。

特别需要强调的是，2010年长江流域港口完成的8.92×10^8吨货运量占全国铁路（6.6×10^4千米）完成的运输量的1/4，超过同年全国十大铁路干线（京广、京沪、京九、陇海、兰新、京包、包兰、京哈、沪昆、胶济）货运量之和的30%①。

4）包括以上海为核心城市的长江三角洲城市群、以成渝为核心城市的城市群以及武汉城市群，组成为长江经济带的3个核心，依靠这三大城市群连接更多的大中型城市和区域。长江经济带的腹地几乎包括半个中国。在这个范围内，现有经济和技术基础已经很强大，矿产和水能资源丰富，大农业基础雄厚。长江经济带将可以成为一个以超大能力的综合运输通道为支撑的、潜力极其巨大的经济带。

（3）“点—轴开发”理论和中国国土开发、经济布局的“T”字型宏观战略（海岸带和长江沿线作为全国的一级发展轴线）是通过总结国内外国家发展和区域发展实践，汲

① 这里需要说明的是，这样就运输量衡量只是非常近似的比较，因为铁路和水运的货物构成、时效性不同。另外，铁路在承担货运的同时，在客运方面的意义也比水运更加重要。

取了德国学者区位论和空间结构理论的部分理念，同时在分析了中国自然基础，特别是20 世纪 80 年代中国经济布局特点和综合国力的基础上提出的。

20 世纪 90 年代以来，对于以海岸地带和长江沿岸作为中国国土开发和经济布局的一级轴线的战略，国内著名学者及有关部门的领导孙尚清、王梦奎、王慧炯、李善同、陈栋生、白和金、林兆木、刘江、魏后凯等给予了充分的认同，并强调了 21 世纪初中国应该继续实施“T”字型宏观结构战略的重要性。文献如下：

1）1987 年 3 月 25 日《全国国土总体规划纲要（草案）》中明确强调：“在生产力总体布局方面，以东部沿海地带和横贯东西的长江沿岸相结合的‘T’型结构为主轴线，以其他交通干线为二级轴线，按照点、线、面逐步扩展的方式展开生产力布局。”“我国东部沿海地带和横贯东西的长江形成密切结合的‘T’字型态势，是 2000 年或更长时期内进行重点开发和布局的两条最主要的轴线。”“我们认为，作为国土开发和经济建设的一级主轴线，应当突出重点，因此以‘T’型轴线为宜。”1988 年以“草案”的形式发到全国试行。

2）时任国家计委副主任和秘书长的桂世镛、魏礼群当时写道：“总的设想是：强化发展沿海地区，……着手开发长江黄金水道，建设沿江经济走廊，逐步使沿海、沿江形成‘T’字型的一级开发轴线。”[4]。

3）国务院发展研究中心原主任、著名经济学家孙尚清强调：“在‘九五’期间乃至下个世纪……要建设一个辐射和支撑全国开发开放架构。这个架构就是以沿海开放地区为横轴，以长江流域为纵轴的‘T’型开发开放战略。”“‘T’字型经济增长格局发展后劲强而有力，对我国经济的长远发展举足轻重，意义重大……”[5]

4）国务院发展研究中心原主任、著名经济学家王梦奎和国务院发展研究中心原学术委员会主任、著名经济学家王慧炯等认为：“从宏观布局看沿江开放地带与沿海开放地带组成我国‘T’字型开放主干架构，使我国最主要的两条经济带在开放的洗礼中增强国际竞争力，支援国民经济加快发展，同时把开放效应传递到广大的内地”。[6]

5）2000 年，王梦奎和王慧炯又强调：“加快长江经济带的综合开发，建成继沿海之后的又一经济发展先行区。……长江经济带将是我国今后经济增长潜力最大的地区，也将是支持 21 世纪中国经济成长的重要区域增长轴线。”[7]

6）2000 年，国家计委宏观研究院原院长、著名经济学家白和金和国家计委宏观研究院原副院长、著名经济学家林兆木、刘福垣和王一鸣也认为：“长江经济带对我国经济发展的战略意义是其他经济带不能代替的，……从我国经济发展由沿海向内地推进的趋势和长江经济带综合开发的条件来看，长江经济带已经具备了综合开发的条件。……经过 20～30 年或者更长一些时间的努力，建成与沿海经济带相辅相成的、具有强大经济实力的国家一级经济轴线”[8]。

（4）进一步发展长江经济带应该作为中国国土开发和经济布局的宏观战略重要组成部分。但不同于“西部大开发”、“东北振兴”及“十二五”规划中提到的长江三角洲、珠江三角洲、京津冀及跨省区的经济区、城市群以及“新区”等，这些区域单元是国家一个时期的“政策区”，国家和地方政府对一些项目的投资和运作给予用地、税收、因素价格等方面的优惠。长江经济带是国家发展的战略性和导向性的重点区域，国家将在交通、信息、能源、城市发展以及对内对外贸易平台等方面予以能力上的保障和科学的空间组织，以保障经济带的整体性和高水平的产业竞争力。除此之外，将不需要给予经济上的优惠。也因此，长江经济带的地域范围不需要明确划定。

参考文献

［1］陆大道．2000 年我国工业生产力布局总图的科学基础［J］．地理科学，1986，6（2）：375 – 384.

［2］刘江．中国地区发展回顾与展望（综合卷）［M］．北京：中国物价出版社，1999.

［3］陆大道．我国区域开发的宏观战略［J］．地理学报，1987，43（2）：97 – 105.

［4］桂世镛，魏礼群．关于到本世纪末经济和社会发展战略的若干构想［J］．计划经济研究，1987（Z1）：2 – 17.

［5］孙尚清．长江开发开放［M］．北京：中国发展出版社，1996.

［6］王梦奎．中国经济发展的回顾与前瞻（1979 ~ 2020）［M］．北京：中国财政经济出版社，1999.

［7］王梦奎．中国地区社会经济发展不平衡问题研究［M］．北京：商务印书馆，2000.

［8］白和金．21 世纪初期中国经济和社会发展战略［M］．北京：中国计划出版社，2000.

Economic Belt Construction is the Best Choice of Economic Development Layout: The Enormous Potential for the Changjiang River Economic Belt

Lu Dadao

(Institute of Geographic Sciences and Natural Resources Research, Chinese Academy of Sciences, Beijing 100101, China)

Abstract: Since the "Pole – Axis Theory" and related "T shaped" spatial structure strategy for territorial development and economic layout of China were proposed in 1984, the "T shaped" spatial structure strategy has been implemented in 1980s – 1990s. As the two most important economic belts, the coastal economic belt and the Changjiang River economic belt constitute a T – shaped in China. The two belts meet at the Changjiang River Delta which is the most economically developed region in China. The Changjiang River economic belt integrate the two most development regions (including the Chengdu and Chongqing Areas and the Wuhan Area) with the costal economic belt. The hinterland of Changjiang River economic belt almost includes half of China, which with rich resources, strong agricultural, economic and technical basis, and has become the world's largest integrated transmission channel with waterway dominated, including railways, highways, pipelines and other components of EHV. Its huge potential for development can not be compared to other economic zone except the coastal economic belt. To strengthen the two economic belts will lay the foundation for sustained development of economic and achieving the goal of total economic output in 2020 doubled compared with 2010. The "Pole – Axis Theory" and related "T shaped" spatial structure strategy for territorial development and economic layout of China (the coastal economic belt and the Changjiang River economic belt as the primary national development axis) have been recognized by many domestic scholars and relevant leadership, and comply with the requirements of territorial development and economic layout rationalization in China. It will be a long – term strategy of taking the coastal economic belt and the Changjiang River economic belt as the primary national development axis in the coming decades.

Key Words: The "Pole – Axis Theory"; "T shaped" Spatial Structure Strategy; Construction of Economic Belt; The Changjiang River Economic Belt

长江经济带工业全要素生产率分析*

吴传清　董　旭

（武汉大学经济与管理学院，武汉　430072）

【摘　要】长江经济带工业全要素生产率有很多可能因素，而工业化水平、科技、教育、产权结构效率和政策等因素对工业 TFP 起促进作用，环境因素则具有制约作用，同时，这些因素也是导致工业 TFP 地区差异的主要原因。从区域协调出发，通过创新驱动、政策协调等措施，进而提高长江经济带工业发展质量。

【关键词】长江经济带；工业全要素生产率；变异系数；影响因素

1　引言

沿长江通道是中国国土空间开发格局中的重要轴线。2014 年 3 月，李克强总理在《政府工作报告》中强调谋划区域发展新棋局，明确提出“依托黄金水道，建设长江经济带”。经济地理意义上的长江经济带涉及云南、贵州、四川、重庆、湖北、湖南、江西、安徽、江苏、浙江、上海 11 省市。长江经济带要发展成为促进中国经济转型升级的新支撑带，必须坚持走新型工业化道路，提高工业发展质量和效益。因此，研究长江经济带工业全要素生产率（TFP），既具理论价值，也具现实指导意义。

纵观国内关于中国工业全要素生产率的实证研究文献：一是研究维度涉及工业整体（陈诗一，2010）、工业分行业（李小平等，2005）和工业企业（涂正革等，2005）全要素生产率的测算，行业和地区差异分析。二是研究尺度包括国家尺度（董敏杰等，2012）、地带尺度（李春米等，2012）和省域尺度（聂国卿等，2010）。三是研究手段采取参数和非参数两类测度方法。参数方法包括索洛残差法、C – D 生产函数回归法和随机前沿生产函数法（SFA）等，非参数方法主要包括代数指数法和数据包络分析法（DEA）。

---

* 基金项目：国家发展和改革委员会地区经济司资助项目（2012 – 28）。

其中，C－D 生产函数回归法、随机前沿生产函数法和数据包络分析法的采用频率最高，另有少量文献采取多种分析方法综合研究（鲁晓东等，2012）。目前，学术界关于长江经济带工业全要素生产率的专题研究成果尚处于空白。

2 长江经济带工业全要素生产率测度

2.1 测度方法、指标与数据来源说明

2.1.1 测度方法

本文采取非参数的数据包络分析法，结合学术界普遍使用的 Malmquist 指数法测度长江经济带工业全要素生产率。DEA 方法的基本思想是通过线性规划估算产出距离函数，无须假定生产函数形式，从而避免了新古典模式下对生产函数极强的理论约束。基于 DEA 理论的 Malmquist 指数的计算公式如下：

$$M^k(x_{t+1}^k,\ y_{t+1}^k;\ x_t^k,\ y_t^k) = \left[\frac{D_t^k(x_{t+1}^k,\ y_{t+1}^k)}{D_t^k(x_t^k,\ y_t^k)} \times \frac{D_{t+1}^k(x_{t+1}^k,\ y_{t+1}^k)}{D_{t+1}^k(x_t^k,\ y_t^k)}\right]^{\frac{1}{2}}$$

$$= \frac{D_{t+1}^k(x_{t+1}^k,\ y_{t+1}^k)}{D_t^k(x_t^k,\ y_t^k)} \cdot \left[\frac{D_t^k(x_{t+1}^k,\ y_{t+1}^k)}{D_{t+1}^k(x_{t+1}^k,\ y_{t+1}^k)} \times \frac{D_t^k(x_t^k,\ y_t^k)}{D_{t+1}^k(x_t^k,\ y_t^k)}\right]^{\frac{1}{2}} \tag{1}$$

式中，D^k 表示产出距离函数，下标代表不同的参照期，上标 k 代表研究区域内某个样本单位。如果将式（1）两边分别记为 TFPch、TEFch 和 TEch，则样本单位 k 在单位时期内的全要素生产率可表示为：

$$TFPch = TEFch \times TEch \tag{2}$$

式中，TFPch 代表 t 到 t＋1 期全要素生产率的变动，TEFch 代表 t 到 t＋1 期的技术效率变化指数，TEch 代表 t 到 t＋1 期的技术进步指数。若这三个指标大于 1，则分别意味着全要素生产率、技术效率和技术进步得到改善，反之表明三者恶化。

2.1.2 测度指标

按照 DEA 理论，测度工业全要素生产率所需要的指标包括产出和要素投入方面的指标。产出一般用一定时期内的工业总产值衡量①。要素投入主要包括劳动和资本投入。本文选取的指标如下：

（1）地区产出指标。选取长江经济带 11 省市相应年份的工业总产值，并根据当年价

① 但也有学者对此提出异议，陈仲常等（2011）指出，采用工业总产值衡量产出时需要考虑到中间投入品的影响，这部分投入的数据难以获得，因此采取工业增加值作为衡量指标更为实际。

格进行换算。

（2）劳动投入指标。选取长江经济带11省市相应年份的工业从业人数作为衡量劳动投入的指标。

（3）资本投入指标。选取长江经济带11省市相应年份的工业固定资本存量作为衡量资本投入的指标。由于中国没有资本存量的直接统计数据，本文根据戈德斯密斯（Goldsmith，1951）提出的永续盘存法进行测算。即：

$$K_{i,t} = I_{i,t} + (1 - \delta_{i,t})K_{i,t-1} \tag{3}$$

式中，$K_{i,t}$表示研究区域内第i个样本单位在t期的工业固定资本存量，$K_{i,t-1}$代表其前一期的固定资本存量，$I_{i,t}$则表示t期的固定资产投资；$\delta_{i,t}$是相应时期的资本折旧率，取值为9.6%（张军，2004）。

2.1.3　数据来源

本文所采用的统计数据来源于长江经济带11省市相关年份的统计年鉴、《中国工业经济统计年鉴》和中经网数据库。需要说明的是，由于重庆自1997年起升格为直辖市，在此之前的统计数据包含在四川省内，考虑到数据的可获得性和完整性，本文将研究的时间维度界定为1997～2012年。

2.2　测度结果与分析

2.2.1　长江经济带工业全要素生产率的测度结果

根据统计数据，计算长江经济带11省市1997～2012年工业全要素生产率指数，结果如表1所示。

如表1所示，研究期内长江经济带工业全要素生产率总体呈上升趋势，年均增长1.6%。除个别年份外，TFP均呈正增长（见图1），这与全国工业TFP整体呈上升趋势相吻合，但增长率相对较低①，表明长江经济带工业发展质量仍有待提高。就变动趋势而言，1997～2003年TFP增幅逐年上升，随后呈现明显波动性。经济形势是造成长江经济带工业TFP在1997年、1998年和2008年下降的主要原因，尤其是2008年全球金融危机导致中国经济出现大幅下行，工业领域所受影响更为显著，由此导致区域工业TFP出现剧烈下降。

2.2.2　长江经济带工业全要素生产率的地区差异

表1同时显示了1997～2012年长江经济带省际和上中下游年均工业全要素生产率水平。就省际层面而言，除安徽省外，其他10省市TFP值均大于1，但差异比较明显；从上中下游层面来看，工业TFP值均大于1，中游地区最低，与上下游差距较大。图2从增量的角度直观描述了长江经济带工业全要素生产率的地区差异。

---

① 李小平（2005）、涂正革（2005）和汪玲玲（2010）对中国工业整体TFP增长率的测算结果分别为2.5%、6.8%和4.3%，均显著高于本文测算结果。

但图 2 无法反映这种地区差异随时间变化的动态趋势。为了定量分析长江经济带工业全要素生产率的地区差异及其变动规律，本文采取学术界广泛使用的变异系数作为衡量指标。用 $ITFP_{it}$ 表示长江经济带第 i 个省（市）第 t 年的工业 TFP，$ITFP_t$ 和 S_t 分别表示同期所有省市工业 TFP 的均值和标准差，则变异系数 σ 定义为：

表 1　长江经济带 11 省市 1997 ~ 2012 年工业 TFP 指数

年份	上海	江苏	浙江	下游	安徽	江西	湖北	湖南	中游	重庆	四川	贵州	云南	上游	均值
1997	1.050	0.911	1.047	1.003	0.914	0.868	0.968	1.079	0.957	0.861	0.766	0.925	0.959	0.878	0.936
1998	1.062	0.924	0.971	0.986	0.886	0.898	0.885	1.013	0.921	1.036	0.917	0.963	1.032	0.987	0.961
1999	1.121	0.991	1.040	1.051	0.997	0.942	0.934	1.065	0.985	1.023	0.993	0.986	0.985	0.997	1.006
2000	1.200	0.991	0.993	1.061	0.978	0.943	0.925	0.965	0.953	1.029	0.980	1.024	1.022	1.014	1.002
2001	1.055	0.949	1.014	1.006	1.037	0.946	0.967	0.975	0.981	1.017	1.029	1.117	1.062	1.056	1.014
2002	1.287	0.981	1.022	1.097	1.032	0.923	0.971	1.003	0.982	1.070	1.038	1.001	0.980	1.022	1.024
2003	1.176	0.972	1.132	1.093	1.153	1.253	1.063	1.120	1.147	1.068	1.155	1.151	1.085	1.115	1.119
2004	1.083	0.940	0.985	1.003	0.976	1.053	1.050	1.048	1.032	0.913	1.074	0.987	0.998	0.993	1.008
2005	1.091	0.973	1.337	1.134	0.968	1.101	1.045	1.040	1.039	0.986	1.037	1.000	1.050	1.018	1.053
2006	0.978	1.018	1.020	1.005	0.959	1.092	1.070	1.065	1.047	1.018	1.088	1.021	0.999	1.032	1.029
2007	1.068	0.940	1.010	1.006	1.029	0.907	1.125	1.031	1.023	0.991	1.017	1.030	0.948	0.997	1.007
2008	0.921	0.882	0.884	0.896	0.881	0.818	0.914	0.862	0.869	0.887	0.925	0.936	0.973	0.930	0.898
2009	1.176	1.092	1.007	1.092	1.025	1.080	1.078	1.052	1.059	1.117	1.013	1.006	1.026	1.041	1.060
2010	1.064	1.201	1.046	1.104	1.078	1.033	1.071	1.042	1.056	1.167	0.947	1.204	1.041	1.090	1.079
2011	0.968	1.054	0.926	0.983	0.917	1.088	1.154	0.822	0.995	1.022	1.026	1.024	1.158	1.058	1.010
2012	1.068	1.204	0.890	1.054	1.052	1.196	1.135	0.957	1.085	1.083	1.129	1.042	1.135	1.097	1.077
均值	1.082	0.997	1.016	1.034	0.990	1.002	1.019	1.006	1.006	1.015	1.004	1.024	1.027	1.018	1.016

注：①表中均值是相关数据的几何均值；②数值大于 1 意味着工业 TFP 提高，小于 1 意味着工业 TFP 下降；③本文中的长江上游包括滇、黔、川、渝四省市，中游包括鄂、湘、赣、皖四省，下游包括苏、浙、沪三省市。

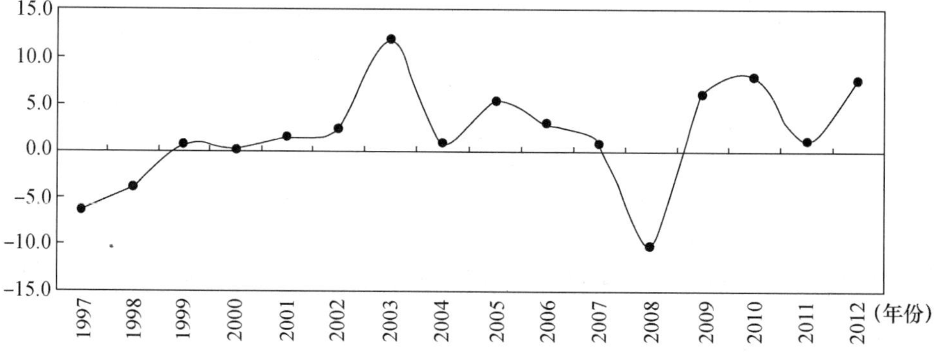

图 1　长江经济带 1997 ~ 2012 年工业 TFP 增长率变动趋势

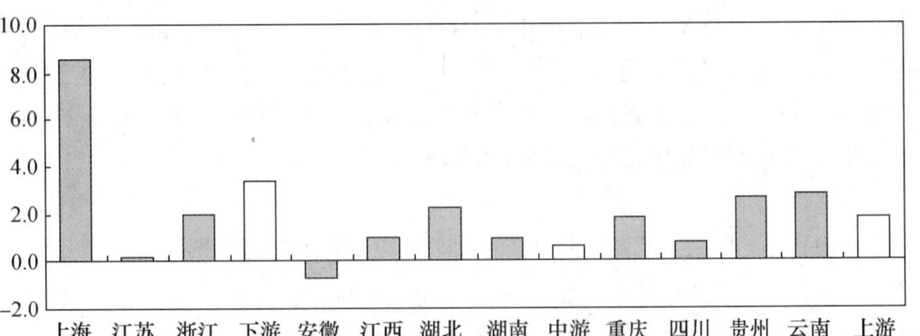

图 2　长江经济带 1997～2012 年均工业 TFP 增长率的地区差异

$$\sigma = \frac{S_t}{ITFP_t} \tag{4}$$

其中，$ITFP_t = \frac{1}{n}\sum_{i=1} ITFP_{it}, S_t = \sqrt{\frac{\sum_{i=1}^{n}(ITFP_{it} - ITFP_t)^2}{n}}$

根据式（4），分别计算长江经济带省际和上中下游工业 TFP 地区变异系数 σ 值，并做简要处理，图 3 显示了处理后的 σ 值。研究期内长江经济带省际工业 TFP 变异系数值均高于 0.4，表明省际差异较大，但呈起伏不定的特征，拟合趋势不具线性关系，且呈扩大之势。相比而言，长江经济带上中下游工业 TFPσ 值整体低于省际 σ 值，平均值约 0.3，且基本呈波动下降态势，表明上中下游工业 TFP 差异在不断缩小。

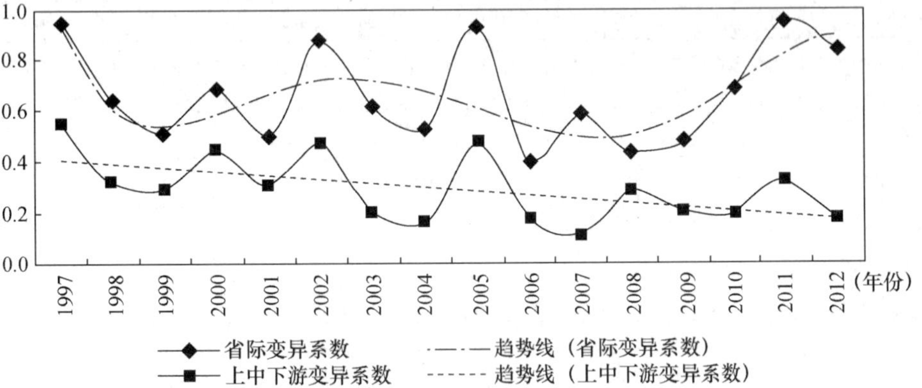

图 3　长江经济带工业 TFP 地区差异变动趋势

3 长江经济带工业全要素生产率的影响因素分析

近年来国内学术界主要从技术进步、制度变迁（郑京海等，2005）、经济结构和经济周期、对外贸易（高凌云等，2010）以及环境规制等方面，对工业全要素生产率的影响因素做了较深入的研究。借鉴已有研究成果，笔者认为，影响长江经济带工业全要素生产率的可能因素大体包括经济、科教、环境、制度和政策因素五个方面。

3.1 模型构建

首先分析原始面板数据，发现自变量序列存在一阶差分，对其取对数继续进行检验。对模型影响形式的 Hausman 检验证明采取固定影响效应模式更为合适，F 统计量检验表明模型方程应采取变系数形式。在此基础上，本文建立如下计量模型：

$$IFTP_{it} = \beta_i + \beta_1 \ln x_{it}^1 + \beta_2 \ln x_{it}^2 + \beta_3 \ln x_{it}^3 + \beta_4 \ln x_{it}^4 + \beta_5 \ln x_{it}^5 + \beta_6 \ln x_{it}^6 + \beta_7 \ln x_{it}^7 + \beta_8 \ln x_{it}^8 + \varepsilon_i \quad (5)$$

式中，x^1、x^2 和 x^3 属于经济指标，分别代表规模以上工业企业数、工业增加值占 GDP 比重和实际利用外商直接投资额，反映规模经济程度、工业化水平和对外贸易状况；x^4 和 x^5 属于科教指标，分别代表规模以上工业企业 R&D 经费支出和万人在校大学生数，反映科技进步状况和教育水平；x^6 是环境指标，表示环境保护投入；x^7 是制度指标，代表私营工业企业资产总额，反映产权结构效率；x^8 是政策指标，表示中央转移支付；ε_i 代表随机残差，假设服从标准正态分布。

3.2 回归结果与分析

运用 EViews6.0 软件对式（5）进行面板分析，考察 8 个指标因素对长江经济带省际和上中下游工业 TFP 的影响。长江经济带工业 TFP 影响因素回归结果如表 2 和表 3 所示。从方程的拟合优度来看，尽管不是太高，但总体可以接受。

就影响关系而言，x^1 和 x^3 回归结果不显著，表明规模经济程度和对外贸易并不是影响长江经济带工业 TFP 的必然因素。x^2、x^4、x^5、x^7 和 x^8 回归系数均显著为正，符合预期，表明工业化水平、科技教育、产权结构效率和政策因素对长江经济带工业 TFP 起促进作用，且科技和教育因素的显著程度更高。x^6 回归系数显著为负，表明环境因素是制约工业 TFP 的主要原因，环境状况的恶化必然拖累工业 TFP 增长。

就地区差异而言，x^2、x^4、x^5 和 x^7 系数值较高的省市和地带，其工业 TFP 水平普遍较高，而系数值较低的省市和地带，工业 TFP 则相对较低，表明工业化水平、科技、教育和产权结构效率会导致省际和上中下游工业 TFP 明显差异。工业化水平代表着工业发展程度，其水平越高表明工业发展越成熟，发展质量通常更高；科技和教育作为影响工业生产能力的重要因素，是创新发展的源泉，地区之间科技教育的差距在很大程度上造成其工业发展质量的差距；私有产权通常具备更强的发展活力，也更易刺激工业企业创新，因此，地区产权结构效率的高低是形成工业 TFP 地区差异的重要原因。x^8 系数值高的地区实际工业 TFP 水平相对较低，表明政策因素在工业 TFP 地区差异中主要起一种调节作用，这和近年来国家区域政策目标一致。

表 2　长江经济带省际工业 TFP 影响因素回归结果

变量＼地区	上海	江苏	浙江	安徽	江西	湖北	湖南	重庆	四川	贵州	云南
常数项	1.09	0.98	1.03	1.05	0.97	1.04	1.08	1.06	1.06	1.03	1.05
x^1	-0.08	0.13	0.13	0.01	-0.27	-0.13	0.02	-0.23	-0.39	-0.06	-0.40
x^2	0.89*	0.68*	0.84*	0.27*	0.05	0.38*	0.47*	0.43*	0.17*	0.03	0.26*
x^3	-0.45	-0.55	0.04	0.09	0.08	-0.05	0.18	0.01	0.02	0.01	0.07
x^4	0.27**	0.21*	0.14*	0.17*	0.03*	0.11*	0.26*	0.03*	0.10*	0.01*	0.03*
x^5	0.52**	0.36*	0.32*	0.28**	0.14*	0.06*	0.09*	0.10*	0.17*	0.01*	0.07*
x^6	-0.62*	-0.26*	-0.32*	-0.47*	-0.57*	-0.16**	-0.32*	-0.22*	-0.37*	-0.34*	-0.23*
x^7	0.68**	0.30*	0.31*	0.05*	0.13*	0.35*	0.04*	0.04*	0.11*	0.02*	0.04*
x^8	0.35*	0.24*	0.17*	0.29*	0.13*	0.24*	0.11*	0.06*	0.12*	0.58*	0.14*
Adjusted R^2	0.64										
F - Statistic	14.38										
Hausman 值	9.43										
模型	固定效应										

注：囿于篇幅限制，本文没有列示各回归系数的 t 检验值；*、** 分别表示回归系数在 10% 和 5% 水平下显著；表 3 同。

表 3　长江经济带上中下游工业 TFP 影响因素回归结果

变量＼地区	常数项	x^1	x^2	x^3	x^4	x^5	x^6	x^7	x^8	Adjusted R^2	F - Statistic	Hausman 值	模型
上游	1.07**	0.32	0.06*	0.03	0.36*	0.30*	-0.42*	0.08*	0.16*	0.54	2.29	18.97	固定效应
中游	1.04**	-0.30	0.04*	-0.04	0.51**	0.36*	-0.15*	0.16*	0.17*				
下游	1.08**	-0.24	0.07*	0.14	0.71**	0.62**	-0.15*	0.16*	0.22*				

4 结论与政策启示

综合上述分析，可得出如下基本结论：①研究期内长江经济带工业 TFP 年均增长 1.6%，总体呈上升趋势，但这种上升状态并不稳定；与全国相比，长江经济带工业 TFP 水平相对较低，工业发展质量有待提高。②长江经济带工业 TFP 存在地区差异，且省际差异相比上中下游差异更加明显；这种地区差异在研究期内呈波动起伏特点，上中下游差异总体呈缩小趋势，而省际差异则呈扩大之势。③工业化水平、科技、教育、产权结构效率和政策因素对长江经济带各省市和上中下游工业 TFP 均有显著的促进作用，是各地工业 TFP 的主要源泉，且科技和教育的促进作用更加突出；环境因素则主要起着负面的制约作用。④工业化水平、科技、教育和产权结构效率同时是造成长江经济带工业 TFP 地区差异的主要原因，而政策因素对这种差异具有“熨平”作用。

实证研究结论蕴含以下政策启示：①长江经济带各省市必须践行创新驱动发展战略，不断提高科技进步水平和教育发展水平，突出科技和教育对工业发展的贡献率，提高工业发展质量。②坚持走新型工业化道路，通过制度和技术创新减弱环境对工业发展的制约作用。③进一步加强省际和上中下游协同发展，通过优化产权结构，推动产业和技术梯度转移，以下游发展带动中上游腹地发展，不断缩小长江经济带工业全要素生产率地区差异。

参考文献

[1] 陈诗一．中国的绿色工业革命：基于环境全要素生产率视角的解释（1980 ~ 2008）[J]．经济研究，2012（11）．

[2] 董敏杰等．中国工业环境全要素生产率的来源分解——基于要素投入与污染治理的分析 [J]．数量经济技术经济研究，2012（2）．

[3] 高凌云，王洛林．进口贸易与工业行业全要素生产率 [J]．经济学（季刊），2010（2）．

[4] 李春米，毕超．环境规制下的西部地区工业全要素生产率变动分析 [J]．西安交通大学学报（社会科学版），2012（1）．

[5] 李小平，朱钟棣．中国工业行业的全要素生产率测算：基于分行业面板数据的研究 [J]．管理世界，2005（4）．

[6] 鲁晓东，连玉君．中国工业企业全要素生产率估计：1999 ~ 2007 [J]．经济学（季刊），2012（2）．

[7] 聂国卿等．湖南省工业全要素生产率对环境污染的影响研究 [J]．湖南大学学报（社会科学版），2010（6）．

[8] 涂正革，肖耿．中国的工业生产力革命：用随机前沿生产模型对中国大中型工业企业全要素生产率增长的分解及分析 [J]．经济研究，2005（3）．

[9] 张军等．中国省际物质资本存量估算：1952 ~ 2000 [J]．经济研究，2004（10）．

[10] 郑京海，胡鞍钢．中国改革时期省级生产率增长变化的实证分析（1979～2001）［J］．经济学（季刊），2005（2）．

Analysis of Industrial Total Factor Productivity in the Yangtze River Economic Belt

Wu Chuanqing　Dong Xu

Abstract: By Analyzing the possible factors affecting the Yangtze River economic belt industrial TFP, we found that the level of industrialization, technology, education, structural efficiency of property rights and policies and other factors play a role in the promotion of industrial TFP, while environmental factors have a restraining effect. These factors are also the main reasons that contribute to regional industrial TFP disparity. Regional coordination should be as a starting point driven by innovation, policy coordination and other measures to improve the quality of industrial development in the Yangtze River economic belt.

Key Words: The Yangtze River Economic Belt; Industrial Total Factor Productivity; Coefficient of Variation; Factors

京津冀都市区经济分布演化及作用机制模拟研究*

郭腾云[1] 董冠鹏[1,2]

（1. 中国科学院地理科学与资源研究所，北京 100101；
2. 中国科学院研究生院，北京 100049）

【摘　要】 利用 Kernel 密度估计方法考察了京津冀都市区 1995 ~ 2007 年经济分布演化过程，在此基础上，引入经济增长分布模拟模型进一步模拟研究了其经济增长驱动力的作用效应。研究发现：①京津冀都市区经济增长分布形态经历了“双峰状”→“单峰状”→“双峰状”的演化过程。②资本深化、技术效率、技术进步和空间依赖效应对京津冀都市区经济增长起显著作用。③资本深化和技术效率对京津冀都市区经济增长分布演化起重要作用，而技术进步、空间外溢效应和误差分布效应则没有显著的作用。④资本深化分布的变化和技术效率综合作用效应的变化是影响京津冀都市区经济分布演化的驱动力，并通过资本深化的分布效应和技术效率的综合作用效应这两个渠道对其经济分布演化产生影响。⑤对京津冀都市区经济增长起作用的因素不一定能够影响到其经济分布的演化，基于分解技术的经济增长分布模拟模型，并利用理论分布和实际分布差异性的统计检验可以识别真正影响其经济分布演化的因素及其作用渠道。

【关键词】 Kernel 密度估计；经济增长分布；空间依赖效应；京津冀都市区

研究区域经济增长分布演化对促进区域经济持续协调发展有重要的意义。但已有研究主要是在 β 收敛框架内，就区域间长期经济增长是趋同还是发散这一命题展开的[1~5]。然而，β 收敛方法不能描绘经济体横截面的分布特征。如果区域经济增长分布呈现出“双峰状”，采用一阶矩或二阶矩不能概括其真实的经济发展水平[6]。随着对 β 收敛不足的认识逐渐加深，经济增长分布演化开始成为经济增长实证研究的热点[7]。但已有研究还主要

* 基金项目:国家自然科学基金项目（40671054）资助。

作者简介：郭腾云（1962—），男，湖南桂东县人，副研究员，博士，主要从事产业、区域与城市发展研究。E－mail：guoty@ igsnrr. ac. cn。

停留在对大尺度区域经济分布演化的关注[7~9]，对其机制的分析还较少。Quah 认为，技术扩散的空间模式导致了全球经济分布呈现“双峰趋同”格局[7]。Kumar 将劳动生产率增长分解为资本深化、技术进步与技术追赶效应等，发现资本深化是全球经济增长的主要因素，也是导致“双峰趋同”的因素[6]。对中国省区经济增长分布形态由“单峰”向“双峰”转变的解释，一般将其归结于空间近邻效应、资本深化、技术扩散、经济结构和发展政策等的作用[10~12]。现有研究并没指出区域经济增长分布演化是由经济增长因素分布变化引起的还是由这些因素对经济增长作用强度变化引起的。为此，笔者将以京津冀都市区为例，分析其在 1995 ~2007 年经济增长空间分布演化，并采用分解法对其演化的驱动力作用进行模型模拟分析。

1　研究方法和数据

1.1　Kernel 密度估计法

Kernel 密度估计作为非参数估计方法，适用于随机变量的概率密度估计[13]。在 Kernel 密度估计中可用连续的密度曲线描述随机变量的分布形态。设随机变量 X 的密度函数为 f（x），在点 x 处的概率密度为：

$$f(x) = (1/Nh)\sum_{i=1}^{N} K[(X_i - x)/h] \tag{1}$$

式（1）中的 N 为研究的区域个数，h 为带宽，i = 1，2，…，N，K（·）是随机核估计的核函数。本文将采用高斯核密度函数，$h = 0.9DN^{-1/5}$，D 为随机变量观测值的标准差。

1.2　经济增长分布变化分解与模拟模型

为进行经济增长分布变化分解与模型模拟，须先将研究期划分为 2 个子区间，以研究经济增长因素作用强度变化对经济分布形态的影响。临界时点用所研究区域经济分布形态开始变化年份[5]。

通过试探分析，发现 2001 年是京津冀都市区经济分布开始变化的临界点。设 y_{iT1}、y_{iT2}、y_{iT3}分别为 1995 年、2001 年和 2007 年京津冀都市区县级区域 i 的人均 GDP 的对数值，T_1 和 T_2 分别表示 1995 ~2001 年和 2001 ~2007 年这 2 个时期，则京津冀都市区 1995 ~2007 年经济分布演化的经济增长恒等式为：

$$y_{iT3} = y_{iT1} + 6g_{iT1} + 6g_{iT2} \tag{2}$$

式中，g_{iT1}、g_{iT2}分别为 T_1、T_2 时期京津冀都市区县级区域 i 的年人均 GDP 增长率。

京津冀都市区作为一个内部相互联系密切的区域，其经济增长的空间效应明显[14,15]。

为此，将京津冀都市区年均经济增长率设定为资本深化、技术效率、技术进步的函数，并通过空间计量模型引入空间依赖效应，通过移项整理得到式（3）和式（4）：

$$g_{iT1} = A_0\alpha_{0T1} + A_0\beta_{yT1}y_{iT1} + A_0\beta_{mT1}M_{iT1} + A_0\varepsilon_{iT1} \tag{3}$$

$$g_{iT2} = A_1\alpha_{0T2} + A_1\beta_{yT2}y_{iT2} + A_1\beta_{mT2}M_{iT2} + A_1\varepsilon_{iT2} \tag{4}$$

式中，$A_0 = (I-\rho_{T1}W)^{-1}$，$A_1 = (I-\rho_{T2}W)^{-1}$；I 为单位矩阵；$y_{iT1}$、$y_{iT2}$的意义与式（2）相同，此处分别指 T_1 和 T_2 这两个时期的初始值；M_i 为不同时期区域 i 资本深化（K）、技术效率（TD）和技术进步（TP）的函数；β_{yT1}、β_{yT2}、β_{mT1}、β_{mT2}分别为 y_{iT1}、y_{iT2}、M_{iT1}、M_{iT2}的收敛系数；α_0 为常数项；e_i 为随机误差；ρ 为空间自相关系数，W 为空间权重矩阵，本文采用各县级区域政府所在地大圆距离的 k - nearest 权重矩阵，k 取值 15。设 d_i（k）是区域 i 的门槛距离，d_{ij}为区域 i 与区域 j 的距离，则 W 的元素 w_{ij}（k）的取值为：

$$\begin{cases} w_{ij}(k)=0, & i=j \\ w_{ij}(k)=1, & d_{ij}\leqslant d_i(k) \\ w_{ij}(k)=0, & d_{ij}>d_i(k) \end{cases} \tag{5}$$

在该模型框架下，京津冀都市区 2007 年相对于 1995 年经济分布变化可分解为：①y_i、M_i 分布形状变化；②收敛系数 β_y、β_m 变化；③空间依赖效应 ρ 变化；④随机误差 ε_i 分布变化。通过对经济分布演化分解，在控制不同影响因素的基础上，可模拟经济增长的各种理论分布。对理论分布和实际分布的差异性进行统计检验，如理论分布和实际分布没有区别，说明其对经济分布演化不起作用，否则，起作用。以 M 在 2 个时段内分布变化对京津冀都市区经济分布演化的影响为例。首先，保持 M 在 1995 ~2001 年的分布不变，构建 2001 ~2007 年区域 i 的人均 GDP 增长率 $g_{im,T3}$（式 6）；其次，构建 2007 年区域理论经济分布 $y_{im,T3}$（式 7）；最后对 $y_{im,T3}$与实际 y_{iT3}进行统计检验，确定 M 分布是否影响其经济增长分布。

$$g_{im,T3} = A_1\alpha_{0T2} + A_1\beta_{yT2}y_{iT1} + A_1M_{iT1}\beta_{mT2} + A_1\varepsilon_{iT2} \tag{6}$$

$$\begin{aligned} y_{im,T3} &= y_{iT2} + 6g_{im,T3} = y_{iT2} + 6(A_1\alpha_{0T2} + A_1\beta_{yT2}y_{iT1} + A_1M_{iT1}\beta_{mT2} + A_1\varepsilon_{iT2}) \\ &= y_{iT2} + 6(A_1\alpha_{0T2} + A_1\beta_{yT2}y_{iT1} + A_1M_{iT2}\beta_{mT2} + A_1\varepsilon_{iT2}) - 6A_1(M_{iT1} - M_{iT2})\beta_{mT2} \\ &= y_{iT3} + 6A_1(M_{iT1} - M_{iT2})\beta_{mT2} \end{aligned} \tag{7}$$

同理，可推导出 β_m、β_y、A、ε_i 所对应的理论分布。

1.3 DEA 模型与 Malmquist 指数模型

DEA 模型方法是评价多投入和多产出决策单元效率的有效方法[16,17]。自 Kumar 运用 DEA 模型和 Malmquist 指数将经济增长分解为资本深化、技术扩散和创新，研究三者和经济增长分布演化关系后，DEA 模型被引入到经济增长领域[6]。从 Malmquist 指数得到的技术效率变化可衡量区域在某一时段内到生产边界距离的变化，可反映其生产效率的变化情况。效率提高可能是区域不断学习、吸收或干中学等的结果。与技术转移扩散含义相似，区域经济增长领域将技术效率变化视为技术扩散，生产边界移动视为技术进步[11]。本文用 DEA 和 Malmquist 指数模型测算京津冀都市区各区域在两个时段内的技术效率和进步，考察其在京津冀都市区经济增长分布演化中的作用。DEA 和 Malmquist 指数模型参照文献[17]。

1.4 数据说明与处理

研究区域为京津冀都市区 140 个县级区域。经济增长率采用人均 GDP 增长率，且各区域各年份的人均 GDP 都依据京津冀各自的 GDP 指数统一调整到 1995 年的价格。资本存量以各年份、各区域固定资产投资为基础，用“永续存盘法”计算得到，其中基期资本存量计算、折旧率选择和投资平减均用文献[18]的方法。技术扩散与进步用 DEA 和 Malmquist 指数模型计算得到（DEA 和 Malmquist 指数模型的投入为劳动力和资本存量，产出为各自的 GDP）。所有基础数据取自《北京统计年鉴》（1996～2008）[19]、《天津统计年鉴》（1996～2008）[20]和《河北经济年鉴》（1996～2008）[21]。

2 京津冀都市区经济增长分布演化模拟模型估计及其分析

2.1 经济分布演化的 Kernel 密度曲线及其分析

利用 1995～2007 年各县级区域人均 GDP 与京津冀都市区人均 GDP 之比的数据，估计得到了京津冀都市区经济分布形态的 Kernel 密度曲线（见图 1）。图 1 显示：①曲线主峰都位于平均水平的左侧，表明京津冀都市区大部分区域经济发展水平都低于平均水平。1995～2007 年主峰逐渐向左推移，说明大部分地区相对经济发展水平与平均水平的差距在变大，这与采用其他方法得到的结论是一致的[23]。②从分布形态看，1995 年相对人均 GDP 的分布呈现“双峰状”，除主峰外，还有一个位于 3.5 处的次峰。2001 年相对人均 GDP 的分布呈现“单峰状”，位于 3.5 处的次峰逐渐消失，说明这一时期京津冀都市区内存在经济趋同现象。2007 年相对人均 GDP 的分布再次呈现“双峰状”，与 1995 年不同的是，次峰出现在 5 的附近，且核密度也要高于前者，说明该时段内京津冀都市区经济极化加剧，区域差距加大了。从发展趋势看，位于平均水平 3.0～3.5 倍的区域也可能会演化为次峰，从而加剧都市区内经济发展水平的差距。

图 2 给出了京津冀都市区经济空间类型的演化。将经济空间划分为 4 类：低水平（相对人均 GDP <0.6），较低水平（0.6～1.0），较高水平（1.0～1.3），高水平（>1.3）。如图 2 所示：高经济发展水平区域在空间上逐步集聚，到 2007 年基本集中于京津唐三市的辖区县，正是这些区域形成了 2007 年经济分布的次峰；低水平区域进一步扩大。1995 年低水平区域有 40 个（28.57%）；2007 年低水平区域增加到 55 个（39.29%）。从空间

上看，低水平地域由北部和西北部的承德、张家口等所辖县逐渐扩展至保定、廊坊、沧州等地市的所辖县，与环京津贫困带的区域范围大致相同[22]。

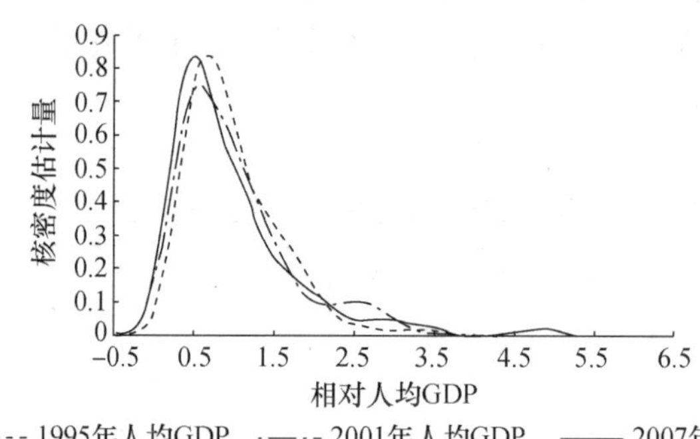

图 1　京津冀都市区经济增长分布演化

注：横标数值 1 为京津冀都市区平均水平的 1 倍，2 为平均水平的 2 倍，以此类推。

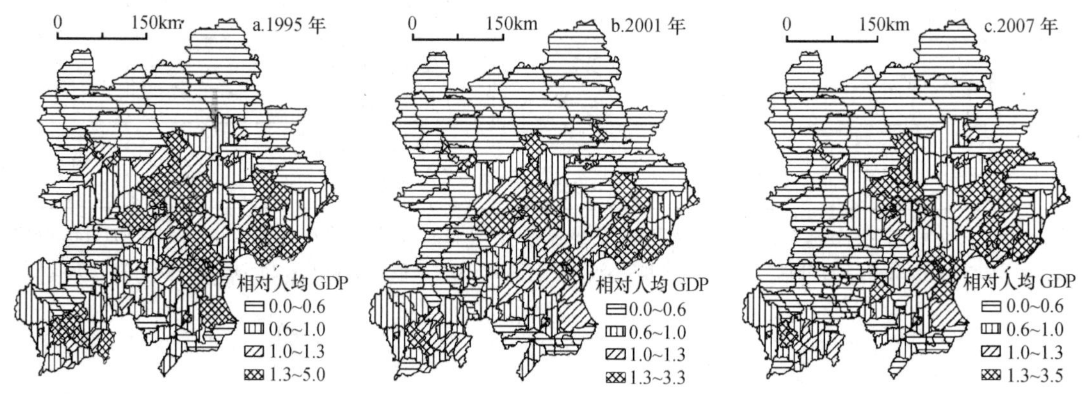

图 2　京津冀地区经济空间分布类型演化

2.2　经济增长分布变化模拟模型估计及其分析

为对京津冀都市区经济增长分布变化进行分解，并模拟其经济增长的理论分布以及保证估计系数具有渐近一致性，采用极大似然法对式（3）、式（4）进行了估计（见表 1）。

模型估计显示，在两个时段内经济增长分布变化模拟模型的解释能力较强，均达到 90%。模型残差的空间自相关检验显示，经济增长分布变化模拟模型很好地反映了区域经济增长中存在的空间依赖效应。资本深化、技术效率和技术进步均在京津冀都市区经济增长中的两个时段内起着重要作用，且均在 1% 水平上显著。初始经济发展水平与增长率负相关，表明京津冀都市区内存在 β 收敛现象，第二个时段的收敛强度远小于第一时段的，这是因为在第一个时段内各区域向着同一稳态（主峰）趋同。而在第二个时段，不同区域趋同于不同的稳态：经济发展较高的区域趋同于高水平稳态（次峰）；低经济发展水平区域趋同于低水平稳态。空间自相关系数（ρ）在1%水平上显著为正，说明京津冀都市区存在正的空间外溢效应。表1后3列给出了各因素对经济增长作用强度是否发生变化的统计检验。空间依赖效应在前后2个时段对经济增长的作用大致相同，技术进步和效率在第一时段对经济增长的作用强度要显著大于第二时段。

表1　京津冀都市区经济增长分布变化模拟模型的估计结果

估计结果	1995～2001年（模型1）	2001～2007年（模型2）	假设检验		
初始发展水平	-0.11*** (0.011)	-0.018*** (0.007)	原假设 初始发展水平系数相同	统计量 4.34	显著水平 1%
空间自相关系数（ρ）	0.155*** (0.046)	0.115*** (0.058)	空间自相关系数（ρ）相等	0.13	不显著
人均物质资本存量（K）增长率	0.612*** (0.023)	0.429*** (0.038)	人均资本存量（K）系数相等	15.36	1%
技术效率（TD）	0.347*** (0.012)	0.097*** (0.003)	技术效率（TD）系数相等	4.13	1%
技术进步（TP）	0.047*** (0.002)	0.039*** (0.005)	技术进步（TP）系数相等	2.79	10%

注：*、**、***分别表示10%、5%和1%的显著水平（下同）。调整后的R^2分别为0.92和0.90；LIK分别为354.866和334.518；AIC分别为-699.733和-659.035；Moran's I（P值）分别为1.24（0.45）和1.12（0.47）。

3　京津冀都市区经济分布演化驱动力作用的模拟分析

利用上述估计得到的模拟模型分别研究资本深化、技术效率、技术进步等对京津冀都市区经济分布演化的分布效应和综合作用效应。

3.1　资本深化分布效应和综合作用效应模拟分析

图3给出了资本深化对经济分布演化的分布效应和综合作用效应。图3a显示，其他因素不变，资本作用强度变化得到的经济分布理论形态与2007年实际经济分布形态基本相同。可见，不仅资本深化对经济增长的作用强度在两个时段内不相同，且对经济分布形态的影响也小。利用Fan对两个分布差异性的检验方法[23]，对理论经济分布与实际经济分布的差异进行了统计检验，T统计量为0.44，不能拒绝两者相同的原假设（见表2），

证明资本深化作用强度的变化不是京津冀都市区经济分布形态演化的驱动力。如图 3b 所示，当其他因素不变，资本分布变化引起的理论经济分布与实际经济分布明显不同，一方面理论经济分布的次峰要大于实际经济分布；另一方面理论经济分布主峰的核密度要高于实际经济分布。对两者差异检验的统计量为 6.46，在 1% 水平上显著，证明资本深化分布变化是引起京津冀都市区经济分布演化的驱动力。资本的总效应（资本深化的作用强度和分布均发生变化）模拟得到的理论经济分布与实际经济分布效应得到的理论经济分布大致相同（见图 3c），分布差异检验的统计量为 7.77，在 1% 水平上显著，说明资本深化对京津冀都市区经济分布演化作用的渠道是资本深化分布的变化。

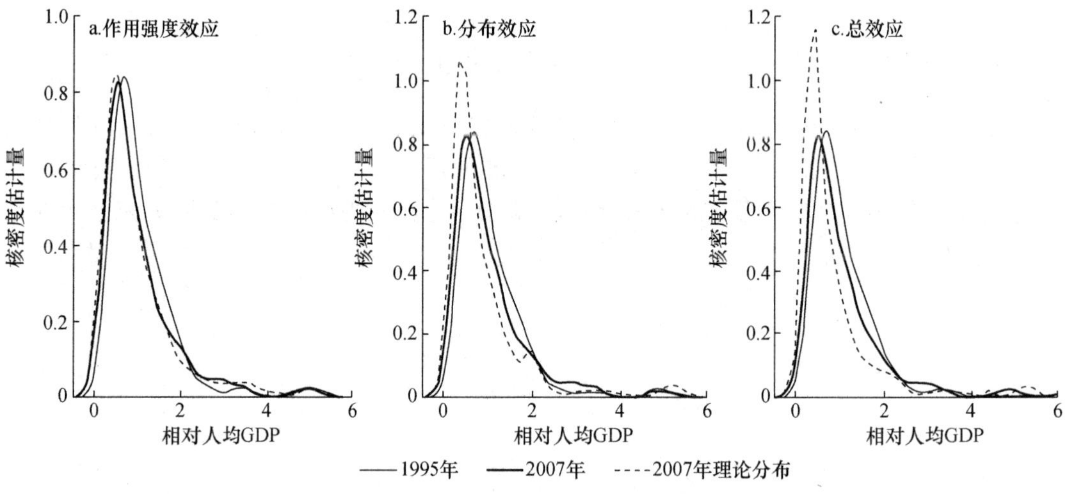

图 3　资本深化对经济分布演化效应的模拟

表 2　2007 年理论经济分布形态与实际经济分布形态存在差异的统计检验

原假设	$f(y^{2007}) = g(K\_\beta)$	$f(y^{2007}) = g(K\_DIS)$	$f(y^{2007}) = g(K\_TOT)$	$f(y^{2007}) = g(TD\_\beta)$
统计量	0.44	6.46	7.77	12.55
显著水平	不显著	1%	1%	1%
原假设	$f(y^{2007}) = g(TD\_DIS)$	$f(y^{2007}) = g(TD\_TOT)$	$f(y^{2007}) = g(TP\_\beta)$	$f(y^{2007}) = g(TP\_DIS)$
统计量	0.35	4.02	1.37	0.14
显著水平	不显著	1%	不显著	不显著
原假设	$f(y^{2007}) = g(TP\_TOT)$	$f(y^{2007}) = g(\rho)$	$f(y^{2007}) = g(e)$	
统计量	1.59	0.27	0.91	
显著水平	不显著	不显著	不显著	

注：$f(y^{2007})$ 表示由 kernel 密度估计得到的 2007 年实际经济分布，$g(\cdot)$ 表示理论经济分布，$g(K\_\beta)$ 表示只有资本深化作用强度变化模拟得到的理论经济分布，$g(K\_DIS)$ 表示只有物质资本分布变化模拟得到的理论经济分布，$g(K\_TOT)$ 表示资本深化综合作用效应和分布效应之和，其他变量以此类推。$g(e)$ 表示只有误差项分布变化模拟得到的理论经济分布。

3.2 技术效率分布效应和综合作用效应模拟分析

图 4a 显示了其他因素不变，只有技术效率对经济增长作用强度发生变化得到的理论经济分布与实际经济分布差异巨大，两者差异性检验的统计量在 1% 水平上显著，说明技术效率对经济增长作用强度的变化对京津冀都市区经济分布演化起重要作用，主要是因为技术效率在第一时段对经济增长的作用强度几乎是第二时段的 4 倍。技术效率分布变化得到的理论经济分布与实际经济分布的区别不是很大（见图 4b），两者差异性检验统计量不显著。技术效率对经济增长作用强度变化对经济分布的影响使得技术效率总效应也显著地影响京津冀都市区经济分布（见图 4c）。

3.3 技术进步分布效应和综合作用效应模拟分析

图 5 显示了技术进步作用强度得到的理论经济分布与实际经济分布基本重合，技术进步分布效应得到的理论经济分布及总效应得到的理论经济分布与实际经济分布有一定差异，主要表现在两者的理论分布都缺少“次峰”存在，但理论分布和实际分布差异性检验的统计量均不显著。

4 结论

利用经济增长分布变化分解与模型模拟方法等，对 1995 ~ 2007 年京津冀都市区经济分布演化驱动力作用进行了研究，研究发现：①京津冀都市区经济分布形态经历了“双峰状”→“单峰状”→“双峰状”的演化过程，后一个“双峰”两峰的距离较大，即经济发展水平高的区域趋同于高水平稳态，经济发展水平低的区域趋同于低水平稳态，说明其区域经济差距在继续扩大。②对其经济增长分布演化驱动力作用的模拟发现，资本深化、技术效率、技术进步和空间依赖效应对京津冀都市区经济增长均起显著作用。③资本深化和技术效率对京津冀都市区经济分布演化起重要作用，技术进步、空间外溢效应和误差分布效应则没有显著作用。④资本深化分布的变化和技术效率作用强度的变化是影响京津冀都市区经济分布演化的驱动力，并通过资本深化的分布效应和技术效率的综合作用效应两个渠道对京津冀都市区经济分布演化产生影响。⑤对京津冀都市区经济增长起作用的因素不一定能够影响到其经济分布的演化，基于分解技术的经济增长分布模拟模型，利用理论分布和实际分布差异性的统计检验可以识别真正影响其经济分布演化的因素及其作用渠道。

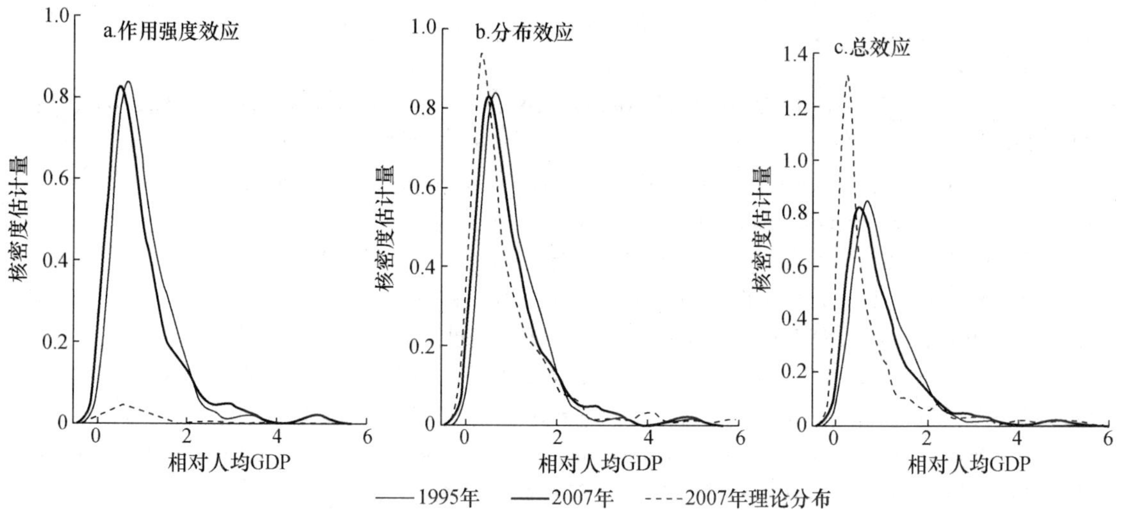

图 4　技术效率对经济分布演化效应的模拟

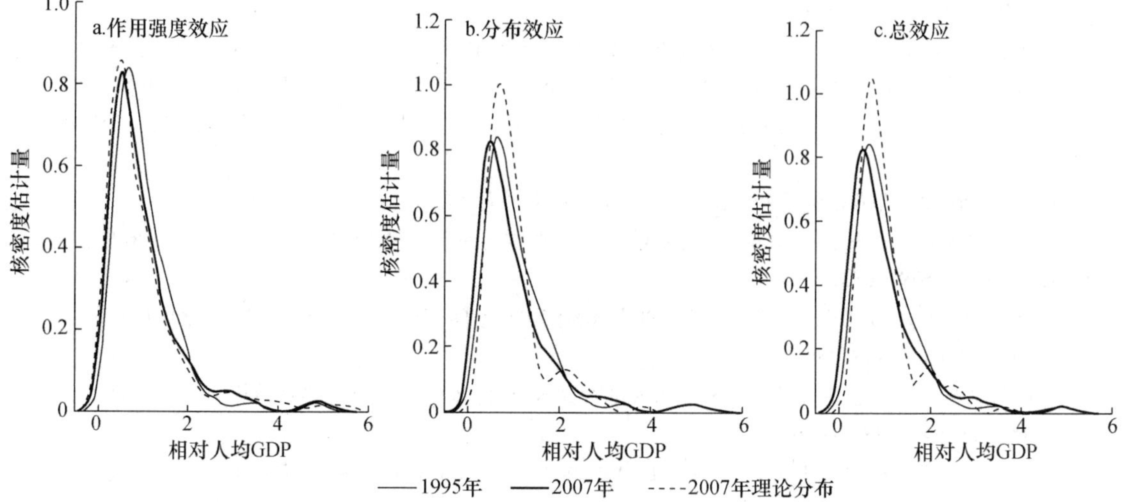

图 5　技术进步对经济分布演化效应的模拟

本研究只是对京津冀都市区经济分布演化及其动力进行了初步模拟分析，还有许多需要深化的地方：①尽管所选择的影响因素已经能够解释京津冀都市区经济增长的 90% 以上，但还是存在遗漏的问题，如人力资本、区域政策等。②对影响因素的相互作用也没有加以考虑等。所有这些将是下一步研究的重点。

参考文献

[1] Barro R. J., Sala – I – Martin X. Convergence [J]. Journal of Political Economy, 1992, 100 (2): 223 – 251.

[2] Mankiw N. G., Romer D., Weil D. N. A Contribution to the Empirics of Economic Growth [J]. Quarterly Journal of Economics, 1992 (107): 407 – 423.

[3] 蔡昉，都阳．中国地区经济增长的趋同与差异 [J]．经济研究，2000 (10)：30 – 37.

[4] 魏后凯．中国地区经济增长及其收敛 [J]．中国工业经济，1997 (3)：31 – 37.

[5] 刘树成，李强，薛天栋．中国地区经济发展研究 [M]．北京：中国统计出版社，1994.

[6] Kumar S., Russell R. Technological Change, Technological Catch – up, and Capital Deepening: Relative Contributions to Growth and Convergence [J]. The American Economic Review, 2002, 92 (3): 527 – 548.

[7] Quah D. Empirical for Growth and Distribution: Stratification, Polarization, and Convergence Clubs [J]. Journal of Economic Growth, 1997, 2 (1): 27 – 59.

[8] Bourguignon F., Mossisson C. Inequality among World Citizens: 1820 – 1992 [J]. The American Economic Review, 2002, 92 (4): 727 – 744.

[9] Jones C. On the Evolution of the World Income Distribution [J]. The Journal of Economic Perspectives, 1997, 11 (3): 19 – 36.

[10] 何江，张馨之．中国省区收入分布演化的空间—时间分析 [J]．南方经济，2006 (12)：64 – 75.

[11] 李国平，陈晓玲．中国省区经济增长空间分布动态 [J]．地理学报，2007，62 (10)：1051 – 1062.

[12] 徐现祥，舒元．中国省区经济增长分布的演化 (1978 ~ 1998) [J]．经济学季刊，2004，3 (3)：619 – 638.

[13] 叶阿忠．非参数计量经济学 [M]．天津：南开大学出版社，2003.

[14] 董冠鹏，郭腾云，马静．空间依赖、空间异质与京津冀都市区经济收敛 [J]．地理科学，2010，30 (5)：679 – 685.

[15] 董冠鹏，郭腾云，马静．京津冀都市区经济增长空间分异的 GIS 分析 [J]．地球信息科学学报，2010，12 (6)：797 – 805.

[16] 郭腾云，董冠鹏．基于 GIS 和 DEA 的特大城市空间紧凑度与城市效率分析 [J]．地球信息科学，2009，11 (4)：482 – 490

[17] 郭腾云，徐勇，王志强．基于 DEA 的中国特大城市资源效率及其变化 [J]．地理学报，2009，64 (4)：408 – 416.

[18] 张军，吴桂英，张吉鹏．中国省际物质资本存量估算：1952 ~ 2000 [J]．经济研究，2004，10：35 – 44.

[19] 北京市统计局．北京统计年鉴 (1996 ~ 2008) [M]．北京：中国统计出版社，1996 – 2008.

[20] 天津市统计局．天津统计年鉴 (1996 ~ 2008) [M]．北京：中国统计出版社，1996 – 2008.

[21] 河北省统计局．河北经济年鉴 (1996 ~ 2008) [M]．北京：中国统计出版社，1996 – 2008.

[22] 樊杰，陈田，封志明等．京津冀都市区区域综合规划研究 [M]．北京：科学出版社，2008：217 – 223.

[23] Fan Y., Ullah A. On the Goodness of Fit Yests for Weakly Dependent Processes Using Kernel Method [J]. Journal of Nonparametric Statistics, 1999 (11): 337 – 360.

Simulation of Economic Distribution Evolution and Its Driving Forces in Beijing – Tianjin – Hebei Metropolitan Region

Guo Tengyun[1] Dong Guanpeng[1,2]

(1. Institute of Geographic Sciences and Natural Resources Research, Chinese Academy of Sciences, Beijing 100101, China;
2. Graduate University of Chinese Academy of Sciences, Beijing 100049, China)

Abstract: The evolution of economic growth in Beijing – Tianjin – Hebei Metropolitan Region (short for BTHMR) are simulated using Kernel density estimation based on the data of the population, capital investment, and GDP of 140 county – level sub – regions of BTHMR in 1995 – 2007. And further its driving forces are simulated using spatial lag models based on the variables, such as capital deepening, technological efficiency and technological progress, which derived from the DEA and Malmquist index models, in different periods. Several conclusions are drawn as follows: ①The shape of economic spatial distribution have changed significantly, from two peaks in 1995 to one peak in 2001, then, two peaks again, with a bigger and bigger gap between poor sub – region groups and rich ones, which indicates that the BTHMR had undergone a change from convergence to club convergence. ②Capital deepening, technological efficiency, technological progress and spatial depnedence play important roles in the economic growth of BTHMR. ③Capital deepening and technological efficiency have statistically significant impacts on the economic spatial distribution evolution while the spatial dependence and technological progress have not although they both were important driving forces in economic growth. ④The distribution change of capital deepening and the increasing importance of technological efficiency have contributed to the economic distribution evolution rather than the increasing importance of capital deepening and the distribution change of technological efficiency. ⑤The results indicate that the distribution effects of capital deepening and coefficient effects of technological efficiency had become the channel, through which capital deepening and technological efficiency changed the economic distribution evolution.

Key Words: Kernel Density Estimation; Economic Growth Distribution; Spatial Dependence Effect; Beijing – Tianjin – Hebei Metropolitan Region

中国制造业转移的机制、次序与空间模式*

胡安俊　孙久文

（中国人民大学经济学院，北京　100872）

【摘　要】本文借助产业转移理论模型，提出了"核心区产业能否转移"、"按什么次序转移"、"以什么空间模式转移"三个假说。在此基础上，利用中国地级行政单元的三位数制造业数据对上述假说进行了检验。结果表明，中国制造业已经出现由东部向中西部地区的大规模转移；在转移次序上，按照产业替代弹性的逆序展开。高替代弹性产业先转移，低替代弹性产业后转移；在空间模式上，低替代弹性产业呈现等级扩散模式，高替代弹性产业呈现扩展扩散模式。

【关键词】制造业转移；转移次序；空间模式

1　引言

中国是一个经济发展很不平衡的国家，占国土面积 9.5% 的东部地区集中了全国 38.0% 的人口和 53.1% 的 GDP；中国也是一个区域差距很大的国家，人均 GDP 最高的省市（上海市）是最低省市（贵州省）的 5.6 倍。为了调整空间结构、促进区域经济收敛，中国政府秉承"移业就民"的发展理念，自 1999 年以来先后实施了西部大开发、中部崛起等战略，陆续批复了六个承接产业转移示范区，并辅以各种优惠政策，推动产业从东部向中西部地区转移。与此同时，自 2004 年前后东部地区出现了民工荒、电荒、水荒，企业成本节节攀高，市场机制也在推动产业向外转移。在政府与市场的双重作用下，东部地区的产业是否已经向中西部地区转移了呢？如果发生了转移，产业转移的次序是怎样的，又呈现什么样的空间模式？区域经济学者需要对这些问题做出理论与经验回答。

20 世纪 90 年代兴起的新经济地理学从理论上阐述了产业转移的条件、次序以及对区

* 基金项目：国家社会科学基金重大项目（10ZD&023）和中国博士后科学基金资助项目（2013M530789）。

域发展的福利效应（Baldwin et al.，2003），为中国政府分析产业转移条件、设置产业转移目录、优化产业转移次序、调整产业转移政策等提供了重要的理论依据。不过，新经济地理模型也存在一些不足。由于它将空间引入主流经济学模型是以交易成本的形式实现的，对更为广泛的空间含义缺少诠释。因此，对产业区位选择的空间模式研究较少；更为重要的是，由于新经济地理模型是建立在均质空间的假设之上，其在发展中国家的适用性需要得到经验研究的支持（Fujitaand Thisse，2009）。

从经验研究看，关于中国产业转移次序与空间模式的研究较少。目前的研究主要集中在东部地区的产业是否已经向中西部地区转移上，研究结论存在较大争议。一种观点认为，东部地区的产业已经向中西部转移（陈建军，2002；魏后凯和白玫，2009；王非暗等，2010）①；另一种观点认为，东部地区的产业没有向中西部转移（Wen，2004；冯根福等，2010；刘红光等，2011）②。这种争论一方面与研究时段有关，2003 ~ 2004 年是中国空间格局的转折时期，2003 ~ 2004 年之前与之后中国产业转移的速度和流量有较大差异（胡安俊和刘元春，2013）③，从而影响研究结论；另一方面与研究者所选产业为两位数制造业、所选区域为省域有关，较宽的产业与空间尺度容易低估产业转移的规模。上述争论严重影响中国产业转移战略的有效实施，因此，需要采用更为细分的数据（比如三位数城市数据）对产业是否已经由东部向中西部转移做出判断。

本文首先综合新经济地理理论和中心地理理论，阐述了产业转移的机制，提出了“核心区产业能否转移”、“按什么次序转移”、“以什么空间模式转移”三个假说。在此基础上，运用 2003 年和 2009 年中国 335 个地级及以上行政单元的 169 个三位数制造业数据，对上述假说进行了检验，得到了以下结论：2003 ~ 2009 年中国制造业已出现由东部向中西部的大规模转移；在转移次序上依照产业替代弹性的逆序展开，高替代弹性产业先转移，低替代弹性产业后转移；在空间模式上低替代弹性产业的转移规模较小，呈现等级扩散的模式；而高替代弹性产业的转移规模较大，呈现扩展扩散的模式。上述结论验证了新经济地理模型在中国的适用性，同时，较为全面地回答了中国制造业的转移状况，缓解了东部产业是否向中西部转移的争论，为国家调整产业转移次序、优化空间布局提供了理论与经验依据。

文章余下部分的安排如下：第二部分是文献综述；第三部分从理论上阐述了产业转移的机制、次序与空间模式；第四部分简述了数据、模型与方法；第五部分对理论进行检验；最后是文章的结论与进一步研究的方向。

---

① 陈建军．中国现阶段产业区域转移的实证研究［J］．管理世界，2002（6）：64 - 74. 魏后凯，白玫．中国企业迁移的特征、决定因素及发展趋势［J］．发展研究，2009（10）：9 - 18；王非暗，王珏，唐韵，范剑勇．制造业扩散的时刻是否已经到来［J］．浙江社会科学，2010（9）：2 - 10.

② 冯根福，刘志勇，蒋文定．我国东中西部地区工业产业转移的趋势、特征及形成原因分析［J］．当代经济科学，2010（2）：1 - 10；刘红光，刘卫东，刘志高．区域间产业转移定量测度研究［J］．中国工业经济，2011（6）：79 - 88.

③ 胡安俊，刘元春．中国区域经济重心漂移与均衡化走势［J］．经济理论与经济管理，2013（12）：101 - 109.

2 文献综述

关于产业转移机制、次序和空间模式的相关研究具有丰富的成果，可以归纳为理论研究与经验研究两个方面。

2.1 理论研究

产业能够从核心区向外转移，是产业转移研究的基础。然而，这一基础却存在较大的争议：①要素禀赋理论认为，由于生产要素的不可流动性，各个区域专业化于生产要素丰裕的产业，区域间不会发生产业转移（Forslid et al.，2002）。CP、FE、CC、GL、LS、TP等新经济地理模型也认为当产业聚集到核心区后不会向边缘区转移（Baldwin et al.，2003；Berliant and Fujita，2007；Fujita，2007；安虎森，2009）。[①] ②点轴开发、空间一体化、生命周期理论和雁阵模式、垂直联系模型认为产业会经历一个“聚集—分散”的过程（Friedmann，1966；Vernon，1966；Krugman and Venables，1995；Venables，1996；Puga，1999；Kojima，2000；Duranton and Puga，2001；陆大道，2002[②]；Ozawa，2003）。

基于核心区产业可以向外转移的内在假定，Hayter从新古典学派、行为学派和制度学派三个方面系统阐述了产业转移的机制，认为新古典因素、企业自身因素、文化和制度因素是影响产业转移的主要因素（Hayter，1997；Dijk and Pellenbarg，2000；胡安俊等，2014[③]）。由于不同类型的产业和企业对各个影响因素的响应不同，因此会呈现不同的转移次序。一般地，劳动密集型产业先转移，资本密集型和技术密集型产业后转移；产业关联度小的产业先转移，产业关联度大的产业后转移；小企业先转移，大企业后转移（Krugman and Venables，1995；Puga and Venables，1996；Puga，1999）。

产业转移过程中，不同产业会呈现不同的空间转移模式。生命周期理论认为产业沿着经济梯度从高梯度区域向低梯度区域转移，从宏观上勾勒了产业转移的空间模式（Vernon，1966；Kojima，2000；Ozawa，2003）；经济地理理论则将产业转移的空间模式归纳为扩展扩散与等级扩散两种方式；而新经济地理学将空间定义为交易成本的方式，对空间内涵缺少全面诠释，从而限制了对产业转移空间模式的研究。

2.2 经验研究

美国、欧盟国家、日本等发达国家和地区都经历了产业转移的过程，既有研究试图验

① 安虎森．新经济地理学原理（第二版）［M］．北京：经济科学出版社，2009.

② 陆大道．关于“点—轴”空间结构系统的形成机理分析［J］．地理科学，2002（1）：2－6.

③ 胡安俊，孙久文，胡浩．产业转移：理论流派与研究方法［J］．产业经济评论，2004（1）：1－10.

证产业从聚集到扩散的倒“U”型假说（Williamson，1965；Brulhart and Torstensson，1998；Fujita et al.，2004；Kim and Margo，2004）。基于产业转移的倒“U”型事实，进一步分析了影响产业转移的因素，认为新古典因素、企业自身因素（Dijk and Pellenbarg，2000；Brouwer et al.，2004）、制度文化因素（Pellenbarg et al.，2002；Arauzo et al.，2010）是企业迁移的主要因素。

发展阶段的差异决定了研究重点的差异。过去几十年中国经济活动主要表现为向东部地区聚集（孙久文和胡安俊，2011）①，近年来关于中国产业转移的研究集中在东部地区的产业是否已经向中西部转移上。一种观点认为，东部地区的产业已经向中西部转移。陈建军、魏后凯通过对浙江企业的调查，认为中国出现了产业转移（陈建军，2002；魏后凯和白玫，2009）。② 王非暗等根据聚集指数与产业份额的变化，认为2004年后中国制造业开始从东部向中西部地区转移（王非暗等，2010）。③ 另一种观点则认为，东部地区的产业没有向中西部转移。Wen、冯根福等、刘红光等通过分析区位基尼系数、产业份额与投入产出数据，认为我国东部地区制造业没有向中西部转移，相反继续向东部地区集聚（Wen，2004；冯根福等，2010；刘红光等，2011）。④

尽管对产业转移的研究已经形成了丰富的成果，但从新经济地理学视角系统分析核心区产业能否转移、转移次序与空间模式的经验研究很少。更重要的是，既有研究都采用省域两位数制造业进行分析，较宽的产业和空间尺度容易低估产业转移的规模，从而影响各级政府的决策。这些不足是本文试图完善的地方。

3 理论模型

目前新经济地理模型主要围绕经济关联研究产业转移的机制与次序（Baldwin et al.，2003），对空间模式研究较少。为了全面阐释产业转移的机制、次序与空间模式，文章借鉴既有研究分析产业转移的机制与次序（Puga and Venables，1996）；然后，综合中心地理论、价格指数效应（产业配套效应）与拥挤效应，解释产业转移的空间模式。

---

① 孙久文，胡安俊．雁阵模式与中国区域空间格局演变［J］．开发研究，2011（6）：64-74.

② 陈建军．中国现阶段产业区域转移的实证研究［J］．管理世界，2002（6）：64-74；魏后凯，白玫．中国企业迁移的特征、决定因素及发展趋势［J］．发展研究，2009（10）：9-18.

③ 王非暗，王珏，唐韵，范剑勇．制造业扩散的时刻是否已经到来［J］．浙江社会科学，2010（9）：2-10.

④ 冯根福，刘志勇，蒋文定．我国东中西部地区工业产业转移的趋势、特征及形成原因分析［J］．当代经济科学，2010（2）：1-10；刘红光，刘卫东，刘志高．区域间产业转移定量测度研究［J］．中国工业经济，2011（6）：79-88.

3.1 产业转移的机制与次序

3.1.1 基本假设

假设存在两个同质区域，每个区域具有农业和工业两个部门。农业部门生产同质产品，满足完全竞争和规模报酬不变的性质。工业部门由 S 种不同产业组成，每种产业有 n^s 种产品（$s=1, 2, \cdots, S$），产品生产满足规模报酬递增、垄断竞争与不变替代弹性（CES）的性质，并且同一区域同一产业生产的不同产品具有相同的价格 p_i^s。农产品在区域间和区域内都可以无成本地交易，而工业品在区域内可以无成本交易，在区域间存在冰山交易成本（$\tau \geqslant 1$）。

农业生产需要劳动力和土地两种要素，生产函数为 $(L_i - m_i)^{\theta} R_i^{1-\theta}$。劳动力不能在区域间流动①，但可以在区域内的不同产业之间自由流动，所以工人工资等于农民工资，都等于农业的边际收益。

$$w_i = \theta(L_i - m_i)^{(\theta-1)} R_i^{(1-\theta)} \quad i=1, 2 \tag{1}$$

其中，w_i 为区域 i 的工资，L_i 为区域 i 总的劳动力，m_i 为区域 i 的工人数量，R_i 为区域 i 的土地面积，θ 为劳动份额（$\theta<1$）。

工业品的生产需要 x_i^s 单位的工业品综合投入量、1 单位劳动力和 1 单位农产品，其成本函数为：

$$C_i^s = (\alpha + \beta x_i^s) \cdot \prod_{r=1}^{S} (q_i^r)^{\mu^{r \cdot s}} \cdot w_i^{1-\eta_s} - \sum_{r=1}^{S} \mu^{r \cdot s} \cdot 1_s^{\eta} \tag{2}$$

其中，C_i^s 为 i 区域第 s 种产业的成本函数，α 为固定投入，β 为边际投入系数，x_i^s 为所有工业品（$\sum_{j=1}^{S} n_j^s$ 种）按 CES 形式组成的综合投入量，q_i^r 为区域 i 第 r 种产业的价格指数，$\mu^{r,s}$ 为第 s 种产业生产需要的第 r 种产业的份额。农产品价格标准化为 1，η_s 为生产中所需要的农产品份额。

第 s 种产业的价格指数是：

$$q_i^s = \left[\sum_{j=1}^{2} n_j^s (p_j^s \tau_{j,i})^{1-\sigma} \right]^{1/(1-\sigma)} \tag{3}$$

其中，q_i^s 为区域 i 第 s 种产业的价格指数，n_j^s 为区域 j 第 s 种产业的产品种类数，p_j^s 为区域 j 第 s 种产业各种产品的出厂价格，$\tau_{j,i}$ 为产品从区域 j 运输到 i 区域的冰山成本，σ 为不变替代弹性（$\sigma>1$），$j=1, 2$。

由于 $1/(1-\sigma) < 0$，价格指数表明：区域内的产品种类 n_j^s 越多，该区域的价格指数越小。这就是价格指数效应/产业配套效应，它是吸引产业聚集的第一种力量。

---

① 本模型对劳动力的假设较为严格，作者采用该模型主要基于三点考虑：第一，本文研究的是东部产业向中西部地区的转移，2003 ~ 2009 年中国东部迁入人口占东部地区总人口份额较少（5.36%）；第二，迁移到东部地区的外来人口流动性较弱，多数人口一年或几年回家一次；第三，该模型对产业转移的解释是基于产业份额的变化，与文章后面的经验研究相一致。感谢匿名审稿人的评议。

消费者消费农产品和工业品，其间接效用函数为：

$$V_i = 1^{-(1-\sum_{s-1}^{S}\gamma^s)} \cdot \prod_{r=1}^{S}(q_i^s)^{-\gamma^s} \cdot (y_i - e^0) \tag{4}$$

其中，V_i 为区域 i 消费者的效用函数，1 为农产品的价格，y_i 为区域 i 消费者的收入，e^0 为生存水平的农产品支出，γ^s 为第 s 种产业的消费份额。

3.1.2　核心—外围结构的形成

由于对工业产品的支出由消费支出和中间投入品支出两部分组成，所以，对工业品总的消费为：

$$e_i^s = \gamma^s[w_i m_i + (L_i - m_i)^\theta k_i^{1-\theta} - e^0] + \sum_{r=1}^{S}\mu^{s,r} n_i^r p_i^r x_i^r \tag{5}$$

其中，γ^s $[w_i m_i + (L_i - m_i)^\theta K_i^{1-\theta} - e^0]$ 为消费支出，而 $\sum_{r=1}^{S}\mu^{s,r} n_i^r p_i^r x_i^r$ 为中间投入品支出。

根据消费者效用最大化与预算约束的条件，可以得出区域 i 对区域 j 第 s 种产业的需求为：

$$x_{i,j}^s = (p_j^s)^{-\sigma}\left(\frac{\tau_{i,j}}{q_i^s}\right)^{1-\sigma} e_i^s \tag{6}$$

显然，区域 i 的市场规模 e_i^s 越大，对第 s 种产业的消费 $x_{i,j}^s$ 就越多，这就是本地市场效应。它是促进产业集聚的第二种力量。

市场出清条件下每个产业的供给等于各个区域对其产品的需求之和，即 $x_i^s = \sum_{j=1}^{2} x_{i,j}^s$。

假定人们对工业品的需求弹性大于 1，假定区域 1 受到一个正向的外生冲击（比如市场规模增大），在本地市场效应作用下，区域 1 会产生新的企业。新企业的产生对中间产品需求增多，引致本地市场效应进一步增大；与此同时，新企业的产生导致区域 1 的产品种类增多、价格指数下降。而价格指数的下降，又会促使企业的产生。于是，本地市场效应（前向关联）与价格指数效应（后向关联）形成循环累积机制。区域 1 的生产成本不断下降（式（2））、消费者的效用不断上升（式（4）），最终形成以区域 1 为核心、区域 2 为外围的核心外围结构。

3.1.3　产业转移机制

产业转移的条件是企业迁移到区域 2 之后（在区域 2 产生），能够实现与在区域 1 时相同的销售额。为表述方便，只分析第 1 种产业的情况，并假定两区域的土地面积都为 1。假定位于区域 1 的某个企业的销售额为 $x_1 = 1$，假若该企业迁移到区域 2（在区域 2 产生），则销售额 x_2 为：

$$x_2 = \left(\frac{w_1}{w_2}\right)^{\sigma(1-\mu-\eta)} \tau^{1-\sigma-\sigma\mu}\left[1 + \frac{\gamma(1-\mu-\eta)(L^\theta - e^0)}{w_1 m_1}(\tau^{2(\sigma-1)} - 1)\right] \tag{7}$$

$x_2 = x_1 = 1$ 的条件，就是产业转移的转折点。假定区域 2 市场规模 Y 扩大（由人口数量增长和素质提高引致），采用数值模拟的方法分析产业转移的机制。对于既定的工业品

消费份额 μ 和区域间交易成本τ，随着区域 2 市场规模的增大会出现产业的扩散；同样地，对于既定的工业品消费份额 μ 和区域 2 市场规模 Y，随着区域间交易成本τ的降低会出现“集聚—扩散”过程（见图 1）。

假说Ⅰ（核心区产业能否转移）：随着边缘区市场规模的扩大和区域间交易成本的下降，产业会出现从核心区向外围区的转移。

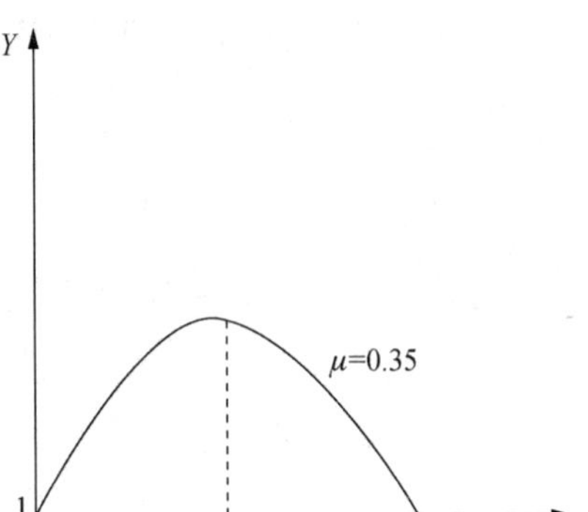

图 1　产业转移的基本机制

注：图 1 中的 μ 表示产业关联，曲线上面表示产业扩散。

3.1.4　产业转移次序

产业的要素密集度、产业间关联程度、产业替代弹性等都是影响产业转移次序的重要因素（Puga and Venables，1996）。由于要素密集度往往难以定量表达，产业关联分析则需要详细的投入产出数据，为了与接下来的计量分析相对应，本节阐述产业替代弹性与产业转移次序的关系。对式（7）两边取对数，然后对 σ 求导，得到：

$$\frac{dx_2/d\sigma}{x_2} = (1-\mu)\ln\left(\frac{w_1}{w_2}\right) - (1+\mu)\ln\tau + \frac{2e_2\,\tau^{2(\sigma-1)}\ln\tau}{e_2\,\tau^{2(\sigma-1)} + e_1} \tag{8}$$

当τ较小时，$\frac{dx_2/d\sigma}{x_2} > 0$，即 σ 越大，x_2 越大。所以替代弹性较大（σ_1）的产业（图 2 虚线）要比替代弹性较小（σ_2）的产业（图 2 实线）先转移。一般而言，低技术产业替代弹性较大，高技术产业替代弹性较小；先转移的产业转移的规模较大；后转移的产业转移规模较小。所以，替代弹性较大（σ_1）的低技术产业转移规模较大，替代弹性较小（σ_2）的高技术产业转移规模较小。

假说Ⅱ（按什么次序转移）：产业按照产业替代弹性的逆序转移。高替代弹性产业（低技术产业）先转移，转移规模较大；低替代弹性产业（高技术产业）后转移，转移规模较小。

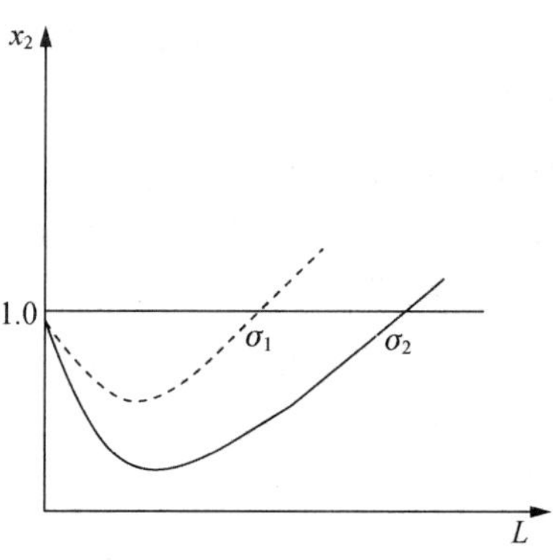

图 2　产业替代弹性与产业转移次序

3.2　产业转移的空间模式

综合中心地理论、价格指数效应（产业配套效应）和拥挤效应，构建产业转移的空间模式模型。

3.2.1　基本假设

中心地理论认为区域等级是由区域提供的产品技术等级决定的，提供高技术等级产品的区域是高等级区域。同时，高等级区域提供低等级区域的所有产品（克里斯塔勒，1998）。① 假定存在三个区域 A、B、C，区域 A 提供 t 种产品 $\{C_1, \cdots, C_r, C_s, C_t\}$，区域 B 提供 s 种产品 $\{C_1, \cdots, C_r, C_s\}$，区域 C 提供 r 种产品 $\{C_1, \cdots, C_r\}$。为方便起见，假定 $t = s + 1 = r + 2$。集合中的产品按照技术等级升序排序，所以在区域等级上 $A > B > C$。区域 A 提供区域 B 和区域 C 的所有产品，而区域 B 提供区域 C 的所有产品。

中心地理论还认为高等级区域处于六边形的中心，次高等级区域处于六边形的顶点或边上，而低等级区域处于六边形内部。由于在区域等级上 $A > B > C$，所以我们假定区域 A 与区域 C 相邻，区域 A 与区域 B 不相邻。

产业技术等级是由其生产所需要的产品技术等级决定的。假定存在三种产业：产业Ⅰ、产业Ⅱ和产业Ⅲ，其生产分别需要前 t 种产品、前 s 种产品和前 r 种产品，并且各种产品之间满足不变替代弹性关系。所以，三个产业的技术等级关系是Ⅰ > Ⅱ > Ⅲ。由于产业技术等级越高，产业替代弹性越小。所以，三个产业的产业替代弹性关系是Ⅰ < Ⅱ < Ⅲ。

3.2.2　空间模式

产业转移受到聚集力与分散力两个方面的作用。假定聚集力是价格指数效应，分散力是拥挤效应。根据价格指数效应，本地产品的种类越多，配套产品越全，对产业的吸引力就越强。因此，从产业生产的角度考虑，价格指数效应可以理解为产品的配套效应。为了

① 沃尔特·克里斯塔勒. 德国南部中心地原理［M］. 常正文，王兴中等，译. 北京：商务印书馆，1998.

实现聚集力最大化，每个产业都倾向于在产品配套最全的区域布局。由于某产品带来的价格指数效应发挥作用的前提是该产品必须被使用，如果聚集在高等级区域的一些高替代弹性产业（低技术产业）不使用某些高等级产品，那么就无法享受这些高等级产品带来的价格指数效应。但是，这些高替代弹性产业却要与使用高等级产品的低替代弹性产业（高技术产业）竞争水、土地等各种资源，产生拥挤效应。对于低替代弹性产业（高技术产业），由于其他区域无法提供它需要的所有产品，所以不具有向外迁移的动力；而对于较高替代弹性的产业，完全可以通过产业转移找到不降低价格指数效应，却能消除这种拥挤效应的区域，从而具有外迁的动力。所以，为了实现价格指数效应最大化、拥挤效应最小化，产业布局在能提供自身需要的所有产品，并且又不提供自身不需要产品的区域。

在核心边缘结构下，假定三种产业都聚集在区域 A。由于区域 A 提供前 t 种产品，所以三个产业都实现了聚集力最大化。由于产业Ⅱ和产业Ⅲ不使用产品 t 和产品 s，这些产品就不会给它们带来价格指数效应。但是，产业Ⅱ和产业Ⅲ却与使用这些产品的产业Ⅰ竞争各种资源，产生拥挤效应。由于区域 B 和区域 C 分别提供前 s 种和前 r 产品，因此，产业会向区域 B 转移，产业Ⅲ向区域 C 转移。由于区域 A 与区域 B 在空间上非邻接，并且在等级上区域 A 高于区域 B，所以，产业表现为等级扩散模式。而区域 A 和区域 C 在空间上相邻，产业Ⅲ表现为扩展扩散的模式（见图 3）。

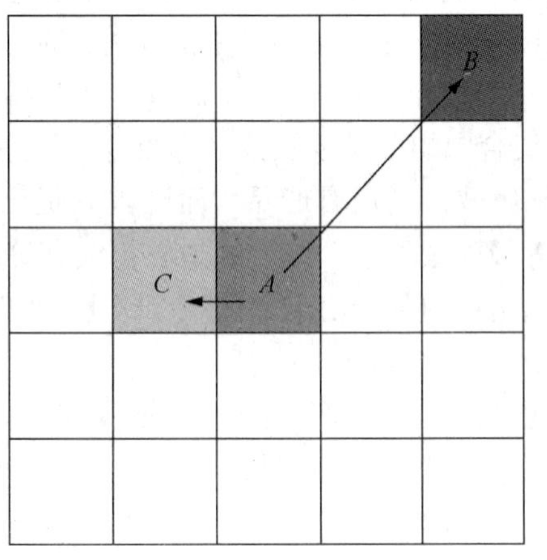

图 3　产业转移的空间模式

假说Ⅲ（以什么空间模式转移）：低替代弹性产业表现为等级扩散模式，高替代弹性产业表现为扩展扩散模式。

4　数据、模型与方法

4.1　数据结构

产业转移具有产业、空间和时间三个尺度（Rosenthal and Strange，2004；Beaudry and Schiffauerova，2009）。考虑到中国的地域面积很大、不同产业具有较大的异质性，选择较小的空间尺度和产业尺度能够更好地分析产业转移，为此文章选择中国 335 个地级及以上行政单元的 169 个三位数制造业进行分析。时间尺度上，基于数据的可获得性选择 2003 年和 2009 年两个年份。数据源于中国统计局统计数据库、《中国统计年鉴》（2003，2009）、《中国城市统计年鉴》（2003，2009）、2003 年和 2009 年各省统计年鉴。

4.2　产业转移的识别

国内外对于产业转移的识别具有较大差异。由于具有完善的企业区位变迁数据，欧美发达国家将产业转移定义为企业的区位变迁（Relocation），研究的是绝对产业转移（Dijk and Pellenbarg，2000；Brouwer et al.，2004；Arauzo et al.，2010）。中国由于缺乏完善的企业区位变动信息，将产业转移定义为产业增加值或从业人员份额、产业集中度（范剑勇，2004；孙久文和彭薇，2012）或者区际贸易量的变化（刘红光等，2011），研究的是相对产业转移。① 文章选择工业总产值和从业人员测度相对产业转移。下面通过比较 2003 年与 2009 年制造业工业总产值份额的变化，测度产业转移，即

$$\Delta v = v^k_{r,2009} - v^k_{r,2003} = \frac{A^k_{r,2009}}{\sum_r A^k_{r,2009}} - \frac{A^k_{r,2003}}{\sum_r A^k_{r,2003}} \tag{9}$$

其中，Δv 为 2003 ~ 2009 年 r 地区 k 产业的产业转移，负号为转出，正号为转入；$v^k_{r,2009}$ 和 $v^k_{r,2003}$ 分别为 2009 年和 2003 年 r 地区 k 产业的工业总产值占全国该行业工业总产值的比重；$A^k_{r,2009}$ 和 $A^k_{r,2003}$ 分别为 2009 年和 2003 年 r 地区 k 产业的工业总产值。

投资是经济周期中变动最大的变量，而就业的变动则相对较小（Barro，2008）。考虑到金融危机对中国东部地区的冲击比中西部地区要大，可能会出现因地区间产业份额缩小幅度不同而测度出的产业转移。为了验证产业转移的稳健性，文章还选择从业人员测度产业转移。

① 范剑勇．长三角一体化、地区专业化与制造业空间转移［J］．管理世界，2004（11）：77 - 84；孙久文，彭薇．劳动报酬上涨背景下的地区间产业转移研究［J］．中国人民大学学报，2012（4）：63 - 71；刘红光，刘卫东，刘志高．区域间产业转移定量测度研究［J］．中国工业经济，2011（6）：79 - 88.

$$\Delta w = w^k_{r,2009} - w^k_{r,2003} = \frac{B^k_{r,2009}}{\sum_r B^k_{r,2009}} - \frac{B^k_{r,2003}}{\sum_r B^k_{r,2003}} \tag{10}$$

其中，Δw 为 2003～2009 年 r 地区 k 产业的产业转移，负号为转出，正号为转入；$w^k_{r,2009}$ 和 $w^k_{r,2003}$ 分别为 2009 年和 2003 年 r 地区 k 产业的从业人员总数占全国该行业从业人员总数的比重；$B^k_{r,2009}$ 和 $B^k_{r,2003}$ 分别为 2009 年和 2003 年 r 地区 k 产业的从业人员数。

4.3 产业转移机制模型

产业发展取决于地理因素、新经济地理因素和经济政策三个方面（金煜等，2006）。[①] 因此，制造业的增长可以表示为：

$$Y = \alpha_0 + \alpha_1 X_1 + \alpha_2 X_2 + \alpha_3 X_3 + \varepsilon \tag{11}$$

其中，Y 表示制造业产值（份额），X_1 表示地理因素向量，X_2 表示新经济地理因素向量，X_3 表示经济政策因素向量。其他希腊字母表示常数项、变量系数和误差项。

假定地理要素是区位条件以及其他短期内不变的要素，对两个时期的制造业份额进行差分，可以消除这些不可测度的地理因素，并得到制造业转移的计量模型。

$$\Delta Y = \alpha_2 \Delta X_2 + \alpha_3 \Delta X_3 + e \tag{12}$$

其中，ΔY 表示制造业转移变量；ΔX_2 表示新经济地理因素变化向量；ΔX_3 表示经济政策因素变化向量。[②]

基于理论假说，文章重点考察三个新经济地理变量：①市场规模（gdp）。市场规模影响产业利润，进而影响产业区位（Head and Mayer，2004）。我们借鉴金煜等（2006）的方法，选择区域 GDP 与全国之比度量市场规模。②交易成本。产业区位选择的过程就是不断节约运输货物、人和知识等成本的过程（Glaeser，2010）。邮电通信和交通运输条件的改善有利于降低交易成本，我们借鉴金煜等的做法，选择区域邮电业务量占 GDP 比重反映信息化条件（com）；选择客运量占全国比重与货运量占全国比重的平均值度量交通条件（transp）。③产业替代弹性（rnpv）。尽管产业替代弹性是本文的重要参数，但是选择什么变量表达产业替代弹性是学术界的一个难点。目前经验研究主要基于国际贸易数据、重力模型、边界效应等，运用回归方法对产品替代弹性进行估计（Head and Ries，2001；Baier and Bergstrand，2001）。产业替代弹性与产业创新密切相关，而新产品是反映

① 金煜，陈钊，陆铭．中国的地区工业集聚：经济地理、新经济地理与经济政策［J］．经济研究，2006（4）：79－88.

② Hayter（1997）将影响产业转移的因素归纳为新古典因素、企业自身因素与制度文化因素。由于文章使用的是产业数据，因此无法分析企业自身因素。当控制了地理因素之后，文章将影响产业转移的因素归结为新经济地理因素与政策因素，这与 Hayter 的观点是一致的。

创新最为直接的指标（陈佳贵等，2009）。[①] 基于数据的可获得性，文章选择各个产业的新产品产值率（rnpv，新产品产值占工业总产值的比重）表达产业替代弹性。新产品产值率越高，产业替代弹性越小。

我们还选择了一些控制变量：①生产成本（wage）。生命周期理论与雁阵模式认为生产成本尤其是劳动力成本是产业转移的重要诱因（Vernon，1966；Kojima，2000；Ozawa，2003）。金煜等（2006）利用中国省域面板数据，验证了劳动力成本在产业区位选择中的作用。我们选择区域工人工资与全国平均工资之比度量生产成本。②人力资本（hum）。近年来东部产业出现高技术化和重型化趋势，企业对承接地人力资本要求提高，人力资本丰富的区域能够吸引到更多的产业转移（王思文和祁继鹏，2012）。[②] 本文将人力资本定义为区域每万人普通高校专任教师数与全国均值之比。③外部性（firm）。分享、匹配与学习是外部性发挥作用的三大渠道，Duranton 和 Puga（2004）与 Henderson（2003）认为这些渠道是通过增加企业数量实现的。为此，我们选择区域企业数量占该产业全国总数的比重度量产业的外部性。对于中国这样一个转轨经济体，经济政策是影响产业转移不可忽视的因素。为此，我们还引入两个经济政策变量：①对外开放度（foreign）。对外开放是我国产业向东部聚集的主要原因（Jian et al.，1996）。在中西部地区市场规模较小且存在市场分割的条件下，对外开放使得东部地区的优势不断强化，在一定程度上阻碍了东部产业向中西部转移。借鉴金煜等（2006）的做法，选择实际利用外资占 GDP 比重度量对外开放度。②地方政府参与度（gov）。在地方政府竞争体制下，各级地方政府极力招商引资，通过行政手段与市场化手段，实现对区域经济的统御（2009 年全国地方政府财政支出占国家财政支出的 80%，占 GDP 的 17.9%）（周业安和宋紫峰，2009；李猛和沈坤荣，2010）。[③] 基于这个事实，我们选择地方政府支出占 GDP 比重度量地方政府参与度，反映地方政府对经济的干预。如表 1 所示。

在使用固定效应控制不可观测的遗漏变量之后，反向因果成为文章计量模型最为棘手的内生性问题。既有研究通常采用自变量的滞后项或者地理变量作为工具变量来控制因果关系的方向（Combes et al.，2010）。为此，文章中 ΔX2 和 ΔX3 采用滞后一期值（2002 ~ 2008 年的变化值）。同时，由于本文因变量是针对每个产业而言的，而自变量中除了产业替代弹性（rnpv）都是针对每个区域（城市）而言的，因变量对自变量的反馈作用有限（这与 Glaeser 等（2001）处理就业岗位与人口数量的反向因果关系时采用的方法有类似之处）。通过上述两个方面的处理，反向因果在模型（12）中能够得到较好的控制。

---

① 新产品是指采用新技术原理和新设计构思研制、生产的全新产品，或在结构、材质、工艺等某一方面比原有产品有明显改进，从而显著提高了产品性能或扩大了使用功能的产品。本文所使用的新产品属于熊彼特定义的创新范畴。陈佳贵，黄群慧．我国实现工业现代化了吗——对 15 个重点工业行业现代化水平的分析与评价［J］．中国工业经济，2009（4）：5 - 16.

② 王思文，祁继鹏．要素流动性差异与地区间产业转移粘性［J］．兰州大学学报，2012（2）：105 - 110.

③ 周业安，宋紫峰．中国地方政府竞争 30 年［J］．教学与研究，2009（11）：28 - 36；李猛，沈坤荣．地方政府行为对中国经济波动的影响［J］．经济研究，2010（12）：35 - 46.

表 1　变量的统计特征

变量	类型	变量全名	样本	均值	标准差	中位数	最小值	最大值
y1	ΔY	Δv	16727	-0.03	1.57	0.01	-35.43	19.93
y2	ΔY	Δw	16891	-0.02	1.13	0.00	-27.73	20.06
gdp	ΔX_2	市场规模	16727	0.02	0.13	0.00	-0.24	0.67
com	ΔX_2	信息条件	16487	-0.22	0.79	-0.15	-9.76	4.26
transp	ΔX_2	交通条件	16487	0.00	0.00	0.00	-0.01	0.03
rnpv	ΔX_2	新产品产值率	16536	4.60	12.02	0.00	0.00	100.00
wage	ΔX_2	工资	16727	-0.05	0.17	-0.03	-0.78	0.71
hum	ΔX_2	人力资本	16595	0.01	0.63	0.02	-2.75	4.73
firm	ΔX_2	外部性	16703	-0.04	1.16	-0.02	-62.56	32.49
foreign	ΔX_3	对外开放度	16705	-0.80	3.22	0.00	-34.57	8.84
gov	ΔX_3	政府参与度	16487	5.51	5.06	4.48	-5.74	90.91

注：除 rnpv 之外的所有变量都是 2003～2009 年的变化值。因为新产品产值数据有较大缺失，rnpv 值取 2003 年和 2009 年的均值，两个年份中有一个缺失的用非缺失年份的数值代替。

4.4　空间模式分析

基于产业转移的结果，借助 GIS（地理信息系统）软件将产业转移分为产业转出最高区、产业转出次高区、产业转入最高区、产业转入次高区四大类型，分析制造业转移的空间格局。为方便起见，文章选择 2003 年和 2009 年新产品产值率均值最高的 10 个产业和最低的 10 个产业作为低替代弹性产业（高技术产业）和高替代弹性产业（低技术产业）的代表，对它们的空间转移特征进行考察。①

5　测度结果

5.1　中国制造业转移的总体状况

从东、中、西、东北四大板块看，用工业总产值和从业人员反映的制造业整体转移情况有一定差异。工业总产值指标显示 2003～2009 年东部地区制造业份额下降了 8%，中

① 低替代弹性产业对应的产业代码是 402、407、376、401、411、405、271、272、403、368；高替代弹性产业对应的产业代码是 194、223、136、142、347、137、303、181、201、134。另外，基于一些原因，我们并没有将空间模式的地图的形式展现出来，读者可向作者索取。

西部和东北地区分别上升 4.1%、2.8% 和 1.1%；而从业人员指标表明东部地区上升了 5.1%，而中西部和东北地区则下降了 3.7%、0.1% 和 1.3%，如表 2 所示。

为了判别制造业是否由东部向中西部转移，我们考察了细分产业的情况。从细分产业看，两个指标都表明中国制造业出现了由东部向中西部地区的大规模转移。这种大规模制造业转移突出表现为"三多"：第一，转移产业数量多。用工业总产值和从业人员反映的转移产业个数分别为 142 个和 83 个，分别占到产业总数的 84% 和 49%。第二，产业转移规模大。上述两个指标反映的产业转移份额超过该产业全国规模 10% 的产业分别达到 65 个和 8 个，超过 5% 的分别达到 113 个和 32 个。第三，转移产业类型多。转移产业中既有劳动密集型产业，如纺织面料鞋、软饮料、家具制造，也有技术密集型与资本密集型产业，如通信设备制造、医疗仪器设备及器械制造。

表 2　2003 ~ 2009 年中国四大板块间的制造业转移

产业	Δv				Δw			
	东部	中部	西部	东北	东部	中部	西部	东北
东部转出份额最高的 10 个行业								
煤制品制造	-35.51	12.07	9.70	13.74	-5.34	-4.49	4.52	5.31
焙烤食品制造	-28.72	19.81	4.45	4.47	-10.87	7.38	2.17	1.32
纺织面料鞋的制造	-27.28	6.23	6.56	14.50	-20.58	9.39	5.56	5.63
羽毛（绒）加工及制品制造	-25.24	14.86	9.88	0.50	-8.03	3.64	4.47	-0.08
其他仪器仪表的制造及修理	-24.76	14.51	8.43	1.82	-17.19	12.45	6.36	-1.61
其他未列明的制造业	-24.09	11.61	9.79	2.69	-13.96	11.96	1.32	0.68
调味品、发酵制品制造	-22.85	-3.03	21.17	4.71	-9.80	-6.35	13.86	2.28
精制茶加工	-22.84	10.91	11.72	0.21	-7.43	-1.73	8.94	0.21
软饮料制造	-22.40	9.17	8.82	4.41	-5.65	1.25	2.04	2.36
稀有稀土金属冶炼	-21.68	15.91	4.19	1.57	-6.44	5.04	-3.08	4.47

注：三位数制造业包含 169 个产业，限于篇幅表中只列出东部转出份额最高的 10 个行业。

5.2　制造业转移的影响因素与次序

文章的目的在于通过分析产业转入的影响因素、转移次序和空间模式，为调整空间结构和缩小区域差距提供依据，所以选择产业转入作为研究对象（使用 $\Delta v > 0$ 和 $\Delta w > 0$ 的样本），并依次采用混合回归（OLS）、固定效应（FE）与随机效应（RE）对模型进行估计，如表 3 所示。Hausman 检验结果表明固定效应是最优的估计方法。从产业转移的机制看，当依次引入各个控制变量之后，市场规模（gdp）、通信条件（com）、交通设施（transp）的系数和显著性都是稳健的。市场规模（gdp）的增加、通信条件（com）的改善促进了产业的转入，该结论验证了理论假说 I。从产业转移的次序看，当依次引入各个控制变量之后，新产品产值率（rnpv）的系数与显著性也是稳健的。新产品产值率与产业转入规模呈负向关系：新产品产值率较低的产业，产业转入较多；而新产品产值率较高的产业，产业转入较少。即高替代弹性产业的转移规模较大，低替代弹性产业的转移规模较小，从而验证了理论假说Ⅱ。该结论可以为国家优化产业转移次序提供参考。

我们进一步检验了估计结果的稳健性。雁阵模式认为区域梯度是影响产业转移的重要因素，而人均 GDP 恰是反映区域梯度最直接的指标（Kojima，2000；Ozawa，2003）。为此，我们删除了人均 GDP 最高和最低的 10 个城市的样本，然后进行估计，发现结果是稳健的。2004 年以来中国东部地区出现“民工荒”，劳动力供给大于需求的格局正在逆转（蔡昉，2007）①，劳动力资源成为影响产业发展的一个重要因素。为此，我们删除了人口最多和最少的 10 个城市的样本，估计结果是稳健的。② 省会城市具有较大的行政资源优势，可能对产业转移产生较大的干预。为此，我们去除省会城市样本，估计结果依然稳健。此外，我们还考察了四大板块和删除了新产品产值率为 0 的样本，发现估计结果都是稳健的。

对于控制变量，产业外部性（firm）和工资（wage）分别是促进和抑制产业迁入的因素。对外开放度（foreign）的提升，进一步凸显了沿海区位的重要性，从而不利于产业向边缘区转移。政府参与度（gov）的提升，加剧了宏观经济的波动和公共品的供给扭曲（周业安和宋紫峰，2009）③，无法给企业带来好的预期，从而不利于产业转移。采用两种指标，人力资本（hum）对产业转移的影响不同。采用工业总产值测度产业转移时，人力资本的系数为正，但不显著，这可能与转移产业本身的技术密集度较低有关；采用从业人员测度产业转移时，人力资本系数为负，表明工人转入人力资本较低的区域，这与近年来农民工返乡创业的事实一致。

表 3 制造业转移的影响因素

	因变量：Δv									
	OLS_ 1	OLS_ 2	OLS_ 3	OLS_ 4	OLS_ 5	FE_ 1	FE_ 2	FE_ 3	FE_ 4	FE_ 5
gdp	1.510 ***	1.478 ***	1.479 ***	1.386 ***	1.152 ***	1.372 ***	1.362 ***	1.363 ***	1.298 ***	1.133 ***
	(8.76)	(8.60)	(8.62)	(8.31)	(6.73)	(15.21)	(15.08)	(15.09)	(13.77)	(11.58)
com	0.0249 ***	0.0258 ***	0.0258 ***	0.0282 ***	0.0127 ***	0.0183	0.0187	0.0187	0.0204 *	0.00953
	(6.22)	(6.59)	(6.59)	(6.48)	(2.63)	(1.56)	(1.60)	(1.60)	(1.74)	(0.81)
transp	-30.32 ***	-27.71 ***	-27.87 ***	-27.76 ***	-28.38 ***	-24.23 ***	-23.25 ***	-23.36 ***	-23.31 ***	-23.93 ***
	(-6.29)	(-5.84)	(-5.87)	(-5.86)	(-5.98)	(-5.32)	(-5.09)	(-5.11)	(-5.10)	(-5.24)

① 蔡昉．中国劳动力市场发育与就业变化［J］．经济研究，2007（7）：4-14.

② 作者还依次分析了去除人均 GDP 最高和最低，人口最多的 20 个城市的样本和人口最少的 30 个城市的样本，估计系数和显著性都与去除 10 个城市的结果类似。

③ 周业安，宋紫峰．中国地方政府竞争 30 年［J］．教学与研究，2009（11）：28-36.

续表

	因变量：Δv									
	OLS_ 1	OLS_ 2	OLS_ 3	OLS_ 4	OLS_ 5	FE_ 1	FE_ 2	FE_ 3	FE_ 4	FE_ 5
rnpv	0.00368 (1.59)	0.00314 (1.61)	0.00317 (1.64)	0.00327 (1.73)	0.00361 (1.02)	-0.00262*** (-3.15)	-0.00243*** (-2.92)	-0.00245*** (-2.94)	-0.00254*** (-3.05)	-0.00284*** (-3.41)
firm	0.540*** (9.89)	0.533*** (9.78)	0.533*** (9.79)	0.533*** (9.80)	0.532*** (9.83)	0.507*** (43.00)	0.504*** (42.57)	0.504*** (42.58)	0.504*** (42.57)	0.504*** (42.64)
wage		-0.385*** (-4.52)	-0.379*** (-4.38)	-0.303*** (-3.25)	-0.218** (-2.36)		-0.157** (-2.40)	-0.153** (-2.34)	-0.101 (-1.46)	-0.0452 (-0.65)
hum			0.0257 (1.42)	0.0181 (1.02)	0.0186 (1.05)			0.0169 (0.98)	0.0114 (0.66)	0.0123 (0.71)
foreign				-0.013** (-2.55)	-0.0102** (-2.03)				-0.00920** (-2.44)	-0.00740** (-1.96)
gov					-0.0187*** (-8.92)					-0.0135*** (-6.12)
常数	0.316*** (25.11)	0.306*** (24.15)	0.305*** (24.25)	0.304*** (24.11)	0.417*** (20.76)	0.330*** (29.00)	0.325*** (28.32)	0.325*** (28.32)	0.324*** (28.10)	0.405*** (23.07)
N	8951	8951	8951	8951	8951	8951	8951	8951	8951	8951
	因变量：Δw									
	OLS_ 1	OLS_ 2	OLS_ 3	OLS_ 4	OLS_ 5	FE_ 1	FE_ 2	FE_ 3	FE_ 4	FE_ 5
gdp	1.726*** (8.28)	1.687*** (8.25)	1.683*** (8.25)	1.432*** (7.50)	1.318*** (6.85)	1.607*** (21.77)	1.583*** (21.48)	1.576*** (21.29)	1.365*** (16.79)	1.309*** (15.50)
com	0.0275*** (7.36)	0.0276*** (7.70)	0.0275*** (7.74)	0.0328*** (7.48)	0.0243*** (5.30)	0.022** (1.98)	0.0222** (1.99)	0.0222** (1.99)	0.0267** (2.39)	0.0225** (1.99)
transp	-21.52*** (-5.07)	-19.25*** (-4.64)	-19.05*** (-4.47)	-16.13*** (-3.84)	-16.41*** (-3.90)	-14.78*** (-3.29)	-13.29*** (-2.96)	-12.90*** (-2.86)	-10.54** (-2.33)	-10.76*** (-2.39)
rnpv	-0.00303 (-1.39)	-0.00225 (-1.53)	-0.00223 (-1.51)	-0.00247* (-1.79)	-0.00263 (-1.64)	-0.00174** (-2.05)	-0.00128 (-1.50)	-0.00124 (-1.46)	-0.00146* (-1.71)	-0.00157* (-1.84)
firm	0.259*** (3.01)	0.254*** (2.99)	0.254*** (2.99)	0.255*** (2.99)	0.255*** (3.00)	0.233*** (30.73)	0.231*** (30.42)	0.231*** (30.41)	0.231*** (30.54)	0.231*** (30.56)
wage		-0.526*** (-5.66)	-0.530*** (-5.37)	-0.392*** (-3.72)	-0.341** (-3.22)		-0.374** (-6.43)	-0.381** (-6.51)	-0.268 (-4.39)	-0.245 (-3.95)
hum			-0.00867 (-0.42)	-0.0269 (-1.37)	-0.0287 (-1.46)			-0.0169 (-1.05)	-0.0321** (-1.98)	-0.0329** (-2.03)
foreign				-0.0255*** (-5.53)	-0.0239*** (-5.19)				-0.0214*** (-6.19)	-0.0207*** (-5.94)
gov					-0.0104*** (-6.03)					-0.00525*** (-2.42)
常数	0.291*** (15.06)	0.269*** (14.96)	0.269*** (14.83)	0.264*** (14.56)	0.326*** (13.56)	0.306*** (27.61)	0.290*** (25.54)	0.291*** (25.56)	0.286*** (25.19)	0.317*** (18.55)
N	7933	7933	7933	7933	7933	7933	7933	7933	7933	7933

续表

	因变量：Δv					因变量：Δw				
	FE_ 1	FE_ 2	FE_ 3	FE_ 4	FE_ 5	FE_ 1	FE_ 2	FE_ 3	FE_ 4	FE_ 5
gdp	1.132*** (11.54)	1.131*** (11.53)	1.389*** (13.18)	1.065*** -5.95	1.147*** (11.72)	1.311*** (15.49)	1.311*** (15.48)	1.560*** (16.96)	1.087*** -7.38	1.309*** (15.48)
com	0.00949 (0.80)	0.00930 (0.79)	0.0111 (0.99)	0.0307 -0.66	0.00811 (0.69)	0.0227** (2.01)	0.0227** (2.00)	0.0202* (1.93)	0.0654* -1.73	0.0224** (1.98)
transp	-23.95*** (-5.24)	-23.94*** (-5.24)	-8.848* (-1.71)	-33.78*** (-4.11)	-23.63*** (-5.17)	-10.72** (-2.37)	-10.72** (-2.37)	-16.03*** (-2.96)	-6.014 (-0.85)	-10.63** (-2.35)
rnpv	-0.00287*** (-3.40)	-0.00285*** (-3.41)	-0.00161* (-1.85)	-0.00384*** (-3.13)		-0.00156* (-1.83)	-0.00156* (-1.83)	-0.000663 (-0.75)	-0.00367*** (-3.07)	
rnpv_ E					-0.00653*** (-4.82)					-0.00279** (-2.19)
rnpv_ M					-0.00139 (-0.93)					-0.000603 (-0.37)
rnpv_ NE					-0.00226 (-0.98)					-0.000499 (-0.20)
rnpv_ W					-0.00477*** (-3.08)					-0.00136 (-0.85)
firm	0.504*** (42.57)	0.504*** (42.56)	0.532*** (43.66)	0.445*** -25.61	0.503*** (42.59)	0.231*** (30.52)	0.231*** (30.52)	0.420*** (41.55)	0.313*** -25.18	0.231*** (30.52)
wage	-0.0440 (-0.63)	-0.0429 (-0.62)	0.0250 (0.36)	0.260** -2.12	0.0143 (0.20)	-0.245*** (-3.96)	-0.245*** (-3.95)	-0.101* (-1.66)	-0.250** (-2.46)	-0.229*** (-3.63)
hum	0.0124 (0.72)	0.0129 (0.75)	0.0446* (1.85)	0.0224 -0.66	0.0135 (0.78)	-0.0329** (-2.02)	-0.0327** (-2.01)	-0.00916 (-0.45)	-0.0371 (-1.24)	-0.0328** (-2.01)
foreign	-0.00741** (-1.96)	-0.00738* (-1.95)	-0.00822** (-2.11)	-0.0177** (-2.35)	-0.00698* (-1.85)	-0.0207*** (-5.95)	-0.0207*** (-5.94)	-0.0192*** (-5.43)	-0.0297*** (-4.43)	-0.0205*** (-5.89)
gov	-0.0135*** (-6.05)	-0.0136*** (-6.08)	-0.00978*** (-4.42)	-0.0218*** (-4.62)	-0.0135*** (-6.06)	-0.00504** (-2.30)	-0.00508** (-2.31)	-0.00206 (-0.97)	-0.00807* (-1.87)	-0.00512** (-2.33)
常数	0.405*** (22.97)	0.406*** (22.97)	0.357*** (19.62)	0.673*** -16.84	0.405*** (22.94)	0.317*** (18.45)	0.317*** (18.45)	0.247*** (14.18)	0.477*** -13.25)	0.317*** (18.42)
N	8920	8915	7839	3313	8951	7912	7909	6889	3102	7933

注：括号中的值为 t 值；*** 表示在 1% 水平上显著，** 表示在 5% 水平上显著，* 表示在 10% 水平上显著。通过 Hausman 检验，选择固定效应（FE）估计方法。E、M、W、NE 分别代表中国东部、中部、西部和东北地区。FE_ 1 ~ FE_ 5 分别代表删除人均 gdp 最高和最低的 10 个城市、删除人口最多和最少的 10 个城市、删除省会城市、删除 rnpv = 0、考虑四大板块的估计结果。

5.3 制造业转移的空间模式

5.3.1 制造业转移的分行业空间模式

由于三位数制造业多达 169 个，为了反映不同类型制造业的产业转移空间模式差异，文章选择 2003 年和 2009 年新产品产值率均值最高的 10 个产业和最低的 10 个产业分别作为低替代弹性产业（高技术产业）和高替代弹性产业（低技术产业）的代表。由于低替代弹性和高替代弹性产业各自的空间布局特征相似，文章仅仅报告低替代弹性产业中的医疗仪器设备及器械制造和通信设备制造，高替代弹性产业中的纺织服装制造和塑料丝、绳及编织品制造的空间模式。

对于低替代弹性产业——医疗仪器设备及器械制造和通信设备制造，空间扩散幅度较小，主要表现为向成渝经济区、长株潭城市群、中原经济区等中西部相对发达的区域“等级扩散”；而对于高替代弹性产业——纺织服装制造和塑料丝、绳及编织品制造，转移幅度较大，呈现由东部沿海核心区域向东部省域欠发达区域、中西部和东北地区“扩展扩散”的模式（其中，山东西部、江苏北部、广东北部、山西、河南、安徽、江西、湖北、湖南、陕西、广西、黑龙江、吉林和辽宁，接受产业转移的区域呈连片分布特征，“扩展扩散模式”尤其显著）。不同替代弹性产业的空间模式印证了理论假说Ⅲ。

5.3.2 制造业转移的总体空间模式

从整体看，中国制造业呈现“点上集中、面上扩散”的空间布局特征。即产业向少数几个增长极显著集中的同时，向中西部地区大幅扩散。对于产业转入最高区，可以分为三个层次。

（1）发达城市群产业转入区（包括京津冀都市圈与长三角城市群）。从工业总产值份额的变化看，产业转移的突出特征是向发达城市群（都市圈）的边缘区扩散。京津冀都市圈的唐山、廊坊、石家庄、保定等城市，长三角城市群北部的苏州、常州、南通、泰州和镇江等城市，制造业份额都有较大增长。从业人员份额主要表现为长三角城市群的苏州、扬州、南通、宁波、台州、嘉兴等城市的增长。

（2）发育城市群产业转入区。从工业总产值份额的变化看，主要表现为向辽中南城市群、冀南—中原经济区、皖江城市带、长株潭城市群、成渝经济区、闽三角城市群六个区域集聚；从从业人员的变化特征看，主要向辽中南城市群和闽三角城市群集聚。这些区域是国家经济增长的重要增长极，本地市场效应较大、价格指数效应明显，是产业转入的理想区位。

（3）省内欠发达区域产业转入区。随着东部资源环境约束的加强，拥挤效应显现，东部地区的部分产业具有很强的转出动力。但是为了缩小省域内部差距、保证省域 GDP 快速增长，山东、江苏和广东等省的地方政府积极推进产业在省内转移。在此作用下，鲁中西、苏北、粤北的制造业份额大幅度增加。

6 结论与不足

为了调整空间结构、缩小区域差距，中国政府极力推动东部产业向中西部地区转移。但由于产业转移机制、次序与空间模式的系统研究相对不足，严重制约了国家战略的制定与实施。与此同时，从经验上检验新经济地理模型仍然是其发展的核心任务（Fujita and Thisse，2009）。基于上述两个方面的需求，文章依据新经济地理模型，提出了“核心区产业能否转移”、“按什么次序转移”、“以什么空间模式转移”三个假说，运用中国2003年和2009年地级及以上行政单元的三位数制造业数据，对上述假说进行了检验，得到了以下结论：

第一，中国制造业已经出现了由东部地区向中西部地区的大规模产业转移，该结论在一定程度上缓解了当前学术界关于制造业是否已经向中西部转移的争论。从产业转移的影响因素看，产业转入区GDP的增加和通信条件的改善促进了产业转移，而交通设施的改善却使得产业向外扩散。这具有重要的政策启示：缩小区域差距、促进中西部区域繁荣，不能简单地通过改善中西部地区的交通基础设施而实现，更重要的是如何促进中西部的产业发展。

第二，中国制造业依据产业替代弹性的逆序进行转移，高替代弹性产业（新产品产值率较低的产业）先转移，低替代弹性产业（新产品产值率较高的产业）后转移，印证了新经济地理的结论。文章根据新产品产值率定义了各个产业的替代弹性，可以为国家优化产业转移次序提供依据。

第三，不同替代弹性产业的空间布局模式各异：①低替代产业扩散规模较小，主要表现为向成渝经济区、长株潭城市群、中原经济区等区域“等级扩散”的模式。而高替代弹性产业转移幅度较大，呈现向东部省域欠发达区域、中西部和东北地区“扩展扩散”的模式。②从整体上看，中国制造业呈现“点上集中、面上扩散”的空间态势。

文章也存在一些不足。第一，由于企业区位变迁数据的不可获得性，文章使用产业份额测度产业转移可能会放大产业转移的规模。随着中国企业区位数据的完善，中国产业转移将得到更为准确的测度。第二，文章从产业转入的角度考察了产业转移的影响因素，而产业转移在产业转入区与转出区是否具有差异还没有探讨。第三，东部地区产业转出之后，产业结构是否升级、服务业份额是否增长也有待验证。这些问题需要未来进一步研究。

参考文献

[1] An，H. S.，The Principle of New Economic Geography. 2nd edition [M]. Beijing：Economic Science Press，2009.

[2] Arauzo, M. , D. Liviano, and M. Manjon. Empirical Studies in Industrial Location: An Assessment of Their Methods and Results [J] . Journal of Regional Science, 2010, 50 (3): 685 –711.

[3] Baier, S. , and Bergstrand J. . The Growth of World Trade: Tariffs, Transport Costs, and Income Similarity [J] . Journal of International Economics, 2010, 53 (1): 1 –27.

[4] Baldwin, R. , R. Forslid, P. Martin et al. , Economic Geography and Public Policy [M] . Princeton: Princeton University Press, 2003.

[5] Barro, R. . Macroeconomics: A Modern Approach [M] . Boston: Thomson Higher Education, 2008.

[6] Beaudry, C. , and A. Schiffauerova. Who's Right, Marshall or Jacobs? The Localization versus Urbanization Debate [J] . Research Policy, 2009, 38 (2): 318 –337.

[7] Berliant, M. , and M. Fujita. Dynamics of Knowledge Creation and Transfer: The Two Person Case [J] . MPRA Paper, 2007 (4973) .

[8] Brulhart, M. , and J. Torstensson. Regional Integration, Scale Economies and Industry Location [J] . Discussion Paper, 1998 (1435) .

[9] Brouwer, AE. , H. Mariotti, and J. Ommeren. The Firm Relocation Decision: An Empirical Investigation [J] . Annals of Regional Science, 2004, 38 (2): 335 –347.

[10] Cai, F. . Growth and Structural Changes in Employment in Transitional China [J] . Economic Research Journal, 2007 (7): 4 –14.

[11] Chen, J. G. , and H. Q. Huang. Does China Achieve Industrial Modernization – Analysing and Evaluating Modernization Levels of 15 Industries in China [J] . China Industrial Economics, 2009 (4): 5 –16.

[12] Chen, J. J. . The Empirical Research of Industrial Migration in China [J] . Management World, 2002 (6): 64 –74.

[13] Christaller, W. . Die Zentralen Orte in Suddeutschland [M] . Beijing: Shangwu Press, 1998.

[14] Combes, P. P. , G. Duranton, L. Gobillon, and S. Roux. Estimating Agglomeration Economies with History, Geology, and Worker Effects [M] . in: Glaeser, E. (ed.), Agglomeration Economics. Chicago: The University of Chicago Press, 2010.

[15] Dijk, J. , and P. Pellenbarg. Firm Relocation Decision in the Netherlands: An Ordered Logit Approach [J] . Papers in Regional Science, 2000, 79 (2): 191 –219.

[16] Duranton, G. , and D. Puga. Nursery Cities [J] . American Economic Review , 2001, 91 (5), 1454 –1475.

[17] Duranton, G. , and D. , Puga. Micro – foundations of Urban Agglomeration Economies [M] . in: Henderson, J. V. and Thisse, J – F. (ed.), Handbook of Regional and Urban Economics. Amsterdam: North Holland, 2004.

[18] Fan, J. Y. . Integration of Yangzi River Delta, Specialization of Regions and Manufacturing Migration [J] . Management World, 2004 (11), 77 –84.

[19] Feng, G. F. , Z. Y. Liu, and W. D. Jiang. An Analysis on the Trends, Features and Causesof Industrial Transfer among China's Eastern, Central and Western Regions [J] . Mordern Economic Science, 2010, (2), 1 –10.

[20] Friedmann, J. . Regional Development Policy: A Case Study of Venezuela [M] . Cambridge: The MIT Press, 1966.

[21] Forslid, R., J. Haaland, and K. Knarvik. A U – shaped Europe? A Simulation Study of Industrial Location [J]. Journal of International Economics, 2002, 57 (2): 273 – 297.

[22] Fujita, M.. Towards the New Economic Geography in the Brain Power Society [J]. Regional Science and Urban Economics, 2007, 37 (4): 482 – 490.

[23] Fujita, M., V. Henderson, Y. Kanemoto et al., Spatial Distribution of Economic Activities in Japan and China [M]. in: Henderson, J. V. and Thisse, J – F. (ed.), Handbook of Regional and Urban Economics. Amsterdam: North Holland, 2004.

[24] Fujita, M., and J – F. Thisse. New Economic Geography: An Appraisalonthe Occasion of Paul Krugman's 2008 Nobel Prizein Economic Sciences [J]. Regional Science and Urban Economics, 2009, 39 (2): 109 – 119.

[25] Glaeser, E.. Agglomeration Economics [M]. Chicago: The University of Chicago Press, 2010.

[26] Glaser, E., M. Kahn, R. Arnott, and C. Mayer. Decentralized Employment and the Transformation of the American City [J]. Brookings – Wharton Papers on Urban Affairs, 2001: 1 – 63.

[27] Hayter, R.. The Dynamics of Industrial Location: The Factory, The Firm and the Production System [M]. New York: Wiley, 1997.

[28] Head, K., and T. Mayer. The Empirics of Agglomeration and Trade [M]. in: Henderson, J. V. and Thisse, J – F. (ed.), Handbook of Regional and Urban Economics. Amsterdam: North Holland, 2004.

[29] Head, K., and J. Ries. Increasing Returns versus National Product Differentiation as an Explanation for the Pattern of US – Canada Trade [J]. American Economic Review, 2001, 91 (4): 858 – 876.

[30] Henderson, J. V.. Marshall's Scale Economies [J]. Journal of Urban Economics, 2003, 53 (1): 1 – 28.

[31] Hu, A. J., and Y. C. Liu. The Gravity Shift of Regional Economies and Trends of Equalization in China [J]. Economic Theory and Business Management, 2010 (12): 35 – 46.

[32] Hu, A. J., J. W. Sun, and H. Hu. Industrial Migration: Theoretical Schools and Empirical Approaches [J]. Review of Industrial Economics, 2014 (1): 1 – 10.

[33] Jian, T., S. Jeffrey, and A. Warner. Trendsin Regional Inequality in China [J]. China Economic Review, 1996, 7 (1): 1 – 21.

[34] Jin, Y., Z. Chen, and M. Lu. Industry Agglomeration in China: Economic Geography, New Economic Geography and Policy [J]. Economic Research Journal, 2006 (4): 79 – 88.

[35] Kim, S., and R. Margo. Historical Perspectives on US Economic Geography [M]. in: Henderson, J. V. and Thisse, J – F. (ed.), Handbook of Regional and Urban Economics. Amsterdam: North Holland, 2004.

[36] Kojima, K.. The "Flying Geese" Model of Asian Economic Development: Origin, Theoretical Extensions, and Regional Policy Implication [J]. Journal of Asian Economics, 2000, 11 (4): 375 – 401.

[37] Krugman, P., and A. Venables. Globalization and the Inequality of Nations [J]. The Quarterly Journal of Economics, 1995, 110 (4) 857 – 880.

[38] Li, M., and K. R. Shen. The Influence of Local Governments on China's Macroeconomic, Stability [J]. Economic Research Journal, 2010 (12): 35 – 46.

[39] Liu, H. G., W. D. Liu, and Z. G. Liu. The Quantitative Study on Inter – Regional Industry Transfer [J]. China Industrial Economics, 2011 (6): 79 – 88.

[40] Lu, D. D.. Formation and Dynamics of "Pole – Axis" spatial System [J]. Chinese Geographical Science, 2002 (1): 2 – 6.

[41] Ozawa, T.. Pax – American – Led Macro – Clustering and Flying – Geese – Style Catch – up in East Asia: Mechanisms of Regionalized Endogenous Growth [J]. Journal of Asian Economics, 2003, 13 (6): 699 – 713.

[42] Pellenbarg, P. H., L. van Wissen, J. Dijk. Firm Relocation: State of the Art and Research Prospects [R]. University of Groningen, SOM Research Report 02D31, 2002.

[43] Puga, D.. The Rise and Fall of Regional Inequalities [J]. European Economic Review, 1999, 43 (2): 303 – 334.

[44] Puga, D., and A. Venables. The Spread of Industry: Spatial Agglomeration in Economic Development [J]. Journal of the Japanese and International Economies, 1996, 10 (4): 440 – 464.

[45] Rosenthal, R., and W. Strange. Evidence on the Natureand Sources of Agglomeration Economies [M]. in: Henderson, J. V. and Thisse, J – F. (ed.), Handbook of Regional and Urban Economics. Amsterdam: North Holland, 2004.

[46] Sun, J. W., andA. J. Hu. Flying Geese Model and the Evolution of Spatial Pattern in China", Research on Development, 2011 (6): 1 – 4.

[47] Sun, J. W., and W. Peng. Regional Industrial Transfer under the Background of Rising Earnings [J]. Journal of Renmin University of China, 2012 (4): 63 – 71.

[48] Venables, A.. Equilibrium Locations of Vertically Linked Industries [J]. International Economic Review, 1996, 37 (2): 341 – 359.

[49] Vernon, R.. International Investment and International Trade in the Product Cycle [J]. The Quarterly Journal of Economics, 1966, 80 (2): 190 – 207.

[50] Wang, F. A., Y. Wang, Y. Tang et al., Whether the Time Has Come for Manufacturing Dispertion [J]. Zhejiang Social Sciences, 2010 (9): 2 – 10.

[51] Wang, S. W., and P. J. Qi. Flowing Difference of Elements and Inter – Regional Industrial Shift [J]. Journal of Lanzhou University, 2012 (2): 105 – 110.

[52] Wei, H. K., and M. Bai. Trends, Determinants and Characteristics of Firm Relocationin China [J]. Development Research, 2009 (10): 9 – 18.

[53] Wen, M.. Relocation and Agglomeration of Chinese Industry [J]. Journal of Development Economics, 2004, 73 (1) 329 – 347.

[54] Williamson, J.. Regional Inequality and the Process of National Development: A Description of the Patterns [J]. Economic Development and Cultural Change, 1965, 13 (4): 1 – 84.

[55] Zhou, Y. A., and Z. F. Song. Thirty Years of Inter – jurisdictional Competition in China [J]. Teaching and Research, 2009 (11): 28 – 36.

Migration of Manufacturing Industries in China: Whether, How and Where

Hu Anjun　Sun Jiuwen

(Renmin University of China, Beijing 100872)

Abstract: Based on new economic geography and central place theory, three hypotheses regarding whether, how and where industries in the core area shift are put forth. Then we use three – digit manufacturing in prefecture – level to test these hypotheses and find that industries in the east migrated to the central and western regions of China during 2003 – 2009. The sequence and spatial pattern of migration is closely related to the industrial elasticity of substitution. Industries with high elasticity of substitution migrate firstly and show an expansion diffusion pattern, whereas industries with low elasticity of substitution migrate subsequently and display a hierarchical diffusion pattern.

Key Words: Migration of Manufacturing Industries; Mingration Sequence; Spatial Pattern

运输费用、需求分布与产业转移*
——基于区位论的模型分析

郑　鑫[1,2]　陈　耀[1]

（1. 中国社会科学院工业经济研究所，北京　100836；
2. 河南省社会科学院农村发展研究所，郑州　450002）

【摘　要】 产业转移的理论基础是注重生产成本分析的雁阵模型和产品生命周期理论，但这两类理论并没有考虑空间因素的影响。本文在现有产业转移理论的基础上，使用“分散式转移”和“集中式转移”的阶段划分来描述产业转移的一般过程，并引入运输费用、需求分布等空间变量，构建了基于区位论思想的两地区模型；在规模报酬不变和规模报酬递增的假定下，分别讨论了产业转移的实现条件和形式，发现地区生产成本的相对变化并不必然导致产业转移的发生。使用该模型分析中国现实，发现集中式转移对于促进区域协调发展的作用要大于分散式转移；而运输费用的下降和内需的扩大将提高集中式转移的动力，地方保护主义阻碍了集中式转移但助推了分散式转移。

【关键词】 产业转移；运输费用；需求分布；区位论

一般认为，产业转移的基本理论主要来源于雁阵模型和产品生命周期理论。前者主要是立足于产业转入区的观察，由赤松要（K. Akamatsu，1961，1962）提出，后由小岛清（K. Kojima，1958，1960，1970，1992，2000）使用比较成本理论阐述了其发生机理，将产业发展划分为进口、本地生产、出口三个阶段，并提出了“顺贸易导向”的海外投资主张（Pro - trade - oriented FDI，PROT - FDI）。后者则主要是立足于产业转出区的观察，由弗农（R. Vernon，1966）提出，强调了创新过程、规模经济效应、信息缺乏和不确定性等因素导致的生产区位变化，并将产品生命周期划分为新产品、走向成熟产品、标准化

* 基金项目:国家社会科学基金重大项目“引导产业有序转移与促进区域协调发展研究”（批准号 09&ZD028）；国家社会科学基金青年项目“中西部承接产业转移的效率评价与福利测度研究”（批准号 11CJY016）。

作者简介：郑鑫（1981—），男，河南安阳人，中国社会科学院工业经济研究所博士研究生，河南省社会科学院农村发展研究所助理研究员；陈耀（1958—），男，湖南长沙人，中国社会科学院工业经济研究所研究员，博士生导师。

产品三个阶段。如果将规模经济效应、信息缺乏和不确定性等因素的影响也纳入生产成本的计算，则可以认为雁阵模型和产品生命周期理论都是以不同区位生产成本的比较为基础的。

这两类理论都是针对国际产业转移现象的概括，将国家作为抽象的区位，而未考虑空间大小和距离因素，致使其对于国内产业转移现象的解释力不足。要素在国内地区间的流动性要明显大于国际，尤其是国内劳动力的流动性非常高，一定程度上弱化了生产成本差异对于产业转移的解释力。

而我国产业集中于东部沿海的事实说明需求的空间分布①对产业布局的作用十分明显，同时，发达地区的产业转移一般更倾向于选择附近地区及交通条件较好的地区，说明空间距离对产业转移具有巨大影响。在现实中，我国高速铁路、高速公路、大型港口、特高压输电线路等一系列大型工程的建设大大缩小了空间经济距离，同时扩大内需政策的实施将逐渐改变我国各产业的市场需求分布结构，这些变化着的空间因素对于国内产业转移的影响迄今尚未得到很好的解释和预测。为此，本文在区位论思想基础上，将空间变量引入产业转移模型，综合分析运输费用、需求分布及生产成本三类变量对产业转移进程的影响，以期对产业转移的内在机理有一个全面准确的认识，并为企业和区域发展提供科学决策支持。由于国内产业转移的主体是制造业，因此，模型主要针对制造业的特征（中间产品和最终产品一般需要较大规模的跨区域运输）进行设定，模型的适用范围主要限于制造业，以及产业链中的加工制造环节。

1 产业转移的阶段划分与模型构建

1.1 分散式转移阶段与集中式转移阶段

从产业布局的角度看，产品生命周期理论所阐述的产业区位变迁实际上是“集中—分散—再集中”的过程（梁琦和刘厚俊，2003），处于不同生命周期阶段的产品生产具有不同的要素密集类型特征，分别对应于不同的最佳生产区位和分布类型，知识密集型的产品生产集中于产品创新地，随着知识溢出作用的发挥，其他地区开始模仿和改进该产品的生产，产品的生产区位增多并呈现技术和资本密集型特征，最终随着产品成为劳动密集型产品，其生产活动向成本最低的地区集中。同样，强调地区要素禀赋变化的雁阵模型描述的“进口—本地生产—出口”过程，在区位分布上也表现为“集中—分散—再集中”，从欠发达地区角度看，“进口”阶段意味着产品生产集中在发达地区，“本地生产”阶段意

① 弗农虽然强调了地方需求的价格弹性对于产品创新的重要性，但并未将地区间需求规模的差异和变化作为产业转移的直接影响因素。

味着产品生产区位增多（本地成为新增生产区位），区位分布分散化，“出口”阶段意味着本地生产对发达地区生产的取代，生产区位减少，区位分布集中化。

假设世界仅由两个地区组成，分别为地区 1 和地区 2，其中前者为产业创新地和转出区，后者为产业转入区，则按照雁阵模型和产品生命周期理论，产业布局演进的过程可描述为图 1 所示的 6 个阶段。布局 θ 对应于产品生命周期的新产品阶段的初期。此时，新产品生产在地区 1 出现，形成了尚不成熟的新产业，其产品仅在地区 1 销售，地区 2 则既不生产也不销售该种新产品。布局 α 对应于产品生命周期的新产品阶段的中期，从地区 2 的视角看，该布局形态对应于雁阵模型的进口扩张阶段，此时，地区 2 开始从地区 1 进口该产品，但尚不能生产该产品，地区 1 作为该产品唯一的生产区位，由于本地市场的成熟和出口量的增长而扩大了生产规模。布局 α′对应于产品生命周期的新产品阶段的后期和走向成熟产品阶段的初期，从地区 2 的视角看则对应于雁阵模型的本地生产阶段的初期，此时，地区 2 开始生产该产品，随着地区 2 生产规模的快速扩张，其产量增长率一般会超过本地需求的增长率，地区 2 的产量将取代一部分进口量，由于出口的减少，地区 1 的产量有可能出现下降。布局 β 对应于产品生命周期的走向成熟产品阶段的中后期，从地区 2 的视角看则对应于雁阵模型中本地生产阶段的中期，此时，地区 2 的生产规模已足以满足本地需求，不需进口，地区 2 已完成了对该产品的“进口替代”，地区 1 则因出口量的下滑而出现明显的减产。布局 γ′对应于产品生命周期的标准化产品阶段的初中期，从地区 2 的视角看则对应于雁阵模型中本地生产阶段的后期和出口阶段的初期，此时，地区 2 的生产规模已大大超过了本地需求，开始对地区 1 出口，而地区 1 的生产规模则继续缩小。布局 γ 对应于产品生命周期的标准化产品阶段的后期，从地区 2 的视角看则对应于雁阵模型中出口阶段的中后期。此时，地区 1 已完全淘汰了该产业的生产，其需求的满足完全依靠从地区 2 进口，地区 2 则取代了地区 1 成为唯一的生产区位。

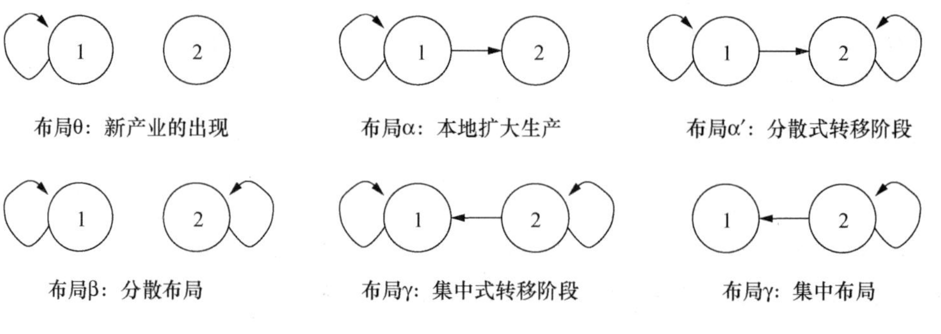

图 1　产业布局演进的一般过程

这样，产业布局演进过程就可以描述为 θ—α—α′—β—γ′—γ 的持续变化过程。其中，α′—β—γ′的变化过程就是我们所说的“产业转移”过程，表现为地区 2 的生产对地区 1 的逐步替代，该过程又可划分为两个阶段，其中 α′—β 阶段的产业布局由集中走向分散，我们称此阶段为“分散式转移”阶段；β—γ'阶段的产业布局由分散走向再集中，我们称此阶段为“集中式转移”阶段。

现实中，产业转移往往是在多个地区之间同时发生的，产业转移开始时，转移目的地一般不会只限于一个地区，生产区位增多的趋势更加明显，只有经过一定时间的优胜劣汰后，产业布局才可能重新走向再集中。所以，在多地区经济系统，“分散式转移”与“集中式转移”的阶段划分仍然适用，并且两个阶段的特征区别将比在两地区经济系统下的表现更加明显。

1.2 方程构建及变量含义

与产业转移的基本理论一致，本模型也采用成本比较的方法，希望能借此统一现有的产业转移理论，但我们考察的成本不仅包括生产成本，还包括销售环节发生的成本，从而将空间因素纳入产业转移影响因素。

针对图 1 所示的产业布局过程建立模型，引入三类相互独立的外生变量，分别为平均生产成本 C_1 和 C_2（下标表示地区，下同）、运费率 t、市场需求 D_1 和 D_2。其中，某地区的平均生产成本囊括了所有区位因素，以及由于区位因素导致的不确定性，同时也包括来自其他地区的生产要素的获得成本（含投入要素的运输费用）。以运费率表示的产品运输费用①不仅考虑实际发生的有形费用，而且还应纳入由于贸易壁垒、汇率、制度等因素对运输造成的时间成本、风险成本等无形费用。在货物特性、距离和运输技术等条件一定的情况下，运输费用一般与货物运输量有直接关系，这里假定运输费用总额与货物运输量成正比，并且运输费用只发生于地区之间的货物运输，与运输方向无关。在一定的假定条件下，市场需求分布将对运输量和总运输费用产生重要影响。

对于图 1 中五种可满足所有有效需求的生产布局形态，设其总成本分别为 $C(\alpha)$、$C(\alpha')$、$C(\beta)$、$C(\gamma')$、$C(\gamma)$，并设在布局 α' 和布局 γ' 的情况下，两地区间的产品运输量分别为 x 和 y，且 $x\in[0,\ D_2]$，$y\in[0,\ D_1]$。市场均衡时，有：

$$C(\alpha) = C_1(D_1 + D_2) + tD_2$$

$$C(\alpha') = C_1(D_1 + x) + C_2(D_2 - x) + tx$$

$$C(\beta) = C_1D_1 + C_2D_2$$

$$C(\gamma') = C_1(D_1 - y) + C_2(D_2 + y) + ty$$

$$C(\gamma) = C_2(D_1 + D_2) + tD_1$$

最佳布局形态将使总成本最小，所以本模型可表示为求解最佳布局形态 i^*，使得：

$C(i^*) = \min\{C(i)\}$，其中 $i = \alpha,\ \alpha',\ \beta,\ \gamma',\ \gamma$。

雁阵模型和产品生命周期理论主要解释了由发达地区向欠发达地区进行的产业转移现

① 从韦伯（1909）为代表的古典区位论到克鲁格曼（1991，1999）为代表的新经济地理区位理论，运输费用在产业区位的决定过程中都起着关键作用。为方便数学处理和经济学解释，这里将要素和中间产品运输费用纳入生产成本，而将所考察产品的运输费用作为独立变量。

象，其主要动力源自地区间平均生产成本的差异。在两地区模型中，随着各种与生产成本有关因素的变化，两地区之间的平均生产成本将依次经历 $C_1 < C_2$、$C_1 = C_2$、$C_1 > C_2$ 三个阶段，雁阵模型和产品生命周期理论的基本结论是，产业的最佳布局形态会随地区间成本差异的变化而从 α 变为 β 或 γ。通过求解考虑了更多因素的两地区模型，我们可以对雁阵模型和产业生命周期理论进行更为周密的逻辑检验和发展，从而更好地解释和预测现实中的产业转移现象。

2　规模报酬不变假定下的产业转移

2.1　模型的解

在规模报酬不变的假定下，各地区的平均生产成本都与产量无关，意味着生产规模可任意大或任意小，在两地区模型中，表现为无论 D_1 与 D_2 取值如何，β 形态的分散布局都是可以实现的。对 α、β、γ 三种布局形态，分别在 $C_1 < C_2$、$C_1 = C_2$ 和 $C_1 > C_2$ 三种情况下，求解具有最低总成本的布局形态及其变量条件组合，结果见表 1。

表 1　规模报酬不变假定下模型的解

序号	变量条件组合		最佳布局形态（i*）
	C_1 与 C_2	t 与 $\|C_1 - C_2\|$	
H1	<	>	β
H2	<	=	α、β 或 α′
H3	<	<	α
H4	=	无关	β
H5	>	>	β
H6	>	=	γ、β 或 γ′
H7	>	<	γ

资料来源：根据本文的模型计算整理。

$C_1 < C_2$ 的情况，对应表 1 中的变量条件组合 H1、H2 和 H3。此时，比较运费率（t）和两地区平均成本的差（$C_2 - C_1$），如果 $t > C_2 - C_1$，则最佳布局为 β；如果 $t = C_2 - C_1$，则最佳布局为 α、β 或 α′，三者总成本相等；如果 $t < C_2 - C_1$，则最佳布局为 α。$C_1 = C_2$ 的情况，对应表 1 中的变量条件组合 H4。此时，无论运费率（t）取何值（只要 $t > 0$），

最佳布局都为 β。$C_1 > C_2$ 的情况，对应表 1 中的变量条件组合 H5、H6 和 H7。此时，比较运费率（t）与两地区平均成本的差（$C_1 - C_2$），如果 $t > C_1 - C_2$，则最佳布局为 β；如果 $t = C_1 - C_2$，则最佳布局为 γ、β 或 γ′，三者总成本相等；如果 $t < C_2 - C_1$，则最佳布局为 γ。

2.2 经济学含义

综合上述分析可以发现，在规模报酬不变的情况下，随着发达地区生产成本的相对上升和欠发达地区生产成本的相对下降，发达地区的产业具有向欠发达地区转移的趋势。各地区的市场需求规模对产业转移并无影响，但是运输费用对产业转移的发生及形态会产生重大影响。

如果以新产品在地区 1 出现时的布局 θ 为起点，那么，当地区 1 具有成本优势（$C_1 < C_2$），但运费率较高时（H1），地区 1 的该产业会向地区 2 进行分散式转移（布局趋向 β）；如果运费率较低（H3），地区 1 的该产业将在本地扩大生产以占领市场（布局 α），此时地区 1 的该产业并没有向外转移的动力。在地区 1 与地区 2 平均生产成本相等时（H4），地区 1 的该产业将倾向于向地区 2 进行分散式转移（布局趋向 β）。随着地区 2 的成本优势开始呈现（$C_1 > C_2$），如果运费率较高（H5），地区 1 的该产业将对地区 2 进行分散式转移（布局趋向 β）；只有当运费率足够低时（H7），地区 1 的该产业才会向地区 2 进行集中式转移（布局趋向 γ）。总之，在规模报酬不变假定下，随着运费率的降低，产业趋向于向生产成本较低的地区集中，而随着运费率的增加，产业趋向于向生产成本较高的地区分散。

3 规模报酬递增假定下的产业转移

3.1 模型的解

在规模报酬递增的假定下，产业集中于一个地区生产，其平均生产成本会大大低于分散布局于两地区的情形，假设规模经济效益足够大，以至于产业只有集中在一个地区生产才是可行的①，也就是说以布局 θ 为起点，地区 1 的厂商只有布局 α 和布局 γ 两种选择，布局 β、布局 α′、布局 γ′三者都是不可行的。对 α 与 γ 两种布局，分别在 $C_1 < C_2$、$C_1 = C_2$ 和 $C_1 > C_2$ 三种情况下，求解具有最低总成本的布局及其变量条件组合，结果见表 2。

① 严格地说，规模经济效应与运输费用之间的权衡会造成集聚与扩散，这种权衡构成了新经济地理学的主题，然而要对无差异的单个产业（产品）考察规模经济效应下分散式产业转移与集中式产业转移的选择（即布局 β 与布局 γ 的总成本比较），需要设定具体的生产成本函数，涉及的因素过多，为简单起见，此处假设产业集中布局优于分散布局，仅考察“产业在何处集中”的问题。

表 2　规模报酬递增假定下模型的解

序号	变量条件组合			最佳布局形态(i^*)
	C_1 与 C_2	D_1 与 D_2	t 与 $(C_1 - C_2)(D_1 + D_2)/(D_1 - D_2)$	
H8	<	⩾	无关	α
H9	<	<	>	γ
H10	<	<	=	α 或 γ
H11	<	<	<	α
H12	=	>	无关	α
H13	=	=	无关	α 或 γ
H14	=	<	无关	γ
H15	>	>	>	α
H16	>	>	–	α 或 γ
H17	>	>	<	γ
H18	>	⩽	无关	γ

资料来源：根据本文的模型计算整理。

$C_1 < C_2$ 的情况，对应表 2 中的变量条件组合 H8、H9、H10、H11，当 $D_1 \geqslant D_2$ 时，无论运费率（t）取何值（只要 $t > 0$），最佳布局都为 α；当 $D_1 < D_2$ 时，最佳布局依 t 的大小而在 α 与 γ 间变换。$C_1 = C_2$ 的情况，对应表 2 中的变量条件组合 H12、H13、H14，此时，无论运费率（t）取何值（只要 $t > 0$），最佳布局仅依 D_1 与 D_2 的大小关系而在 α 与 γ 间变换。$C_1 > C_2$ 的情况，对应表 2 中的变量条件组合 H15、H16、H17、H18，当 $D_1 > D_2$ 时，最佳布局依 t 的大小而在 α 与 γ 间变换。当 $D_1 \leqslant D_2$ 时，无论运费率（t）取何值（只要 $t > 0$），最佳布局都为 γ。

3.2　经济学含义

综合以上分析，在规模报酬递增的情况下，仅考虑集中式转移，则随着发达地区生产成本的相对上升和欠发达地区生产成本的相对下降，各地区的相对市场规模及运输费用都会对产业转移产生重大影响。如果以新产品在地区 1 出现时的布局 θ 为起点，那么，当地区 1 同时具有成本优势和市场优势时（H8），不会发生产业转移。当地区 1 具有成本优势，但不具有市场优势时（H9、H10、H11），产业转移发生与否主要取决于运费率的大小，只有在运费率较高时（H9、H10），产业转移才可能发生。当地区 1 与地区 2 的平均生产成本相等时（H12、H13、H14），产业转移发生与否取决于两地区间的相对市场规模，只有当地区 2 至少具有与地区 1 相当的市场规模时（H13、H14），产业转移才可能发生。当地区 2 具有成本优势但不具有市场优势时（H15、H16、H17），只有在运费率较低时（H16、H17），产业转移才可能发生；当地区 2 同时具有成本优势和市场优势时（H18），产业转移必然发生。在一地区具有成本优势，而另一地区具有市场优势的情况下，随着运输费用的降低，产业趋向于向具有成本优势的地区集中；随着运输费用的增加，产业趋向于向具有市场优势的地区集中。

4 国内产业转移的阶段特征与真实动力

4.1 国内产业转移的阶段特征与效率评价

现实中的产业区位决策是由多个企业单独进行的，其实施生产区位转移的时间可能不一致，并且在此期间所考察行业还可能存在原企业的退出和新企业的加入，以及市场总需求的增长或缩减，再加上现实中产品多种多样，统计上很难独立地考察单个同质产品的生产布局，这导致现实中难以找到绝对的 α、β、γ 三种布局形态，我们看到的往往是所有地区同时生产并存在区际贸易的情况，即处于分散与集中的中间布局形态 α' 和 γ'，但生产布局的相对集中程度仍会不断发生变化，呈现出“集中—分散—再集中”的变化趋势。

分散式转移与集中式转移都可以有效地促进中西部经济的发展，但是集中式转移对于促进区域协调发展的作用要大于分散式转移。①集中式转移意味着中西部输出产品的增多，类似于小岛清所倡导的 PROT－FDI 扩大贸易量的效果，有利于区域分工的形成和深化，而分散式转移则会产生类似于小岛清所反对的美国式国际投资所导致的贸易量减少的效果，不利于区域分工的形成。②集中式转移是淘汰落后产能和低效率生产区位的过程，有利于资源的高效利用和经济的平稳增长，而持续的分散式转移会导致产业布局过于分散，有可能导致恶性的价格竞争和重复建设，造成资源的浪费和经济的波动。③集中式转移可有效利用内部和外部规模经济，而分散式转移则会损失一定的规模经济效益，造成生产的低效率。④产业转移对于东部地区的意义主要在于节约土地、城市公共设施等不可移动资源，以降低新兴产业的发展成本，这只有在已丧失比较优势的产业在东部的生产规模出现绝对下降的情况下才可能实现，但是在市场总需求不断增长的情况下，分散式转移常常表现为东部企业在中西部建立新厂以开辟或争夺新兴市场，东部地区的产量一般不会减少，而集中式转移则会使东部的市场最终由中西部的生产来满足，降低东部地区的产量，从而为东部“腾笼换鸟”创造条件。因此，提高产业转移效率的关键就在于创造条件，以缩短产业布局由 α 或 α' 向 γ' 或 γ 演进的时间，使产业转移尽快进入集中式转移阶段，从而借助产业转移实现加速中西部经济发展、提高区域分工水平、提升产业生产效率、促进东部产业转型升级等区域协调发展目标。

近些年来，我国国内产业转移趋势明显。从图 2 可以看出，东部地区的工业增加值占全国的份额从 2004 年起开始下降，到 2010 年已降低了 7.63 个百分点，同期中部、西部和东北分别提高了 3.40 个、3.98 个和 0.25 个百分点。东部地区大部分工业行业占全国的份额出现了下降，对区域差距的缩小起到了积极作用。但是从绝对值来看，东部地区大多数工业行业规模仍在不断扩张，产业转移对东部地区产业转型升级和结构调整的作用并不显著，分散式转移的阶段特征十分明显。

以纺织业为例，长期以来，江苏、浙江、山东、广东四省一直占据着我国纺织业的前四强，表 3 的数据说明，四省纺织业占全国纺织业的产值份额在 2006 年之前逐年增加，随后开始下降，与之同步，我国纺织业的空间赫芬达尔指数也从 2006 年开始逐年下降，布局趋于分散，说明 2006～2010 年纺织业布局调整处于分散式转移阶段。在此期间，四省的纺织业产值规模按可比价格计算仍然增长了 61.37%①，其纺织业产值占地方经济（GRP）的比重从 13.11% 略微下调到了 12.89%，但仍比纺织业总产值占全国经济的比重高出近 1 倍，说明纺织业的转移并未对转出区的产业结构调整做出明显贡献，产业转移的效率较低。

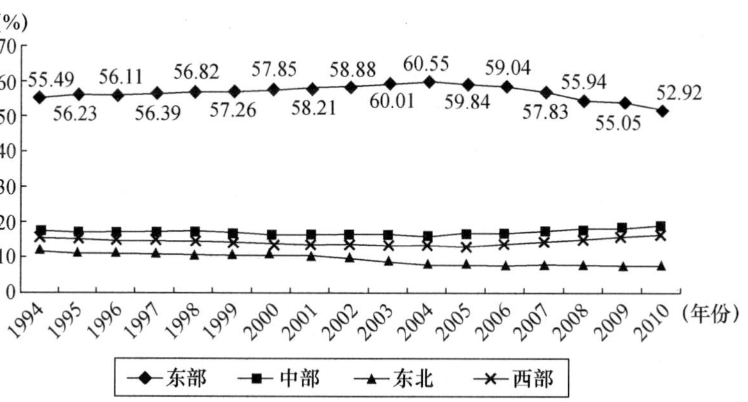

图 2　四大板块工业增加值占全国份额变化

资料来源：根据中经专网数据库计算整理。

表 3　我国纺织业的分散式转移特征

年份	2000	2001	2002	2003	2004	2005	2006	2007	2008	2009	2010
全国空间赫芬达尔指数	0.125	0.134	0.141	0.142	0.156	0.155	0.156	0.154	0.152	0.146	0.139
四省产值占行业份额（%）	64.60	67.37	69.55	70.18	73.08	73.39	73.60	72.98	72.54	71.19	69.77
全国产值占总 GRP 比重（%）	5.06	4.98	5.13	5.55	6.18	6.36	6.58	6.70	6.42	6.29	6.52
四省产值业占 GRP 比重（%）	9.54	9.69	10.15	10.83	12.50	12.75	13.11	13.36	12.91	12.50	12.89

资料来源：根据中经专网数据库和中国统计数据应用支持系统计算整理。

① 该增长率根据“纺织业工业品出厂价格指数”折算。

4.2 国内产业转移的影响因素

基于区位论的两地区模型分析说明，除了地区生产成本外，运输费用和需求分布对于产业转移也会产生重要影响，从这两个空间因素的角度考察我国国内的产业转移条件变化，可为提高产业转移的效率、促进区域协调发展提供新思路。使用两地区模型分析我国国内区域间的产业转移现象时，可将东部看作地区 1，中西部看作地区 2，东部与中西部生产成本（C_1 与 C_2）的大小关系因所考察产业所处的生命周期阶段以及所需要素价格的区域差别而各有不同，但对于大多数成熟的制造业，中西部在土地利用、资源供给等方面的成本优势日益明显，我们这里重点考察 $C_1 > C_2$ 的情况。随着我国基础设施的逐步完善和区域一体化的推进，区域间的运输费用（以运费率 t 表示）将会下降。目前我国的市场需求仍然主要依靠东部以及通过东部沿海出口的海外市场，国际金融危机爆发后，海外市场有所收缩，可认为 D_1 有所下降；我国中西部市场及其周边国家的边贸市场规模尚小，随着扩大内需政策效果的逐渐显现，中西部地区的市场规模将逐渐扩大，虽然很难超过东部市场，$D_1 > D_2$ 的格局将长期维持，但两者的差距将有所缩小。因此，我国的国情主要对应于两地区模型中需求分布不起作用以及 $D_1 > D_2$ 的情况，即表 1 中所有七种条件组合（H1 ~ H7），以及表 2 中的 H8、H12、H15、H16、H17 五种条件组合。据此，使用两地区模型，对我国产业转移的现实可以得出以下几点结论。

（1）运输费用的降低将提高集中式转移的动力。对于规模报酬不变的产业，运输费用的下降将降低产业分散布局的动力，而提升产业集中布局的动力，即促使产业布局由 β 向 α 或 γ 转变，产业集中的方向取决于地区生产成本的比较，如果中西部具有成本优势（对应 H5、H6、H7），运输费用的下降会使产业转移的主流形式由分散式转移逐渐转变为集中式转移。同样，对于规模报酬递增的产业，如果中西部具有成本优势（对应 H15、H16、H17），运输费用的下降也会促使东部地区的生产能力向中西部进行集中式转移（由布局 α 转向 γ）。这说明运输费用的降低有利于地区成本优势的发挥，有助于产业转移效率的提高。

近年来，以高速铁路为代表的交通运输设施建设，由于显著缩短了空间距离，提高了运力，降低了运费，大大促进了地区间的产业转移。以 2009 年底投入使用的武广高铁为例，该高速铁路将湖北与广东之间的时空距离压缩到了 3 小时左右，使武汉城市圈、长株潭城市群、珠三角经济圈等连为一体，同时也大大缓解了华东和华南地区的铁路货运压力，使原有的京广线货运能力提升了 10.9%，截至 2010 年底，武广高铁牵动了珠三角近 1000 亿元产业资本向内地转移（徐金波等，2010），其中武广高铁沿线的湖南省郴州市明显受益，该市地处湖南南部，与省会长沙及广州的距离都较远，交通不便曾使郴州面临被边缘化的危机，创立于郴州的著名空调生产企业远大集团也于 1992 年转移到了长沙，而武广高铁的建成使郴州同时进入长株潭地区和珠三角地区的一小时经济圈，大大降低了郴州到主要市场的物流成本，使郴州的制造业成本优势得以凸显，吸引了台达电子等大型制造企业落户郴州，引入的产业投资项目中 80% 来自珠三角经济圈（谢良兵，2010）。

（2）内需扩大有助于中西部承接集中式产业转移。对于规模报酬递增的产业，需求分布通过对运输费用的临界值 $(C_1 - C_2)(D_1 + D_2)/(D_1 - D_2)$ 作用，进而对产业转移产生重大影响。观察表 2 中与中国现实状况相符的五种条件组合，只有当中西部具有成本优势，且运输费用相对于临界值较小时（H16、H17），集中式产业转移才可能发生。令这一临界值为 T，当 $C_1 > C_2$ 时，可得 $\partial T/\partial D_1 < 0$，$\partial T/\partial D_2 > 0$，即临界值是东部市场规模的单调减函数，是中西部市场规模的单调增函数。所以，D_1 的下降或 D_2 的增加将提高此临界值，意味着由东部向中西部进行集中式产业转移所要求的运输费用约束将变得宽松，中西部承接的转移产业种类也将增多。

2008 年爆发的国际金融危机导致海外市场需求大幅下降，给我国东部地区的外向型制造企业造成了巨大的生存压力，深圳 4000 家台商企业在 2009 年第一季度的订单普遍下降 30%～50%，有的甚至下降 80%（王传真等，2009），同时企业的要素成本大幅上升，内外环境的变化使得东部沿海一大批产业开始大举内迁。典型的案例包括英特尔公司将上海的制造工厂迁至四川成都，富士康集团大规模向河南、四川等中西部地区转移产能，缩减在深圳等东南沿海地区的产能规模等。这些产业向中西部转移的动力是多方面的，包括节约生产成本、开拓中西部市场等，但金融危机的爆发无疑助推了产业转移。海外市场需求不振，使国内及中西部市场需求的地位相对上升，即两地区模型中 D_1 与 D_2 的差值变小，使东部地区成熟产业向中西部转移的各种动力增强。未来随着国家扩大内需战略的深入实施，中西部地区的市场需求规模将可能持续扩大，从而引导企业向新兴市场区域布局，加速东部产业向中西部转移。

（3）地方保护主义阻碍集中式转移但助推分散式转移。虽然，国内区域间无法通过关税、汇率等贸易壁垒来影响贸易成本，但仍可以通过财政补贴、行政审批、政府采购等手段实施地方保护主义，从而提高区域间广义的运输费用。表 1 显示，对于处在创新阶段的产业，中西部地区一般不具有成本优势，但是如果中西部实施地方保护主义，限制区外企业创新产品进入本地市场，则可以将条件组合 H3 转变为 H1，增强创新产业向该地区进行分散式转移的动力；类似地，对于成熟阶段的产业，虽然中西部具有成本优势，但东部地区可实施挽留企业的地方保护主义措施，将条件组合 H7 转变为 H5，使企业的最佳区位决策由集中式转移转变为分散式转移，延缓产业转移的进程，从而减轻东部的税收、就业等损失。表 2 中的 H15 和 H17 显示，对于规模报酬递增的成熟产业，虽然中西部具有成本优势，但是东部地区通过实施地方保护主义措施，仍可以阻碍或延缓集中式产业转移的发生。总之，地方保护主义通过提高广义的运输费用，给集中式转移造成了阻碍，但是对分散式转移具有一定的促进作用。若产业因为过高的运输费用而被迫将转移方式由集中式改为分散式，将大大降低产业转移的效率。

对于国内地区间的地方保护主义，李善同等（2004）使用的调查问卷中列举了 8 大类 42 种形式和做法，8 类形式分别为数量控制、价格控制、技术壁垒、无形限制、投入限制、劳动要素流动限制、资本要素流动限制、技术要素流动限制等。政府通过地方保护主义延缓和阻碍集中式产业转移的发生，使产业的地区集中程度难以提高，区域分工难以形成，造成产业布局的低效率，这种作用已被大量实证研究所证实。郑毓盛、李崇高（2003）使用1978～2000年的统计数据研究发现，市场分割降低了产出结构的配置效率及省际要素配置效率，并且这种影响呈上升趋势；白重恩等（2004）使用1985～1997年的统计数据研究发现，利税率较高和国有化程度较高的产业，受到的地方保护也较高，产业的地区集中度就较低，并且在决定产业布局形态的因素中，地方保护主义的分散作用超过了外部经济性和规模效应的集中作用；马光荣等（2010）使用1984～2004年的统计数据研究发现，财政分权激励了地方政府采取保护政策，从而导致地区非专业化。近年来，在地方短期利益的驱使下，地方保护主义行为越来越多地披上了“合法性”的外衣，日趋成为“正式化”的制度安排，借助司法手段和行政组织手段实施地方保护措施的行为越来越多（董龙云等，2008），例如东部一些省份直接将引导中心城市制造业向省内边缘地区转移作为公开的地方发展战略大力推行，对这些产业向中西部转移造成了一定的阻碍。

5 总结与启示

两地区模型在雁阵模型和产品生命周期理论的基础上，结合区位论的思想，通过引入运输费用、需求分布和平均生产成本等外生变量，重新考察了产业转移发生的条件和方式，发现生产成本差异对产业转移并不是唯一的决定因素，而且三类外生变量中任何一类都不能对产业转移单独地发生作用，只有综合三者中两类或两类以上的变量条件，才能决定产业转移发生与否，以及转移的主流形式（分散式或集中式）。将两地区模型用于中国国内区域间产业转移的研究，可以解释和预测我国区域生产成本、运输费用、需求分布的变化对产业转移的影响。对于政策制定，如果将扩大产业转移规模作为促进区域协调发展的重要途径和目标，那么两地区模型可以为我们提供一些有益的启示。

（1）国内产业转移政策目标不仅应关注产业转移的规模，更应注重提高产业转移的效率。现实中，中西部各地区在招商引资过程中存在激烈的竞争，往往不顾自身比较优势、资源环境承载力和产业结构特点，只追求投资项目的规模和科技含量，致使产业布局过于分散，不利于全国产业竞争力的提升和产业结构的调整。这种局面的扭转有赖于中央对于产业转移调控力度的加强，努力推动集中式产业转移。可结合主体功能区规划，对中西部各地区制定具体而不同的鼓励转移产业目录，引导东部产业有序转移，大力扶持产业集群向中西部整体迁移。

（2）推动国内产业转移不仅应发挥中西部成本优势，更应挖掘其他动力因素的潜力。虽然我国各地区之间仍然保持一定的成本差异，对推动产业转移具有一定的作用，但是随着我国工业规模的扩张和人口红利的减少，我国各地区的工业发展成本都在不断攀升，中西部地区在吸引东部地区产业转移的过程中，越来越多地受到了东南亚、非洲等国外地区的竞争。与国外地区相比，由于要素流动没有国界的限制，中西部在成本方面的显著优势难以长久维持，但是在区域市场需求和商品运输费用方面仍具有较大的潜力可挖。中国应利用好未来 10 年的关键时期，努力扩大中西部需求，积极拓展内陆边境贸易，并努力降低有形的和无形的商品运输费用，推动东部制造业向中西部转移，在国内形成新“雁阵”，以维持和加强制造业大国地位。

（3）扩大中西部需求不仅应加大财政投入，更应加强政策的区域针对性。一方面，只有当中西部需求的提高对企业区位决策造成影响时，才能起到吸引产业转移的目的。2007 年以来实行的“家电下乡”优惠政策，对于中西部及东部农村地区的需求起到了拉动作用，但是受益的企业主要布局在东部地区，对于产业布局调整并没有起到推动作用，反而延缓了家电业向中西部的转移。未来我国对于中西部的需求刺激措施应充分考虑对于产业布局的影响，可对享受优惠政策的商品生产地加以限制，减少区域政策的“漏出效应”。另一方面，只有当中西部需求稳定在较高水平时，才能起到促进产业转移的目的。扩大地区需求规模的长效措施一般包括提高居民收入水平和提高公共服务水平两个方面，然而从产业布局调整的角度考虑，需求刺激措施的区域针对性具有更为丰富的含义。在提高收入水平的措施方面，中西部地区需要努力改善生活环境及制度软环境，避免中高收入人群向外地迁移，有条件的地区（如风景名胜区）还可争取吸引东部地区高收入人群向中西部移民，以提高整体消费水平；在公共服务水平方面，中西部地区需要集中有限的财力用于提高基本公共服务水平，大力发展基础教育和基本医疗，提高大多数人口的劳动素质和身体素质，使更多的人口进入中高收入行业，而不应盲目追求公共服务的高档次。

（4）交通运输设施建设不仅应提高规模档次，更应着眼于降低加工制造产品的流通费用。一方面，本文的分析说明，加工制造产品运输费用的下降可以促进产业转移，而能源原材料及初级产品运输费用的下降则会降低原制造业区位的生产成本，从而延缓产业转移。目前，我国正大力实施的“西气东输”、“西电东送”，甚至包括“南水北调”等大型能源、资源跨区运输设施的建设，对于中西部吸引东部产业转移是不利的，从优化产业布局的角度看，我国未来的交通运输设施建设应重点完善区域间及中西部地区内部的公路、铁路、航空等以加工制造产品为主要运输对象的运输网络。另一方面，完善的交通运输设施只是降低运输费用的物质前提，发达的交通管理、物流组织等软件建设也是必不可少的。近些年来，虽然我国交通运输设施建设突飞猛进，但是商品流通费用仍然居高不下，有研究发现，我国 2010 年社会物流总费用占 GDP 的比重高达 18%，仅比 2005 年下降了 0.3 个百分点，比发达国家高出 1 倍左右（孙开钊，2011），与交通运输设施的建设规模是不相称的。我国商品流通费用的降低尚有赖于物流业的进一步发展和交通运输设施私人使用成本的降低。

（5）消除地方保护主义不仅应加强区域合作，更应转变政府职能。地方保护主义的盛行体现了各地方政府之间在经济利益方面的冲突，不同地区之间的地方政府所掌握的政治资源多寡有别，进而又导致了不公平的区域竞争。在现行体制框架下，必须加强区域合作，通过园区共建、税收共享等措施，实现经济利益在地区间的合理分配，为集中式产业转移扫除障碍。但从长远看，地方保护主义的彻底根除需要通过转变政府职能来实现，只有当地方政府退出了对经济的直接参与，转变成为纯粹的经济活动“裁判员”和公共服务提供者的角色时，高效率的产业转移才能得到保证。

参考文献

[1] Akamatsu, K. A Theory of Unbalanced Growth in the World Economy [J]. Weltwirtschaftliches Archiv, 1961 (86).

[2] Akamatsu, K. A Historical Pattern of Economic Growth in Developing Countries [J]. The Developing Economies, 1962 (1).

[3] Dluhosch, B. Industrial Location and Economic Integration [M]. Cheltenham: Edward Elgar, 2000.

[4] Fujita, M., Krugman, P., and Venables, A. The Spatial Economy: Cities, Regions, and International Trade [M]. Cambridge: MIT Press, 1999.

[5] Helpman, E., and Krugman, P. Market Structure and Foreign Trade: Increasing Returns, Imperfect Competition and International Economy [M]. Cambridge: MIT Press, 1985.

[6] Kojima, K. Capital Accumulation and the Course of Industrialisation: With Special Reference to Japan [J]. The Economic Journal, 1960 (70).

[7] Kojima, K. Toward a Theory of Agreed Specialization: The Economics of Integration [A]. Eltis, W. A., Scott, M. FG. and Wolfe, J. N. Induction, Growth and Trade: Essays in Honor of Sir Roy Harrod [C]. Oxford: Clarendon Press, 1970.

[8] Kojima, K. Internalization vs. Cooperation of MNC's Business [J]. Hitotsubashi Journal of Economics, 1992 (33).

[9] Kojima, K. The "Flying Geese" Model of Asian Economic Development: Origin, Theoretical Extensions, and Regional Policy Implications [J]. Journal of Asian Economics, 2000 (11).

[10] Krugman, P. Increasing Returns and Economic Geography [J]. Journal of Political Economy, 1991 (99).

[11] Vernon, R. International Investment and International Trade in the Product Cycle [J]. The Quarterly Journal of Economics, 1966, 80 (2).

[12] [德] 韦伯. 工业区位论（1909）[M]. 李刚剑，译. 北京：商务印书馆，1997.

[13] [德] 勒施. 经济空间秩序 [M]. 王守礼，译. 北京：商务印书馆，1995.

[14] [美] 胡佛. 区域经济学导论 [M]. 王翼龙，译. 北京：商务印书馆，1990.

[15] [英] 巴顿. 运输经济学 [M]. 冯宗宪，译. 北京：商务印书馆，2001.

[16] 白重恩，杜颖娟，陶志刚，仝月婷. 地方保护主义及产业地区集中度的决定因素和变动趋势 [J]. 经济研究，2004（4）.

[17] 陈建军. 要素流动、产业转移和区域经济一体化 [M]. 杭州：浙江大学出版社，2009.

[18] 陈秀山，张可云. 区域经济理论 [M]. 北京：商务印书馆，2003.

[19] 陈耀. 世界发达国家二、三产业关系的演变与启示 [J]. 经济纵横，2007（8）.

[20] 陈耀，冯超. 贸易成本、本地关联与产业集群迁移 [J]. 中国工业经济，2008（3）.

[21] 陈耀，陈钰. 我国工业布局调整与产业转移分析 [J]. 当代经济管理，2011（10）.

[22] 董龙云，史峰，蒋满元. 地方市场分割和地方保护主义盛行的影响分析与对策探讨 [J]. 求

实，2008（6）.

［23］李善同，侯永志，刘云中，陈波．中国国内地方保护问题的调查与分析［J］．经济研究，2004（11）.

［24］梁琦，刘厚俊．产业区位生命周期理论研究［J］．南京大学学报，2003（5）.

［25］马光荣，杨恩艳，周敏倩．财政分权、地方保护与中国的地区专业化［J］．南方经济，2010（1）.

［26］孙开钊．解读物流“国八条”：推动物流业健康发展［J］．经济研究参考，2011（54）.

［27］王传真，李兴文，吴俊．金融危机下中国沿海产业资本加速拓展内地空间［EB/OL］．http://news.xinhuanet.com/newscenter/2009-03/30/content_11101399.htm.

［28］魏后凯，白玫．中国企业迁移的特征、决定因素及发展趋势［J］．发展研究，2009（10）.

［29］谢良兵．被高铁拯救260亿产业转移资金入郴州［N］．经济观察报，2010-05-11.

［30］徐金波，刘强，廖超．武广高铁运营一周年：牵动千亿产业大转移［EB/OL］．http://www.chinanews.com/cj/2010/12-26/2746856.shtml.

［31］郑毓盛，李崇高．中国地方分割的效率损失［J］．中国社会科学，2003（1）.

Transport Cost, Demand Distribution and Industrial Relocation

—Analysis of a Model Based on Location Theory

Zheng Xin[1,2]　Chen Yao[1]

(1. Institute of Industrial Economics CASS, Beijing 100836, China;
2. Institute of Rural Development, Henan Academy of Social Sciences, Zhengzhou 450002, China)

Abstract: The basic theories of industrial relocation mainly consist of Flying Geese Model and product cycle theory, which are both founded on the analysis of manufacturing cost. However, both of them have not taken the influences of spatial factors into account. Based on the thoughts of the two theories above as well as location theory, this paper uses the concepts of "dispersing relocation" and "concentrating relocation" to depict the general process of industrial relocation, and uses spatial variables such as transport cost and demand distribution to create a two-region model. Using this model, the conditions and the styles of relocation are respectively discussed in the assumptions of constant and increasing returns to scale, and a key conclusion is reached that the relative changes of regional manufacturing costs cannot necessarily induce industrial relocation. Applying this model to analyzing the facts of China, the authors find that the function of concentrating relocation to promote regional coordination is more important than that of dispersing relocation; And the decreasing of transport cost and the increasing of domestic demand will strengthen the motivation of the concentrating relocations, and local protectionism is hindering concentrating relocations while boosting dispersing relocations.

Key Words: Industrial Relocation; Transport Cost; Demand Distribution; Location Theory

中国城市发展方针的演变调整与城市规模新格局*

方创琳

（中国科学院地理科学与资源研究所，北京 100101）

【摘 要】城市发展方针是指导城市持续健康发展、把握城市发展大局与方向的总体纲领。处在不同发展阶段的城市需要与之相适应的城市发展方针来指导，城市发展的阶段性规律决定了城市发展方针是随着城市发展阶段的变化而调整的，因而不是一成不变的。文章在对中国近 60 多年来城市发展总体方针演变过程与指导效果回顾总结的基础上，客观分析了中国现行城市发展方针的局限性，包括现行城市发展方针与国家城市发展的客观现实不相符合，缺少对城市化重点地区“城市群”的基本表述，对大、中、小城市的划分标准不尽合理，现行城市发展方针指导下的城市体系等级规模结构与行政区划不相协调等。文章最后提出了调整现行城市发展方针的建议方案，重新划分大、中、小城市的规模标准，将中国城市划分为超大城市（市区常住人口规模≥1000 万人）、特大城市（介于 500 万～1000 万人）、大城市（介于 100 万～500 万人）、中等城市（介于 50 万～100 万人）、小城市（介于 10 万～50 万人）、小城镇（＜10 万人）共六个规模等级标准；将新形势下中国城市发展方针调整为引导发展城市群，严格控制超大和特大城市，合理发展大城市，鼓励发展中等城市，积极发展小城市和小城镇，形成城市群与大、中、小城市和小城镇协调发展的国家城市发展新格局。到 2020 年将形成由 20 个城市群、10 个超大城市、20 个特大城市、150 个大城市、240 个中等城市、350 个小城市和 19000 个小城镇组成的 6 级国家城市规模结构新体系；重新构建建制市的设市标准，尝试建立民族自治市；鼓励发展小城市和小城镇，把其作为农业人口就近就地市民化的首选地，不断提升城镇化发展质量。

【关键词】城市发展方针；演变过程；局限性；调整方案；城市规模新格局；中国

---

* 基金项目：国家社会科学基金重大项目（13&ZD027）；国家自然科学基金项目（41371177）。

作者简介：方创琳（1966—），男，甘肃庆阳人，教授，博士生导师，近年来主要从事城市发展与规划研究。E-mail：fangcl@ igsnrr. ac. cn。

方针是“指引事业前进的方向和目标”（《新华字典》2001 年修订版第 261 页）。城市发展方针是国家为实现一定时期的城市发展目标而制定的具体行为准则[1]，是指导城市持续健康发展、把握城市发展大局与方向的总体纲领。处在不同发展阶段的城市需要与之相适应的城市发展方针来指导，城市发展的阶段性规律决定了城市发展方针是随着城市发展阶段的变化而调整的，因而不是一成不变的[2]。中国的城镇化已步入快速发展阶段，同时又处在城镇化转型的关键时期，表现为城镇化水平过半的关键时期、城市病问题突出促使城镇化质量提升的关键时期、城镇化加快面临资源环境压力严峻的关键时期，城镇化与工业化、农业现代化、信息化“四化”协调发展的关键时期。按照目前的增长速度，预计到 2015 年全国城镇化水平将达到 54.45%，2020 年将提前提升为 61.6%，届时将有超过 70% 的人口居住在城市。中国快速的城镇化不仅决定着中国的未来，而且决定着世界城镇化的发展进程[3]。中共十八大报告和中央经济工作会议连续提出要积极稳妥推进城镇化，着力提高城镇化质量，把生态文明理念和原则全面融入城镇化全过程，走集约、智能、绿色、低碳的新型城镇化道路[4]。在新的历史条件下，城镇化成了中国现代化建设的历史任务，成了扩大内需的最大潜力所在，甚至成了解决国家经济社会发展等一系列问题的“灵丹妙药”和“万能钥匙”。然而，必须值得注意的是，快速城镇化进程需要科学的城市发展总方针来指导。1980 年以来中国划定并实施的“严格控制大城市、合理发展中等城市和小城市、积极发展小城镇”的城市发展方针，是中国第一次以法律形式确定的城市发展方针，也是迄今为止仍在执行的城市发展方针，经过 30 余年的实施，对加快中国城镇化健康发展、形成城镇化总格局、推进中国城镇化进程及城市建设均发挥了重要的指导作用[5]。但这一发展方针在新形势下日益暴露出一系列问题，需要与时俱进地进行调整，需要提出一个符合城镇化发展客观现实和未来发展目标的指导方针，以此指导形成城市化发展的新格局，确保未来中国走资源节约型和环境友好型的新型城镇化发展道路。

1　中国城市发展总体方针的演变与回顾

从新中国成立初期到现在，中国经历了十一个五年计划。每个五年计划时期，政府从国家层面上确立的路线、方针、政策，都直接或间接地对中国城市化发展产生了重要的或根本性的影响（见表 1）[6]。正是在这些国家政策的引导和宏观调控下，中国城市化发展才取得了举世瞩目的显著成就。但由于城市化方针与道路在不同时期表现出不同的特点，受历史条件和特定政治经济环境所控，甚至伴随经济发展政策出现过部分失误，由此体现出城市化发展方针与道路的曲折性。具体表现为，1953～2010 年的 58 年间，中国城市化发展先后历经了“一五”时期项目带动的自由城市化道路、“二五”时期盲进盲降的无序城市化道路、“三五”、“四五”时期动荡萧条的停滞城市化道路、“五五”时期改革恢复的积极城市化道路、“六五”时期抓小控大的农村城市化道路、“七五”、“八五”时期大中小并举的多元城市化道路、“九五”时期大中小并举的健康城市化道路、“十五”时期大中小并进的协调城市化道路、“十一五”时期中国特色的和谐城市化道路、“十二五”时期积极稳妥的健康城市化道路。城市发展总方针历经数次调整，确保了中国城市化道路在曲折演变中总体朝着多样化、协调化和健康化方向发展[7]。

表 1　中国城市发展总体方针演变历程与指导效果一览表

发展时期	年　限	城市化发展方针或政策的主要内容	对国家城市化进程的指导效果
“一五”时期	1953 ~ 1957	项目带动，自由迁徙，稳步前进	项目带动的自由城市化进程
“二五”时期	1958 ~ 1962	调整、巩固、充实、提高	盲进盲降的无序城市化进程
“三五”时期 “四五”时期	1966 ~ 1975	控制大城市规模，搞小城市	动荡萧条的停滞城市化进程
“五五”时期	1976 ~ 1980	严格控制大城市规模、合理发展中等城市和小城市	改革恢复的积极城市化进程
“六五”时期	1981 ~ 1985	严格控制大城市规模，积极发展小城镇	抓小控大的农村城市化进程
“七五”时期	1986 ~ 1990	严格控制大城市规模、合理发展中等城市和小城市	大中小并举的多元城市化进程
“八五”时期	1991 ~ 1995	开发区建设拉动大城市发展	大城市主导的多元城市化进程
“九五”时期	1996 ~ 2000	严格控制大城市规模，突出发展小城镇	大中小并举的健康城市化进程
“十五”时期	2001 ~ 2005	大中小城市和小城镇协调发展	大中小并进的协调城市化进程
“十一五”时期	2006 ~ 2010	以城市群为主体，大中小城市和小城镇协调发展	中国特色的健康和谐城市化进程
“十二五”时期	2011 ~ 2015	城市群与大中小城市和小城镇协调发展	符合国情的积极稳妥城市化进程

1.1 “一五”时期执行了“项目带动，自由迁徙，稳步前进”的城市发展方针

“一五”时期的 1953 ~ 1957 年，国家城市建设把力量集中在 156 项重点项目所在地的重点工业城市，推行了城市对农村开放、重大项目建设拉动农民迅速进城的“项目带动，稳步前进、自由迁徙”的城市发展方针。1954 年中国第一部宪法公布后，“镇”被明确规定为属县领导的与乡或民族乡同级的行政区域。1955 年 6 月国务院颁布了新中国成立后第一个市镇建设法规《国务院关于市镇建制的决定》，同年 12 月又颁布了《关于城乡划分标准的决定》，使城市发展逐步步入规范化轨道，极大地推动了城市化进程。到 1957 年，中国城市数量已从新中国成立之初的 135 个增加到 176 个[8]。

1.2 “二五”时期执行了“调整、巩固，充实、提高”的城市发展方针

“二五”时期的 1958 ~ 1962 年，伴随“大跃进”、“反右倾”运动和三年自然灾害等

影响，1961 年国家开始实行“调整、巩固、充实、提高”的城市发展方针，动员更多的城市劳动力回到农村参加农业生产，大规模压缩城市人口[9]。据统计，1961～1963 年底，全国共下放城镇职工 1887 万人，减少城市人口 3000 万人，城市人口比重下降到 16.8%。1963 年 12 月又下达了《关于调整设置市镇建制、缩小城市郊区的指示》，要求撤销不够设市条件的市，缩小市的郊区，提高设镇标准。规定人口在 3000 人以上，非农业人口占 70% 的可以设镇；人口 10 万人，非农业人口 80% 以上的可以设市，而且规定城市人口和集镇人口只包括市和镇中的非农业人口，缩小了城镇人口的统计范围。据统计，到 1964 年底全国共撤销 39 个市，使城市数减至 169 个；到 1965 年底，全国共撤销 1527 个镇，使建制镇减至 2902 个，国家城镇化水平在 18% 左右。

1.3 “三五”时期、“四五”时期执行了“控制大城市规模，搞小城市”的城市发展方针

“三五”时期、“四五”时期的 1966～1975 年，是长达 10 年的“文化大革命”时期。受当时“备战、备荒”的国家战略和大搞“三线”建设、“不集中建大城市”的指导思想影响，1700 多万名知识青年“上山下乡”和千万干部下放农村劳动，更多的人力和物力撤离城市，投入到“三线”建设中，根本无法形成像样的城镇。期间国家一直贯彻执行“控制大城市规模，搞小城市”的城市发展方针，执行了严格控制城市人口的政策，表现为一个动荡、萧条、停滞的城市化发展进程。10 年间中国城镇化水平一直停滞在 17% 左右。

1.4 “五五”时期、“六五”时期执行了“控制大城市规模，多搞小城镇”的城市发展方针

“五五”时期的 1976～1980 年，中国城市发展出现了严重困难，国民经济比例失调，人口生育进入高峰期，知识青年回城就业压力巨大，基础设施建设滞后，尤其是大城市困难突出。在这种形势下，1978 年全国第三次城市工作会议确立了“控制大城市规模，多搞小城镇”的城市发展方针。城市数量由 1978 年的 190 个发展到 1980 年的 223 个，城市化水平相应地由 17.92% 提高到 19.39%。1980 年国务院批转了《全国城市规划工作会议纪要》，提出了但并未执行“控制大城市规模，合理发展中等城市，积极发展小城市”的城市发展方针。

“六五”时期的 1981～1985 年，中共十一届三中全会通过了《中共中央关于经济体制改革的决定》，改革重点从农村推向城市。1984 年 10 月，民政部放宽了建镇标准，是促使此后建制镇数量迅速增加的主要制度性因素；1984 年 10 月 13 日发布的《国务院关于农民进入集镇落户问题的通知》提道：“凡申请到集镇务工、经商、办服务业的农民和家属，在集镇有固定住所，有经营能力，或在乡镇企事业单位长期务工的，公安部门应准予落常住户口，及时办理入户手续，统计为非农业人口。新的户籍管理政策和市镇标准的建立，大大促进了中国城镇尤其是小城镇的发展。中国建制镇的个数从 1981 年的 2678 个

迅速增加到 1985 年的 9140 个，城市个数由 1981 年的 226 个增加到 1985 年的 324 个，城市化水平也由 1981 年的 20.61% 上升到 1985 年的 23.71%。

1.5 “七五”时期执行了“严格控制大城市规模、合理发展中等城市和小城市”的城市发展方针

1986 ~ 1990 年的“七五”计划执行期间，国家明确指出了“坚决防止大城市过度膨胀，重点发展中小城市和城镇”的城市发展方针[10]。1990 年 4 月 1 日开始实施的《中华人民共和国城市规划法》中也提出“严格控制大城市规模、合理发展中等城市和小城市”的城市发展方针。

1.6 “八五”时期实际执行了“开发区建设拉动大城市发展”的城市发展方针

1991 ~ 1995 年的“八五”计划执行期间，中国进入以开发区和大城市建设为主的阶段[6]，实际执行了以开发区建设拉动大城市建设为主的发展方针。城市化以大城市扩大为主要特征，城市个数由 1991 年的 479 个增加到 1995 年的 640 个。在开发区和城市房地产建设热潮中，城市化进程速度较快。城市化水平由 1990 年的 26.41% 提升到 1995 年的 29.04%。

1.7 “九五”时期实际执行了“严格控制大城市规模，突出发展小城镇”的城市发展方针

1996 ~ 2000 年的“九五”计划执行期间，国务院于 1997 年 6 月 10 日批转了公安部《城镇户籍管理制度改革试点方案》和《关于完善农村户籍管理制度意见》的通知，“允许已经在小城镇就业、居住并符合一定条件的农村人口在小城镇办理城镇常住户口，以促进农村剩余劳动力就近、有序地向小城镇转移，促进小城镇和农村的全面发展”；2000 年 7 月中共中央、国务院颁布了《中共中央关于促进小城镇健康发展的意见》。在这些政策的支持下，中国小城镇数量由 1995 年的 17532 个增加到 2000 年的 20312 个；而城市数量变动不大，由 1996 年的 666 个先增加到 1997 年的 668 个，后又减少到 2000 年的 663 个。城市化水平由 1995 年的 29.04% 提升到 2000 年的 36.22%，进入城市化发展的中期阶段。

1.8 “十五”时期执行了“大中小城市和小城镇协调发展”的多样化城市发展方针

2001 ~ 2005 年的“十五”计划时期，中国《国民经济和社会发展第十个五年计划纲要》把推进城市化提升为国家战略，并正式提出多样化的城市发展方针，明确指出“推进城市化要遵循客观规律，与经济发展水平和市场发育程度相适应，循序渐进，走符合我国国情、大中小城市和小城镇协调发展的多样化城市化道路，逐步形成合理的城镇体系”[11]。有重点地发展小城镇，积极发展中小城市，完善区域性中心城市的功能，发挥大

城市的辐射带动作用，引导城镇密集区有序发展。城市化水平提高较快，由2000年的36.22%提高到2005年的42.99%。

1.9 “十一五”时期执行了“大中小城市和小城镇协调发展”的健康城市发展方针

2005年10月11日，中共十六届中央委员会第五次全体会议通过了《中共中央关于制定国民经济和社会发展第十一个五年规划的建议》，明确提出要“促进城镇化健康发展，坚持大中小城市和小城镇协调发展，提高城镇综合承载能力，按照循序渐进、节约土地、集约发展、合理布局的原则，积极稳妥地推进城镇化”[12]。2007年10月15日，中共十七大报告再次明确提出，要“走中国特色城镇化道路，按照统筹城乡、布局合理、节约土地、功能完善、以大带小的原则，促进大中小城市和小城镇协调发展。以增强综合承载能力为重点，以特大城市为依托，形成辐射作用大的城市群，培育新的经济增长极”①。

1.10 “十二五”时期执行“城市群与大中小城市和小城镇协调发展”的积极稳妥城市发展方针

2011年的《中华人民共和国国民经济和社会发展第十二个五年规划纲要》明确提出，按照统筹规划、合理布局、完善功能、以大带小的原则，遵循城市发展客观规律，以大城市为依托，以中小城市为重点，逐步形成辐射作用大的城市群，促进大中小城市和小城镇协调发展。构建以陆桥通道、沿长江通道为两条横轴，以沿海、京哈京广、包昆通道为三条纵轴，以轴线上若干城市群为依托、其他城市化地区和城市为重要组成部分的城市化战略格局。积极稳妥地推进城镇化，在东部地区逐步打造更具国际竞争力的城市群，在中西部有条件的地区培育壮大若干城市群。科学规划城市群内各城市功能定位和产业布局，缓解特大城市中心城区压力，强化中小城市产业功能，增强小城镇公共服务和居住功能，推进大中小城市基础设施一体化建设和网络化发展。积极挖掘现有中小城市发展潜力，优先发展区位优势明显、资源环境承载能力较强的中小城市。有重点地发展小城镇，把有条件的东部地区中心镇、中西部地区县城和重要边境口岸逐步发展成为中小城市②。

由以上分析可以看出，在半个多世纪内，中国城市发展总方针历经了数次调整，城市发展总方针引导国家城镇化总体朝着健康方向发展，但现行城市发展方针与推行新型城镇化发展战略相比较，不可避免地暴露出一系列不合时宜的局限性。

---

① 胡锦涛．高举中国特色社会主义伟大旗帜，为争取全面建设小康社会新胜利而奋斗．在中国共产党第十七次全国代表大会上的报告．新华社，2007年10月15日．

② 《中华人民共和国国民经济和社会发展第十二个五年规划纲要》，2011年3月17日。

2　现行城市发展总体方针出现的弊端及局限性

2.1　现行城市发展方针与国家城市发展的客观现实不相符

实际上中国现行的地级城市绝大多数为大城市或近 5 年规划建成为市区常住人口超过 50 万人以上的大城市，不少县级市也达到了大城市的发展规模，如果继续执行严格控制大城市的方针，将不利于所有地级城市的发展和新型城市化发展格局的形成，将阻碍新型城市化发展道路的实现。虽然中国提出了长期严格控制大城市的发展规模，但实际上并没有控制得住。第六次人口普查数据表明，目前中国市区人口超过 50 万人的大城市总数已经由 1990 年的 59 个增加到 2010 年的 242 个，20 年净增加了 183 个，占城市总数的比重由 12.63% 提升到 36.83%。在大城市中，市区人口超过 1000 万人的超大城市从无到有，增加了 6 个，分别是上海、北京、重庆、天津、广州和深圳；500 万 ~ 1000 万人的特大城市由 1990 年的 2 个增加到 2010 年的 10 个，分别是武汉、东莞、成都、佛山、南京、西安、杭州、沈阳、哈尔滨和汕头；200 万 ~ 500 万人的大城市由 1990 年的 7 个增加到 2010 年的 37 个，分别是济南、郑州、大连、苏州、长春、青岛、昆明、厦门、宁波、南宁、太原、合肥、常州、唐山、中山、长沙、徐州、温州、贵阳、乌鲁木齐、无锡、淄博、福州、石家庄、淮安、兰州、临沂、南昌、惠州、烟台、扬州、呼和浩特、南通、海口、潍坊、枣庄和襄阳[13-17]；100 万 ~ 200 万人的大城市由 1990 年的 22 个增加到 2010 年的 83 个，50 ~ 100 万人的大城市由 28 个增加到 106 个（见表 2）。

表 2　中国不同规模城市的数量变化统计表

城市规模分级	城市规模划分标准	1990 年	1995 年	2000 年	2005 年	2010 年	
						统计数据	“六普”数据
	≥1000 万人	0	0	0	1	3	6
	500 万 ~ 1000 万人	2	2	2	3	8	10
大城市	200 万 ~ 500 万人	7	9	11	17	33	37
	100 万 ~ 200 万人	22	21	27	32	80	83
	50 万 ~ 100 万人	28	43	53	78	106	106
中等城市	20 万 ~ 50 万人	117	192	218	243	265	253
小城市	<20 万人	291	373	352	287	162	162
城市数合计	≥20 万人	467	640	663	661	657	657
城镇数合计		12084	17532	20312	19522	19410	19683

注：受统计资料限制，2000 年以前采用市区非农业人口，2000 年以后采取市辖区人口。

从不同规模城市对国家城镇化的贡献分析，50 万人口以上的大城市对国家城镇化的贡献由 1990 年的 27.01% 提高到 2010 年的 46.09%，中等城市对国家城镇化的贡献由 1990 年的 12.07% 提高到 2010 年的 13.85%，小城市对国家城镇化的贡献由 1990 年的 10.72% 降低到 2010 年的 3.63%，小城镇对国家城镇化的贡献由 1990 年的 50.2% 降低到 2010 年的 36.44%（见表 3、图 1）。由此可见，过去 20 年中国大中城市对国家城镇化的贡献由 1990 年的 39.08% 提升到 2010 年的 59.94%，而小城市和小城镇对国家城镇化的贡献却在下降，由 1990 年的 60.92% 猛降到 2010 年的 40.07%。这种贡献与中国现行城市化发展方针也不相符，从而导致了一系列城市病问题的出现。如果还要继续沿用现行城市发展方针，将不利于推进中国健康城镇化进程，不利于建设小康社会目标的实现。

表 3　中国不同规模城市总人口变化统计表　　单位：万人

城市规模分级	城市规模划分标准	1990 年	1995 年	2000 年	2005 年	2010 年
	≥1000 万人	0	0	0	1128.37	3944.98
	500 万～1000 万人	1326.34	1453.2	1665.09	1890.92	4646.11
大城市	200 万～500 万人	2117.73	2716.2	3542.36	5654.76	7895.32
	100 万～200 万人	2813.9	2826.5	3349.77	4416.32	6955.39
	50 万～100 万人	1899.4	2969.5	3591.35	5171.25	7426.67
中等城市	20 万～50 万人	3644.25	5783.7	7267.37	8505.34	9275.56
小城市	<20 万人	3236.18	4266.7	5309.89	5568.13	2430.12
城市合计		15037.8	20015.8	24725.83	32335.09	42574.15
全国城镇人口		30195	35174	45906	56212	66978
全国总人口		114333	121121	126743	130756	134091

注：受统计资料限制，2000 年以前采用市区非农业人口，2000 年以后采取市辖区人口。

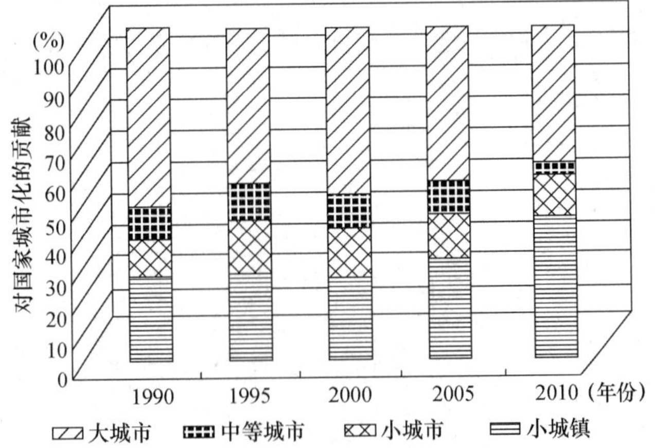

图 1　20 年来不同规模城市对国家城市化贡献变化示意图

2.2 现行城市发展方针缺少对城市化重点地区“城市群”的基本表述

现行城市发展方针是在20世纪80年代前后提出的。当时中国城市群尚未发育起来，经过近30年的发展，中国城市群作为全国重点开发区和优化开发区，不但发育成为主宰国家经济发展的战略重点地区，而且2005～2015年连续10年的两个五年计划都被作为加快国家城镇化的主体空间形态，今天和今后都将主宰国家城市化发展的总体格局[18]，而现行的城市发展方针受中国城市化发展阶段和历史所限，并未将城市群纳入城镇化发展的大方针中。

2.3 现行城市发展方针对大、中、小城市的划分标准不尽合理

尤其对大城市标准的划分脱离客观现实。1984年国家试行新的市镇建制标准，新规定的主要内容是，乡政府所在地非农业人口超过2000人，可以撤乡建镇，实行镇管村制；非农业人口6万人以上，年国民生产总值2亿元以上的镇，可以设市的建制；县城非农业人口10万以上，非农业60%以上，年国民生产总值3亿元以上，可以撤县设市。1989年制定的《中华人民共和国城市规划法》第4条规定，国家实行严格控制大城市规模、合理发展中等城市和小城市的方针，大城市是指市区和近郊区非农业人口50万人以上的城市，市区和近郊区非农业人口在20万～50万人的为中等城市，低于20万人的为小城市[19]。但是该法已于2008年1月1日废止，而于2008年实施的《中华人民共和国城乡规划法》没有设定城市规模的条文，只是在第4条提出“县级以上地方人民政府应当根据当地经济社会发展的实际，在城市总体规划、镇总体规划中合理确定城市、镇的发展规模、步骤和建设标准”[20]。由于没有明确的规定，导致中国城市规模出现了无限制地随意扩大的取向。而目前市区人口不再以非农业人口计算，而是按照常住人口计算，由于计算口径不一致，计算结果也不一致，城市规模也不一致，划分标准也不一致。尤其是对市区人口超过100万人、500万人、1000万人的超大与特大城市还等同于50万人的大城市发展要求，仍然按照50万人的大城市配建基础设施和公共服务设施的做法显然不合理，这是导致大城市和特大城市出现一系列城市病的主要原因之一。

2.4 现行城市发展方针指导下的城市体系等级规模结构与行政区划不相协调

城市规模直接影响着城市总体规划及人口与建设用地规模，基础设施和公共服务设施配置标准与规模，合理的城市规模是城市建设和保障城市运行效率提高的重要前提。不同行政级别的城市有着不同的招商引资力度和行政管理权限。近30多年来，中国各类城市总数由1980年的223个增加到2011年的656个，其中直辖市由3个增加到4个，副省级市从无到有增加到15个，地级市由107个增加到268个，县级市由113个增加到369个[21]（见表4）。

表 4　中国城市行政区划变动统计表

城市规模分级	1980 年	1985 年	1990 年	1995 年	2000 年	2005 年	2010 年	2011 年
直辖市	3	3	3	3	4	4	4	4
副省级市	0	0	0	16	15	15	15	15
地级市	107	162	185	194	244	268	268	268
县级市	113	159	279	427	400	374	370	369
合计	223	324	467	640	663	661	657	656

从数量对比关系分析，到 2010 年，全国副省级以上城市∶地级市∶县级市的比例为2.89%∶40.79%∶56.25%；而同年全国大城市∶中等城市∶小城市的比例为35.01%∶40.33%∶24.66%，二者存在着明显的不协调和不匹配关系。由于受到行政区划调整的限制，中国目前存在着东中部地区一些镇的常住人口规模超过了 50 万人，但仍为镇的建制，仍然按照镇规划标准设置基础设施和公共服务设施。这种情况导致了已经达到城市建设标准的镇超负荷承载着城市的所有功能。

3　现行城市发展总体方针的调整建议与城市规模新格局

3.1　适当调高大、中、小城市的规模划分标准，调整并推行新的城市发展方针

根据中国城市发展规模总体偏大的现实情况，建议立足国家资源环境承载力和城市化的国情，以共用城市基础设施和公共服务设施的市区常住人口为基本划分依据，适当调高不同规模城市的划分标准，将中国城市划分为超大城市（市区常住人口规模≥1000 万人）、特大城市（市区常住人口规模界于 500 万～1000 万人）、大城市（市区常住人口规模界于 100 万～500 万人）、中等城市（市区常住人口规模界于 50 万～100 万人）、小城市（市区常住人口规模界于 10 万～50 万人）、小城镇（市区常住人口规模<10 万人）共六个规模等级标准。相应地制定出不同等级规模城市相对应的科学合理的基础设施和公共服务设施配置标准。按规模划分的大、中、小城市标准可不与按直辖市、地级市、县级市、建制镇等行政区划划分的城市规模标准保持一致。也就是说，县级市可以成为大城市和特大城市，建制镇可成为中等城市或小城市，甚至大城市；相反，省会城市也不一定必须建成特大城市或超大城市，地级城市也不一定非要建成大城市或者特大城市，可能成为中等城市或小城市。建设部门在批建城市总体规划时，侧重按照规模，而不是按照行政级别批准城市总体规划的相关用地和基础设施配置指标。

以对中国城市规模划分的六级标准为依据，结合“十一五”、“十二五”提出的推进

健康城镇化发展道路，兼顾考虑城市群和小城镇发展[22]，抓稳“点—群”，严控“超—特”，优化“大—中”，激活“两小”，合理布局，均衡发展。将新形势下中国城市发展方针调整为：引导发展城市群，严格控制超大和特大城市，合理发展大城市，鼓励发展中等城市，积极发展小城市和小城镇，形成城市群与大、中、小城市与小城镇协调发展的城市化发展新格局。把城市群继续作为推进中国城镇化积极稳妥发展的主体空间形态，把小城镇作为中国推进城乡统筹发展、农民市民化的主要阵地和提升城镇化发展质量的重要手段。

3.2 调整国家城镇体系等级规模结构，优化形成健康的城镇化发展格局

伴随国家城市发展方针的调整，在国家城镇体系等级规模结构中，建议增加城市群、超大城市、特大城市、小城镇四个层级，形成城市群—超大城市—特大城市—大城市—中等城市—小城市—小城镇组成的七个层级规模结构，形成由国家重点城市群（一级中心）—国家中心城市（二级中心）—国家区域中心城市（三级中心）—地区中心城市（四级中心）—地区次中心城市（五级中心）—国家重点小城镇（六级中心）构成的国家城镇体系等级结构。以调整后的国家城镇体系等级规模结构为基础，调整国家城镇体系的职能结构和空间结构[23]，进而不断优化国家城镇化发展的空间格局。

以新的城市发展总体方针为指导，以第六次人口普查中各地级市市辖区常住人口为基本数据进行计算，到 2020 年中国将形成由 20 个城市群、10 个超大城市、20 个特大城市、150 个大城市、240 个中等城市、350 个小城市和 19000 个小城镇组成的六级国家城市规模结构新体系，如表 5 和图 2 所示，空间布局规划设想如图 3 所示。

建议国家根据城市规模结构新体系，对未来每个城市最终容许达到的规模给予宏观指导，城市规划与建设部门相应对城市给出明确的刚性规模约束[24]，以便从国家城镇化的安全角度为指导城市地方政府进行规划与建设提供科学依据。

3.3 尝试建立民族自治市和镇级市，融入国家城镇化发展的大局

顺应城市规模划分标准的调整，从加快少数民族地区城镇化进程出发，在建制市的级别中，建议增加民族自治市和镇级市的建制，形成直辖市、地级市与民族自治市、县级市和镇级市共四个层次的市级行政级别。在条件成熟时启动县改市的工作，借鉴韩国、中国台湾的设市经验，尝试设立镇级市，把镇级市作为吸纳农村人口市民化的主要接纳地，推行中国城镇化均衡协调健康发展[25]。从加快国家全面建设小康社会和全域城镇化发展的战略目标出发，在民族自治法许可的条件下，尝试在全国 30 个民族自治州和 120 多个民族自治县中选择条件成熟的自治州和自治县撤州撤县建市，建成民族自治市，快速融入国家城市化发展大格局中。

表 5　到 2020 年中国城市发展新格局与城市规模结构新体系规划一览表

城市规模	划分标准	2010 年城市个数	2020 年城市个数	2020 年
地市群	≥2000 万人	20	20	长江三角洲城市群、珠江三角洲城市群、京津冀城市群、长江中游城市群、成渝城市群、辽中南城市群、山东半岛城市群、海峡西岸城市群、中原城市群、哈长城市群、江淮城市群、关中城市群、北部湾城市群、太原城市群、呼包鄂榆城市群、黔中城市群、滇中城市群、兰白西城市群、天山北坡城市群、宁夏沿黄城市群
超大城市	≥1000 万人	3	10	上海、北京、天津、广州、重庆、深圳、武汉、南京、西安、成都
特大城市	500 万～1000 万人	8	20	杭州、东莞、佛山、沈阳、哈尔滨、汕头、济南、郑州、大连、苏州、长春、青岛、昆明、厦门、宁波、南宁、太原、合肥、常州、长沙
大城市	100 万～500 万人	113	150	唐山、中山、徐州、温州、贵阳、乌鲁木齐、无锡、淄博、福州、石家庄、淮安、兰州、临沂、南昌、惠州、烟台、扬州、乌兰察布、南通、海口、潍坊、枣庄、襄阳、呼和浩特、包头、吉林、莆田、洛阳、台州、南充、江门、南阳、淮南、大同、泰安、阜阳、巴彦淖尔、鞍山、泉州、大庆、宿州、六安、盐城、湛江、抚顺、珠海、齐齐哈尔、商丘、贵港、常德、邯郸、宝鸡、宿迁、柳州、宜昌、亳州、泸州、绵阳、菏泽、赤峰、济宁、日照、芜湖、莱芜、遂宁、漯河、湖州、银川、自贡、内江、益阳、岳阳、信阳、聊城、茂名、乐山、嘉兴、镇江、钦州、西宁、天水、荆州、安阳、衡阳、巴中、淮北、保定、遵义、本溪、抚州、金华、张家口、玉林、株洲、连云港、鄂州、新乡、宜春、平顶山、秦皇岛、锦州、葫芦岛、武威、永州、贺州、东营，等等
中等城市	50 万～100 万人	106	240	
小城市	10 万～50 万人	427	350	
城市小计		657	770	
小城镇	<10 万人		19000	
合计		20 个城市群 + 770 个城市 + 19000 个小城镇 = 国家城市规模结构体系新格局		

3.4　鼓励发展小城市和小城镇，把“两小”作为农业人口就近就地市民化的首选地

通过鼓励发展小城市和小城镇，确保到 2020 年小城市和小城镇对国家城镇化的贡献

达到 50% 左右。一是把小城市作为就近有序低成本转移农业人口、实现农民市民化的首选地。统计表明，中国市区人口小于 20 万人的小城市由 1990 年的 291 个减少到 2010 年的 162 个，承载的市区常住人口由 1990 年的 4266. 7 万人降低到 2010 年的 2430. 12 万人，对国家城镇化的贡献由 1990 年的 10. 72% 降低到 2010 年的 3. 63%，而小城市恰恰是未来城市化进程中资源环境承载能力相对较大、城市化成本较低、进城门槛较低的地区，建议将小城市作为未来中国就近转移农村剩余劳动力和农业人口的最佳首选地[26]。这就需要将目前已经达到小城市设置条件的小城镇撤镇设市，确保小城市数量由 2010 年的 162 个达到 2020 年的 350 个左右，确保小城市对国家城镇化的贡献达到 15% 左右。二是把小城镇作为就地转移农业人口、实现农民市民化的首选地。统计表明，中国小城镇数量由 1990 年的 12084 个增加到 2011 年的 19683 个，对国家城镇化的贡献由 1990 年的 50. 2% 降低到 2010 年的 36. 44%，而小城镇恰恰是未来城市化进程中资源环境承载能力相对较大、城市化成本最低、进城门槛最低的地区，建议将小城镇作为未来中国就地转移农村剩余劳动力和农业人口的最佳首选地。这就需要将目前已经达到小城镇设置条件的乡撤乡设镇或合乡设镇，确保小城镇数量到 2020 年保持在 19000 个左右，确保小城镇对国家城镇化的贡献稳定在 35% 左右。三是制定一系列扶持小城市和小城镇产业发展的优惠政策，下大力气通过产业和服务转移，给小城市和小城镇增加就业机会[27]。超大城市和特大城市虽然就业岗位较多，但农民市民化的成本非常高，住房、就学困难大得多，加之超大城市和大城市爆发出的一系列城市病问题在短期内无法解决，无法使得农民工在此获得稳定持久的住所。而小城市和小城镇房价、物价低得多，农民市民化的门槛低，容易就近就地获得

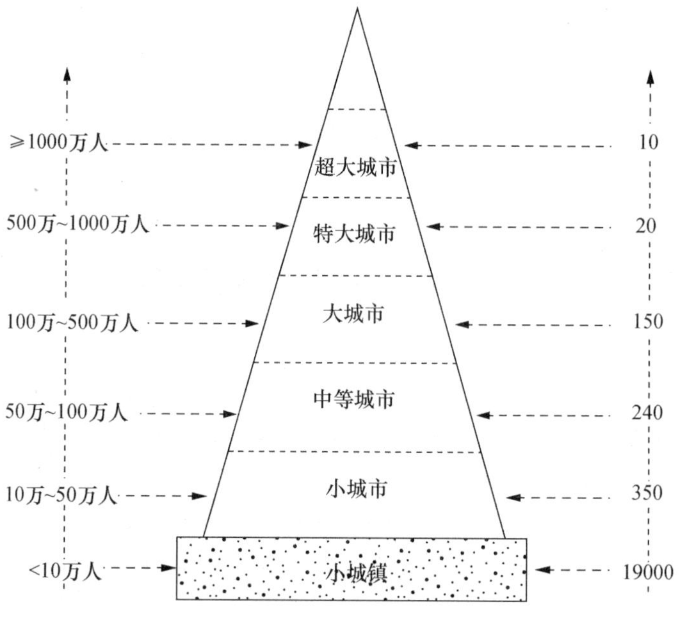

图 2　国家城市规模体系的新金字塔结构规划示意图

稳定住所，带动农村地区的现代化发展。只要通过制定优惠政府扶持产业和就业岗位向中小城市转移，就可以解决中小城市就业岗位不足的问题。

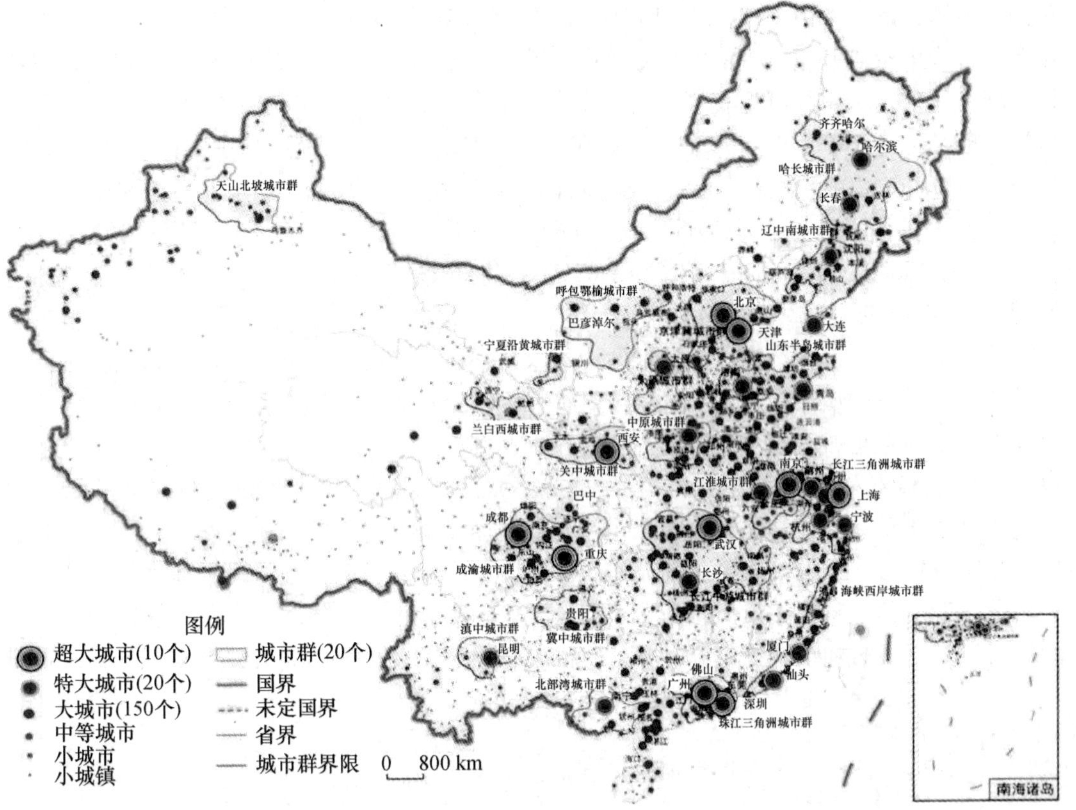

图3　到 2020 年中国城市发展的规模结构新格局规划示意图

3.5　制定可根治城市病和提升城镇化发展质量的发展方针，纳入《城乡规划法》

面对中国城市化进程中日益严峻的资源环境压力，未来城市化进程必须把提升城镇化发展质量作为重中之重[28]，把缓解和根治城市病作为重要任务，以严谨的科学态度从理论上、实践上深入研究城市发展的阶段性规律，科学制定相对应的城市发展方针。考虑到新的《城乡规划法》删除了《城市规划法》中关于城市发展方针的描述，建议在新的《城乡规划法》中增加城市发展方针的内容，赋予城市发展方针本有的法律地位，以其权威性和科学性指导中国城镇化的健康发展。

参考文献

[1] 李秉仁. 我国城市发展方针政策对城市化的影响与作用 [EB/OL]. 国务院发展研究中心信息网. www. drcnet. com. cn, 2008 - 05 - 27.

[2] 周一星, 于艇. 对我国城市发展方针的讨论 [J]. 城市规划, 1988 (3): 1 - 16.

[3] 方创琳. 中国城市化进程及资源环境保障报告 [M]. 北京: 科学出版社, 2010: 32 - 38.

[4] 胡锦涛. 坚定不移地沿着中国特色社会主义前进, 为全面建成小康社会而努力奋斗 [M]. 北京: 人民出版社, 2012: 5 - 7.

[5] 陈锦富. 城市发展方针的探讨 [J]. 武汉城市建设学院学报, 1999, 16 (1): 23 - 27.

[6] 陈雯. 城市发展方针的再探讨 [J]. 科技导报, 1995 (8): 14 - 17.

[7] 方创琳. 中国快速城市化进程中的资源环境保障问题与对策建议 [J]. 中国科学院院刊, 2009, 24 (5): 468 - 474.

[8] 李梦白. 我国城市发展的基本方针 [J]. 瞭望, 1983 (2): 9 - 11.

[9] 汪冬梅. 中国城市化问题研究 [M]. 北京: 中国经济出版社, 2005: 11 - 14.

[10] 中国社会科学院人口研究中心 [M]. 中国人口年鉴. 北京: 社会科学文献出版社, 1987: 123 - 124.

[11] 刘勇. 中国城镇化战略研究 [M]. 北京: 经济科学出版社, 2004: 78 - 85.

[12] 姜爱林. 新中国成立以来城镇化发展的历史变迁 [J]. 河南大学学报: 社会科学版, 2002 (5): 46 - 51.

[13] 国家统计局. 中国城市统计年鉴 (1991) [M]. 北京: 中国统计出版社, 1991: 35 - 56.

[14] 国家统计局. 中国城市统计年鉴 (1996) [M]. 北京: 中国统计出版社, 1996: 30 - 43.

[15] 国家统计局. 中国城市统计年鉴 (2001) [M]. 北京: 中国统计出版社, 2001: 34 - 49.

[16] 国家统计局. 中国城市统计年鉴 (2006) [M]. 北京: 中国统计出版社, 2006: 33 - 52.

[17] 国家统计局. 中国城市统计年鉴 (2011) [M]. 北京: 中国统计出版社, 2011: 31 - 45.

[18] 方创琳, 姚士谋, 刘盛和等. 中国城市群发展报告 [M]. 北京: 科学出版社, 2011: 25 - 33.

[19]《中华人民共和国城市规划法》, 主席令 [1989] 第 23 号, 第七届全国人民代表大会常务委员会第 11 次会议通过, 1989 - 12 - 26.

[20]《中华人民共和国城乡规划法》, 主席令 [2007] 第 74 号, 第十届全国人民代表大会常务委员会第 30 次会议通过, 2007 - 10 - 28.

[21] 国家统计局. 中国统计年鉴 (2012) [M]. 北京: 中国统计出版社, 2012: 35 - 42.

[22] 姚士谋, 陆大道, 王聪等. 中国城镇化需要综合性的科学思维: 探索适应中国国情的城镇化方式 [J]. 地理研究, 2011, 30 (11): 1947 - 1955.

[23] 刘涛, 曹广忠. 城市规模的空间聚散与中心城市影响力: 基于中国 637 个城市空间自相关的实证 [J]. 地理研究, 2012, 31 (7): 1317 - 1327.

[24] 薛俊菲, 陈雯, 曹有挥. 中国城市密集区空间识别及其与国家主体功能区的对接关系 [J]. 地理研究, 2013, 32 (1): 146 - 156.

[25] 武前波, 宁越敏. 中国城市空间网络分析: 基于电子信息企业生产网络视角 [J]. 地理研究, 2012, 31 (2): 207 - 219.

［26］王洋，方创琳，王振波．中国县域城镇化水平的综合评价及类型区划分［J］．地理研究，2012，31（7）：1305－1316.

［27］杨永春，冷炳荣，谭一洺等．世界城市网络研究理论与方法及其对城市体系研究的启示［J］．地理研究，2011，30（6）：1009－1020.

［28］方创琳，王德利．中国城市化发展质量的综合测度与提升路径［J］．地理研究，2011，30（11）：1931－1946.

A Review of Chinese Urban Development Policy, Emerging Patterns and Future Adjustments

Fang Chuanglin

(Institution of Geographic Sciences and Natural Resources Research, CAS, Beijing 100101, China)

Abstract: Urban development policies provide general guidelines for sustainable urban development and establish the direction and overall framework of urban development. Urban development rules dictate that urban development policies change alongside different urban development phases, hence, cities in various stages need compatible policies to guide their development. Here, we review the evolution of Chinese urban development policy and its impact over the past 60 years. Limitations of current Chinese urban development policy were identified, including incompatibility between existing policies and the reality of urban development; a lack of basic elaboration of urban agglomeration in key urbanization regions; unreasonable standards for classifying large, medium and small cities; and the inharmonious situation between urban system hierarchies and administrative divisions. Following our review and identification of current issues, several adjustments to existing urban deployment policy are proposed. For example, a new standard should be applied to classify cities into six different scales of megacity behemoth (urban population ≥10 million), mega city (urban population 5 – 10 million), large city (urban population of 1 – 5 million), medium – sized city (urban population of 0.5 – 1 million), small city (urban population of 0.1 – 0.5million), and small town (urban population <0.1 million). Under a new context for China's development and urbanization, overall policy should guide the development of urban agglomerations, control the sprawl of megacity behemoths and mega cities, promote the development of large cities, encourage the development of medium – sized cities, and foster the development of small – sized cities and small towns. Under this new system, a six – layer national urban hierarchy with 20 urban agglomerations, 10 megacity behemoths, 20 mega cities, 150 large cities, 240 medium – sized cities, 350 small cities and 19000 small towns could be established by the year 2020. Reconstructing the system of establishing designated cities and the possibility of building different national autonomous cities are also discussed. Fostering the development of small cities and small towns that would become the first choice for the urbanization of the agricultural population would improve the overall quality of urbanization and townships across China.

Key Words: Urban Development Policy; Evolution Process; Limitations; Adjustment Scheme; New Pattern of Urban Development; Megacity; China

中国城镇化进程中两极化倾向与规模格局重构*

魏后凯[1,2]

（1. 中国社会科学院城市发展与环境研究所，北京　100028；
2. 中国社会科学院西部发展研究中心，北京　100836）

【摘　要】近年来，中国城镇化进程中出现了特大城市规模迅速膨胀、中小城市和小城镇相对萎缩的两极化倾向。论文采用系统数据深刻揭示了这种大城市偏向的两极化倾向，并从传统发展理念、资源配置偏向、市场极化效应、农民迁移意愿和政府调控失效等综合视角考察了其形成机理，探讨了重构城镇化规模格局的科学基础和战略选择。本文认为，当今中国社会正由城乡二元结构转变为由城乡之间、城镇之间、城市内部三重二元结构相互叠加的多元结构；考虑到资源环境承载能力、城镇人口吸纳能力、公共设施容量、农民迁移意愿和设市工作的恢复，未来中国特大城市、大城市、中小城市和建制镇吸纳新增城镇人口的比例由目前的36:8:9:47转变为30:18:18:34比较合适；提高城市规模等级的人口标准弊多利少，中国城市规模等级的划分应侧重增加层级，以巨型城市（1000万人以上）、超大城市（400万～1000万人）、特大城市（100万～400万人）、大城市（50万～100万人）、中等城市（20万～50万人）和小城市（20万人以下）6级为宜；实行多中心网络开发战略，积极培育壮大世界级、国家级和区域级城市群，推动形成全国三级城市群结构体系，使之成为中国推进城镇化的主体形态和吸纳新增城镇人口的主要载体；实行差别化的人口规模调控政策，严格控制400万人以上的特大城市人口规模，着力提高中小城市和小城镇综合承载能力，推动形成以城市群为主体形态，大中小城市和小城镇合理分工、协调发展、等级有序的城镇化规模格局。

【关键词】城镇化格局；两极化倾向；城镇规模结构；大城市偏向

---

* 基金项目：中国社会科学院创新工程项目“城镇化质量评估与提升路径研究”。

作者简介：魏后凯（1963—），男，湖南衡南人，中国社会科学院城市发展与环境研究所副所长，中国社会科学院西部发展研究中心主任，研究员，博士生导师。

1 问题提出

城镇化是一个漫长的历史过程，它是经济社会发展的结果。一般地说，城镇化具有多方面的综合效应，不仅会拉动投资、扩大内需和刺激经济增长，而且能够促进产业升级，推动技术创新，加速人力资本积累，提高城乡居民收入。有序推进城镇化，必须从中国国情出发，科学把握城镇化的规模、速度和节奏，全面提高城镇化质量，优化城镇规模结构和空间布局，推动形成科学合理的城镇化格局。这种科学合理的城镇化格局，既包括城镇化的规模格局，也包括城镇化的空间格局。

自 2000 年以来，中国政府再三强调要促进大中小城市和小城镇协调发展，中共十八大报告进一步明确提出要"构建科学合理的城市化格局"。然而，从近年来中国城镇化的进程看，这种科学合理的城镇化格局远没有得到有效形成，反而出现了大城市尤其是特大城市迅速膨胀、中小城市和小城镇相对萎缩的两极化倾向。目前国内已有学者注意到了这种两极化倾向，如刘爱梅（2011）把这种现象称为城市规模的"两极分化"，并从市场选择、干部考核任用和政治体制、自然历史因素三个方面考察了其形成原因，但现有研究更多地把注意力集中在大城市人口过快增长、规模过度膨胀以及大城市病的治理上，而对两极化的表征、形成机理、经济社会影响以及如何构建科学合理的城镇化规模格局缺乏系统深入的研究。

长期以来，国内外学术界对城市偏向理论和政策进行了广泛探讨（Corbridge and Jones，2005；王颂吉和白永秀，2013），并据此来解释发展中国家的城乡关系格局和城乡二元结构。然而，对于发展中国家城镇化过程中存在的大城市偏向，却没有引起人们的高度关注。这种大城市偏向是市场机制、政府资源配置偏向和人口迁移意愿等多方面因素综合作用的结果。中国是一个典型的城乡区域差异较大的发展中大国，在当前中国经济社会发展的进程中，不仅存在着因过去城市偏向政策造成的城乡二元结构，而且也存在着因大城市偏向造成的城镇增长两极化倾向，即不同规模城镇之间的二元结构。近年来，随着中国城镇化的快速推进，大量农业转移人口进入城镇就业和居住，但其市民化进程严重滞后，平均市民化程度只有 40% 左右（魏后凯和苏红健，2013），再加上大量城中村、棚户区等的存在，城市内部的二元结构也日益凸显。因此，当今的中国社会并非是单纯用城乡二元结构可以完全概括的，事实上它已经演变成为一个由城乡之间、城镇之间、城市内部三重二元结构相互叠加而成的多元结构。从城乡二元结构到多元结构的转变这是当今中国社会的重要特征。

本文将从城镇协调发展的角度重点探讨被学术界所忽视的城镇之间的二元结构问题，重点讨论近年来中国城镇化进程中存在的两极化倾向，从多视角综合考察这种两极化倾向的形成机理，并在此基础上深入探讨中国城镇化规模格局重构的科学基础和战略选择。

2 中国城镇化进程中两极化倾向

新中国成立以来，中国实行控制大城市规模、合理发展中小城市和小城镇的城镇化规模政策。2001 年 3 月九届全国人大四次会议通过的“十五”计划纲要，提出“走符合我国国情、大中小城市和小城镇协调发展的多样化城镇化道路”，这种“大中小城市和小城镇协调发展”的基本方针，体现在随后的各种政策文件之中，并延续至今。从城镇体系的角度看，不同规模等级的城镇保持协调发展，这是世界城镇化演变的一般规律，也是走中国特色新型城镇化道路的根本要求。然而，由于多方面因素的综合作用，近年来中国城镇规模结构严重失调，出现了明显的两极化倾向。一方面，大城市数量和人口比重不断增加，一些特大城市规模急剧膨胀，逼近或超过区域资源环境承载能力，大城市病问题凸显；另一方面，中小城市数量和人口比重减少，中西部一些小城市和小城镇甚至出现相对萎缩迹象，城镇体系中缺乏中小城市的有力支撑。其结果，中国城市人口规模结构有可能从正常的“金字塔”型向“倒金字塔”型转变。这种两极化倾向反映在空间格局上，就是城镇空间结构的失调。即沿海珠三角、长三角、京津冀等城市群日益逼近资源环境承载力的极限，可持续发展问题日渐突出，而中西部中小城市和小城镇，由于缺乏产业支撑和公共服务，就业岗位和人口吸纳能力严重不足。

中国城市人口规模结构的变动趋势较好地反映了这种两极化倾向。1980 年国家建委修订的《城市规划定额指标暂行规定》，将城市人口规模划分为 4 级，即 100 万人以上为特大城市，50 万 ~ 100 万人为大城市，20 万 ~ 50 万人为中等城市，20 万人及以下为小城市。1990 年实施的《中华人民共和国城市规划法》，明确按市区和近郊区非农业人口将城市规模等级划分为大城市、中等城市、小城市 3 级，但 2008 年实施的《中华人民共和国城乡规划法》并没有做出城市规模等级划分的规定。考虑到近年来特大城市数量的迅速增加，在下面的分析中，我们将对特大城市进一步细分。如果按城市非农业人口分组，2000 ~ 2011 年，中国大城市数量增加了 67 座，城市数量比重和人口比重分别提高了 10.65 个和 14.64 个百分点。尤其是 200 万人以上的特大城市，这期间增加了 11 座，城市人口比重增加了 9.24 个百分点。相反，中等城市的数量尽管有一定的增加，但其人口比重却减少了 5.96 个百分点；小城市数量和人口比重都在迅速下降，其中城市数量减少了 112 座，城市数量比重和人口比重分别下降了 15.46 个和 8.68 个百分点。再从人口增长速度看，近年来中国城市非农业人口增长速度与其人口规模大体同方向变化。这期间，400 万人以上的特大城市人口增长最快，增速达 126.60%；其次是 200 万 ~ 400 万人的特大城市，人口增长了 81.98%；而中等城市仅增长 16.84%，小城市则下降了 21.819%（见表 1）。这表明，无论从城市人口规模结构还是从城市人口增长看，中国的大城市尤其是特大城市人口规模近年来都在急剧扩张，而中小城市则处于相对萎缩之中。

表 1　中国不同等级规模城市数量和人口比重的变化

城市人口规模	2000 年			2011 年			2000 ~ 2011 年变化			
	城市数量（个）	数量比重（%）	人口比重（%）	城市数量（个）	数量比重（%）	人口比重（%）	城市数量（个）	数量比重（百分点）	人口比重（百分点）	人口增长（%）
400 万以上	5	0.74	12.97	10	1.53	19.96	5	0.79	6.99	126.60
200 万 ~ 400 万	8	1.19	9.56	14	2.14	11.81	6	0.95	2.25	81.98
100 万 ~ 200 万	25	3.70	14.55	39	5.95	16.38	14	2.25	1.83	65.82
50 万 ~ 100 万	54	8.00	15.54	96	14.66	19.11	42	6.66	3.57	81.11
20 万 ~ 50 万	220	32.59	28.86	245	37.40	22.90	25	4.81	-5.96	16.84
20 万以下	363	53.78	18.52	251	38.32	9.84	-112	-15.46	-8.68	-21.81
合计	675	100.00	100.00	655	100.00	100.00	-20	0.00	0.00	47.26

注：城市人口规模按非农业人口分组，人口数为非农业人口。

资料来源：根据《中国人口与就业统计年鉴》（2001，2012）计算。

由于户籍制度改革严重滞后，中国城市非农业人口远低于其常住人口。然而，迄今为止，中国还缺乏各城市系统的常住人口统计数据，我们采用住房和城乡建设部公布的各城市城区人口来进行分析。各城市城区人口与常住人口数据大体接近，2010 年，全国城市城区人口（含暂住人口）仅比第六次全国人口普查城市常住人口低 2.25%。2006 ~ 2011 年，全国大城市以上和中等城市数量分别增加了 12 座和 37 座，其城区人口比重呈现不同程度的变动；而小城市数量则减少了 47 座，城区人口比重减少了 2.35 个百分点（见表 2）。2011 年，中国城市人口的 55.45% 集中在数量仅占 11.11% 的特大城市。从各级城市新增城区人口的吸纳情况看，这期间中国城市新增城区人口的 83.95% 是依靠大城市吸纳的，其中 400 万人以上的特大城市吸纳了 61.06%；而小城市由于数量减少，城区人口趋于下降，呈不断萎缩的态势。再从城区人口增长看，这期间 400 万人以上的特大城市城区人口增长了 23.609%，而小城市则下降了 17.34%，呈现出明显的两极化趋势。

表 2　2006 ~ 2011 年中国不同规模城市数量及城区人口变化

规模分类	2006 年			2011 年			2006 ~ 2011 年变化				
	城市数（个）	城区人口（万人）	人口比重（%）	城市数（个）	城区人口（万人）	人口比重（%）	城市数（个）	新增城区人口（万人）	新增人口吸纳比重（%）	人口比重变化（百分点）	城区人口增长（%）
>400 万	11	9358.67	25.11	13	11567.74	28.29	2	2209.07	61.06	3.18	23.60
200 万 ~ 400 万	22	5902.93	15.84	22	5997.05	14.67	0	94.12	2.60	-1.17	1.59
100 万 ~ 200 万	35	4924.48	13.21	38	5106.31	12.49	3	181.83	5.03	-0.72	3.69
50 万 ~ 100 万	92	6382.87	17.12	99	6934.87	16.96	7	552.00	15.26	-0.17	8.65

续表

规模分类	2006 年			2011 年			2006 ~ 2011 年变化				
	城市数（个）	城区人口（万人）	人口比重（%）	城市数（个）	城区人口（万人）	人口比重（%）	城市数（个）	新增城区人口（万人）	新增人口吸纳比重（%）	人口比重变化（百分点）	城区人口增长（%）
20 万 ~ 50 万	230	7150.9	19.19	267	8347.70	20.41	37	1196.80	33.08	1.23	16.74
<20 万	265	3552.89	9.53	218	2936.66	7.18	-47	-616.23	-17.03	-2.35	-17.34
总计	655	37272.74	100.00	657	40890.33	100.00	2	3617.59	100.00	0.00	9.71

注：城区人口包括暂住人口，2005 年及之前未公布城区人口数据。

资料来源：根据《中国城市建设统计年鉴》（2006，2011）计算。

中国的建制镇虽然数量大，但规模偏小，实力偏弱，平均每个建制镇镇区人口仅有 1 万人（魏后凯，2010）。1982 ~ 1990 年，中国城镇化推进速度较慢，建制镇数量较少，吸纳能力有限，新增城镇人口接近 3/4 由城市吸纳，只有 1/4 多由镇吸纳（见表 3）。1990 ~ 2000 年，随着建制镇数量迅速增加，镇吸纳新增城镇人口的比重大幅提高，几乎接近城市吸纳新增城镇人口的比重。之后，由于建制镇的数量大体维持稳定，镇吸纳新增城镇人口的比重呈现下降趋势，2000 ~ 2010 年已下降到 47.39%。按照第六次人口普查数据，目前中国城镇人口大约有 60% 集中在城市，40% 集中在镇。

表 3　1982 ~ 2010 年中国市镇人口吸纳情况

指标	年份	市	镇	市镇合计
城镇人口（万人）	1982	14525.31	6105.61	20630.92
	1990	21122.25	8492.27	29614.52
	2000	29263.27	16613.83	45877.10
	2010	40376.00	26624.55	67000.55
年均新增城镇人口（万人）	1982 ~ 1990	824.62	298.33	1122.95
	1990 ~ 2000	814.10	812.16	1626.26
	2000 ~ 2010	1111.27	1001.07	2112.35
	1982 ~ 2010	923.24	732.82	1656.06
城镇人口吸纳比重（%）	1982 ~ 1990	73.43	26.57	100.00
	1990 ~ 2000	50.06	49.94	100.00
	2000 ~ 2010	52.61	47.39	100.00
	1982 ~ 2010	55.75	44.25	100.00

资料来源：根据历次全国人口普查数据计算。

根据 2000 ~ 2010 年新增城镇人口和 2006 ~ 2011 年新增城区人口的吸纳情况，可以粗略估算，近年来中国新增城镇人口约有 36% 是由特大城市吸纳的，大城市吸纳 8%，中小城市吸纳 9%，建制镇吸纳 47%。即特大城市、大城市、中小城市和镇吸纳新增城镇人口的比例大约为 36∶8∶9∶47。也就是说，中国新增城镇人口大约有 44% 是依靠大城市吸纳的，而中小城市因数量减少，人口吸纳能力严重不足，呈现出相对萎缩状态。新增城镇人口过多流向特大城市尤其是 400 万人以上的特大城市，导致这些城市人口和空间规模过度膨胀，逼近甚至超越其综合承载能力，加上规划布局不合理和管理不善，出现了房价高企、交通拥堵、环境质量下降、社会矛盾加剧等突出问题，大城市病日益凸显。

3 对两极化形成机理的多视角透析

中国城镇化进程中出现的两极化倾向，与中国政府近年来倡导的城镇化基本方针是背道而驰的。这表明，从某种程度上讲，中国的城镇化规模政策是失效的。要深刻揭示中国城镇化规模政策的失效，必须对这种两极化倾向的形成机理进行多视角透析。总的来讲，传统发展理念、资源配置偏向、市场极化效应、农民迁移意愿和政府调控失效是导致这种两极化倾向的根本原因。

3.1 传统发展理念的影响

传统发展理念下，各地在推进城镇化过程中，往往贪大求全、盲目追求 GDP。在现行体制下，大城市的规模经济效益被人为地扭曲和高估了。一是大城市地价和房价高昂，且上涨较快，这既成为大城市经济和财富增长的重要源泉，也在一定程度上抬高了大城市的产出效率。二是大城市物价水平和生活成本较高，居民上下班通勤时间长、成本高，而学术界在度量城市规模经济效益时并没有把这些成本考虑在内，这无疑就高估了大城市的经济效益。三是大城市每天要消耗大量的资源，如能源、水资源等，而这些资源是依靠周边和其他地区供应的。由于价格扭曲和资源补偿机制不完善，伴随着这些资源的大规模调动，将会形成地区间价值转移。比如，为解决某些地区尤其是大城市缺水而兴建的大型调水工程，其高额的建设成本并没有在水价中完全体现，而主要靠全社会来分摊。这表明，由于价格扭曲造成的价值转移，一些大城市通过不平等交换攫取了周边和其他地区的经济利益，其统计上的高额经济效益被人为地扭曲或者高估了。而在传统发展理念下，这种扭曲或高估的经济效益又成为一些学者和政府部门主张资源配置偏向大城市的理由和借口，而不考虑这些大城市的过度膨胀是否宜居，是否超越了其资源环境承载能力。除了贪大之外，各个大城市还存在着求全的发展理念，既要成为政治中心、科技文化中心，还要成为交通中心、信息中心、金融中心、经济中心等，各种功能的叠加和众多机构的集聚，必定推动大城市“摊大饼”式过度蔓延扩张。

3.2 资源配置的双重偏向

中国的城镇发展带有浓厚的行政化色彩，政府资源配置的行政中心偏向和大城市偏向明显。这种资源配置的双重偏向及其相互强化效应，是导致近年来中国城镇增长两极化的根本原因。在一些发展中国家，这种双重偏向也是存在的。政府部门往往将过多份额的资源集中到大城市，尤其是作为首位城市的首府，导致首位城市的规模不断膨胀（Gugler，1982）。不同于其他发展中国家，中国的城镇具有不同的行政级别，不同级别城镇在官员级别、行政管理、资源配置、政策法律制定等方面权限不同，且严格服从行政级别的高低。这种下级城镇严格服从上级城市“领导”的城镇管理体制，虽然有利于上下级城镇之间的协调，但由于各城镇权力的不平等以及社会资本的悬殊差异，容易出现政府资源配置的双重极化倾向，即各种资源向高等级的行政中心和大城市集中。中央把较多的资源集中投向首都、直辖市和计划单列市，各省区则把资源较多投向省会或首府城市。这种行政中心偏向导致城镇资源配置严重不均衡，首都、直辖市、计划单列市、省会（首府）城市等高等级行政中心获得了较多的发展机会和资源，人口和产业迅速集聚，就业岗位充足，公共设施优越，城市规模急剧膨胀。2012 年，中国城区人口（包括暂住人口）超过 400 万人的特大城市有 13 个，除东莞外全部为直辖市、计划单列市和省会城市。在中国大陆 27 个省份中，除青岛城区人口略高于济南、厦门略高于福州外，其他省会（首府）城市都是本省份的首位城市。因此，在这种城镇资源配置的行政中心偏向下，省会的变迁往往会导致城市经济的兴衰。其结果，前省会城市出现相对衰落，新省会城市则迅猛扩张，二者形成鲜明的对照。事实上，这种行政中心偏向也是大城市偏向，二者起到了相互强化的作用。此外，在现行的“市管县”体制下，地级中心城市往往利用行政优势，大规模“吸纳”所辖县域的人口、产业和资源，在某种程度上剥夺了县域的发展机会，而当初设想的其辐射带动作用则没有得到应有发挥。目前，在许多地级市，所辖县域人才、资金和建设用地指标向地级中心城区集聚或“转移”已经成为一种普遍现象。

3.3 市场作用的极化效应

城市是人口、要素和非农产业的集聚地，也是人类经济社会活动的重要空间载体。人口、要素和非农产业向城镇集聚，可以获得多方面的集聚规模效益，如不可分物品的共享、中间投入品的共享、劳动力的共享、产业关联经济、知识溢出等（魏后凯，2006），这一点已得到学术界的认同。Henderson（2003）认为，城市的集聚是建立在规模经济与市场作用的基础之上，并且可以产生溢出效应，这使得大城市的集聚力量存在自我强化效应。这种自我强化效应将促使更多的人口和资源流入大城市，而使小城市规模难以扩大，由此造成城市规模扩张的两极化倾向。特别是，在经济发展的中前期阶段，大城市的集聚规模效益往往高于中小城市。有研究表明，规模在 100 万 ~400 万人的大城市，净规模收益最高，达到城市 GDP 的 17% ~ 19%（王小鲁和夏小林，1999；Au and Henderson，2006）。还有研究发现，中国地级及以上城市效率与其规模之间大体呈倒“U”型关系，倒“U”型曲线的顶点在 352 万 ~ 932 万人（王业强，2012）。虽然目前学术界对城市最优规模尚未形成一致看法，但有一点是可以肯定的，即在一定的城市规模限度之下，城市效率是随着其规模增长而不断提高的。在这种情况下，为追求集聚规模效益最大化，市场力量的自发作用会形成一种极化效应，诱发各种要素和资源向规模等级较高的城市集聚，促使大城市人口和空间规模不断扩张。如果政府缺乏有效的规划和政策调控，则通常会导致大城市过度蔓延。国际经验表明，由于现有大城市的规模扩张和中小城市的不断升级，自 20 世纪中叶以来，世界城市人口一直在向大城市集中，城镇化进程中的人口极化倾向十分明显（United Nations，2012）。这种城镇人口的极化倾向主要是由缺乏规划和调控的发展中国家贡献的。有的学者把这种大城市人口比重增大的现象称为“大城市人口的超前发展规律”（胡兆量，1985，1986），有的则把它称为“大城市超先增长规律”（高佩义，1991）。这里暂且不讨论“大城市超前发展规律”能否成立，但可以肯定的是，在集聚规模效益作用下，市场自发的力量会产生一种极化效应，促使人口、要素和产业向大城市集聚，从而加剧不同规模城镇之间发展的不平等。

3.4 进城农民的迁移意愿

行政配置资源和市场力量的双重极化作用，导致资源、要素和产业向那些处于高等级行政中心的大城市集中，而这种集中又将使大城市政府有能力提供更好的公共服务，不断改善基础设施和居住环境，提高居民福利和工资水平。其结果，大中小城市和小城镇在就业机会、公共服务、工资福利水平、居住环境等方面都相差悬殊。2011 年中国建制市市政公用设施水平和人均市政公用设施建设投资均远高于县城，而县城又远高于一般建制镇。大城市的市政公用设施、公共服务和工资水平，也远高于中小城市。2011 年全国 36 个省会城市和计划单列市市辖区在岗职工平均工资比地级及以上城市市辖区平均水平高 15.51%，比县级市高 58.43%。特别是，目前中国的优质教育、文化和卫生资源都高度集中在少数特大城市。面对这种悬殊的差异，进城农民大都愿意流向或迁往就业机会多、公共服务好、收入水平高的大城市尤其是特大城市，而不愿留在离家较近的小城市和小城镇，由此影响了就地城镇化的进程，使中国的城镇化成为了大城市化。国家统计局《2012 年全国农民工监测调查报告》显示，2012 年，在全国 1.63 亿外出农民工中，有 65% 集中在地级及以上大中城市，其中直辖市和省会城市占 30.1%，地级市占 34.9%。全国流动人口八成以上分布在大中城市，尤其是直辖市、计划单列市和省会城市，吸纳了流动人口总量的 54.1%；而希望在城市落户的流动人口中，约有 70% 青睐大城市（国家人口和计划生育委员会流动人口服务管理司，2012）。广大中小城市和小城镇由于缺乏产业支撑，就业岗位不足，加上基础设施和公共服务落后，对进城农民的吸引力不大，尽管中央在前几年就已经明确“全面放开建制镇和小城市落户限制，有序放开中等城市落户限制”。由此可见，就业机会、工资福利水平和公共服务等方面的悬殊差异，是导致进城农民偏爱大城市的主要原因。

3.5 政府调控手段的失效

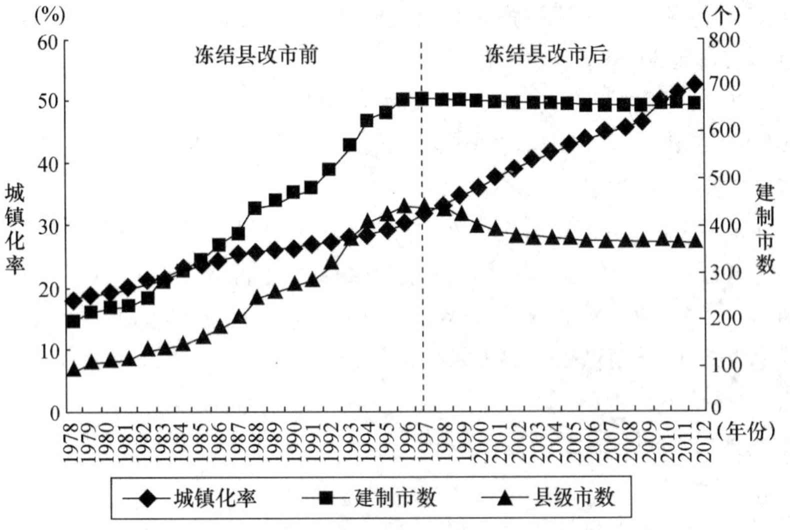

图 1 中国城镇化进程与建制市数量的变化

资料来源：根据《中国统计摘要》（2013）和《中国城市建设统计年鉴》（2012）绘制。

为严格控制城市建设用地尤其是中小城市建设用地规模，1997 年 4 月中共中央、国务院在《关于进一步加强土地管理切实保护耕地的通知》中明确提出“冻结县改市的审批”。自此以后，除个别情况外，中国建制市的设置工作基本上处于停滞状态。特别是，随着部分地区“撤县（市）改区”的区划调整，全国建制市的数量不但没有增加，反而还有所减少。1997 ~ 2012 年，尽管中国城镇人口在不断增加，城镇化水平在快速提升，但全国建制市的数量则由 668 个减少到 657 个，减少了 11 个（见图 1）。设市工作长期停滞导致建制市数量不增反减，新增进城人口只能依靠现有城市来吸纳，由此加剧了城市规模扩张和膨胀趋势。1996 ~ 2010 年，中国平均每个城市建成区面积和建设用地面积分别扩张了 1.01 倍和 1.12 倍。在“县改市”工作停滞后，很多地级及以上城市大力推进“撤县（市）改区”工作，结果地级及以上城市政区急剧膨胀，全国市辖区数量由 1997 年底的 727 个增加到 2012 年底的 860 个，而县级市则不断萎缩，由 442 个减少到 368 个。由于县（市）区权限的差异，“撤县（市）改区”可以使上级政府获取更多的权益，包括土地出让转让权益。近年来，各大中城市又掀起了设立新区的热潮。很明显，大规模“撤县（市）改区”和设立新区实际上助推了大城市“摊大饼”式蔓延扩张。而现行体制下城市规划的失效和政府调控手段的缺乏，难以有效遏制大城市尤其是400 万人以上的特大城市规模扩张。如北京城市总体规划提出的人口规模控制目标屡次提前突破，就是一个典型的例子。按照国务院批复的《北京城市总体规划（2004 ~2020 年）》，2020 年北京市总人口规模控制在 1800 万人，而实际上 2010 年就已超过，2012 年北京常住人口达到 2069. 3 万人，其中常住外来人口 773. 8 万人。2001 ~2012 年，北京市平均每年新增常住人口高达 58. 81 万人，其中常住外来人口 43. 14 万人。特别是，在“土地财政”的驱动下，各城市尤其是大城市更热衷于依靠卖地来增加地方财政收入，有的地方甚至把各县建设用地指标都集中用于中心城市。全国城市土地出让转让收入占城市维护建设市财政资金收入的比重，2006 年还只有 2756%，到 2011 年已迅速提高到 58. 57%。

4 中国城镇化规模格局重构的科学基础

中国城镇化进程中的两极化倾向，既加剧了城市规模结构的不合理，制约了空间资源的有效均衡配置，又阻碍了城镇化和市民化的进程，不利于形成科学合理的城镇化格局。而且，这种两极化倾向还诱发了一系列的深层次矛盾。一是特大城市人口快速增长与资源环境承载能力不足之间的矛盾。随着资源、要素和产业的大规模集聚，一些特大城市拥有较多的发展机会，就业岗位充足，人口吸纳能力较强，由此导致城市人口规模迅速增长。1996 ~2012 年，上海、北京、深圳等 12 个 400 万人以上的特大城市城区人口规模平均增长了 27. 41%，远高于全国城市 13. 29% 的平均增速（见表 4）。然而，目前这些特大城市普遍面临资源环境承载能力的限制，有的已经逼近承载能力的极限，甚至超过了承载能力。二是中小城市和小城镇加快发展意图与人口吸纳能力不足之间的矛盾。中小城市和小城镇数量多、分布广，进城门槛低，资源环境承载能力充裕，未来发展的潜力巨大。因此，长期以来中国政府都强调加快中小城市和小城镇发展，而这些城镇也有这方面的强烈愿望。但是，由于基础设施和公共服务落后，缺乏产业支撑和就业机会，中小城市和小城镇人口吸纳能力严重不足，而且对农民缺乏吸引力。三是农民向往大城市的意愿与农民的承受能力不足之间的矛盾。如前所述，面对就业机会、公共服务、工资福利等方面的悬殊差异，进城农民大都愿意到大城市就业和定居，但大城市房价和生活成本高昂，农民进城的门槛和市民化的成本也较高，单纯依靠农民工的低工资收入很难承受这种高额成本。据测算，目前农民工市民化的人均公共成本全国平均约为 13 万元（单菁菁，2013），而大城市人均成本是中小城市的 2 ~3 倍，特大城市则是中小城市的 3 ~5 倍（建设部调研组，2006）。近年来，虽然全国外出农民工月均收入增长较快，但 2012 年也只有 2290 元，仅相当于城镇单位就业人员月平均工资的 58. 76%。因此，农民向往大城市的美好意愿与其较低的承受能力之间存在矛盾。

表4　中国12个400万人以上的特大城市城区人口增长情况

城市	2006(万人)	2012(万人)	人口增长(%)	城市	2006(万人)	2012(万人)	人口增长(%)
上海	1815.08	2380.43	31.15	沈阳	457.61	571.36	24.86
北京	1333.00	1783.70	33.81	南京	431.32	567.27	31.52
广州	985.54	1015.00	2.99	郑州	261.20	591.66	126.52
深圳	846.43	1054.74	24.61	成都	390.24	458.31	17.44
重庆	832.54	1118.30	34.32	哈尔滨	415.25	430.61	3.70
武汉	493.00	627.52	27.29	小计	8828.66	11248.31	27.41
天津	567.45	649.41	14.44	全部城市	37272.80	42226.80	13.29

注：东莞因暂住人口多、城区人口不稳定未包括在内。城区人口包括暂住人口。

资料来源：根据《中国城市建设统计年鉴》（2006，2012）整理。

因此，构建科学合理的城镇化规模格局，必须尽快解决这些深层次的矛盾，充分发挥各级各类城镇的优势，加强资源整合和分工合作，促进大中小城市和小城镇协调发展，走以人为本、集约智能、绿色低碳、城乡一体、四化同步的中国特色新型城镇化道路（魏后凯，2014）。促进大中小城市和小城镇协调发展，核心就是新增城镇人口必须依靠大中小城市与小城镇共同吸纳，而不是单纯依靠大城市或者中小城市和小城镇来吸纳。这样，通过增量调整和存量优化，重构城镇化规模格局。当前，中国城镇化规模格局的重构需要综合考虑以下几方面因素：一是区域资源环境承载能力，尤其是水资源、土地、环境等方面的承载能力，决定了城市或区域可承载的城镇人口规模极限，接近或突破这一极限将会对生态环境产生巨大压力和破坏，降低城市的宜居性和居民福利水平。因此，区域资源环境承载能力设定了城市人口规模的天花板，它是特定条件下城市可承载的最大人口规模。在不降低宜居性和福利水平的条件下，实行远距离调水、节约集约利用资源和推动产业升级，虽然可以提高资源环境承载能力，但其提高幅度也是有限度的。二是城镇人口吸纳能力。它取决于城镇形成的持续产业支撑能力和能够提供的稳定就业岗位。农民进城就业定居，必须要有稳定的就业岗位，而稳定的就业岗位则需要有持续的产业支撑。如果城镇产业不稳定，随着环境变化会随时发生转移或迁出，那么这种产业提供的就业岗位将是不稳定的，难以形成持续的人口吸纳能力。三是城镇公共设施承载能力。包括城镇现有基础设施、公共交通、医疗卫生、文化教育等设施的容量。从短期看，这些设施的容量会影响甚至限制城镇可承载的人口规模，但从长远看，随着公共设施投资的增加，这种容量也将不断提高。因此，城镇公共设施承载能力是可变的，它取决于未来公共设施的投资规模。四是进城农民的迁移意愿。吸纳农业转移人口，鼓励农民进城，必须充分考虑农民的迁移意愿，坚持自愿、分类、因地制宜的原则，而不能把政府的意志强加给农民，使农民“被城镇化”、“被市民化”。当前，农民就地就近实现城镇化和市民化的意愿不高，并非是农民原本的真实愿望，而主要是大城市就业岗位、发展机会和公共服务引导的结果。要从根本上改变这种状况，关键是缩小中小城市和小城镇与大城市在基础设施、公共服务、就业

机会等方面的差距。五是设市工作的恢复进展。当前及今后一段时期，中国仍处于城镇化的快速推进时期，随着城镇化的快速推进和城镇人口的不断增加，单纯依靠现有城市来吸纳新增城镇人口是不现实的，这将会进一步加剧大城市尤其是特大城市的规模膨胀趋势。为此需要尽快恢复建制市的设置工作，逐步把那些有条件的县改为县级市，并采取“切块”的办法推进“镇改市”，使新设的建制市成为吸纳农民进城的重要载体。

综合考虑以上因素，未来中国特大城市、大城市、中小城市和建制镇吸纳新增城镇人口的比例保持在 30:18:18:34 左右比较合适（见图 2）。首先，虽然目前 100 万 ~200 万人的特大城市仍有较大的发展空间，但 200 万 ~400 万人的特大城市其资源环境承载能力已日益有限，一些 400 万人以上的特大城市已经处于超载状态，而且过大的规模也增加了其负外部效应，必须采取手段进行人口规模控制，以防止其无限制地扩张下去（王小鲁，2010）。从发展的眼光看，随着收入水平的不断提高，城镇居民将日益向往更多的休闲空间以及良好的生态和生活空间，而不单纯是集约高效的生产空间。因此，要保持宜居适度的生活空间和山清水秀的生态空间，未来 100 万人以上的特大城市吸纳新增城镇人口的能力将日益受限，吸纳的比重将会出现一定程度的下降。其次，由于发展阶段的缘故，中国 50 万 ~100 万人的大城市集聚效应将会进一步增强，加上一些中小城市升级为大城市，未来大城市吸纳新增城镇人口的能力将大幅提高。再次，随着公共服务水平的提高和产业支撑能力的增强，加上恢复设市工作后大批新建市的进入，未来中小城市吸纳新增城镇人口的能力也将大幅提升。最后，在启动恢复设市工作的前提下，建制镇吸纳新增城镇人口的比重将会出现较大幅度下降，这主要是由于一些符合条件的建制镇转为建制市的结果。

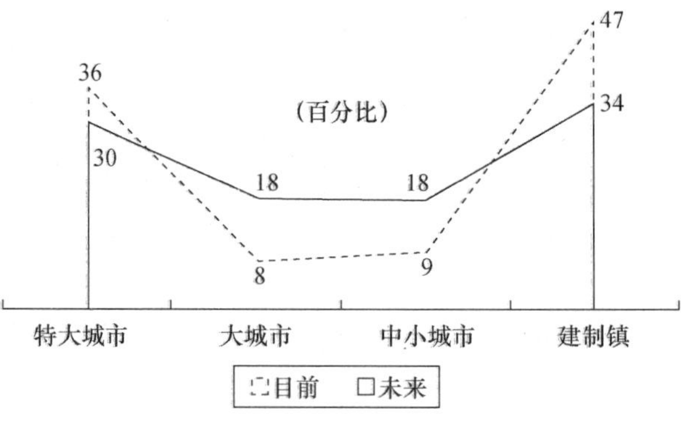

图 2　不同规模城镇吸纳新增城镇人口比重的变化

考虑到 1997 年以来中国设市工作的停顿，目前已有不少建制镇镇区人口规模接近或超过设市标准。按照 1993 年国务院批复的设市标准，每平方公里人口密度大于 400 人、100 ~400 人以及不足 100 人的县，县政府驻地镇从事非农产业的人口不低于 12 万、10 万、8 万人，并同时满足其他条件，可设立县级市。在特殊情况下，州（盟、县）驻地镇非农业人口不低于 6 万人可设县级市。2009 年，在全国 1.97 万个建制镇中，有 192 个建制镇镇区人口规模超过 10 万人，其中有 14 个镇的镇区人口达到 20 万人以上，178 个镇在

10 万～20 万人（见表5）。这些镇区人口超过 10 万人的建制镇，除广东东莞市虎门镇外，其他镇的镇区人口都在 50 万人以下，如能设市均为中小城市。其镇区人口约占全部建制镇的12.79%，占全国城镇人口的4.20%。现有镇区人口在6 万～10 万的建制镇，其镇区人口占全国城镇人口的4.60%，相当部分也具有设市的条件。此外，随着大中城市市辖区的扩张和撤镇改区，一些建制镇将成为城区的一部分。因此，如果启动恢复建制市设置工作，将有一大批建制镇转为中小城市或纳入城区的范围，这样镇吸纳新增城镇人口的能力将会大幅下降。

表 5　2009 年中国建制镇镇区人口规模结构

规模等级	建制镇数		镇区人口		镇区人口平均规模（万人）
	数量（个）	比重（%）	人口数（万人）	比重（%）	
20 万以上	14	0.07	374	1.76	26.72
10 万～20 万	178	0.90	2338	11.03	13.14
6 万～10 万	388	1.97	2968	14.00	7.65
3 万～6 万	962	4.88	4071	19.20	4.23
1 万～3 万	3454	17.54	5711	26.93	1.65
0.5 万～1 万	4361	22.14	3046	14.37	0.70
<0.5 万	10342	52.50	2695	12.71	0.26
总计	19699	100.00	21203	100.00	1.08

资料来源：根据《中国建制镇统计资料》（2010）计算。

当前，中国已经越过城镇化率 50% 的拐点，开始进入重要的战略转型期。未来中国城镇化将由加速推进向减速推进转变，重点是以人为核心推进市民化，提高城镇化质量。根据我们的预测，到 2030 年中国城镇化率将达到 68% 左右，新增城镇人口 2.41 亿人（见表6）。如果这期间中国特大城市、大城市、中小城市和建制镇吸纳新增城镇人口的比例保持在 30∶18∶18∶34，那么，特大城市将吸纳新增城镇人口 0.72 亿人，大城市和中小城市分别吸纳0.43 亿人，镇吸纳0.82 亿人。也就是说，未来中国48%的新增城镇人口将由 50 万人以上的大城市来吸纳，另外52%由中小城市和建制镇来吸纳。

表 6　2050 年中国城镇化率和城镇人口预测

指标	2012 年	2020 年	2030 年	2040 年	2050 年
总人口（万人）	13.54	13.88	13.93	13.61	12.96
城镇总人口（万人）	7.12	8.37	9.53	10.26	10.58
累计新增城镇人口（亿人）	—	1.26	2.41	3.14	3.46
城镇化率（综合预测值,%）	52.57	60.34	68.38	75.37	81.63

注：2012 年为实际数。

资料来源：城镇化率预测数据来自高春亮和魏后凯（2013）；总人口预测数据来自 United Nations（2012）表 A.9 中的方案。

5 重构城镇化规模格局的战略选择

综上所述，构建科学合理的城镇化规模格局，主要是考虑区域资源环境承载能力、城镇的公共设施容量和人口吸纳能力等因素，而不是某些学者所倡导的单纯城市最优规模。即使这种最优规模是存在的，如果按照最优规模来确定城镇化的规模格局，那么现实世界中将不存在城镇体系，各个城镇的规模大小将整齐划一。显然，这与现实世界不符。为此，当前亟须加强对进城农民迁移意愿和城市综合承载力的调查研究，根据资源环境承载能力、城市公共设施容量和人口吸纳能力，实行差别化的规模调控政策，合理引导农业转移人口流向，依靠产业集聚引导人口集聚，促进人口与产业协同集聚、产业发展与城镇建设有机融合，推动形成以城市群为主体形态，大中小城市和小城镇合理分工、协调发展、等级有序的城镇化规模格局，有效遏制城镇增长的两极化倾向。

5.1 制定科学的城市规模等级分类标准

针对城镇化进程中的两极化倾向，目前一些学者和有关部门主张提高城市规模等级的标准，即将小城市人口从 20 万以下提高到 50 万人以下，中等城市从 20 万 ~50 万人提高到 50 万 ~100 万人，大城市从 50 万 ~100 万人提高到 100 万 ~500 万人，特大城市从 100 万人以上提高到 500 万人以上。当然，也有学者主张将特大城市的人口标准提高到 200 万人（严重敏，1989），或者 300 万人（牛凤瑞等，2010），甚至 1000 万人（祝辉，2013）。这种提高城市规模等级标准的做法，反映了人们的“求大”心理和大城市偏向。如果把这一主张纳入国家规划并作为规范固定下来，无疑是弊多利少。虽然从统计上看，这种做法可以人为地增加“中小城市”数量和人口比重，全国城市规模结构似乎更“协调”了，但它并没有改变城市规模结构失调的本质，而且还会带来诸多方面的负面效应。从国际比较看，中国的城市规模等级标准本来就偏高，如联合国将 10 万 ~100 万人的城市界定为大城市，将 100 万人以上的城市界定为特大城市；苏联则将 50 万人以上的城市界定为超大城市；而国际上一般把 800 万或 1000 万人以上的城市称为巨型城市或超级城市。这些巨型城市既是天堂也是地狱，尤其是从宜居、安全、和谐、可持续的角度看。无论是发达国家还是发展中国家，大都把这些巨型城市作为人口规模控制和功能疏散的重点。更重要的是，城市规模等级标准提高以后，现有一大批大中城市的规模等级将随之降级，各地的相关规划也需要进行调整。而规模等级降级将使这些城市产生一种“失落”感，激发他们进一步扩大规模的热情。如果将特大城市标准提高到 500 万人，按城区人口（包括暂住人口）计算，全国共有 11 个。除 4 个直辖市之外，只有广东、湖北、辽宁、江苏、河南 5 省拥有特大城市，其他省份必定会调动各方面资源，为构建本省份的特大城市而不懈努力，由此将形成新一轮的特大城市规模扩张竞争。因此，提高城市规模等级标准将会进一步加剧城镇增长的两极化。从城镇协调发展的角度看，我以为，应增加特大城市的层级而不是单纯提高标准。即将现有100万人以上的特大城市划分为100万~400万人、400万~1000万人和1000万人以上3级，其中400万~1000万人的特大城市为超大城市，1000万人以上的特大城市为巨型城市。这样，中国城市规模等级可划分为6级，包括巨型城市（1000万人以上）、超大城市（400万~1000万人）、特大城市（100万~400万人）、大城市（50万~100万人）、中等城市（20万~50万人）和小城市（20万人以下）。对于像中国这样一个发展中大国，随着城镇化的快速推进，城镇数量将不断增加，适时增加城镇规模等级的层级是很有必要的。

5.2 对特大城市人口规模实行差别化调控

目前，中国一些400万人以上的特大城市尤其是1000万人以上的巨型城市，大多已逼近资源环境承载能力的极限，甚至处于超载状态。当前亟须取综合手段对400万人以上的特大城市实行人口规模控制。在这些特大城市中，北京、上海、天津、重庆、广州为国家中心城市，深圳、武汉、沈阳、南京、郑州、成都、哈尔滨等为区域性中心城市，大多处于国家城镇体系的顶层，是全国重要城市群的核心和领导城市。对这些城市既要严格控制人口规模，加强大城市病综合治理，防止城市空间过度蔓延，又要充分发挥中心城市的引领、示范和辐射带动作用。要破解这一两难的困境，关键是转变发展方式，促进城市全面转型升级，实行“去功能化”。这样就需要在控制手段上，改变目前单纯采取限制落户来控制人口规模的办法，实行“双向”综合调控。一方面，科学确定城市的功能定位和发展导向，并据此制定合理可行的产业准入标准，调整优化产业结构，逐步引导这些城市向高端化和服务化方向发展，依靠产业优化减轻其人口大规模集聚的压力；另一方面，根据区域资源环境承载能力和城市公共设施容量，合理引导城市中心区人口、产业、设施和功能疏散，依靠功能疏散引导人口、产业和设施疏散，促进特大城市空间结构优化和区域一体化，提高其可持续发展能力。功能疏散或“去功能化”是控制特大城市人口规模的核心和关键。为此，要在合理确定功能定位、实行功能疏散的基础上，积极引导和鼓励特大城市中心区人口和产业向周边地区扩散，同时加强快速交通网络建设，优先发展公共交通尤其是大容量轨道交通，着力推进基础设施、产业布局、环境治理、要素市场、劳动就业和社会保障等一体化，促使进城农民在特大城市郊区（县）和周边城镇居住，并通过快速交通体系到城区上班，或者实现就近就业。此外，还必须从综合承载力和宜居、可持续的角度，科学确定特大城市的增长边界，合理划定生态红线，设定生态空间的底线和开发强度的高限，促进生产、生活和生态空间和谐有序。

5.3 巩固并发挥城市群的主体形态作用

近年来，随着经济全球化、区域一体化与交通网络化的快速推进，中国涌现出了一批大小不同、规模不等、发育程度不一的城市群。这些城市群作为国家参与全球化竞争和国际分工的全新地域单元，已经成为引领和支撑中国经济高速增长的主导地区，主宰着中国经济发展的命脉。随着城市群的迅速兴起，目前中国已进入到一个以城市群为载体的群体竞争新时代，城市群已经成为中国推进城镇化的主体形态。据研究，目前中国 23 个城市群集中了全国 47.98% 的城镇、51.39% 的城镇人口和 78.78% 的 GDP 总量，其经济密度和人口密度分别是全国平均水平的 3.63 倍和 2.26 倍（方创琳等，2011）。未来 20 年，中国仍将处于城镇化的快速推进时期，城市群不仅是推进城镇化的主体形态，也是吸纳新增城镇人口的主要载体。据国务院发展研究中心课题组（2011）测算，在 2020 年前，城市群地区将集聚中国城镇人口的 60% 以上。这就意味着，未来中国城市群集聚人口的能力还将会进一步提升。为此，在推进城镇化的过程中，必须继续巩固和充分发挥城市群的主体形态作用，使之成为吸纳新增城镇人口的主要载体。一是积极培育壮大不同等级的城市群。从长期发展看，在 2030 年前，中国应实行多中心网络开发战略，积极培育壮大世界级、国家级和区域级城市群，推动形成全国三级城市群结构体系。其中，世界级城市群包括长三角、珠三角、京津冀、长江中游 4 个城市群，国家级城市群包括山东半岛、海峡西岸、辽中南、哈长、中原、江淮、成渝、关中—天水、北部湾、兰州—西宁 10 个城市群，区域级城市群包括冀中南、东陇海、太原、呼包鄂、黔中、滇中、宁夏—沿黄、天山北坡、藏中南 9 个城市群。这三级城市群将成为未来支撑中国经济持续快速发展的重要增长极，也是集聚城镇人口和非农产业的主要载体。二是不断提高城市群的可持续发展能力。对长三角、珠三角、京津冀等成熟的城市群，要针对当前面临的资源环境承载能力约束，加快发展转型和产业升级，推进区域一体化和空间结构优化，强化环境治理和生态化改造，以提升其国际竞争力、自主创新能力和可持续发展能力。对于中西部一些处于发育中的城市群，要针对人口吸纳能力不足和发展层次低的问题，全面优化投资环境，完善产业配套体系，提升中心城市功能和档次，强化各级城镇的产业支撑和分工合作，依靠产业支撑和环境优化挖掘发展潜力，增强发展后劲。

5.4 提高中小城市和小城镇综合承载能力

城镇综合承载能力是指在保持良好的生态环境和生活质量的前提下，一个城镇所能承载或者容纳的最大人口数量。它主要取决于区域的资源环境承载能力、城镇的公共设施容量和人口吸纳能力。目前，中国一些特大城市因产业大规模集聚，大都拥有强劲的人口吸纳能力，但往往资源环境承载能力不足；相反，一些中小城市和小城镇具有较强的资源环境承载能力，但现有公共设施容量有限，产业支撑和人口吸纳能力不足。随着科技的进步，虽然通过加大投资和采取技术手段，可以在一定程度上改善特大城市资源环境承载能力状况，但人口和经济活动的过度集聚，将会以牺牲城市的宜居性和居民福利为代价，不符合以人为核心的新型城镇化导向。从生态宜居的角度看，要想“让居民望得见山、看得见水、记得住乡愁”，未来提高中小城市和小城镇人口吸纳能力的潜力将更大。为此，应针对中小城市和小城镇面临的主要问题，着力加强基础设施建设，提高公共服务能力和水平，积极培育特色优势产业，不断扩大就业机会，以逐步提高其人口吸纳能力。同时，要摒弃资源配置中的行政中心偏向和大城市偏向，充分发挥不同规模城镇的优势，强化大中小城市和小城镇功能分工，推动特大城市全面转型升级，引导其人口、要素、产业向中小城市和小城镇转移扩散，支持国内外民间资本投向中小城市和小城镇，政府投资的城镇基础设施和公共服务要向中小城市和小城镇倾斜。特别是，要采取财政补贴、奖励、贴息等手段，加强小城镇基础设施、公共服务设施和安居工程建设，鼓励小城镇向专业化、特色化、生态化方向发展，逐步培育建设一批生态宜居、设施完善、特色鲜明、优势突出、竞争力强的特色生态小镇。

参考文献

[1] Au , C. C. , Henderson , J. V. Are Chinese Cities Too, Small [J] . Review of Economic Studies , 2006 , 73 (3) .

[2] Corbridge, S. , Jones , G. A. The Continuing Debate about Urban Bias: The Thesis , Its Critics , Its lnfl uence, and Implications for Poverty Reduction [R] . Department for International Development, 2005.

[3] Gugler , J. Overurbanization Reconsidered [J] . Economic Development and Cultural Change, 1982, 31 (1) .

[4] Henderson , V. The Urbanisation Process and Economic Growth: The So – what Question [J] . JoumaI of Economic Growth , 2003 (8) .

[5] United Nations. World Urbanization Prospects: The 2011 Revision [R] . New York , 2012.

[6] 单菁菁. 农民工市民化的成本及其分担机制 [M] . 潘家华，魏后凯. 中国城市发展报告 (No. 6) [M] . 北京：社会科学文献出版社，2013.

[7] 方创琳，姚士谋，刘盛和等. 2010 中国城市群发展报告 [M] . 北京：科学出版社，2011.

[8] 高春亮，魏后凯. 中国城镇化趋势预测研究 [J] . 当代经济科学，2010，35 (4) .

[9] 高佩义. 中外城市化比较研究 [M] . 天津：南开大学出版社，1991.

[10] 国家人口和计划生育委员会流动人口服务管理司. 中国流动人口发展报告 2012 [M] . 北京：中国人口出版社，2012.

[11] 国务院发展研究中心课题组. 农民工市民化制度创新与顶层政策设计 [M] . 北京：中国发展出版社，2011.

[12] 胡兆量. 大城市的超前发展及对策 [J] . 北京大学学报（哲学社会科学版），1986 (5) .

[13] 胡兆量. 大城市人口的超前发展规律 [J] . 社会调查与研究，1985 (2) .

[14] 建设部调研组. 农民工进城对城市建设提出的新要求 [A] . 国务院研究室课题组. 中国农民工调研报告 [M] . 北京：中国育实出版社，2006.

[15] 刘爱梅. 我国城市规模两极分化的现状与原因 [J] . 城市问题，2011 (4) .

[16] 牛凤瑞，自津夫，杨中川．中国中小城市发展报告（2010）[M]．北京：社会科学文献出版社，2010.

[17] 王颂吉，自永秀．城市偏向理论研究述评 [J]．经济学家，2013（7）.

[18] 王小鲁，夏小林．优化城市规模，推动经济增长 [J]．经济研究，1999（9）.

[19] 王小鲁．中国城市化路径与城市规模的经济学分析 [J]．经济研究，2010（10）.

[20] 王业强．倒“U”型城市规模效率曲线及其政策含义——基于中国地级以上城市经济、社会和环境效率的比较研究 [J]．财贸经济，2012（11）.

[21] 魏后凯，苏红健．中国农业转移人口市民化进程研究 [J]．中国人口科学，2013（5）.

[22] 魏后凯．我国镇域经济科学发展研究 [J]．江海学科，2010（2）.

[23] 魏后凯．现代区域经济学 [M]．北京：经济管理出版社，2006.

[24] 魏后凯．走中国特色的新型城镇化道路 [M]．北京：社会科学文献出版社，2014.

[25] 严重敏．试论我国城乡人口划分标准和城市规模等级问题 [J]．人口与经济，1989（2）.

[26] 祝辉．新形势下特大城市概念的再解析 [J]．区域经济评论，2013（2）.

Polarization Trend and Optimization of Size Distribution in China's Urbanization Process

Wei Houkai[1 2]

(1. Institute for Urban and Environment Studies CASS, Beijing 100028, China;
2. Center for Development of Western China CASS, Beijing 100836, China)

Abstract: There exists a polarization trend of big cities swifly expanrung and medium and small – sized cities relatively shrinking in China's urbanization process in recent years. The polarization trend of urban growth is revealed with use of systematic data, and it is thought that five strong forces including traditional ideas of development, unbalanced allocation of resources, polarization effect of market, migration willingness of population and ineffective population regulation, may facilitate the polarized distribution of cities. The article discusses the scientific basis and strategic approach for adjusting the disordered distribution of city size and indicates that the dual structure in China today has not only existed between city and countryside but also appears among cities and in urban internal, which means China is facing a multiple structure consisted of triple dual structures. In consideration of the carpacing capability of environment and resources, the absorbing ability of labor, the capacity of public facilities, the migration willingness of population, and the restarting work of adding administration cities, the proportion of newly - increased urban population flowing toward mega city, big city, medium and small - sized city and designated towns could be adjusted from present 36:8:9:47 to an optimized 30:18:18:34. Confronted with the increasing urban scale, the article argues that, raising the population standard of urban scale hierarchy is not a good suggestion, and an alternative solution is to increase the number of ranks to 6 which includes giant city (more than 10 million), super city (4 million to 10 million), mega city (1 million to 4 million), big city (500 thousand to 1 million), medium - sized city (200 thousand to 500 thousand) and small city (less than 200 thousand). China should carry out the polycentric - network strategy of spatial development, make effort to foster world - level, country - level and region - level urban agglomerations, and make them be the backbone of urbanization and main carrier of absorbing newly - increased urban population. China should carry out the differentiated urban scale control policy, including to control the population of cities with more than 4 million residents strictly and upgrade the comprehensive carrying capability of medium and small - sized cities to make an ideal urban system with the backbone of urdan agglomerations, the reasonable division of labors and the harmonious development among cities with different scales.

Key Words: Urbanization Pattern; Polarization Trend; City Size Distribution; Big City Bias

论城市化的空间工具效应*

金凤君
（中国科学院地理科学与资源研究所，中国科学院区域可持续发展分析与模拟重点实验室，北京　100101）

【摘　要】人类发展从要素范式向系统范式转变将是必然趋势，不得不从“空间中的生产”转变为“空间的生产”，以一个个规制性功效空间的构建规范现代社会，发挥着空间治理的作用，调控着人与自然的关系。城市和国家是人类进行空间治理最基本的两类功效空间范式，直接决定着相应社会系统的政治、经济行为，以及空间福利状态。城市是人类自行营造的物质空间和空间使役系统，是在时间、空间、物质、能量、信息、资本的有效整合下人类建构生存系统的一种基本空间范式，承载着复杂的政治、经济、文化与环境功能，形成了经济资本、政治生活、权力运作等交织在一起的具有多元意义的社会空间，发挥着空间管理与治理、规范空间行为、提供持续福利等功效。

【关键词】城市化；空间工具；空间使役系统；空间福利

1　城市的基本功能与作用

现代社会中的城市绝不仅仅是某一单一目标下的物质堆砌，也不仅仅是土地景观的集合，更不仅仅是资本逐利的平台，而是承载着复杂的政治、经济、文化与环境功能的空间系统，认识这一系统的功能对建构可持续的城市具有重要意义。

---

* 基金项目：国家自然科学基金重点项目（40635026）。

作者简介：金凤君（1961—），男，内蒙古赤峰人，博士，教授。主要研究方向为区域经济学与经济地理学。
E－mail：jinfj@ igsnrr. ac. cn。

1.1 空间管制基本功能

城市是人类或人类群体彰显某种政治经济主张和利益，并有明确地理范围的空间使役系统。进入现代社会以来，城市已经成为国家最重要的政治工具，或社会群体空间自治的工具，规范着经济社会秩序。随着全球化趋势的加强和信息与技术的发展，国家作为基本空间单元的空间治理作用将弱化，而城市的空间治理作用将逐渐强化。国家利用城市以确保对地方的控制，实现统治集团的各种目的，以及各种经济目标[1]。城市作为一种人造存在物，是由各种历史的、自然的、政治的、经济的元素浇铸而成的，真正是一种充斥着各种意识形态的产物，已经成为社会政治统治的有效空间工具[2]。城市内部以及城市之间严格的层级、总体的一致性，以及对国土空间的分割式管理，形成了人类进行空间管理的基本模式。

1.2 政治资源配置功能

一个国家的长治久安除了有强大的统治机器外，还必须配以有效的空间统治工具。中国古代的郡县制是一种有效的空间治理工具，它在维护国家统一中发挥着不可替代的作用。以工业化大生产和资本逐利为标志的现代社会，城市在国家的空间治理中有其天然的政治需求。如政治科层体系的架构越来越以城市为依托，政治中心、行政中心的配置都与城市有密切的关系，而且这些职能又是城市进一步发展的动力和条件。城市的此类功效在东西方国家都普遍存在，只不过表现形式不同而已，东方多表现为权力，而西方多体现为权益[3]。纵观历史，政治中心的优先性一直都对中国城市的发展产生着重大影响[4]，即使在工业化过程中成长起来的城市，也总是在适当的时候谋求其政治地位和权力，脱离原来的辖区分区而治，这是中国城市化与西方城市化过程中最独特的因素之一，是决定城市功能、地位和经济社会系统建设的主要因素之一。

1.3 社会关系调整功能

随着社会的进步和全球化发展，城市已经成为调整人类社会关系和空间关系的基本工具。城市社会的和谐性和经济、管理系统运行的有效性是一个国家政治经济制度昌明与否、是否有竞争优势的主要标志。城市不仅被社会关系支持，也生产社会关系和被社会关系所生产[5]。虽然资本主义和社会主义的生产关系存在巨大差异，但城市在调整社会关系和空间关系中的作用是一致的，如城乡关系、城市内部的阶级关系与阶层关系、人类发展与自然的关系等。城市内部社会关系的调整功能反映出空间公正、社会公平等一系列价值理念。

1.4 经济生产功能

城市是资本积累和利润创造之地，其发展的目的很大程度上就是为了创造出更多的利润，使资本的运转更为有效。城市通过生产、流通、交换和消费功能营造了资本逐利的场所。①生产功能。工业化与城市化总是相伴而生的，城市作为一个整体，进入了现代社会的生产模式中，它包含的土地、资源和环境都已纳入生产力与产品体系之中，成为生产资料和生产工具，被用来生产剩余价值。种种发展趋势表明，城市作为一个整体，正在被用来生产剩余价值。②流通与交换功能。城市在社会经济大循环中，发挥着举足轻重的作用，已经成为物质、能量、信息交换的核心节点。通过交换，城市已经成为人类扩大再生产的生产资料、生产工具、生产对象和生产环境。

1.5 环境改造功能

城市的最显著特征之一是，它是人造的一类生存环境，目的是满足人类宜居的需求[6]。在人造环境的建造过程中，改造自然环境、创造和优化生存环境就成为城市建设的基本功能之一。在改造自然环境方面，城市建设主要体现的是如何利用其所依附的特殊的自然环境，并按照一定的建构价值对其功能、效率和结构方面进行改造，使之适合人类生存与发展的要求。创造环境的功能是人类依据所掌握的技术手段，按照自己的主观意愿在某一环境中构建相应的生存环境系统。优化环境的功能是对依托的自然环境和人造的生存环境，按照理想的目标对已经形成的环境进行改良，使之符合人类的发展期望。所以，城市建设具有改造环境和创造环境的基本功能，二者作用的发挥决定于人的价值取向和目的。

2 城市化与人类生存的基本关系

2.1 城市化的矛盾性

城市化是人类生产与生活方式由乡村型向城镇型转化的过程。将这一过程映射到空间中，城市化的表象是人口与经济活动的空间集聚与扩散、物质空间建造与蔓延的过程，是城镇型政治模式、经济系统、历史沿革和文化传承在地域空间中不断演绎发展的过程，也是人类空间福利不断消长变化的过程。从自然大系统循环的视角观察，城市化的实质是空间秩序再安排、物质环境再构建、社会关系再建构和空间相互作用关系再调整的过程，这彰显着人类文明的进步和价值取向，以及人类贪欲的空间扩张。

城市化有效地解决了人类生存与发展的空间利用效率问题，也是导致生态环境危机的主要根源所在，这一对矛盾始终伴随着人类的发展，尤其是工业革命以来这一对矛盾表现得越来越尖锐。①人类通过物质环境构建和经济社会系统营造解决了自然约束和资源利用的效率问题。从自然大系统循环看，城市以较小的空间占用、合理的人口集聚和高效的经济运行体系满足了人类不断增长的各种欲望，通过生产、流通和消费实现着各种社会功能：城市的有规律分布使人类能够利用地表空间范围内的资源和环境，城市的集聚生产优势实现了资源的有效利用；城市在发展过程中形成的各种职能体现了适应自然、利用自然和改造自然的基本价值理念，促进了人地复合系统的形成；城市的等级体系遵循了空间质量差异化的规律和空间系统整体性演化的规律。与乡村比较而言，城市的集聚效率、产出效率要高得多，能够在占用相对较小的空间情况下满足人类不断增长的物质与精神需求。所以，城市在人类的发展历史中占据了极其重要的位置，城市所具有的生产、生活和生态功能解决了人类越来越严峻的生存空间危机，在人类构建安全、健康、发展三大福利保障过程中发挥了重要作用。②城市化过程导致了自然系统的剧烈变动，引起了人与自然的尖锐矛盾。《马丘比丘宪章》于 1977 年已经明确向世界提出警示：当前最严重问题之一是我们的环境污染迅速加剧到了空前的具有潜在的灾难性的程度。这是无计划的爆炸性的城市化和地球自然资源滥加开发的直接后果。世界上城市化地区内的居民被迫生活在日趋恶化的环境条件下，与人类卫生和福利的传统概念及标准远远不相适应，这些不可容忍的条件包括城市居民所用的空气、水和食品中含有大量有毒物质以及有损身心健康的噪声[7]。城市是一种以人造物质环境为特征的空间系统，以此为核心的城市化过程必然改变自然系统的状态，进而对自身的生存系统产生威胁。一是人类所建造的城市，总是选择比较优越的区位，而这些区位一般也是自然系统的枢纽区域或节点，作为人造空间镶嵌在自然系统中，随着城市的不断壮大和数量的增多，必然导致自然系统的剧烈变化。二是城市化与工业化的相互作用，使城市不断拥有的各种职能，尤其是越来越专业的产业职能，改变了城市与其所在区域自然系统的关系，造成了诸多负效应。如重化工业的发展，引起了自然系统的剧烈变化，有些变化直接影响着相关社会、区域人群的安全与健康。三是城市虽然实现了资源集约利用、集聚经济的目标，但对自然的高强度利用也导致了自然系统的灾难性变化和空间冲突，如城市与周围环境的关系形成了明显的反差和空间冲突。四是城市活动的副产品如污染物的排放也是导致系统变化的主要因素。

所以，从历史角度看，尤其是工业革命以来的城市化过程，就人类的长期可持续发展而言，存在明显的矛盾性。一方面解决了生存空间约束以及效率问题，实现了发展的增益效应；另一方面资源和能源消耗、城市化地区人造景观的蔓延也导致了空间冲突、自然系统剧烈变化、生物多样性降低等问题，降低了某些空间系统的安全与健康状态，有些问题已经成为人类进一步发展的障碍。

2.2 城市化是解决人类生存空间危机的有效空间工具

城市化进程中的上述矛盾导致现代社会与自然的尖锐矛盾，形成了生存空间容量超载、系统状态失衡和结构功能失序三大困境[8]。但是，就全球系统看，人类的生存空间越来越受城市化的主导，全球 50% 的人口以及 70% 以上的生产与消费同城市有关，这一趋势还会进一步发展。无论是工业化和城市化先发国家，还是正在快速工业化和城市化的发展中国家，都还必须使用城市化这一工具解决生存与发展问题。这是因为：第一，城市在空间占用、资源利用效率、生产效率等方面具有明显的优势，高密度紧凑型、高效率循环型城市是解决空间资源紧缺、提高空间利用效率、优化经济系统效率的有效途径；第二，人类发明的各类技术、创设的各类管理手段为人类建设更高效的城市系统提供了基础性支撑；第三，人类只有通过建设高效率的城市系统，提高其内在循环性，才能提高空间的承载能力，满足人类的人口增长及其物质与文化需求增长的要求；第四，科学建构的城市系统能够形成满足人类各种需求的相对独立的封闭系统，发挥经济社会系统的各种功能。

提高内在循环的效率应是未来城市发展的方向。在全球化和信息化的推动下，现代城市的开放性越来越强，其发展的外在依存性提高，这导致了物质和能量的流通性消耗，降低了人类利用资源的效率。理想的功效城市系统应是降低物质和能量与外界的交流，提高信息的交流，形成全息式开放—物质与能量内敛式的经济社会空间使役系统。

2.3 规制性空间建设

在生态文明转向的时代背景下，再延续以牺牲自然环境为代价的发展已经不可持续，通过过度的物质和能量消耗换取某种人类欲望的满足则更不可持续[9]。在未来的发展中如何化解人类不断增长的需求与空间和资源供给短缺的矛盾，是生态文明社会必须解决的问题。通过建构可持续性规制空间以设计并引导规制性行为，最终形成规制性社会空间系统是人类解决生存空间危机的有效途径。如此才能建构符合文明规制的生存环境，我们才能“诗意地永久栖居”。

（1）可持续性规制空间。所谓可持续性规制空间，是指在整体性的认识论、关联性的系统论、经济上的循环论、资源利用的俭约论、关系维系的协调论原则[10]下将时间、空间、物质、能量、信息、资本有效整治在一起的高效、集约、节约的经济社会空间使役系统，城市具有建构此类规制性空间的条件和基础，是解决人类生存空间危机以及社会与自然尖锐矛盾的有效空间工具。工业社会的城市是逐利性生产空间和系统，生态文明社会的城市应是规制性栖居功效空间和系统。未来的发展中，城市作为一种规制性空间和系统，必须在两方面体现规制作用：一是在自然大系统中，城市所占据的区位和空间范围，必须与整体性的自然系统相融合，其规模、功能、作用强度与自然承载相协调，其发展以整体性增益为前提；二是城市本身所构建的物质和生产系统，必须符合有利于人类发展的物质文明、精神文明和生态文明的规制，能够将时间、空间、物质、能量、信息、资本有效整合在一种框架下，形成一种空间范式，约束与引导人类的空间建构行动，加强物质与能量的内循环，促进信息与技术的流动，约束寻租型的资本逐利行为。从生态文明角度看，在规制性空间中，自然资源能得到合理的利用，人文资源能得到最大限度的保护，人文福利与自然福利维持可持续平衡，空间福利保持稳定或持续增长，实现社会、经济和环境的有机统一。

（2）规制性行为。基本方向是从追求利润和剩余价值转向追求空间福利的持续与稳定，以空间福利的增长为目标对城市经济、社会、文化的发展进行方向性引导。纵观人类的城市化过程，城市作为人造系统，其生产和创建过程是在资本控制和作用下的结果，是资本积累的需要，即为了资本的积累和利润，这种空间逐利行为导致了经济活动的空间蔓延和城市区域的非理性扩张，以及自然福利被损益性利用。以规制性空间为基础，有选择地对空间经济行为进行约束和引导，既是对已经形成的城市系统的改良，也是对空间发展质量的提升，更是促进人文空间福利与自然福利均衡发展的有效措施。从城市系统看，未来的发展应在提高信息资源共享与利用的前提下，促进物质与能量流通性消耗的减少。

(3) 规制性社会。生态文明约束下工业化大生产和资本的空间逐利，将逐步使现代社会演变为一种以城市为代表的规制性空间组成的社会，空间治理也由政区性的统治转变为城市社区的综合管理，手段从暴力型的控制转向机制性协调。在可持续发展理念逐步深入人心的大趋势下，建立规制性社会成为可能，以体现空间公正、行为公益和社会公平等基本价值标准。以城市为核心的规制性社会的建设可以促进空间的自治性管理与国家的有效统治相结合，达到对国土空间进行规制性有效管理和利用的目的，实现维护国家安全、促进社会健康稳定、保证公民行使权利、促进国民福利持续增长、保障社会公道的彰显、强化文化的认同等目标。

3 城市发展与空间福利营造

3.1 城市规划建设与空间福利营造

城市是最能提供人类生存与发展需要的安全、健康和发展三大保障的理想空间，也是促进人文福利与自然福利有效平衡的理想空间。规划是使这一理想空间达到彼岸的有效手段，正如《马丘比丘宪章》提出的，今天由于城市化过程正在席卷世界各地，已经刻不容缓地要求我们更有效地使用现有人力和自然资源。城市规划要为分析需要、问题和机会提供必需的系统方法，要为一切与人类居住点有关的政府部门制定在现有资源限制之内对城市的增长与开发的指导方针[7]。规划作为城市系统建构的重要手段，直接决定着城市所能提供的福利状态和境况。从福利角度分析，城市的规划与建设必须体现下列四大核心内容。

(1) 空间公正。具体到城市系统的建构，其空间公正体现在：①空间环境维护，或自然环境维护，或人造自然环境维护的空间公正。一个可持续的城市与城市系统的构建，首先是要体现空间公正的原则，将空间的连续性和系统整体性置于首位，如此才能创造出理想的空间发展环境。②空间参与公正。无论是个人、企业还是社区，公正地参与到城市的系统建设之中，杜绝由于资本的逐利行为导致的空间霸权[11]。③资源使用公正。即将可用的要素和适合的行为置于适当的区位上，使其创造最大的效用。④功效共享公正。即城市系统所提供的功效能为整体系统的增益服务，而不是为某一局部或群体提供特权。

（2）社会公平。为每个公民提供公平的社会环境和生存质量是城市建设的基本目标。有效的城市化应在6个方面促进社会公平。第一，权益公平，基于自然与社会和谐基础，承认并保证社会主体具有平等的生存与发展权。第二，机会公平，所有社会主体参与空间经济社会活动，确保机会均等。第三，规则公平，社会主体参与空间经济社会活动，所遵循的规则必须是公平的。第四，效率公平，促进竞争公平和发展公平。第五，分配公平，共享空间发展的成果。第六，社会保障公平，建立健全覆盖全社会的保障体系。

（3）经济优效。这里的优效是一个相对动态的概念。受发展阶段、技术水平和资源环境的差异性影响，人类还不能为城市制定一个普适性的经济系统，也不能为每个城市定制独特的经济系统，但有效率的经济体系或系统确实是城市发展的关键，也是城市提供持续福利的根本。综合起来，在既有的技术经济标准下，三方面的参数是可以度量的，一定程度上可以反映城市的效率状态。一是资源包括土地、能源等消耗最小；二是单位投入的经济产出最大，环境影响最小；三是所提供的福利效应最大。

（4）精明增长。精明增长最直接的目标就是控制城市蔓延[12]，其具体目标包括4个方面：一是保护农地；二是保护环境，包括自然生态环境和社会人文环境两个方面；三是繁荣城市经济；四是提高城乡居民生活质量。概括为一点，紧凑而有效率的空间组织是构建城市可持续系统的核心。

3.2 城镇体系建设与空间福利

客观世界中的任何一种空间建构行动，都不是独立、唯一的任我行动，都受到其他建构行动的影响，或受同类其他个体出于同一目的行为的影响。无论是社区，还是城市，或是国家，其健康发展已经不是自身可决定的事件，往往要依靠其他功效空间的支持。马丘比丘宪章强调了邻里、乡镇、城市、都市地区、区域和国家层次规划建设体系的框架，并规定了相应的作用。从福利角度分析，城市体系的规划与建设必须体现下列4大核心内容。

（1）整体增益。无论是一个区域，还是都市区，或是国家，其城镇体系的构建都应以整体增益为原则。在信息化快速发展的今天，城市间相互依存越来越密切，相互竞争也越来越激烈。强调整体增益是构建可持续城市体系的必由之路。整体环境的增益与整体的经济增益同等重要，尤其是前者值得重点强调，因为现实世界中城市体系的建设往往注重经济的增益而忽略系统环境的增益，有时甚至造成损益。

（2）分工协作。分工协作是促进城市发展效率提升的有效手段，也有利于国家或区域的整体增益。在信息化的支撑下，这一趋势将进一步强化，并产生诸多的合作模式。但在多大程度上促进城市的分工协作还决定于技术经济水平和基础设施的服务水平。另外，分工还会导致城市功能的单一性和抗风险能力的下降，导致物质和能量的流通性消耗。所以，分工协作的程度和评价标准是值得研究的课题。过分追求经济利益下的分工有其有利的一面，但从可持续发展角度看也有其不利的一面。

（3）级序有致。规模、结构、功能的级序有致是城市体系关注的核心内容。从建构角度分析，城镇体系的级序有利于对空间资源的利用和社会经济系统的高效组织，实现空间福利的均衡化。城镇体系的级序化设计，可以防止城市作为社会工具被过度利用，因为被过度利用会助长狭隘的地方个体利益，造成整体的损益。但级序化设计有时也会忽视某些空间的潜在增长性，限制有条件城镇的快速增长。

（4）人地协调。城镇体系是促进人地和谐的关键物质空间支撑体系，所以，其建构与组织必须置于自然大系统中统筹设计，构建人地协调的地域空间体系[13]。第一，有利于自然结构的稳定。宏观的城镇体系结构应与宏观的自然环境格局相协调，将人类的空间建构尽量融入自然结构中，减少对自然的干扰和过度利用[14]。第二，与具体空间的自然承载相统筹。城镇体系的布局、功效与自然的承载相一致是最理想的选择，但现实世界中这一景象似乎很少。所以，城镇的布局、功能和规模与其所在自然系统的和谐统筹值得深化探索。第三，功能的协调。即城市体系应作为人地复合系统的有机部分进行统筹建设，形成一致性的功能。第四，要素利用的约束性。主要是对水、土、气等资源的利用，应有严格的限度。

参考文献

[1] Lefebvre H. The Production of Space [M]. Oxford: Blackwell, 1991.

[2] 列菲伏尔. 空间：社会产物与使用价值. 见：包亚明. 现代性与空间的生产 [M]. 上海：上海教育出版社，2003.

[3] 米歇尔·福柯. 不同空间的正文与上下文. 见：包亚明. 后现代性与地理学的政治 [M]. 上海：上海教育出版社，2001：18-28.

[4] 周一民. 从政治中心优先发展向经济中心优先发展：农业时代到工业时代中国城市发展动力机制的转变 [J]. 西南民族大学学报（人文社科版），2004，25（1）：79-89.

[5] 大卫·哈维. 后现代的状况 [M]. 阎嘉译. 北京：商务印书馆，2003.

[6] 金凤君. 基础设施与人类生存环境关系之研究 [J]. 地理科学进展，2001，20（3）：276-285.

[7] 国际建筑协会. 马丘比丘宪章（Charter of Machupicchu）. 智利，1977.

[8] 金凤君. 功效空间组织机理与空间福利研究 [M]. 北京：科学出版社，2013：24-26.

[9] 丹尼斯·米都斯. 增长的极限：罗马俱乐部关于人类困境的报告 [M]. 李宝恒译. 长春：吉林人民出版社，1997.

[10] 戴秀丽. 倡导生态价值观　建设生态文明. 见：严耕. 生态文明理论构建与文化资源 [M]. 北京：中央编译出版社，2009：119-129.

[11] 平刚. 宁波实验：从社会公正到空间公正 [N]. 经济观察报，2009-04-08.

[12] 丁成日. 城市增长与对策：国际视角与中国发展 [M]. 北京：高等教育出版社，2009：107-115.

[13] 吴传钧. 论地理学的研究核心：人地关系地域系统 [J]. 经济地理，1991，11（3）：1-5.

[14] 李文华. 对生态城市建设若干问题的探讨 [J]. 环境保护，2011（14）：1-5.

Urbanization as a Spatial Means for Human Beings' Development

Jin Fengjun

(Key Laboratory of Regional Sustainable Development Modeling, Institute of Geographic Sciences and Natural Resources Research, CAS, Beijing 100101, China)

Abstract: With the turn of "produce in space" mode to the "spatial produce" mode, it is an unavoidable trend for human beings' development transferring from element paradigm to system paradigm. In modern society, the human beings should build and regulate the society with the concept of effective space, which plays an important role for people to manage the living space and adjust the relationship between human beings and the nature. City and country, which directly bear the function of politics, economy, and spatial welfare, are the two most universal spatial means for people to manage the world. City is a material space and a spatial opportunistic servo system created by human beings, and it is also the basic spatial mode for people's living with the integration of time, space, material, energy, information and capital. City has the function of politics, economy, culture and environment, and is a social spatial system with all kinds of meanings such as economic capital, political life, and power operation. Unquestionably, city is an effective spatial tool for managing and governing the living space, regulating spatial behavior, and providing sustainable welfare.

Key Words: Urbanization; Spatial Means; Spatial Opportunistic Servo System; Spatial Welfare

城市规模与包容性就业*

陆　铭[1]　高　虹[1]　佐藤宏[2]
（1. 复旦大学经济学院，上海　200433；
2. 日本一桥大学经济系，东京　1868601）

【摘　要】城市发展的规模经济效应有利于提高劳动力个人的就业概率，而不像通常人们所认为的那样，外来移民会挤占原有居民的就业机会。使用工具变量，对个人层面的就业决定模型进行估计发现，城市规模每扩大1%，个人的就业概率平均提高0.039～0.041个百分点。此外，城市规模扩大的就业增加效应对于不同受教育水平的劳动者并不相同。总的来说，较高技能和较低技能组别的劳动力均从城市规模的扩大中得到了好处，其中较低技能组别劳动力的受益程度最高。城市规模的扩大并没有影响中等技能水平劳动力的就业概率。因此，采取城市人口规模的限制措施，并且特别针对低技能劳动力进行限制，将导致效率与公平兼失的局面，不利于实现包容性增长。

【关键词】：城市规模；人力资本；包容性就业

1　引言

城市发展是现代经济增长的动力，也是非农就业的创造源泉。有关中国的城市化问题，学者们在持续提高城市化水平这一点上是有共识的，但就城市化速度应该多快、城市体系如何合理化的问题，学界仍存在争议。虽然也有学者基于经济集聚所带来的好处而主

---

* 作者感谢国家自然科学基金项目（71273055 和 71133004）、国家社会科学基金重点项目（12AZD045）和教育部哲学社会科学规划项目（10YJA790126）的资助。本文也是“复旦大学当代中国经济与社会工作室”和上海市重点学科建设项目（B101）的成果。作者感谢傅十和、万广华、Cheryl Xiaoning Long、Lixin Colin Xu 和两位匿名审稿人，以及 2012 年中国城市化与城市经济学研讨会 、2010 International Symposium on Contemporary Labor Economics，Ronald CoaseInstitute 2010 Shanghai Workshop，the Sixth Biennial Conference of Hong Kong Economic Association，以及 2012 International Workshop on Regional，Urban，and Spatial Economicsin China 的参会者对本文提出的宝贵意见。文责自负。

张优先发展大城市,[①] 但仍有一些学者认为，中小城镇的优先发展能使大量农民迅速非农化，降低农村劳动力流动进入城市的心理成本，较好地将城乡两个市场结合起来，并且所需建设资金相对较少，因而更符合中国国情。[②]

城市的最优规模是由城市扩张所带来的规模效应和拥挤效应相权衡而得到的，但是，相比于城市扩张所带来的各种负面后果，城市规模扩大对城市发展所带来的正面效应往往容易被忽视。政府的实际政策偏向于引导城市化进程。“十二五”规划提出，到 2015 年，城镇化率由现在的 47.5% 提高到 51.5%，五年提高 4 个百分点，低于当前大约一年 1 个百分点的速度。根据国际经验，当一国的城市化水平超过 50% 之后，城市化速度加快，而非减慢。另外，在城市体系的调整方面，政府的政策导向是重点推进中小城镇的发展，控制一些特大城市的发展，具体体现在限制城市人口规模和户籍制度方面。“十二五”规划提出，“特大城市要合理控制人口规模，大中城市要加强和改进人口管理，继续发挥吸纳外来人口的重要作用，中小城市和小城镇要根据实际放宽落户条件。”而在实际操作中，特大城市人口限制政策主要针对的是低技能者，这一点，在各个地方的落户条件上均有体现。[③]

从理论上来说，城市规模经济效应和拥挤效应的相互作用导致了城市劳动生产率（和人均收入）与城市规模之间的倒“U”型关系。在城市发展的早期，城市规模的扩大会带来人均实际收入的上升；而如果城市人口规模过大，由于存在拥挤效应，城市规模的进一步扩大反而会降低人均实际收入，因而只有在最优的城市规模下，劳动生产率（和人均收入）才能得到最大程度的提升。由于户籍等制度长期构成了对于城市扩张的限制，中国的城市化过于本地化，城市规模过小，因而无法发挥城市的规模经济优势，限制了城市劳动生产率的提高和经济增长。[④] 据估计，中国有 51% ~62% 的城市存在规模不足的问题，由此带来的产出损失约占职工平均产出的 17%。[⑤] 事实上，大城市和中小城镇的发展

---

① 王小鲁，夏小林．城市化在经济增长中的作用［J］//王小鲁，樊纲编．中国经济增长的可持续性．北京：经济科学出版社，2000；姜永生，范建双，宋竹．中国新型城市化道路的基本思路［J］．改革与战略，2008（4）．

② 肖金成．中国特色城市化道路与农民工问题［J］．发展研究，2009（5）；秦待见．走中国特色城市化道路要充分发挥小城镇的作用［J］．中国特色社会主义研究 2008（3）；朱选功．城市化与小城镇建设的利弊分析［J］．理论导刊，2000（4）．

③ 比如上海市的落户实行打分政策，只有本科及以上学历才有评分资格，并且打分向高学历、重点高校（如 211 高校、教育部重点建设高校）以及具有高技能水平（如大学成绩排名、外语水平、计算机水平）的毕业生倾斜。在深圳，外来务工人员入户实行积分制，累计积分达到一定分值才可申请入户，而积分的计算同样向高技能水平的劳动力倾斜，应届毕业生申请落户必须具有本科以上学历和学士以上学位。北京市的户籍分配和工作单位相挂钩，留京指标更多地分配给了事业单位、大型国企和外资企业，然而由于数量有限，在这些企业内部，指标也往往分配给了技能水平相对更高的劳动力。

④ V. Henderson. Urbanizationin China：PolicyIssues and Options［J］. Workingpaper，China Economic Research and Advisory Programme，2007（7）.

⑤ C－C. Au，V. Henderson. Are Chinese Cities Too Small?［J］. Review of Economic Studies，2006，73（3）：549－576.

相互并不排斥，中小城镇的发展以大城市的发展为基础，并受其辐射功能的带动。[①] 因此，在城市发展所带来的规模经济效应强于拥挤效应的城市化早期，过早限制城市发展，重点发展中小城市，会带来巨大的效率损失。

另一种在现实中存在的担心是，随着城市的人口规模扩张，城市将无法提供充足的就业岗位，从而加剧失业问题。特别是，人们常常认为，在城市扩张过程中，低技能者将面临更大的失业风险。同时，原来的城市居民将会面临更为激烈的劳动力市场竞争，从而也会加剧原有居民的失业问题。那么，事实是否如人们所担心的那样呢？已有的经验研究发现，外来劳动力进入城市就业对本地居民失业的影响程度很小。[②] 在理论上，劳动力流入并不必然增加失业，这主要是因为城市发展存在着规模经济，城市人口规模的增加会不断地创造出新的就业机会。但长期以来，有关城市扩张有利于创造就业岗位的经验证据仍很缺乏，也没有经验研究为不同技能的劳动者如何在城市扩张中受益提供证据。

针对上述的知识空缺和政策争论，本文利用中国家庭收入调查 2002 年和 2007 年的数据（CHIP2002 和 CHIP2007），研究了城市规模与个人就业概率的关系。本文的工具变量估计结果显示，城市发展的规模经济效应有利于提高劳动力个人的就业概率。城市规模每扩大 1%，个人的就业概率平均提高 0.039～0.041 个百分点。此外，我们还发现，城市规模扩大的就业促进效应对于不同受教育水平的劳动者并不相同。总的来说，较高技能和较低技能组别的劳动力均从城市规模的扩大中得到了好处，其中低技能组别劳动力的受益程度最高。而城市规模的扩大并没有显著影响中等技能劳动力的就业概率。因此，城市人口规模的限制措施，特别是针对低技能劳动力的限制措施，不仅损害了劳动力资源的利用效率，不利于城市规模经济效应的发挥，而且限制低技能劳动力的政策恰恰限制了在城市扩张中受益最大的人群，从而使得在城市劳动力市场中本来就处于弱势地位的低技能劳动力相对受损最多，导致效率与公平兼失的局面，不利于包容性增长（Inclusive Growth）[③] 的实现。

本文的结构如下：第二节将对城市规模与就业的相关文献进行评论；第三节介绍本文的数据与模型；第四节是对城市规模与就业之间的关系的实证研究；第五节将模型进行拓展，研究城市人口规模扩张给不同技能水平的劳动力带来的就业创造效应有何差异；最后是本文的结论与政策含义。

---

① 许政，陈钊，陆铭．中国城市体系的“中心—外围模式”——地理与经济增长的实证研究［J］．世界经济，2010（7）．

② 刘学军，赵耀辉．劳动力流动对城市劳动力市场的影响［J］．经济学（季刊），2009（2）．

③ 包容性增长是世界银行于 2005 年提出的增长理念，它不仅强调一国经济增长的速度，更强调经济增长的模式。包容性增长要求，经济增长不仅要使不同部门广泛受益，而且要将一个国家绝大部分劳动力“包容”进经济增长的过程中，而就业创造即为其中一个极为重要的环节。2010 年 9 月 16 日，胡锦涛同志在出席第五届亚太经合组织人力资源开发部长级会议开幕式时，发表了题为《深化交流合作　实现包容性增长》的致辞，使用了“包容性增长”的概念。

2 城市规模与就业：基于文献的评论

城市作为现代经济活动的集中地，为经济的持续增长提供了动力。城市的规模扩张可使经济从多方面受益。马歇尔早在 19 世纪末就指出，投入品的分享、劳动力市场群聚（Labor Market Pooling）以及知识的溢出（Knowledge Spillover）是导致集聚的三个根本原因。① 但是，有关经济活动在空间上的集聚直到克鲁格曼（1991）之后，才被经济学家重新重视。② 新经济地理学的文献认为，由于生产中存在规模报酬递增，消费者偏好商品的多样性，并且存在交通成本，厂商会选择在市场需求相对较大的地区组织生产经营活动，从而带来集聚地区总体上更大的生产规模和更高的要素价格水平。在均衡处，集聚地区更高的要素价格必然意味着更高的劳动生产率，否则，利润最大化的厂商会选择其他要素价格相对较低的地区进行生产。③ Sveikauskas 发现，相比于小城市，以职工平均产出和职工工资度量的大城市的劳动生产率更高。城市规模（以城市的人口数量度量）平均每扩大一倍，劳动生产率会相应地提高 4.77% ~6.39%。④ Glaeser 和 Resseger 的实证结果也显示了城市规模的扩大对劳动生产率的促进作用。他们的研究以城市人口数量度量城市规模，以城市劳动力的平均产出、中位家庭的实际收入、个人小时收入等指标度量城市劳动生产率，无论是城市层面还是个人层面的回归结果均显示，城市规模的扩大能够促进劳动生产率的提高，并且这种促进作用在大学毕业生比例更高的城市相对更大。⑤ 类似地，城市规模对劳动生产率的促进作用在中国也存在。Au 和 Henderson 有关城市规模和人均实际收入之间倒“U”型关系的发现说明，在城市发展的早期，城市规模的扩大会带来劳动生产率的提高。⑥

---

① A. Marshall. Principles of Economics［M］. London：Macmillan，1890.

② P. Krugman. Increasing Returns and Economic Geography［J］. Journal of Political Economy，1991，99（3）：483 - 499.

③ 经济集聚能带来劳动生产率的提高，其中的机制也可总结为：更好的投入品分享（Sharing）、更好的生产要素匹配（Matching）以及更多的学习机会（Learning）。参见 I. Gilland H. Kharas，eds.，An East Asian Renaissance：Ideas for Economic Growth（World Bank，2007）一书中的总结，也可参见 S. Redding，“Economic Geography：A Review of the Theoretical and Empirical Literature”（CEPR working paper，no. 7126，January 2009）中有关新经济地理学理论和实证研究的综述，以及 G. Duranton and D. Puga，“Microfoundations of Urban Agglomeration Economies”，in J. Henderson and J. Thisse，eds.，Handbook of Regional and Urban Economics，Volume 4：Cities and Geography，（Amsterdam：ElsevierB. V.，2004）中对城市集聚经济微观机制的综述。

④ L. Sveikauskas. The Productivity of Cities［J］. The Quarterly Journal of Economics，1975，89（3）：393 - 413.

⑤ E. Glaeser and M. Resseger. The Complementarity between Cities and Skills［J］. NBER Working Paper，2009（15/03）.

⑥ C - C. Au，V. Henderson. Are Chinese Cities Too Small?［J］. Review of Economic Studies，2006（73）：549 - 576.

既有文献的讨论主要集中于集聚和要素价格（如工资）之间的关系，而很少关注集聚对就业的影响。劳动力的就业和失业主要由劳动力的供给和需求决定。城市规模的扩大，在创造劳动力供给的同时，也会由于集聚效应，带来劳动力需求的提高。从均衡的角度讲，只要劳动力供给曲线向上倾斜，则给定劳动力供给曲线不变，集聚通过投入品分享、生产要素匹配和学习机会三个机制所带来的劳动生产率提高，最终会反映为劳动力需求曲线的向外移动，从而带来均衡工资水平和就业数量的同时上升。因此，在新经济地理学研究的基础上，我们进一步认为，大城市中更高的工资水平和劳动生产率水平暗含着其后更多的就业机会，保持其他因素不变，如果就业机会的增加速度快于城市规模扩张的速度，则劳动者个人的就业概率上升。

此外，不可贸易品部门是现代经济的一个重要组成部分，也是城市就业岗位的重要组成部分。考虑到这一部门，城市规模对就业的效应将被放大。Moretti 论述了可贸易品部门中某个产业需求的外生冲击会给城市就业带来的影响。如果某个生产可贸易品的产业由于某种原因（如新发明的引进提高了其劳动生产率）增加了其劳动力需求，这种冲击会增加该产业的就业和工资水平。由于在劳动力市场不存在摩擦的情况下，劳动者在不同部门间获取的工资应相同，则整个城市的工资和就业水平会上升，进而提高城市的总收入。而总收入的上升必然会带来不可贸易品部门需求的扩张，从而增加不可贸易品部门在均衡处的工资和就业。Moretti 利用 1980 年、1990 年和 2000 年的美国人口普查数据，对这种“就业的乘数效应”（Employment Multiplier Effect）进行了检验。他的实证结果发现，制造业部门每增加一个就业机会，会为不可贸易品部门带来 1.59 个就业机会，并且高技能类制造业就业增加的乘数效应更为显著。① Moretti 有关就业乘数效应的分析，为我们考虑城市规模对就业的影响提供了新的依据。正如新经济地理学的文献所证实的，集聚提高了可贸易品部门的劳动生产率，因而会带来均衡工资和就业的同时增加。可贸易品部门就业和工资水平的上升会提高城市的总收入，从而增加对不可贸易品的需求，为不可贸易品部门创造更多的就业机会。因此，城市规模的提高可能会为劳动者带来更多的就业机会，增加个人的就业概率。

城市规模在为所有劳动者带来收益的同时，不同技能的劳动者从中获益的大小可能并不相同，这种不同技能者受益的差异性主要来自于两方面。第一，由于低技能劳动者的就业更多地集中于低技能的服务业，而低技能服务业是不可贸易品部门一个重要的组成部分，因此，相对于中、高技能的劳动者来说，低技能劳动者可能从集聚中享受更多的好处。既有文献发现，技能偏向型的技术进步并没有显著恶化低技能劳动者的就业前景，相反，更多的低技能劳动者在低技能的服务业部门找到了工作。这是因为在技术进步的过程中，计算机主要替代了一些对劳动者技能水平有一定要求的重复性劳动（Routine Jobs），如打字等，却无法替代诸如保姆、打扫卫生等人工工作（Manual Jobs）和律师、医生等复杂的工作（Abstract Jobs）。并且，技术进步和服务业之间存在互补性，从而带来了服务

① E. Moretti. Local Multipliers [J]. The American Economic Review, 2010, 100 (2): 373 -377.

业就业的增加。这种随着计算机的广泛使用而出现的就业越来越集中于高技能和低技能的服务业的现象，被称为就业的两极分化（Job Polarization）。① 类似地，Manning 也发现，在美国和英国，低技能劳动者的就业越来越集中于不可贸易品部门，并且这种就业的增加越来越依赖于低技能劳动者和高技能劳动者在地理上的接近。② 此外，高技能劳动者对低技能服务业具有更高的消费需求。Mazzolari 和 Ragusa 发现，由于高技能劳动者时间的机会成本更高，故其对做保姆、打扫卫生等低技能服务业的消费需求更高。③ 因而随着城市规模的扩大和高技能劳动者的集中，低技能劳动者将会相对更多地受益。

第二，当存在知识溢出时，由于不同的职业对学习和知识创新的依赖程度不同，因而不同职业从城市规模扩张中受益的程度也不同。大量实证研究已经证实了知识溢出的存在。④ 这些研究认为，由于存在社会互动，城市规模的扩张尤其是高技能劳动者的集聚，将为劳动者带来更多的学习和创新机会，从而提高劳动生产率。Rauch 发现，工资和地租在平均人力资本水平更高的城市更高。⑤ 类似地，Moretti 发现，城市的大学毕业生比例每增加一个百分点，企业的劳动生产率会上升 0.6% ~0.7%。⑥ Moretti 另一项考察劳动者工资水平的研究，同样说明了知识溢出效应的存在。他发现，城市的大学毕业生比例每增加一个百分点，工资水平平均上升 0.6% ~1.2%。⑦ 高技能行业由于其劳动者具有相对更强的学习能力以及高技能行业本身对知识更强的依赖性，因而劳动生产率的提高受知识溢出的影响更大。

从以上分析可以看出，城市规模的扩大不仅会提高劳动生产率，而且将在提高个人就业率方面为劳动者带来巨大的好处。不同技能的劳动者从城市规模扩张中的受益程度，会因其职业的不同特征而产生差异。然而，在考察城市规模对就业影响的过程中，就业和城市规模之间的双向因果关系可能导致联立内生性偏误，因为一个城市的失业率是否高，本身会通过人们的移民选择而影响城市规模。此外，其他可能影响就业的不可观测的城市劳动力市场因素，也会造成估计的遗漏变量偏误。因此，本文使用城市 1953 年的人口规模

---

① D. Autor, H. Levy, R. Murnane. The Skill Content of Recent Technological Change: An Empirical Exploration [J]. *The Quarterly Journal of Economics*, 2003, 118 (4): 1279 -1333.

② A. Manning. We Can WorkIt Out: TheImpact of Technological Change on the Demand for Low -Skill Workers [J]. *Scottish Journal of Political Economy*, 2004, 51 (5): 581 -608.

③ F. Mazzolari, G. Ragusa. Spillovers from High -Skill Consumptionto Low -Skill Labor Markets [J]. IZA Working Paper, 2007 (3048).

④ 相关的综述文章可参考 D. Audretschand M. Feldman, "Knowledge Spillovers and the Geography of Innovation", in J. Henderson and J. Thisse, eds., Handbook of Regional and Urban Economics, Volume 4: Citiesand Geography; E. Moretti, "Human Capital Externalitie sin Cities", in J. Henderson and J. Thisse, eds., Handbook of Regional and Urban Economics, Volume4: Cities and Geography.

⑤ J. Rauch. Productivity Gains from Geographic Concentration of Human Capital: Evidence from the Cities [J]. Journal of Urban Economics, 1993, 34 (3): 380 -400.

⑥ E. Moretti. Workers' Education, Spillovers, and Productivity: Evidence from Plant -Level Production Functions [J]. The American Economic Review, 2004, 94 (3): 656 -690.

⑦ E. Moretti. Estimating the Social Return to Higher Education: Evidence from Longitudinal and Repeated Cross -Sectional Data [J]. Journal of Econometrics, 2004, 121 (1 -2): 175 -212.

作为城市2000年规模的工具变量，采用工具变量的方法对模型进行估计，并进一步发现本文结果是稳健的。本文从提高就业率的角度，为既有的关于城市规模效应的实证研究提供了补充。同时，本文的研究也把就业的影响因素分析从个人（家庭）层面拓展到了城市层面。

3 数据与模型

为了检验城市规模是否显著地影响了就业概率，以及这种影响对于不同技能水平劳动者的差异，本文使用了一个全国范围内的劳动力市场调查数据。这个数据来自中国社会科学院经济研究所与国家统计局共同收集的中国家庭收入调查（CHIP）2002年和2007年的城市居民相关信息，样本为国家统计局年度家庭调查的一个子样本。其中，2002年的数据涵盖了北京、山西、辽宁、江苏、安徽、河南、湖北、广东、重庆、四川、云南和甘肃12个省级行政单位的70个市和县，包括6835个家庭的20632人；2007年的数据涵盖了上海、江苏、浙江、广东、安徽、河南、湖北、重庆和四川9个省级行政单位的19个市和县，包括5000个家庭的14699人。① 与1988年、1995年两轮数据相同，2002年和2007年的调查也采取了两阶段分层随机抽样方法。调查者在第一阶段先选择城市和县，再于第二阶段在所选的市和县中抽取调查家庭。此调查涵盖了大量个人层面的人口和经济社会信息，使我们能够在控制个人特征的基础上，识别城市规模对就业的影响。

在其他因素给定的情况下，回归分析主要考察城市规模是否对个人的就业产生影响。在不同的回归中，我们分别用城市的总人口数量和大学毕业生数量的自然对数度量城市规模。根据上述分析，集聚可能通过多种渠道促进就业。集聚能提高劳动生产率，因而增加企业的劳动力需求。集聚带来的城市总收入的上升还会增加不可贸易品的需求，从而增加不可贸易品部门的就业机会，这种情况在高技能者更为集中的城市尤其明显，因为高技能劳动者对低技能服务需求较高，由此带来高技能者对低技能者的“消费溢出”。因此，我们预期，劳动者在拥有较大人口规模或者较多大学毕业生的大城市中可能更容易找到工作，这正是本文所要检验的核心假设之一。市级层面的人口和大学生数量数据均来自2000年的中华人民共和国第五次人口普查。此外，我们还控制了其他一系列可能影响就

① 样本主要来自市辖区，来自县级城市的样本数量较少，在2002年和2007年分别为3067个和265个，约占全部样本的9.43%。但若排除县级城市的样本，本文的核心回归结果仍然不变。另外，由于使用的是CHIP城市居民调查数据，因此样本仅限于城市户籍人口。之所以在研究中没有包括移民样本，主要是因为在当前的户籍制度下，不能在城市就业的外来劳动力会选择返乡，因此外来人口在城市的失业率很低。而且，外来劳动力的流动性很大，对流动的目的地具有很强的选择性，他们会根据一个城市的失业状况而选择流动的目的地，从而使得城市规模成为就业的结果，而非原因。因此，本文将回归样本仅限制于城市户籍人口，以减轻城市规模和劳动力就业之间的逆向因果关系。但需要说明的是，即使将移民样本包括进城市居民的样本进行分析，本文的核心结果依然不变。包括移民样本的结果如有需要，均可向作者索取。

业的城市特征，如城市的物质资本投资、产业结构、政府财政支出以及交通基础设施等，这些数据来自《中国城市统计年鉴》(1997 ~ 2001)。①

计量模型为基于个人层面的 Probit 模型，假设个人的就业概率由以下方程决定：

$$Prob(Employed_{ij} = 1) = \Phi(\beta' X_{ij} + \pi_1 Scale_j + \alpha' City_j)$$

其中，下标 i 和 j 表示居住在城市 j 中的个人 i。回归的样本限于劳动年龄人口，即年龄处于 16 ~ 60 岁的男性，以及年龄处于 16 ~ 55 岁的女性。另外，回归排除了不在劳动力的样本，不在劳动力的样本通过问卷中有关个人在城市所处的状态和身份得以反映。据此，样本排除了离退休人员、离退休再工作人员、家务劳动者、家庭帮工、丧失劳动能力的人、在校学生、学龄前儿童，以及等待分配或待升学人员。② 被解释变量 Employed 是一个有关个人就业状态的 0 - 1 变量，若一个人是有工作的，则取值为 1；若失业，则取值为 0。

在回归方程的右边，X_{ij} 是可能影响就业的个人特征向量，包括性别、婚姻状态、受教育年限、③ 潜在工作经验及其平方项、是否中共党员，④ 以及是否少数民族。⑤ 我们并没有在个人特征中包括年龄变量，这主要是因为在回归中已经包括潜在工作经验这个变量，它是由个人年龄减去受教育年数再减去 6 得出的。如果在回归中同时包括年龄和工作经验，会带来完全共线性的问题。Scalej 是有关城市规模的一个度量指标，根据不同的需要，我们分别以城市总人口数量⑥的自然对数和大学毕业生数量的自然对数作为规模变量的代理变量。⑦ π_1 的大小和显著性是本文所关注的核心。若大城市的确能为劳动者带来更多的就业机会，则我们预期 π_1 显著为正。

其他可能影响就业的城市特征被包括在 $City_j$ 向量中，主要有：1996 ~ 2000 年平均外商实际投资额占平均 GDP 的比重，1996 ~ 2000 年平均固定资产投资总额占平均 GDP 的比重，1996 ~ 2000 年第三产业产值和第二产业产值之比的平均，1996 ~ 2000 年平均地方政

---

① 国家统计局城市社会经济调查司．中国城市统计年鉴［M］．北京：中国统计出版社，1997 ~ 2001.

② 等待分配或待升学人员占样本全部劳动年龄人口的 0.685%。按照定义，这部分人口应如本文所采用的归类方法，被归为不在劳动力。但考虑到等待分配工作或上学的个人在一定程度上也可能反映了隐性失业的情况，因此我们也做了将这部分人归为失业人口的回归，结果基本不变。具体的回归结果可向作者索取。

③ 在本研究中，我们使用劳动者的受教育年限作为劳动者技能水平的代理变量。在既有的文献中，有关劳动者的技能水平往往都用教育水平度量，这主要是因为直接度量劳动者技能水平存在困难。用教育水平虽然不能完全准确地度量技能，但即使存在度量误差，其造成的影响也只是使“技能”的系数向零偏误，这并不影响本文的主要结论。

④ 由于中共党员拥有相对更高的能力和更为丰富的“社会资本”，因此从理论上来说，中共党员的身份会对个人的就业概率产生正向影响。

⑤ 回归分析排除了潜在经验小于 0 年以及大于 44 年、受教育年数大于 22 年的异常样本。但这些异常样本在样本中占比很小，约为 0.96%，并不影响主要的回归结果。

⑥ 第五次人口普查数据对于市辖区人口的统计分为城镇总人口和乡村总人口两部分，在这里，我们选取城镇总人口数作为城市规模的度量指标。另外，根据数据，此城镇总人口数包括了城市中的非户籍人口，因而是对城市人口规模一个比较准确的度量。需要说明的是，即使用城市辖区全部人口替代城镇总人口，模型的估计结果仍然成立。

⑦ 在理论上，城市的集聚效应主要来自高技能劳动力集聚所产生的外部性，因此，除了城市的总人口数量外，我们使用城市大学毕业生的数量作为城市规模的度量指标。统计数据显示，城市总人口数量和城市大学毕业生的数量具有很强的正相关性。在我们的回归样本中，两者的相关系数高达 0.905。

府预算内财政支出占平均 GDP 的比重，2000 年人均道路铺装面积和每万人拥有的公共汽车数量，以及是否省会城市的 0－1 变量。控制这些变量主要是为了减轻可能由劳动力需求因素和供给因素导致的遗漏变量偏误。在一个城市的资本积累与城市规模（尤其是高技能劳动力在城市中的集中）、城市居民就业之间，存在相关关系。由于经济集聚所带来的好处，规模更大的城市吸引了更多资本的进入，而资本增加本身会增加城市居民的就业机会，因此，忽略资本积累的回归会造成对规模系数的有偏估计。另一个需要在个人的就业决定方程中考虑资本积累的原因，涉及人力资本的外部性。当劳动力市场存在摩擦以及物质资本和人力资本之间存在互补性的时候，城市中部分居民受教育程度的提高会使城市的企业增加物质资本投资，以使企业的资本量和这部分高技能的劳动力相匹配。结果是，在均衡处，城市的物质资本投资增加会提升劳动力的劳动生产率，从而增加企业的劳动力需求。① 控制一个城市的外商实际投资额和固定资产投资，可在一定程度上减弱由此需求因素所带来的城市规模对就业影响的估计偏误。此外，我们在回归中控制了城市的产业结构。这主要是因为一个城市的规模与其产业结构相关，同时，第二、第三产业不同的就业吸纳能力也会使得城市的产业结构对劳动者就业产生影响。在回归中控制地方政府预算内支出占 GDP 的比重，主要是由于在不同规模的城市，政府对于经济的干预程度往往并不相同，而地方政府对经济的干预会影响就业。此外，我们还控制了城市的人均道路铺装面积和每万人人均拥有的公共汽车数量，这主要是因为道路、交通等基础设施会通过影响人与人之间的信息传递，从而影响劳动力市场的匹配效率和劳动力的就业概率。另外，城市基础设施的改进也会起到吸引劳动力流入的作用，从而对城市规模产生影响。而在回归中加入是否是省会城市的固定效应，则是为了控制与城市行政级别相关且会同时影响城市规模和就业的不可观测因素。

表 1 是回归中所包含的变量的描述。相关变量的描述性统计，可参考附录的附表 1。

表 1　解释变量列表

变　量	定　义
个人特征	
就　业	就业则取值为 1；否则为 0
性　别	男性取值为 1；否则为 0
婚姻状况	已婚取值为 1；否则为 0
教　育	受教育年数
经　验	潜在工作经验＝年龄－受教育年数－6（单位为年）
经验的平方	潜在工作经验的平方

① D. Acemoglu. A Microfoundation for Social Increasing Returns in Human Capital Accumulation [J]. The Quarterly Journal of Economics, 1996, 111 (3): 779－804; D. Acemoglu. Why Do New Technologies Complement Skills? Directed Technical Change and Wage Inequality [J]. The Quarterly Journal of Economics, 1998, 113 (4): 1055－1089.

续表

变　量	定　义
个人特征	
中共党员	中共党员取值为 1；否则为 0
少数民族	少数民族取值为 1；否则为 0
城市特征	
人口规模	Ln（城镇总人口数量（百万人））
大学生规模	Ln（大学毕业生数量（百万人））
1953 年人口规模	Ln（1953 年城市总人口数量（百万人））
外商直接投资	1996～2000 年平均外商实际投资额（万元）/1996～2000 年平均 GDP（万元）
固定资产投资	1996～2000 年平均固定资产投资总额（万元）/1996～2000 年平均 GDP（万元）
产业结构	1996～2000 年第三产业产值和第二产业产值之比的平均值
产业结构的平方	产业结构的平方
政府财政支出	1996～2000 年平均地方政府预算内支出（万元）/1996～2000 年平均 GDP（万元）
道路	2000 年人均道路铺装面积（平方米）
公共交通	2000 年每万人拥有公共汽车数量（辆）
省　会	省会取值为 1；否则为 0
2007 年样本	2007 年样本取值为 1；否则为 0

注：①中共党员项，2007 年的样本由于缺乏个人党员身份的指标，我们用此个人所在城市 2002 年的党员比例作为替代。而若个人所在城市并没有出现在 2002 年的样本中，则用 2002 年全国党员比例作为个人党员身份的替代。②1953 年人口规模项，在本文中，1953 年人口规模是 2000 年人口规模的工具变量，具体解释参见下文。为了保证 1953 年和 2000 年人口普查中所包含的市在地理区域上的统一，我们将 1953 年和 2000 年人口普查数据中的县市代码统一调整成了 2010 年的行政区划代码。因此，我们在回归中使用的有关城市规模的指标，并不会受到历史上行政区划调整的影响。③外商直接投资项，外商实际投资额在《中国城市统计年鉴》（1997～2001）中的单位为万美元，这里，我们按照《中国统计年鉴 2010》中历年人民币汇率（年平均价）将外商实际投资额折算成了人民币，再进行相关计算。

4　规模与就业：实证结果

表 2 中报告了分别用城市总人口数量的自然对数和城市大学生数量的自然对数作为城市规模度量指标的个人就业概率的 Probit 估计结果，报告的数字为边际效应。我们发现，城市规模对个人的就业概率有显著的正向影响。平均来说，城市规模每扩张 1%，个人的就业概率相应提高 0.016～0.018 个百分点。

表 2 城市规模与就业：Probit 结果

解释变量	回归 1	回归 2	解释变量	回归 1	回归 2
人口规模	0.0158 * (0.00944)		产业结构	-0.276 *** (0.105)	-0.302 *** (0.108)
大学生规模		0.0175 * (0.00955)	产业结构的平方	0.118 ** (0.0487)	0.128 *** (0.0492)
性　别	0.0561 *** (0.00616)	0.0561 *** (0.00618)	政府财政支出	0.0992 (0.161)	0.0922 (0.155)
婚姻状况	0.0553 *** (0.0124)	0.0561 *** (0.0124)	道　路	-0.00195 (0.00260)	-0.00158 (0.00266)
教　育	0.0120 *** (0.00137)	0.0119 *** (0.00137)	公共交通	-0.000226 (0.000468)	0.000136 (0.000488)
经　验	0.00542 *** (0.00119)	0.00538 *** (0.00119)	省　会	0.0105 (0.0140)	0.00203 (0.0170)
经验的平方	-0.000149 *** (2.52e-05)	-0.000149 *** (2.53e-05)	2007 年样本	0.0351 *** (0.00938)	0.0363 *** (0.00920)
中共党员	0.0842 *** (0.00928)	0.0841 *** (0.00931)	Pseudo R^2	0.078	0.078
少数民族	-0.0330 (0.0204)	-0.0349 * (0.0207)	样本量	14962	14962
外商直接投资	0.188 ** (0.0837)	0.195 ** (0.0882)			
固定资产投资	-0.0500 * (0.0261)	-0.0518 ** (0.0246)			

注：***、**、* 分别表示在 1%、5%、10% 水平上显著。括号中报告的是经过县、区层面聚类调整的稳健标准误差。在 Probit 估计中，虚拟变量的边际效应是与参照组相对比的就业概率变化；对于连续变量，边际效应在均值处计算。

但是，Probit 结果可能是有偏的。在考察城市规模对个人就业概率影响的过程中，城市规模和就业之间的双向因果关系可能导致联立内生性的问题。此外，尽管我们已经在回归中尽可能多地控制了城市层面的因素，以减轻可能存在的遗漏变量偏误，但城市劳动力市场上其他不可观测的劳动力需求和供给的因素，仍可能会对城市规模和就业造成影响，从而带来估计的偏误。鉴于此，我们用个人所在城市 1953 年的人口数量作为 2000 年城市规模的工具变量，采用工具变量的方法估计就业决定模型，以减轻可能存在的内生性偏误和遗漏变量偏误。1953 年的人口数量来自 1953 年中华人民共和国第一次人口普查数据。在考察中国城市体系演变的过程中，Wang 和 Zhu 发现，中国城市体系的演变，在 1949 ~ 2008 年遵循平行增长（Parallel Growth）的模式，不同规模的城市以大约相一致的速度增长，并未呈现出大城市和小城市之间规模的发散或收敛。① 因此，历史上的城市规模对当前城市规模具有很强的解释力。IV Probit 的估计结果如表 3 所示。②

表 3　城市规模与就业：IV Probit 结果

解释变量	回归 3	回归 4	解释变量	回归 3	回归 4
第一阶段回归					
1953 年人口规模	0.574 *** (0.0854)	0.560 *** (0.0893)			
第二阶段回归					
人口规模	0.230 ** (0.0901) [0.0392 **]		固定资产投资	-0.362 * (0.199)	-0.378 ** (0.172)
大学生规模		0.238 ** (0.0933) [0.0405 **]	产业结构	-1.992 *** (0.613)	-2.299 *** (0.674)
性　别	0.322 *** (0.0330)	0.323 *** (0.0330)	产业结构的平方	0.821 *** (0.282)	0.937 *** (0.295)
婚姻状况	0.293 *** (0.0589)	0.300 *** (0.0593)	政府财政支出	0.372 (0.993)	0.360 (0.939)
教　育	0.0697 *** (0.00815)	0.0678 *** (0.00817)	道　路	-0.00562 (0.0166)	-0.00126 (0.0168)
经　验	0.0324 *** (0.00677)	0.0318 *** (0.00680)	公共交通	-0.000790 (0.00291)	-0.00178 (0.00304)
经验的平方	-0.000894 *** (0.000139)	-0.000890 *** (0.000139)	省　会	-0.0471 (0.0947)	-0.150 (0.127)

① Z. Wang, J. Zhu. The Evolution of China's City Size Distribution: Empirical Evidence from 1949 to 2008 [J]. Chinese Economy, 2012 (6).

② Stata 中 ivprobit 命令能报告聚类稳健标准误差的估计方法是极大似然估计方法，但在 ivprobit 命令下，Stata 无法直接报告估计变量对被解释变量的偏效应。因此，我们在表 3 中报告了极大似然估计的 IV Probit 估计系数，但同时根据 Newey's 两阶段估计方法，计算了城市规模对就业概率的偏效应。Newey's 两阶段估计方法的原理是在第一阶段将内生变量对工具变量系列进行 OLS 回归，由此可计算出相应的残差，即为内生变量中与误差项相关的因素。在第二阶段进行 Probit 回归时，将内生变量和第一阶段估计得出的残差同时放入原来的模型，由此计算出来的结果即为带有内生变量的两阶段 IV Probit 的回归结果。请参考 D. Riversand Q. Vuong, "Limited Information Estimators and Exogeneity Tests for Simultaneous Probit Models", Journal of Econometrics, vol. 39, no. 3, 1988, pp. 347 - 366.

续表

解释变量	回归 3	回归 4	解释变量	回归 3	回归 4
第二阶段回归					
中共党员	0.499*** (0.0542)	0.499*** (0.0543)	2007 年样本	0.204*** (0.0582)	0.221*** (0.0553)
少数民族	−0.167* (0.0981)	−0.187* (0.0992)	样本量	14962	14962
外商直接投资	0.427 (0.701)	0.644 (0.658)			

注：①第一阶段结果是内生变量（人口数量或大学生数量）对工具变量的回归，其他变量均已控制。②***、**、*分别表示在 1%、5%、10% 水平上显著。此表中报告的是 IV Probit 极大似然估计的估计系数，但同时用 Newey's 两阶段估计方法计算了城市规模对就业影响的偏效应。括号中报告的是经过县、区层面聚类调整的稳健标准误差。③括号内为城市规模变量偏效应。

我们首先在第一阶段检验了工具变量的有效性，用城市总人口数量和城市大学生数量作为城市规模度量指标的估计结果见表 3。我们发现，1953 年的城市规模对 2000 年的城镇总人口数量和大学毕业生数量有显著的正向影响。控制住其他解释变量不变，在考察历史城市规模对当前城市规模的影响时，工具变量显著性 F 检验的值分别为 45.12 和 39.30。由此，我们认为，弱工具变量的问题在我们的回归中并不明显。我们还发现，在控制了诸如城市规模、投资、政府干预以及公共基础设施等相关城市一级的变量之后，历史上的城市规模对当前就业的直接影响很小。第一阶段的回归结果也和已有的实证研究相一致。

我们从表 3 的 IV Probit 结果得到，城市规模用城镇总人口数量度量时，城市规模每扩大 1% 会带来个人就业概率 0.039 个百分点的上升。而城市大学生数量每 1% 的增加会使个人就业概率上升 0.041 个百分点。工具变量估计结果的系数大于 Probit 模型的系数，可以解释为大城市的福利和公共服务更好，使得一部分大城市居民宁愿失业也不迁移至其他地区，从而降低了总体上城市规模对就业的积极作用。我们还考察了个人特征和城市特征对就业的影响。回归结果显示，大部分个人特征对就业有显著影响，影响方向也和预期相符。平均来说，男性和已婚人士的就业概率相对更高。教育也会提高个人就业的概率，受教育年数每增加一年，平均会带来就业概率 1.15 ~ 1.19 个百分点的上升。经验对就业的影响呈倒“U”型，随着经验的增加，个人的就业概率提高；但当经验提高到一定程度以后，经验反而不利于就业，这可能是因为工作经验越多的人往往年龄越大，而年龄大的人在健康和知识等方面均处于劣势。根据回归结果，我们可以算出，经验对就业概率的影响拐点出现在约 18.09 年和 17.84 年处，即大约在经验小于 17 年时，工作经验的增加有利于个人就业；而在经验超过 18 年之后，年龄劣势开始发挥主要作用，经验的增加反而是不利于就业的。我们在回归中控制了个人中国共产党党员身份和少数民族身份变量，前者就业概率更高，后者就业概率更低。

同时，我们在回归中控制有关城市特征的变量，以捕捉劳动力需求因素和劳动力供给因素对就业的影响。从需求角度看，部分城市可能会由于资本积累的增加而吸引更多劳动者的流入，并且由于中国城市普遍存在的户籍制度，流入更多的可能是高技能劳动者，而非低技能劳动者。另外，由于人力资本外部性的存在，由更多高技能劳动力流入所带来的城市人力资本水平的提高，也会反过来增加城市的资本积累。① 因此，一个城市资本积累的增加往往和城市规模存在着正相关关系。而资本积累本身也部分反映了一个城市经济增长的主要推动因素，因此也会影响到劳动者的就业机会。

在表 3 的回归中，我们控制了城市 1996 ~ 2000 年平均的外商实际投资额与同年间平均 GDP 的比值，以及城市 1996 ~ 2000 年平均物质资本投资总额占同年间平均 GDP 的比重。之所以选择多年的平均值，主要是因为投资在不同年份间波动很大，用平均的指标可以在一定程度上降低投资量的波动。回归中使用的 CHIP 样本搜集于 2002 年和 2007 年，用 2000 年之前的数据可以部分减少逆向因果关系可能带来的估计偏误。而 1996 年以前的数据由于缺失样本过多而被舍弃，并且我们认为，更近年份的投资对劳动力流动的影响更为显著。回归结果显示，外商直接投资对就业的影响并不显著，但固定资本投资的系数却显著为负。这说明，与经济增长更依赖于其他 GDP 构成（如消费和净出口）的城市相比，经济增长更依赖于国内投资的城市创造就业的能力更低。已有的实证研究已经发现，地方政府出于税收考虑，往往给予资本密集型产业的发展以更多的激励，因此，更高的国内投资/GDP 比重往往缺乏就业创造能力，甚至是不利于就业的。②

我们在回归中还控制了城市 1996 ~ 2000 年的第三产业产值和第二产业产值之比的平均值及其平方项，以考察城市产业结构变化对就业的影响。我们发现，城市产业结构的变化对就业的影响呈“U”型。在经济发展的过程中，三产的比重通常是逐步提高的。在早期，第三产业在国民经济中比重的提高并不利于就业，这主要是因为在发展的最初阶段，经济体仍主要依靠第二产业吸收就业，尤其是劳动密集型的制造业。但随着第三产业的进一步发展，其吸收就业的能力会不断提高。一方面，金融、贸易、房地产等高技能的服务业不断发展，因此吸收了大量高技能的劳动力进入第三产业实现就业，并给他们带来了更高的收入。另一方面，城市收入水平的提高，尤其是高技能劳动力收入水平的提高，创造了更多的低技能服务业需求，如高技能劳动力对餐饮、保姆等服务具有更高的消费需求，由此为低技能劳动力创造了更多的就业机会，从而在整体上提高了城市的就业概率。通过计算“U”型曲线的拐点我们得知，在分别用城市总人口和大学生数量作为城市规模度量指标的方程中，第三产业发展促进就业的拐点分别为 1.21 和 1.23。也就是说，只有当非农产业中，第三产业的产值高于 55.1% 以后，第三产业的进一步发展才会提高就业概率。

---

① D. Acemoglu. A Microfoundation for Social Increasing Returns in Human Capital Accumulation [J]. The Quarterly Journal of Economics, 1996, 111 (3); D. Acemoglu. Why Do New Technologies Complement Skills? Directed Technical Change and Wage Inequality [J]. The Quarterly Journal of Economics, 1998, 113 (4).

② 陆铭，欧海军. 高增长低就业——政府干预与就业弹性的实证研究 [J]. 世界经济，2011 (12).

而在我们的样本中，有 18.82% ~23.86% 的回归样本处于拐点的右边。因此，中国的大部分地区仍处于第二产业比第三产业更有利于就业的发展阶段。但是，由于第三产业在非农产业中的比重正在不断提高，由此我们预期，未来中国的就业创造将越来越依赖于第三产业。

除了需求因素以外，政府财政支出、城市基础设施等作为同时影响劳动力市场需求和供给的因素，也被纳入回归分析中。从理论上来说，政府干预对就业影响的方向并不确定。一方面，政府财政支出的增加会通过乘数效应对地方经济产生正面的影响，从而增加劳动力需求，提高劳动者的就业；另一方面，政府投资挤出了私人投资，降低了经济的市场化程度，而这些因素都是不利于就业的。此外，相对更高的政府财政支出可能通过改善城市的基础设施、社会保障水平，吸引更多的劳动力流入，因此政府财政干预也成为影响劳动力市场供给的重要因素。类似地，更好的城市道路、交通等基础设施会影响人与人之间信息传递的方便性，提高劳动力市场的匹配效率，从而增加劳动力需求。具备更好的基础设施的城市会吸引更多的劳动力流入，因此同时也可被看作影响劳动力市场供给的因素。回归结果显示，这些变量对就业的影响并不显著。此外，省会城市也没有显著影响劳动者的就业概率。

5　模型的拓展：规模对就业效应的异质性

之前的 IV Probit 结果是将不同受教育年数的样本放在一起进行回归，得到的是城市规模对所有劳动者就业影响的一个平均效应，并没有对不同受教育程度的个人加以区分。然而，不同技能劳动者从城市规模中所获的收益可能并不相同。在这一节，我们将全部劳动力人口按照个人受教育年数，分为受教育年数小于等于 9 年、在 9 ~12 年以及大于 12 年三组，分别进行回归，以考察城市规模对劳动力影响的异质性。在所有的回归中，我们均控制了个人层面和城市层面的特征。为节省空间，我们仅报告了城市总人口数量的对数和城市大学生数量的对数对就业的影响。表 4 报告了有关城市规模效应异质性的 Probit 结果。我们发现，无论是以城市总人口数量还是城市大学毕业生数量作为城市规模的度量指标，对于受教育年数小于等于 9 年的最低技能的劳动者来说，城市规模的扩大都会显著提高其就业概率。然而，对于受教育年数大于 12 年的高技能劳动者来说，城市总人口规模对其就业的影响并不显著，但城市大学生数量对劳动者个人就业的促进作用却接近于在 10% 的水平上显著。① 这说明，高技能劳动者更多地从高技能劳动者的集聚中获得好处。但是，城市劳动力市场上不可观测的供给因素的影响，特别是高技能者之间的竞争，造成了城市规模系数向下的偏误，因此在 Probit 回归中，城市规模对较高技能劳动者就业的影

① t 值为 1.62，相应的 p 值为 0.108。

响并不显著。

表 4 异质性的城市规模和就业：Probit 结果

受教育年数	小于等于 9 年	9～12 年	大于 12 年
人口规模	0.0353** (0.0167)	0.0108 (0.0131)	0.00911 (0.00858)
个人特征	已控制	已控制	已控制
城市特征	已控制	已控制	已控制
样本量	4340	5851	4771
大学生规模	0.0386** (0.0157)	0.0130 (0.0138)	0.0126 (0.00781)
个人特征	已控制	已控制	已控制
城市特征	已控制	已控制	已控制
样本量	4340	5851	4771

注：***、**、*分别表示在1%、5%、10%水平上显著。括号中报告的是经过县、区层面聚类调整的稳健标准误差。

为控制城市劳动力市场上不可观测的需求和供给因素对就业的影响，以及可能存在的反向因果关系，我们同样用 1953 年的城市人口规模作为 2000 年城市规模的工具变量，在表 5 中报告了有关城市规模异质性的 IV Probit 估计。表中报告的是用 Newey's 两阶段方法计算的城市规模对就业影响的偏效应，而其显著性水平是根据 IV Probit 极大似然估计下的经过城市层面聚类调整的稳健标准误差所得。

表 5 异质性的城市规模和就业：IV Probit 结果

受教育年数	小于等于 9 年	9～12 年	大于 12 年
人口规模	0.0708**	0.0152	0.0317***
个人特征	已控制	已控制	已控制
城市特征	已控制	已控制	已控制
样本量	4340	5851	4771
大学生规模	0.0762**	0.0157	0.0327***
个人特征	已控制	已控制	已控制
城市特征	已控制	已控制	已控制
样本量	4340	5851	4771

注：***、**、*分别表示在1%、5%、10%水平上显著。

我们发现，最高技能水平和最低技能水平的劳动者均从城市规模的扩张中显著获得了好处，但最低技能水平的劳动者得益最多。平均来说，城市人口规模或城市大学生规模每增加1%，会使受教育年数小于等于9年的劳动者就业概率提高0.07~0.08个百分点。对于受教育年数大于12年的劳动者来说，这一效应是0.03~0.04个百分点。而对于中等技能水平即受教育年数处于9~12年的劳动者来说，城市规模扩张对其就业的影响并不显著。

不同技能水平劳动者从城市规模的扩张中受益程度不同，这主要与城市的职业结构以及产业结构有关。最低技能水平劳动者的就业主要集中于餐饮、保姆等低技能的服务业，而城市规模的扩大，尤其是高技能劳动者的集中，会增加城市对低技能服务业的需求，从而使得低技能劳动者从城市规模的扩大中受益。我们将所有就业人口按照其所属的行业分为制造业、低技能服务业和高技能服务业三类①，分别计算三组人员的平均受教育年数。我们发现，低技能服务业的从业人员平均受教育年数最低，为10.82年，低于制造业的11.00年以及高技能服务业的13.07年。因此，低技能服务业吸收了最多比例的低技能劳动者就业。城市规模的扩大会带来更高的低技能服务业的需求，从而使得低技能劳动者获益。中等技能的劳动者就业主要集中于制造业。随着城市规模的扩大，制造业就业会经历一个先上升、后下降的过程。在城市发展的初期，制造业企业更多地选择进入规模较大的城市，从集聚中获得劳动生产率提高、生产和运输成本下降的好处。地方政府也会出于税收、就业等因素的考虑，鼓励制造业企业进入城市，使得城市在规模扩张的同时创造了大量的制造业就业机会。但在城市发展到一定规模以后，出于保护环境和产业结构升级等因素的考虑，服务业的比重将提高，尤其是金融、贸易、房地产等高技能的服务业。另外，由于工资水平上升、地价上升等拥挤效应的存在，制造业企业本身也会选择离开大城市，迁移到生产成本相对较低的中小城市进行生产。我们的数据显示，随着城市规模的扩大，制造业就业比重的变化呈现为先上升、后下降的倒“U”型。中等技能的劳动力由于其就业主要集中在制造业企业，因此城市规模扩张对其就业概率有一个更为明显的先正后负的影响，从而导致其在总体上没有从城市规模的扩张中显著受益。但值得注意的是，城市规模的扩大并没有降低中等技能劳动者的就业概率。最后，对于最高技能水平的劳动者，城市规模的扩大对其就业的影响显著为正，这主要是因为两方面的原因。一方面，城市规模的扩大带来了更多的学习机会和更强的知识溢出效应，高技能服务业由于其知识密集型的特点，更多地从城市规模的扩大中获得好处。高技能劳动者的就业主要集中于高技能的服务业，因此城市规模的扩大通过高技能服务业就业机会的增加，提高了高技能劳动者的就业概率。另一方面，随着城市规模的扩大，制造业产业也会升级，低技能服务业的服务质量也会提升，都会使制造业以及原本属于低技能的服务业吸收更多的高技能劳动者就业。

---

① 其中，低技能服务业主要包括交通运输、仓储和邮政业，批发和零售业，住宿和餐饮业，以及居民服务和其他服务业；高技能服务业主要包括信息传输、计算机服务和软件业，金融业，房地产业，租赁和商务服务业，科学研究、技术服务和地质勘查业，水利、环境和公共设施管理业，教育，卫生、社会保障和社会福利业，文化、体育和娱乐业，公共管理和社会组织，以及国际组织。另外，我们这里的计算排除了农、林、牧、渔业和采矿业的就业人员。

按城市的总人口数量，我们将全部城市平均分为小城市、中等规模城市和大城市三类，分别计算在不同规模的城市中，制造业就业中受教育年数大于 12 年的劳动者的比例。我们发现，小规模城市制造业就业中高技能劳动者所占的比重最低，为 19.75%，低于中等规模城市的 21.46% 和大城市的 25.70%。类似的结果对于低技能服务业也存在。在小城市中，低技能服务业就业中的 12.66% 由受教育程度大于 12 年的高技能劳动者提供，而这一比例在中等规模城市和大城市中分别为 14.68% 和 23.11%。

6 结论及政策含义

本文使用中国家庭收入调查（CHIP）2002 年和 2007 年的城市居民数据，《中国城市统计年鉴》（1997 ~2001）和 1953 年以及 2000 年的中华人民共和国人口普查数据，考察了城市规模对个人就业的影响。利用工具变量的估计方法，回归结果显示，城市发展的规模经济效应有利于提高劳动者个人的就业概率，平均来说，城市规模每扩大 1%，个人就业的概率就上升 0.039 ~0.041 个百分点。我们还发现，从城市人口规模的扩大中，不同技能的劳动者的受益程度并不相同。较高技能和较低技能组别的劳动力均从城市规模的扩张中获得了好处，但最低技能组别的劳动者获益最大。同时，城市规模的扩大没有显著影响中等技能劳动者的就业。

当前在中国，对于优先发展大城市还是优先发展中小城镇，学术界存在争论。怎样的城市规模是最优的，应该通过权衡城市扩张所带来的规模经济效应和拥挤效应而体现出科学发展。在实践中，城市的规模经济效应未得到充分的理解，使得城市规模扩张的积极效应容易被忽视。本文说明，顺应市场规律的城市规模扩张能提高城市居民的就业率，并且低技能劳动力将从城市扩张中得益更多。因此，本文从就业的角度分析说明，若盲目采取限制城市人口规模的措施，特别是针对低技能者的限制，将会导致效率和公平兼失的局面。由于在现阶段的中国，经济集聚的过程不仅会带来劳动生产率和人均收入的提高，能够以大城市为依托带动中小城镇发展，而且能使更多的劳动力实现就业，从而将更多的劳动力“包容”进经济增长的过程，分享城市化和经济增长带来的好处，因此合理规划城市的规模是中国当前实现包容性就业的必要条件，应在城市发展中予以重视。但是，本文未对城市规模有利于创造就业的机制给出直接的证据，也没有讨论城市扩张的拥挤效应，如与交通、环境、犯罪的关系，这些都需要未来进一步的实证研究加以分析，以便为制定科学的城市发展政策提供更全面的依据。特别是现实中，如何区别对待大城市和特大城市，制定相应的城市政策，还需要更多的实证研究。

附 录

附表1 变量描述性统计

变量	均 值	标准差	最小值	最大值
个人特征				
就　业	0.886	0.318	0	1
性　别	0.549	0.498	0	1
婚姻状况	0.856	0.351	0	1
教育（年）	11.605	2.941	0	22
经验（年）	22.131	10.510	0	44
中共党员	0.240	0.326	0	1
少数民族	0.020	0.141	0	1
城市特征				
Ln（人口规模）	0.792	0.727	-0.943	2.673
Ln（大学生规模）	-1.576	0.951	-3.371	0.826
Ln（1953年人口规模）	0.796	0.619	-1.661	2.204
外商直接投资	0.062	0.062	0.003	0.248
固定资产投资	0.332	0.203	0.184	1.596
产业结构	0.876	0.326	0.325	1.742
政府财政支出	0.085	0.029	0.047	0.201
道路	5.788	3.031	1.100	17.500
公共交通	9.056	13.787	0.600	95.700
省会	0.271	0.449	0	1
2007年样本	0.427	0.495	0	1

优化我国城镇化空间布局的战略重点与创新思路*

樊　杰　刘　毅　陈　田　张文忠　金凤君　徐　勇
（中国科学院区域可持续发展分析与模拟重点实验室
中国科学院地理科学与资源研究所，北京　100101）

【摘　要】优化我国城镇化空间布局是推进健康城镇化、加快生态文明建设的重要举措。从有助于实现以人为本、全面协调、可持续、富有竞争力城镇化的基本要求出发，把加大垂直海岸线贯穿沿海内陆地带开发轴带建设力度作为完善城镇化主体骨架的重点，把形成多种具有区域特色的城镇化途径作为完善城镇化发展模式的重点，把探索我国适宜区域推进半城镇化进程作为完善城镇化空间形态的重点，通过健全规划体系、合理配置政府可调控资源、完善区域政策，培育东部大都市连绵区（带），引领我国全球竞争力的提升；打造海岸新城镇集聚带，构筑东部沿海新增长极；合理布局内陆城镇群，促进优势集聚过程中的区域间协调发展；稳步推进传统农区城镇化，形成与农业现代化和工业化协同发展的态势；探索山地丘陵城镇化路径，推动老少边穷区域和重点生态功能区域小康社会与现代化建设步伐；搞好沿边城镇建设，打造民生富裕和边疆稳定的国门新面貌。到2030年，形成城镇人口分布与资源环境相均衡、城镇化经济社会生态效益相统一的城镇化空间布局。

【关键词】城镇化；空间布局；区域模式；大都市连绵区；城镇群；集聚；生态文明

我国城镇化水平到2012年将达到52%左右，仅仅30年时间从低水平城镇化阶段迈入中等城镇化发展阶段，在取得辉煌成就的同时，也步入了城镇化转型的关键时期。如果

---

* 基金项目：国家自然基金重点项目（40830741）；中科院重点部署项目（KZZD - EW - 06 - 01）。

作者简介：樊杰，中科院地理科学与资源所研究员，博士，中科院可持续发展研究中心主任，中科院区域可持续发展分析与模拟重点实验室主任，国家“十一五”、“十二五”规划专家委员会委员。主要从事城镇化、区域可持续发展、空间规划等领域的研究，主持或参与研制了“全国主体功能区划”、“全国国土规划纲要”、“京津冀都市圈区域综合规划”、“广东省国土规划”等一系列国家和地方重大空间规划项目。E - mail：fanj@ igsnrr. ac. cn。

说过去30个百分点的城镇化增长水平，更多的是延续了国内外城镇化一般模式而实现的，大城市得到充分发育，城市群成为主体形态，全国层面集聚同省域层面集聚共同作用构成了全国城镇化的基本格局。当我国城镇化率超过50%之后，已有模式的延续将面临一系列的问题：大城市继续扩张同城市综合承载力瓶颈制约的矛盾显著加剧，城市群发育进程中解决城市间有机联系的制度障碍难以逾越，影响城市群主体形态之外的其他类型区域推进城镇化的因素及其相关的政策需求复杂多样，因此，中共“十八大”把推进城镇化作为我国加快转变发展方式的主攻方向之一，也对城镇化自身的转型提出了客观要求。按照以人为本、因地制宜的原则，探索我国健康城镇化的区域类型与发展模式，优化全国城镇化空间布局，对新时期科学指导城镇化发展意义重大，是实现健康城镇化的关键所在。我国城镇化空间布局，应能有效提升不同地区内需水平、显著改善不同地区民生质量，有助于实现以人为本的城镇化；我国城镇化空间布局，应该能有力支撑各地生态文明建设，与不同地区资源环境承载力相协调，有助于实现可持续的城镇化；我国城镇化空间布局，应能有机地同各地工业化和农业现代化协同发展，推动各地城乡发展一体化，有助于实现全面协调的城镇化；我国城镇化空间布局，应能不断优化各地区宜居宜业环境与国土品质，加快构建现代产业发展新体系，有助于实现富有竞争力的城镇化。

1 完善城镇化战略格局

采用“点轴”系统构建宏观尺度的国土空间格局，是世界许多国家和地区引导空间结构优化与人口经济合理布局的主要规划方式。其中，“点”多指城市，“点群”则是城市区域。国家“十二五”规划中明确提出了“两横三纵”为主体的城镇化战略格局，特别突出了城镇群在我国推进城镇化进程中的主体地位。在此基础上，应注重增加东部沿海发达地区带动中西部地区的“横轴”，进一步完善我国国土空间开发格局；应进一步明确20多个城镇群（城市化地区）之外的其他地区推进城镇化的战略途径，进一步扩大我国城镇化战略内涵与城镇化模式的区域覆盖面；应积极探索我国适宜区域推进半城镇化的新思路，不断增强城镇化对社会经济发展的影响力和带动力。

1.1 完善城镇化的主体骨架

国家“十二五”规划提出，构建以陆桥通道（陇海—兰新）、沿长江通道为两条横轴，以沿海、京哈—京广、包昆通道为三条纵轴的城镇化战略格局，这是完全符合我国国土开发格局基本特征和区域发展基本规律的。经过30多年的发展，我国形成了人口城镇分布“东密西疏”、经济发展水平“东高西低”的总体格局。从发展战略出发，打造垂直于东部海岸线、贯通沿海与内陆联系的发展轴带意义更为特殊，也相对更加重要。而受自然地理条件的限制、经济发展过程的制约，我国目前南北纵向联系较东西横向联系更为通畅便利。在现有的“两横三纵”城镇化战略格局的基础上，建议增加横向——贯通沿海和内地联系的通道，完善我国国土空间开发的基本骨架。其作用在于：一是有利于进一步增强沿海地带的集聚能力。我国沿海三大城镇群集聚了全国经济总量的40%左右，人口集聚比重还不到20%，全国人口，特别是城镇人口从内陆向沿海地区持续集聚依然是未来相当长时期内我国国土空间结构演变的主导趋势。这不仅是沿海地区产业经济发展比较优势所致，也是实现人口与经济分布相均衡、人口与经济同向集聚实现缩小区域发展差距的重要途径。二是有利于进一步扩大沿海城镇集聚区域的范围。我国发育程度最高的三大城镇群均分布在沿海地区，特别是长三角和珠三角城镇群的核心区域，已形成了全域城镇化的基本形态。三大城镇群沿海岸带的扩展过程往往受到较多的重视，这对提升东部沿海地带的整体实力意义显著。同时，还应高度重视其向内陆近邻的城镇群扩张，长三角区域向皖江城镇带的延伸，京津冀与冀中南、晋中及呼包鄂城镇群的合作，以及珠三角沿西江上溯对广西沿江城镇带的带动，都具有重要的战略意义。三是有利于增强东部沿海发达地区对我国中西部地区的辐射带动作用，这符合邓小平同志“两个大局”战略构想的空间部署。因此，建议以沿海三大城镇群为核心，通过向内陆主要方向的辐射通道建设，增加我国沿海与内陆的轴线数量和联系强度，为增强沿海城镇化龙头地位、带动沿轴线向内陆纵深的城镇群建设与城镇化推进。可进一步论证，长三角地区与西南内陆的沪昆通道以及与西部地区的西安—南京通道的轴线建设，珠三角地区带动西南内陆的西江走廊的轴线建设，以及京津冀地区贯穿中西地带的天津—太原—银川通道的建设，等等（见图1）。

1.2 完善城镇化的发展模式

中国特色的城镇化道路未来一定是由多种具有区域特色的健康城镇化模式共同构成的。在继续强化城镇群建设作为我国城镇化格局主体形态的同时，要进一步丰富城镇群发展的合理内涵，进一步创新我国其他类型区域的城镇化发展模式。“十二五”规划确定的21个城镇群（城市化地区），集聚了4亿多城镇人口，占全国城镇人口总量的60%以上。未来，这些城镇群依然是集聚我国城镇人口的主要空间载体，70%以上的全国城镇人口将分布在我国城镇群地区。就我国城镇群发展而言，其一，应将环渤海、长三角和珠三角打造成为具有全球影响力的大都市连绵区（带）。突出科技创新的驱动作用，突出战略性新兴产业的支柱作用；在大都市连绵区（带）中心城市资源和产业存量优化的同时，扩大连绵带近邻的海岸带新城建设的增量规模以及对内陆近邻区域辐射带动的增量水平；改善集聚形态的城镇化质量和城市建设品质，创新分散型的全域城镇化模式。其二，以城镇群为主体形态，在继续增强东部平原集聚的同时，通过打造中西部城镇群，实现城镇化格局全面展开与区域间的协调发展。就我国非城镇群地区而言，虽然未来承载的城镇化人口数量不多，但由于这些区域在生态安全保障、农副产品提供、脱贫致富以及民族和谐与国防安全建设等方面具有特殊地位，其城镇化作用与道路选择也不容忽视。其中，传统农业地区和山地丘陵地区要将异地城镇化和就地城镇化相结合，在人口总规模减少的同时提高城镇化水平，以打造本土经济品牌工程和当地资源优势转换为核心，构成城镇化工业化和农业现代化协同发展、经济社会生态效益相统一的现代化建设新面貌。沿边地区的城镇建设，应以树立国门形象为导向，结合口岸经济建设，提高边民生活水平，构筑边境安全和边疆稳定的社会经济发展高地。

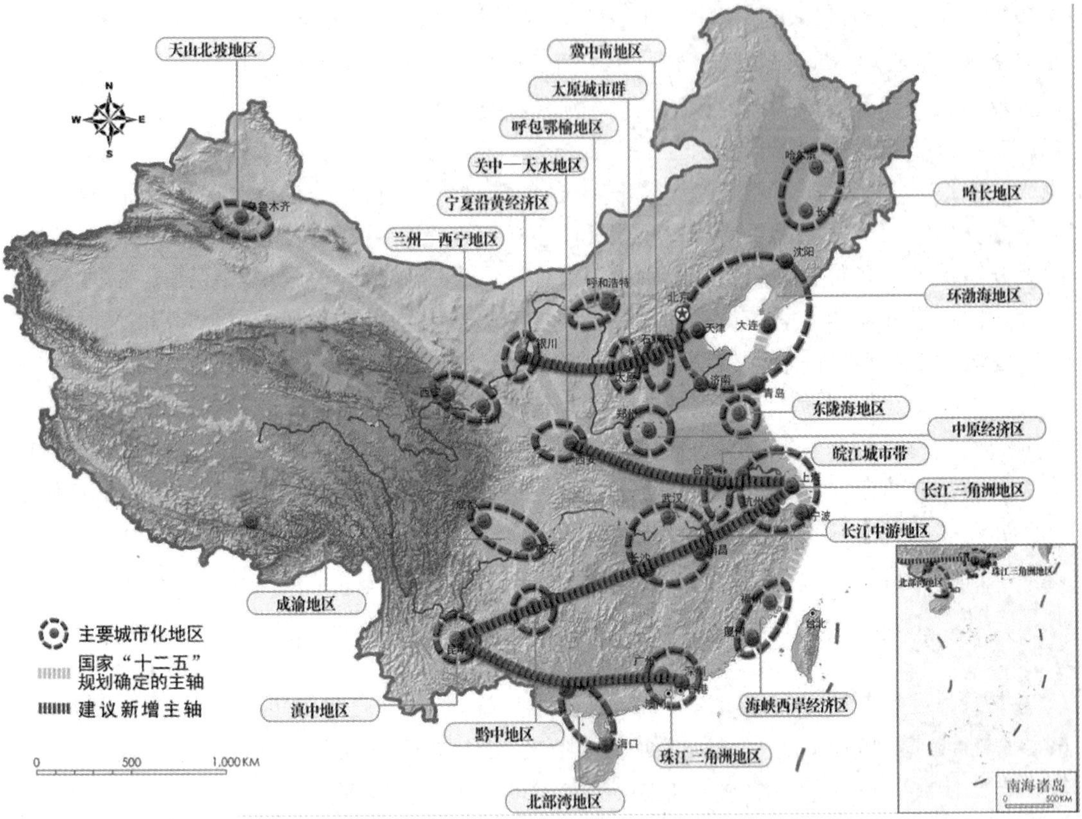

图1 我国城镇化格局与国土空间开发主轴示意图

1.3 完善城镇化的空间形态

城镇化是一个过程，一些地区由于自然条件的限制和生产方式的制约，在城镇化过程中有可能难以最终演进为城镇化地区，但城镇化过程依然是推动这些区域现代化进程的主要动力。在我国未来30%左右的非城镇人口中，有一半人口将居住在这类地区，如城郊边缘地带和近邻大都市的周边乡村区域、具有良好的旅游休闲资源的非城镇化地区、分散的能源和矿产资源开发地区、农副产品加工为支撑的乡村工业发达地区以及通过经营方式转型而形成的林业工人工作和生活区域，等等。这类地区可以称为“半城镇化”地区，除避免大规模人口不合理集聚形成城镇之外，应通过半城镇化、非农产业化和农业现代化的一体化发展，促进其就业的主体形态、收入来源构成、公共服务与基础设施条件、生活

方式与社区文化等，与城镇化人口和城镇化地区接近，把半城镇化打造成为我国城镇化空间形态的一种补充形式，有助于缩小城乡差距，使全社会更多地从城镇化过程中直接受益。

2 创新具有区域特色的城镇化模式

我国地域辽阔，人口众多，各地区自然禀赋差异很大，区域社会经济发展类型多样。当我国城镇化率达到 50% 以上时，除继续沿用以往快速城镇化的发展模式、遵循国际通用的经典城镇化途径外，创新城镇化战略内涵和城镇化道路，符合提高我国经济发展活力和竞争力水平的要求，符合实现我国小康社会建设目标和现代化建设目标的要求。为此，应着力构建和实施各具特色的区域城镇化模式，优化我国城镇化空间布局基本形态。各具特色的区域城镇化应遵循下列原则：依托区域资源环境承载能力，实现人口城镇与资源环境相均衡；依托经济布局的基本规律，实现城镇化同工业化农业现代化的协同发展；依托公共资源在国土空间的合理配置，实现城镇化过程中经济社会生态效益相统一；依托区域文化传承和区域创新体系构建，实现城镇化质量和国土品质永续提升（见图 2）。

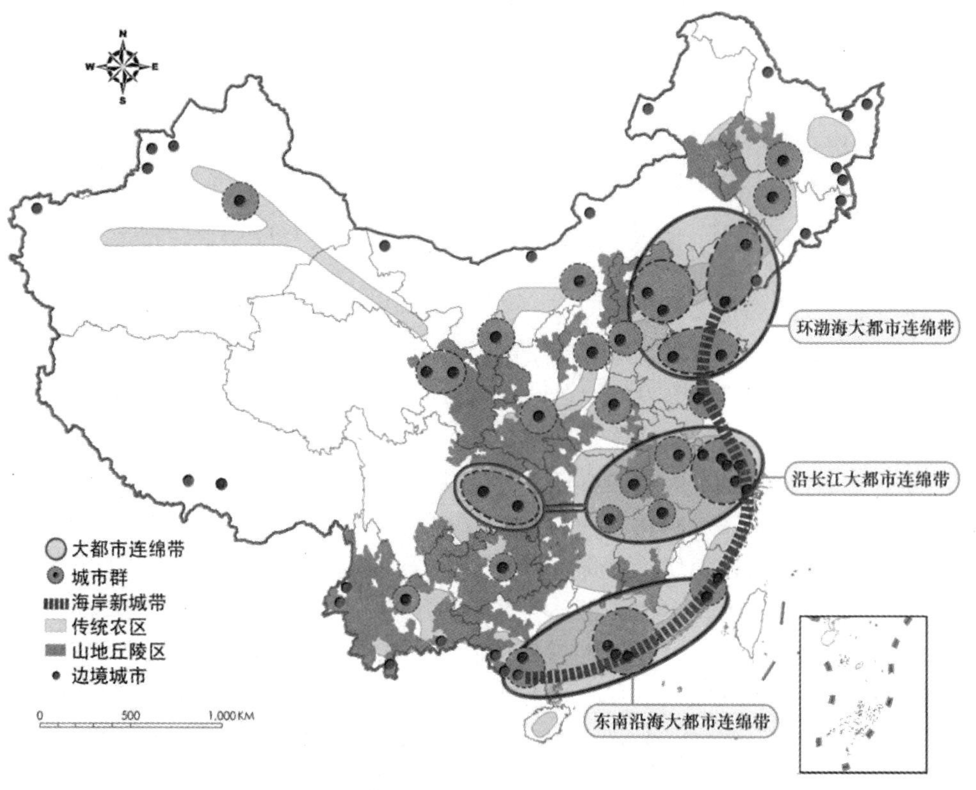

图 2　我国主要城镇化类型区分布图

2.1 培育东部大都市连绵区（带）

大都市连绵区（带）包括环渤海大都市连绵带、长江三角洲大都市连绵区、珠江三角洲大都市连绵区，国土空间覆盖面积在 8 万平方公里左右，有 10 个左右的特大城市分布其中，可集聚城镇人口达 1 亿人。美国在 2050 年发展战略中，也选择了都市连绵区作为打造具有全球竞争力的区域；欧盟空间战略也在探索，试图突破国家行政界限、建设具有全球影响力的都市连绵区。大都市连绵区已成为应对经济全球化、引领国家和地区增强核心竞争力的共同抉择。我国东部大都市连绵区（带），一是要加快中心城市向世界城市迈进的步伐，引领大都市连绵区率先实现科技创新驱动发展的转型；通过现代服务业和先进制造业发展，加快大都市连绵区产业升级和功能提升。二是要调整空间结构，严格控制特大城市生产空间的扩大，着力重塑大都市连绵区的生态环境，促进人居环境和投资环境的同步优化，促进城镇化水平和城市建设品质的同步提升。三是要转变大都市连绵区内部居民点散布地区的城镇化路径，这些“村村像城镇、镇镇像农村”的区域，农民就地城镇化动力不足，集中城镇化圈地占房的成本过高，解决城中村所产生的社会问题难度很大。因此，在城市基础设施和公共服务设施覆盖范围内，与开敞绿色空间相复合的、由低密度居民点构成的城镇化区域，与紧凑集约的城市集中连片的建成区并存，共同构成全域城镇化的发展格局。四是要增强都市连绵区的辐射带动作用。从长远来看，未来我国环渤海大都市连绵带与日本、朝鲜半岛构成的集聚区域，我国长三角大都市连绵区及通过长江贯穿的长江中游城镇群和成渝城镇群构成的经济核心区，以及珠三角大都市连绵区与港台及东南亚经济核心地带构成的集聚区域，将可能共同形成与欧盟、北美三足鼎立的全球经济集聚区。

2.2 打造海岸新城镇带

我国大陆海岸线绵延 1.8 万公里，在城镇化进程中，东部沿海省份在 10 公里海岸带范围建成的城市数量相对有限，除海港城市外，包括天津、上海、广州等城市，都是近海而离岸发展起来的。海岸带开发利用在国际贸易不断增强，特别是全球化利用两种资源和两个市场过程中，具有突出的区位优势。加之海域环境容量大，位于河流末端对其他地域环境影响小；自然淤积造地和合理填海造地，缓解了我国严格保护耕地条件下解决建设用地的矛盾；海港建设技术突破及绿色水运方式复兴，特别是海洋经济和蓝色国土开发对未来社会经济持续发展的巨大作用，我国城镇化有必要再进一步向海集聚，在有条件的海岸带地区兴建或扩建一批城镇，构建临海城镇带。为此，一要在海岸带前瞻性地选择新城镇的位置，特别是尽早谋划百万人口新城的选址，并对预留建设范围进行红线管制，避免盲目开发建设降低海岸带新城镇带布局的应有价值。二要紧紧依托蓝色国土开发和海洋经济发展，建设海洋生物及海洋新能源、新材料等战略新兴产业基地，推动人口和经济同步向海岸带集聚。三要避免重工业园区建设、轻城镇化同步发展，重港口基础设施建设、轻公共服务体系建设，重对外开放合作、轻对内辐射带动等失误的发生，搞好港口—园区—城镇一体化规划和发展，搞好海岸生态环境保护及海陆统筹，搞好海岸带不同利用功能的协调，搞好海岸带开发与腹地建设的协同发展。把海岸新城镇带建设，作为增强我国东部沿海地区进一步集聚人口和经济的重要抓手，打造具有现代化水准、符合科学发展观要求的城镇带。

2.3 壮大内陆城镇群

城镇群与大都市连绵区的主要区别是，覆盖地域范围和城镇人口规模等总体量相对较小，空间形态往往是一个特大城市为中心城市、同若干大中小城市构成的空间体系，功能往往局限在一定的区域范围内。如果把“十二五”规划中“长江中游地区”拆分为3个相对独立的城镇群、把“哈长地区”拆分为2个相对独立的城镇群并取消“藏中南地区”的话，我国内陆城镇群总量可达16个。毫无疑问，这些城镇群，承载着我国进一步提升城镇化和工业化水平、带动内陆区域经济发展的功能，也承载着相关省区内部人口经济集聚的重要接纳地的功能。内陆城镇群的发展，一要把打造中西部地区经济发展核心区作为培育目标，把形成分工合理、联系紧密、建设有序、布局科学的城镇体系作为发展重点，进一步提高在省区内人口和经济的集聚程度，初步测算，每个城镇群集聚本省城镇人口应达到一半以上。二要在城镇群一体化建设同时，把城乡统筹发展放在重要地位。这类城镇群所在区域往往与农业发展条件优越的区域高度吻合、重叠，具备城乡统筹发展的良好条件，在建设城镇群内部发达的基础设施网络和公共资源服务体系的过程中，应采取城乡建设一体化规划、分步建设实施，切实通过城镇化引领城镇群区域率先缩小城乡差距、实现区域共同繁荣。三要根据不同区域的自然条件、区域背景、战略区位、发展基础和增长潜力，选择合理的城镇群组织方式和发展路径，一般以不超过1小时公路交通距离可达范围构成城镇群的核心圈，以不超过2小时公路交通距离可达范围构成城镇群的外圈，避免城镇群范围过大而失去城镇群应有的功能和价值。

2.4 稳步推进传统农区城镇化

我国传统农区在东部、东北和中部地区主要集中分布在大平原区域，在西部地区主要集中在河谷、盆地。仅国家级粮食大县就有800个。由于位于西部的渭河谷地、成都盆地、河套灌区、新疆绿洲等农产品主产区同内陆城镇群地区在空间上是相重叠的，因此，传统农区城镇化的重点和难点，主要集中在我国的东中部的平原区域。这些地区的特点是，人口总量多、密度大，一般每平方公里有500人以上，一个县人口总量可达100万人左右；经济发展水平和城镇化水平都低于全国平均水平，城镇化率在35%左右；受粮食主产区功能定位的约束，耕地和基本农田保护压力大，非农产业化和城镇化进程缓慢，成为我国推进城镇化的难点区域。其主要包括东北平原、黄淮海平原、长江中下游沿江环湖平原等农产品主产区。笔者建议：一要继续坚持严格的土地管理，切实将农村居民点建设用地控制在国家规定的人均150平方米以内；与此同时，调整建设用地供给，保障县城和中心镇发展的建设用地需要。二要做大做强集中农业主产区环绕的中心城市（一般为地级市），依托市场选择的优势产业和具有竞争力的企业，以扶持本土经济振兴和国产品牌产品培育为重点，通过工业化拉动城镇化，通过经济集聚带动人口集聚，努力形成百万人口的特大城市体量。三要以大中规模城市为主体形态打造县城，积极扶持县城和若干重点镇的农副产品加工和贸易业发展，加大城市基础设施建设和公共服务设施建设力度，优化投资环境，通过城镇化构筑承载工业化的平台。合理布局产业园区和区内外交通网络，以“生产在园区、生活在社区”的方式，促进工业化和城镇化逐渐步入协同发展、良性互动的轨道。

2.5 探索山地丘陵城镇化新模式

我国山地和丘陵占国土面积比重较大，分别为33%和10%。山地丘陵地区主要涉及我国老少边穷地区，其基本特征是：水土资源组合条件偏差，生态环境相对脆弱，地理位置偏远封闭，社会经济发展基础薄弱。在不断引导人口有序外迁的同时，探索山地丘陵城镇化新模式，对于集中连片贫困地区的扶贫攻坚，由解决温饱转向区域现代化建设具有关键性的作用。一要认真分析山地丘陵城镇化的资源环境承载能力，规避推进城镇化的自然灾害风险，慎重推进“城镇化上山”进程。二要根据自然条件以及山地丘陵地区资源指向型产业布局相对分散的特征，采取核心城市与周边园区相结合的组合形态，集中做大地区中心城市，发挥中心城市的辐射带动作用，拉动贫困区域投资环境的改善和变贫困地区面貌的改变。三要以县城和重点镇为公共服务均等化的空间载体，结合地方能源矿产开发与加工、生物资源及农副产品加工贸易、自然和人文旅游资源利用等资源主导型产业的发展布局，以小城镇为主体形态，推进山地城镇化进程。四要加大生态补偿机制和资源税改革力度，切实解决山地丘陵地区政府和老百姓经济实力不足、严重制约城镇化进程的关键问题。

2.6 加快沿边地区城市建设步伐

以支持边疆地区城镇化发展为宗旨，结合跨境商贸物流业和进出口加工基地的建设，加快边境后方基地城市和边境前沿窗口城市的建设，共同构筑沿边地区城镇带。以沿边发达的城市彰显国门新面貌，以优越的生活水平和稳定的就业环境稳定边境安全。

3 健全体制机制保障

一要健全空间规划体系。优化城镇化空间布局是一个战略性、长期性、整体性的工程，必须立法为本、规划先行。不仅要制定国家层面的城镇化战略规划和总体布局方案，还要理顺规划体制，健全规划体系，通过不同层级的区域、省域、市县空间规划的落实，通过不同类型的相关规划如城市规划、土地利用规划、扶贫攻坚规划等的落实，实现城镇化空间布局在各部门之间是横向协调的、在国家和地方之间是纵向贯通的。目前我国空间规划类型多样，各种类型规划功能缺乏协调，规划资源没有整合，规划结果时常冲突，极大地影响到规划的价值。借城镇化规划落实之机，探索规划资源整合与健全规划体系的路径，不仅有利于城镇化规划的实施，也将对我国科学管理国土空间开发利用具有深远的影响。

二要合理配置政府资源。促进城镇化空间布局实施的政府资源，首先是土地利用功能的管制，在主体功能区战略指引下，结合分类指引的城镇化模式，把控制开发强度同城镇化进程与布局结合起来，把调整空间结构同优化城镇化战略格局和打造城镇化空间形态结合起来，实现国土空间主体功能、建设用地指标与城镇化作用、城镇化模式相统一，有效约束城镇化健康有序地推进。其次是以区域性的交通基础设施建设以及地方性的公共服务资源配置为重点，合理引导城镇化模式和空间布局的实施。特别是将交通运输主通道及交通运输枢纽的建设，与城镇化战略格局相协调；把区域交通运输网络建设，与城镇群及不同层级的中心城市建设相匹配；把改善交通运输条件同推进小城镇建设相结合，努力发展交通运输在推进城镇化进程中的杠杆作用。最后，加强环境容量管制，通过不同区域产业准入和产业限制名录的发布和实施，助推工业化、农业现代化和城镇化的协同发展。

三要完善区域政策。针对推进城镇化空间布局的关键环节和核心问题，把区域城镇化作为一个基础平台，整合人口、财税、金融、投资、产业等各类政策，保障城镇化空间布局的持续优化。其中，要加大促进区域间合作的政策创新力度，随着城镇化水平的提高和城镇化空间布局的展开，由于行政区划导致的人为阻隔，将越来越成为影响城镇化健康发展的关键制约因素。产业间的分工合作、城市功能的辐射扩散、资源合理开发和生态环境保护的共同责任、公共资源的互惠共享、创新网络和基础设施网络的共建等，都需要有良好的区域合作机制作为保障，要有正常的区域合作关系作为前提。因此，一方面，要探索有利于健康城镇化的行政区划改革方向；另一方面，要着力创新区域合作机制。

参考文献

［1］周一星．城市地理求索［M］．北京：商务印书馆，2010.

［2］陆大道，樊杰，刘卫东等．中国地域空间、功能及其发展［M］．北京：中国大地出版社，2011.

［3］马凯．“十一五”规划战略研究［M］．北京：人民出版社，2006.

［4］张平．“十二五”规划战略研究［M］．北京：人民出版社，2011.

［5］世界银行．2009 年世界发展报告——重塑世界经济地理［M］．北京：清华大学出版社，2009.

［6］布赖恩·贝利．20 世纪不同国家和地区的城市化道路．城市与区域规划研究［M］．北京：商务印书馆，2008.

［7］方创琳等．2010 中国城市群发展报告［M］．北京：科学出版社，2010.

［8］中国科学院国情分析研究小组．城市与乡村［M］．北京：科学出版社，1994.

The Key Strategies and Innovative Thinking for Optimization on Spatial Pattern of Urbanization in China

Fan Jie　Liu Yi　Chen Tian　Zhang Wenzhong　Jin Fengjun　XuYong

(Key Laboratory of Regional Sustainable Development Modeling, Institute of Geographic Sciences and Natural Resources Research, Chinese Academy of Sciences, Beijing 100101, China)

Abstract: It is a very important measure to realize a healthy urbanization and construct an ecological civilization through optimization on the spatial pattern of urbanization. In order to achieving a people - oriented, comprehensive, coordinated and sustainable, comparative urbanization, the construction of development belt of vertical coastline throughout the coastal islands should be enhanced. Meanwhile, the urbanization mode that formed by multiple regional characteristics should also be concerned and set as one of the focuses of optimization on the spatial pattern of urbanization. Furthermore, the exploration of suitable way for accelerating regional semi - urbanization is another important issue for improving the urbanization mode. The global competitiveness of China could be enhanced through improving the planning system and regional policies, rational allocation of government resources, and cultivation of eastern megalopolis areas (or strip). With respect to the advantage accumulation during regional development, the regional distribution of inland group of towns should be seriously concerned and intervened for achieving regional coordinated development. Regarding to the special situation in China, the urbanization process should be reasonably promoted through collaborative development of industrialization and agricultural modernization, and meanwhile, exploration of suitable urbanization modes for different areas, such as hilly landscape areas, undeveloped areas, and key ecological functional zones. Through practice the key strategies above, the spatial pattern of urbanization in China would be achieved till the year 2030 that can coordinate the urban population distribution with natural environment and resources, coordinate the social economic output with ecological benefits.

Key Words: Urbanization; Spatial Pattern; Egional Development Mode; Megalopolis Areas; Group of Towns; Aggregation; Ecological Civilization

优化国土空间开发格局研究*

肖金成　欧阳慧等

（国家发改委宏观经济研究院，北京　10038）

【摘　要】国土空间开发格局是一个国家依托一定地理空间通过长时间生产和经营活动形成的经济要素分布状态。本报告分析了我国国土空间开发格局的现状与问题，探索了优化国土空间开发格局的基本思路，即集中发展，多极化协同集聚；集约发展，高效利用国土空间；人口与 GDP 相匹配，产业集中和人口集中相同步；因地制宜，不同区域采用不同的开发模式；点、线、面耦合，构建“城市群—发展轴—经济区”区域空间体系。在此基础上提出了打造发展轴、发展城市群、培育增长极、构建经济区、建设区域性中心城市、强化粮食能源和生态安全保障等优化国土空间开发格局的基本设想。

【关键词】国土空间；区域空间体系；开发格局

国土空间是一个国家进行各种政治、经济、文化活动的场所，是经济社会发展的载体，是人类生存和发展的依托。国土空间开发就是以一定的空间组织形式，通过人类的生产建设活动，获取人类生存和发展的物质资料的过程。国土空间开发格局是一个国家的人们依托一定地理空间通过长时间生产和经营活动形成的经济要素分布状态。国土空间要素主要包括土地、人口、矿产资源、产业等。理想的国土空间开发格局应该是能够促进要素充分流动和优化配置，空间中人的发展机会和福利水平相对公平，生态环境可持续发展，经济、社会、环境发展与人的发展相协调。

1　我国国土空间开发格局的基本特征

新中国成立之初产业和城市集中于沿海一带，到 20 世纪 70 年代末期，内地产业和经

---

* 肖金成、欧阳慧等，国家发改委宏观经济研究院，邮政编码：100038，电子邮箱：xiaojingcheng@ amr. gov. cn。本文系国家发改委宏观经济研究院 2011 年重点课题报告的缩写稿。课题组负责人：肖金成、欧阳慧，成员：汪阳红、申兵、孙久文、黄征学、刘保奎等。感谢匿名审稿人的宝贵意见，文责自负。

济占全国的比重已有较明显提升。改革开放后，经济活动在沿海地区的集中度较改革开放之前明显提高。进入21世纪后，伴随着区域协调发展战略的实施，国土空间开发格局出现了新的变化，形成了以“三核多极、三轴四区”为主体的多核、多轴、片区型的国土空间开发格局。

（1）产业向东部地区集中的趋势有所改变。2009年，东部地区的工业总产值占全国的比重为69%，与1999年相比，占全国的比重下降1个百分点。中西部地区工业发展加快。分省区来看，四川、安徽、内蒙古、江西、陕西工业总产值在各省区中的排名均有明显提高。从2007年起，西部地区的经济增长速度也超过了东部，连续几年领先于东部、中部与东北地区。

（2）“三核多极”的发展格局基本形成。改革开放以来，随着社会主义市场经济的发展，我国经济活动开始向区位条件优越的特定区域集聚，都市圈、城市群日益成为经济活动的主要平台。2009年，珠三角、长三角、京津冀地区经济总量占全国的比重达到36.8%。从2006年开始其他七大城市群发展明显加快，在全国的经济份额2006~2009年以年均1个百分点提高。内地城市群开始逐步成长为区域性乃至全国的经济增长高地，经济发展多极化的态势开始显现。①

（3）经济要素向“三轴”集中的态势明显。东中西部和南北部地区的综合运输通道主骨架，强化了对全国性经济要素流动的组织和运输能力，推动了我国国土空间开发轴线的形成。经济要素向沿海轴线、长江轴线、陇海—兰新轴线、京广轴线、哈大轴线等重要开发轴线不断聚集，沿线城市和产业集中发展，以点—轴为标志的空间开发格局基本形成。

（4）四大地区成为区域战略和政策的空间载体。21世纪以来，我国先后实施了西部大开发战略、振兴东北老工业基地战略和促进中部地区崛起战略，并出台了一系列相关政策措施，由此形成了我国区域发展的总体战略。区域发展总体战略的实施，使我国的国土开发形成了在四大地区分别展开的空间格局。

我国的国土空间开发在为国民经济快速发展和社会进步提供有力支撑的同时，也存在一些影响经济社会可持续发展的突出问题，工业分散发展，行政区经济影响要素合理流动，人口与经济的空间分布严重不匹配，区域内部产业分工体系尚未形成，社会经济与自然环境的适应关系趋于恶化，城乡建设用地规模的过度扩张，已导致我国耕地总量逐年下降。

（5）空间拓展与国土整治同步推进。改革开放以来，经济空间拓展主要通过以下方式实现。一是通过设立各类开发区集聚产业，包括改革开放初期设立的经济技术开发区、高新技术开发区等，也包括一些新兴产业集聚区，如科技产业园、创意产业园、外包产业园等，目前国家批准的各类开发区面积近1万平方公里。二是通过城市新区或新城实现城

① 沿海三大城市群指珠三角、长三角和京津冀；其他七个城市群指山东半岛、川渝、辽中南、中原、长江中游、海峡西岸和关中城市群。

市空间拓展，如浦东新区、天津滨海新区、重庆两江新区以及西咸新区等。虽然这些新区像开发区一样具有产业集聚区的特征，但相较于传统的开发区，这些新区功能更为综合，对城市空间拓展的作用更为显著。

与此同时，我国也逐步加强了国土整治和生态修复。一是资源枯竭地区的综合治理。二是生态恢复和建设以及环境治理工程，包括三北防护林体系建设、退耕还林、退牧还草、天然林保护、京津风沙源治理、青海三江源保护、石漠化治理、淮河水污染治理、滇池治理、二氧化硫排放控制和治理行动等。这些活动在减轻历史上国土空间粗放式开发对于资源环境所造成的破坏之外，也起到了优化国土空间开发格局的作用。

2 优化我国国土空间开发格局的基本思路

经过改革开放 30 多年的发展，支撑我国国土空间开发的土地资源、水资源、矿资源及生态环境等基础条件发生了巨大变化。世界经济格局的调整、我国经济规模持续扩大、经济发展方式的转变、居民环境保护意识的增强等对我国国土空间格局的调整与优化提出了新的要求。基于我国的客观实际情况及面临的国际国内新形势，我们形成了优化国土空间开发格局的基本思路。

（1）集中发展，多极化协同集聚。在区域发展上各国均强调均衡发展和分散发展，认为集聚是国家和区域发展中一个长期没有解决的问题。近年来，人们发现集聚是世界多个国家或区域经济发展普遍存在且对经济社会发展有正面效应的地理现象。

世界银行《2009 年世界发展报告》认为，不平衡的经济增长和和谐性发展可以并行不悖，相辅相成。世界上鲜有平衡的经济增长，随着一个国家城市化进程的推进，经济活动会更趋于集中。发展成效最为卓著的国家往往能制定合理的政策，在实现生产集中的同时，促进不同地区人们生活水平的趋同。

改革开放后，我国也有集中发展的趋势，但不应排斥集中，而应通过加快人口集中和加快区域之间公共服务均等化等途径使欠发达地区的民众提高生活水平和公共服务水平。集中发展并非仅仅是向沿海地区集中。交通条件的显著改善为我国国土空间开发向纵深发展创造了条件。未来的国土空间开发可进一步向中西部地区拓展，在大型综合交通走廊形成新的发展轴，在交通最为发达的区域形成新的城市群。未来，应促进经济要素向发展轴和城市群集中，实现多极化协同集聚。

（2）集约发展，高效利用国土空间。我国国土空间很大，但适宜人居住和发展的空间并不大，山地多，平原少，适宜工业和城市建设及耕作的土地仅有 180 多万平方公里。我国生态脆弱区域面积广大，中度以上生态脆弱区域占全国国土空间的一半以上。脆弱的生态环境，使大规模高强度的工业化城镇化开发只能在有限的国土空间展开。

今后十几年是我国工业化城镇化快速推进的重要时期，也是空间结构调整的重要时期。既要满足人口增加、人民生活改善、经济发展、基础设施建设对国土空间的巨大需求，又要为保障粮食安全而保护耕地，还要保障生态安全和人民健康，因此，必须调整开发思路，确立集约发展的理念。必须集约利用土地，加倍珍惜土地，提高城市建筑容积率，提高城市的人口承载力，积极稳妥地推进城镇化，逐步减少农村人口，逐步减少生态脆弱区的人口，实现土地的集约利用，实现可持续发展。

（3）人口与GDP相匹配，产业集中和人口集中相同步。改革开放以来，我国国土空间开发与经济布局的重点主要集中在沿海地区，沿海地区的经济实力和自我发展能力大大增强。沿海地区的长三角、珠三角、京津冀三大城市群也成为我国经济发展的核心区和引领区。沿海地区的城市群在大规模集聚产业的同时，并没有起到同比例大规模集聚人口的作用，由此导致人口分布与经济活动严重背离。人口与经济活动的非协同集聚，与现行的劳动力只能“流动”而难以安家落户的人口迁移政策密切相关。经济要素的集中与人口的集中不匹配，才造成了人均GDP和人均收入的较大差距。农民工的就业地和家庭分居两地，造成在全国范围内形成大规模的周期性人口流动，不仅造成巨大浪费，也出现了诸如留守儿童、婚姻家庭等社会问题。

在自然条件、发展基础存在巨大差异的情况下，实现经济总量和经济比重的均衡是很难做到的，但通过劳动力的转移、人口的流动，使人口与GDP相匹配，产业集中与人口集中相同步，就能够使各地区人均GDP差距缩小，使各地区居民的收入水平与生活水平大体相同。

（4）因地制宜，不同区域采用不同的开发模式。我国国土面积很大，各区域的自然条件差异巨大。应因地制宜，不同发展条件采用不同的开发模式。适宜人类发展的地区应加快发展，集聚更多的产业和人口；不适宜人类发展的地区应加强保护，逐步减少产业和人口，维护生态脆弱地区的生态功能。在经济发达的产业和人口密集地区采用网络式开发，在经济欠发达的人口较密集地区采用点轴式开发，在人口稀疏、产业基础薄弱的地区采用据点式开发，对生态脆弱地区加强保护，减少人类活动。

（5）点、线、面耦合，构建“城市群—发展轴—经济区”区域空间体系。“中心城市—都市圈—城市群”是区域空间拓展的基本趋势。城市是区域的中心，区域是城市的腹地。当工业化、城市化迅速推进的时候，中心城市的规模迅速扩大了。在其辐射带动下，形成了城市圈。① 当一个城市成为“大都市”时，城市圈就演变为“都市圈”。都市圈和周边的城市圈相互融合，彼此覆盖，城市群②就形成了。城市群内，由于交通基础设施比较完善，小城市和小城镇获得了前所未有的发展机遇，因为非常便捷的交通，使小城市和小城镇的区位劣势在“弱化”，而成本优势在“强化”，劳动力密集型的零部件产业

① 城市圈即中心城市加上其对周边区域辐射的范围。每一个城市都有一个辐射半径，以城市为中心，以其辐射半径划圆，就是中心城市的辐射范围。

② 城市群的定义：在特定的区域范围内具有相当数量的不同性质、类型和等级规模的城市，依托发达的交通条件，以一个或几个特大城市作为区域经济的核心，城市之间的内在联系不断加强，共同构成一个相对完整的“城市集合体”。

开始向大城市周边的小城市和小城镇转移。大城市尤其是特大城市，由于要素成本不断提高，其制造业不堪其压力，而向周边“二级城市”转移，促使大都市的产业高度化。原来功能健全的区域性中心城市转变为功能性城市，城市之间出现了分工，集聚优势又转变为分工优势。城市内部的产业集群转变为城市群内部的产业集群，城市的竞争力提升为城市群的竞争力。城市群的出现大大提高了对农村人口的吸纳能力和承载能力。过去，大城市由于产业链长，就业岗位多，收入水平高，所以，吸引了大量的劳动力，人口增长难以控制。小城镇由于产业层次低，产业链条短，就业岗位少，收入水平低，难以吸纳更多的劳动力和农村人口，但在城市群里的小城市和小城镇，由于聚集了大量从大中城市转移来的劳动力密集型产业，对劳动力的吸引力增强了，人口规模就会迅速扩大。中国特色的城镇化道路即大中小城市和小城镇协调发展的道路只有在城市群里才能行得通。

中心城市—都市圈—城市群既是区域空间拓展中城市发展的三个阶段（中心城市是初级阶段，都市圈是中级阶段，而城市群是高级阶段），也是经济不断发展所形成的比较合理的空间结构。都市圈、城市群内部经济联系紧密，分工协作的程度高，较易实现城乡统筹，因此，城市群区域一般也是经济较发达的区域。

未来，应构建“城市群—发展轴—经济区”国土空间开发体系。目前，我国经济带与城市群和经济区正在相互耦合，如沿海经济带从北向南依次串联了辽中南、京津冀、山东半岛、长三角、海峡西岸、珠三角六大城市群。依托城市群和发展轴形成的经济区将成为我国国土空间开发格局最重要的子系统。城市群、发展轴与经济区的耦合，形成了以“城市群为核心、发展轴为引导、经济区合作为重点”的国土开发空间组织模式。这种空间组织模式，不仅顺应了我国经济社会发展在空间上集聚成点、扩散于带、辐射为面的客观趋势，也有利于在一定程度上改变我国人口与产业不匹配、大城市过大、小城镇过小、中等城市过少的空间结构不合理状况，优化我国的国土空间开发格局。

3　优化国土空间格局的基本设想

根据以上的发展思路，我国国土空间开发格局的优化，应重点打造承东启西、连南贯北的发展轴，发展联系紧密、带动力强、影响力大的城市群，选择宜居宜业、具有战略意义的地区培育新的经济增长极，构建经济联系相对紧密、受到城市群辐射带动的规模较大的经济区，建设有较大规模、经济实力较强、有一定辐射带动能力的区域性中心城市，实现城乡统筹、东中西互动、经济社会与自然和谐发展。

（1）打造承东启西、连南贯北的发展轴。发展轴就是沿主要交通干线集聚了大量城市、城镇和产业，形成了比较明显的经济隆起带。我国已形成若干条纵横全国的发展轴，如沿海发展轴、长江发展轴、陇海兰新发展轴和京广京哈发展轴。这四条发展轴在“十一五”规划中表述为“两横两纵”，即以沿海及京广京哈线为纵轴，长江及陇海线为横轴。在《全国主体功能区规划》中增加了一条“包昆发展轴”，成为“两横三纵”。这几条发展轴已成为承东启西、连南贯北的“经济主骨架”，在其上云集了大量的城市和产业。

前述五条发展轴已基本成型，还有一条尚未成型，但在国家空间格局中和国家战略中极为重要，且在未来应予重视和扶持的新的经济带——沿边经济带。这条经济带南自广西东兴，北至辽宁丹东，是一条环形经济带。在这条经济带上，分布有丹东、图们、绥芬河、黑河、满洲里、二连浩特、巴彦淖尔、阿勒泰、塔城、伊宁、阿克苏、喀什、日喀则、瑞丽、河口、凭祥、东兴等城市。这些城市都不大，但战略地位非常重要。

（2）发展城市群，加快经济一体化和加强辐射力。根据我们的研究，我国已形成京津冀、长江三角洲、珠江三角洲、辽中南、山东半岛、海峡西岸、中原、长江中游、川渝、关中十大城市群。

十大城市群土地面积仅占全国总面积的 10.47%，2009 年，人口所占比重为 37.02%，GDP 所占比重为 64.40%。也就是说，以 1/10 多一点的土地面积，承载了 1/3 以上的人口，创造了将近 2/3 的 GDP。从资源环境承载能力和未来发展潜力来看，十大城市群的范围将不断扩大，将聚集更多的人口，创造更多的 GDP。因此可以说，十大城市群是支撑我国国民经济发展的十大支柱。

十大城市群的 GDP 占全国比重将近 2/3，而人口仅占 1/3，表明在城市群之外的 2/3 地区的人口只有 1/3 的 GDP，意味着集聚的物质要素和人口存在着严重的不匹配现象，意味着区域差距还很大。从促进区域协调发展的角度出发，一方面，应促进产业向城市群之外的地区转移；另一方面，应促进城市群内各城市吸纳更多的人口，以使物质要素与人口相匹配。与产业转移相比，人口转移的成本更低，所以，应加强城市群对人口的吸纳能力。

除上述十大城市群之外，以长珠潭为中心的湘东地区，以合肥为中心的江淮地区，以长春、吉林为中心的吉林中部地区，以哈尔滨为中心的黑龙江西南部地区，以南宁为中心的北部湾地区，以乌鲁木齐为中心的天山北坡地区等都有希望发展成为新的城市群。据不完全统计，2009 年，这六大城市群面积占全国的 6.08%，人口占 11.67%，市域 GDP 占 10.71%。

（3）在中西部和边疆地区有选择地培育经济增长极。随着国际国内经济环境的变化，特别是国家经济实力的增强和发展水平的提高，沿海地区要素成本的攀升，全国综合交通运输网络体系的形成，以及西部大开发、东北振兴和中部崛起战略的实施，要构建一个安全、有序、和谐的国土空间开发新格局，就必须改变过去国土空间开发过于集聚东部的做法，合理引导人口和产业在中西部集聚，通过在中西部地区培育经济增长极，促进国土空间开发向纵深推进。

在中西部地区，应选择区域内水资源和能矿资源丰富、靠近交通要道、空间比较广阔的中小城市，将其作为区域经济增长极进行重点培育，通过资金支持、政策支持和人才支持，打造承接国际和国内产业转移的平台，在较短的时间内发展起来，发展质量大幅度提高，城市规模迅速扩大，就能够辐射带动周边广大地区，使周边区域得到发展。

加快边境地区的发展，不仅是富民固边的要求，也是进一步提升边境地区开发开放的要求，是促进区域协调发展和国家安全的重大战略举措。边境地区的丹东、珲春、绥芬河、黑河、满洲里、塔城、伊宁、阿克苏、喀什、瑞丽、东兴等城市是前述沿边经济带上的重要节点，发展基础相对较好，建议有重点地选择若干城市，加快基础设施建设，壮大经济实力，扩大城市规模，带动边境地区经济发展。对边境口岸和靠近口岸的新疆霍尔果斯、广西龙州、黑龙江省靠近黑瞎子岛的乌苏镇、云南省西双版纳州的磨憨或打洛等给予重点支持，将其作为经济增长极进行培育，利用国际国内两大资源，开拓国际国内两大市场，逐步发展成为边境地区规模较大的城市。

（4）以城市群为核心构建跨省市的经济区。随着全国性发展轴的打造，城市群不断向外拓展，其辐射力和影响力将不断扩大。建议以城市群为核心，构建经济区。如以辽中南、吉林中部、黑龙江西南部城市群为核心构建东北经济区；以京津冀、山东半岛为中心构建泛渤海经济区；以长三角、江淮城市群为核心构建泛长三角经济区；以海峡西岸城市群为核心构建海峡经济区；以珠三角、北部湾城市群为核心构建泛珠三角经济区，以长江中游、中原、湘东城市群为核心构建中部经济区，以川渝城市群为核心构建西南经济区，以关中和天山北坡城市群为核心构建西北经济区。这种空间组织模式，不仅顺应了我国经济社会发展在空间上集聚成点、扩散于带、辐射为面的客观趋势，也有利于在一定程度上改变我国人口与产业不匹配、大城市过大、小城镇过小、中等城市过少的城市空间结构不合理状况，优化我国的国土空间开发格局。

（5）在城市群之外建设区域性中心城市。我国 16 大城市群占全国国土面积不到 20%，尚有 80% 的国土面积在城市群之外。这些区域的城市数量少，规模小。没有中心城市的辐射和带动，经济很难发展起来，居民也很难富裕起来。为带动区域发展，必须根据因地制宜的原则和据点式开发模式，加快建设区域性中心城市，使之能辐射带动更大的区域范围，形成梯次性城市结构，构建比较合理的城市体系。应把城市群之外的地级城市的大多数发展成为区域性中心城市，一些城市数量少的地区，应将区位条件好，腹地比较大的县级市培育为区域性中心城市。据不完全统计，总数约有 150 多座。

（6）强化粮食、能源和生态安全保障，刚性控制农田保护区、资源储备区、生态保护区。我国人口众多、关键性资源短缺，着眼未来，为确保国家安全和经济社会可持续发展，必须明确事关我国粮食、能源和生态安全的保护空间，对全国范围内的基本农田保护区、战略性资源能源储备区及重点生态保护区实行刚性控制。严格控制基本农田保护区，切实加强基本农田保护工作，确保 15.8 亿亩的基本农田数量不减少、质量有提高；建立战略性资源储备区，除了挖掘国内资源潜力提高资源利用效率外，有必要建立战略性资源能源储备体系，划定战略性资源能源储备区。涉及国计民生的、稀缺的重要矿产资源，主要是指稀缺矿种、关键矿种、重要矿种的稀缺品种三个方面的战略资源储备。对战略性资源储备区的建设要统筹规划，切实从可持续发展角度考虑资源储备以及资源的开发时机，建立一批矿产资源战略储备基地，对优势矿产地“留而不开”。建立生态安全保护区，保护自然生态系统及生物多样性，重视自然环境的支撑能力和生态系统承受能力建设，为全国可持续发展提供生态保障。对于生态保护区提高人民生活水平的问题，必须采取政府扶持为主体，加大财政转移支付力度，建立区域间生态补偿机制，健全公共服务体系，并逐步减少人口数量。

4 优化国土空间开发格局的政策建议

优化国土空间开发格局除须构建科学合理的体制机制之外，还须制订具有针对性的政策和采取有效的措施。

（1）完善以促进农民工市民化为核心的人口政策。推进农民工市民化、促进人口与产业协同集聚，是优化国土空间开发格局的重要途径。应按照“放开户籍”与“提高待遇”并行推进的原则，小城市（镇）本地的农民工可以在自愿基础上通过转户成为城镇居民；对于在大城市务工的农民工，可以结合农民在城镇就业和居住的稳定性，先使其享受城镇的公共服务，并根据城市经济能力，不断提高待遇水平。在公共卫生、子女义务教育、就业扶持服务等领域以及权益维护方面，力争实现农民工与本市市民平等对待，在城镇最低生活保障和住房保障领域则逐步扩大对稳定就业群体的覆盖面。

（2）完善城乡建设用地增减挂钩的土地政策。完善现行的城乡建设用地增减挂钩政策。城乡建设用地增减挂钩方式是工业化和城镇化加快发展时期，现行土地用途管制和建设用地管理体制内生的制度安排，可以实现农民居住条件改善和节约土地的共赢。今后要贯彻国务院关于严格规范城乡建设用地增减挂钩试点的文件精神，对城乡建设用地增减挂钩加以规范和完善，趋利避害，核心是保护农民利益。

保护农民土地权益和提高土地资源配置效率的根本途径在于健全土地市场体系。建立竞争性土地市场的关键是改变土地管理的城乡二元结构。建立开放的土地市场需要改革目前的征地制度，严格限定征地范围，即使是公益性征地也需要按市场价格补偿给农民，同时必须建立和健全第三方评估的机制。

（3）实行有利于产业转移的差别化产业政策。对西部地区实行有差别的产业政策，支持西部地区发展特色优势产业。一是在资源环境承载能力和市场允许的情况下，依托能源和矿产资源的资源加工业项目，优先在中西部国家重点开发区域布局，促进中西部地区重点开发地区制造业发展。二是在中西部资源开发地区，引导“嵌入型”企业特别是国有大企业的发展与当地经济发展相融合，还需要通过直购电、分段电价和运费补贴等特殊政策支持西部地区资源加工业的发展。三是严格市场准入制度，对不同主体功能区的项目实行不同的占地、耗能、耗水、资源回收率、资源综合利用率、工艺装备、“三废”排放和生态保护等强制性标准，防止资源浪费和环境破坏。四是建立市场退出机制，对限制开发区域不符合主体功能定位的现有产业，要通过设备折旧补贴、设备贷款担保、迁移补贴、土地置换等手段，促进产业跨区域转移或关闭。

（4）健全引导城市紧凑发展的城市规划和管理政策。一是需要修订《城市规划建设用地标准》，适度降低我国现行的城镇综合用地标准，提高土地利用强度，通过提高建成区人口密度，而非扩大城市面积提升城市人口容量。二是提高城市规划的科学性和约束力，保证城市内部及组团之间公共绿地、农业用地、防护林以及自然和人工水体不被侵占。三是制定城市综合整治、升级改造、拆除重建等方面的政策法规，防止主观随意性。四是制定加强城市管理的政策法规，使城市管理更加现代化和人性化。

（5）制定对粮食主产区和生态功能区的补偿政策。加强对于粮食主产区和生态功能区的保护是规范国土空间开发秩序，优化国土空间开发格局的重要举措。中央政府应逐年加大对粮食主产区的一般性转移支付力度，并逐步加强对于农田水利设施建设等支持力度。在此基础上，探索建立粮食主销区对于主产区的利益补偿机制。

目前我国已针对多类生态功能区域建立了利益补偿机制，今后应逐步将生态补偿制度化。一是需要中央财政加大对于生态补偿的支持力度，进一步健全森林生态效益补偿基金制度，不断提高国家级公益林补偿标准。二是在总结试点的基础上，全面实施草原生态保护补助奖励政策，推进资源型企业可持续发展准备金制度，不断扩大湿地生态效益补偿试点。三是在借鉴国内外实践经验的基础上，制订颁布《生态补偿条例》。

（6）完善环境保护的政策。在社会主义市场经济体制的背景下，需要综合运用法律、技术和必要的行政力量加强环境保护，制定完善环境保护的政策。一是建立以市场为基础的环境资源价格政策。二是积极引入市场机制，促进排污权交易市场的发展。完善交易市场、交易规则、纠纷裁决、责任追究等制度，逐步规范企业排污行为。三是加快开征环境保护税。我们建议以企业碳排放为对象征收环境保护税，并将全部税收转入环境保护基金，用于碳吸收领域的生态补偿，如按森林面积、草场面积、湿地面积、农田面积等给予生态补偿，既是对生态脆弱区政府和居民保护生态的一种补偿，也是对维护生态，积极进行植树造林的政府和居民的一种鼓励。

中国经济核心—边缘格局与空间优化发展*

赵作权

（中国科学院科技政策与管理科学研究所，北京　100101）

【摘　要】国内市场对一个工业化国家走上内生增长、协调发展的轨道具有十分重要的推动作用，其中市场邻近性导致全国经济形成核心—边缘格局。本文利用网络空间统计方法、城市间交通网（最短路径）距离与城市经济数据，旨在揭示我国可能出现不同于沿海—内陆分异的核心—边缘格局。我国国内市场总体上呈现“钻石”型，全国人口呈现与市场相似的核心—边缘结构，市场邻近性、人口邻近性及其差异作为确定我国空间优化发展的判别标准，经济核心区内的部分区域是能够有效减少全国经济空间差异的地区。市场这只看不见的手及其影响是可以可视化和清晰显示的。

【关键词】核心—边缘；空间发展；市场邻近；新经济地理；网络空间统计

1　概述

国内市场对一个工业化国家走上内生增长、协调发展的轨道具有十分重要的推动作用，其中市场邻近性导致全国经济形成核心—边缘格局。国内市场的高度聚集，使企业节省大量的交通费用，引起企业进一步聚集，使得经济核心区持续自我强化，不必在交通费用很高时出现全国大分工的分散发展格局（Krugman，1991）。美国和欧盟是世界上最发达的国家和地区，内需市场促使它们在大陆尺度的领土空间上形成要素高度聚集的核心区。美国核心区是位于美国东北部的制造业带，横跨波士顿、纽约和芝加哥，形状近似平行四边形，不足美国大陆国土面积的1/10（Krugman，1991；Harris，1954）。该核心区促

* 基金项目：本文为国家自然科学基金委管理学部重点项目（项目批准号70933002）、国土资源部公益性行业科研专项经费项目（项目编号201011018）和全国国土规划纲要编制重大专题（专题7）的研究成果。我们感谢周北燕、司连法、高岩松和周海燕对本研究提供的技术支持。

使美国于1900年成为世界第一制造业大国，带动了美国西部和南部地区的发展，实现了全国的空间均衡发展和全面繁荣。欧盟核心区是形如香蕉的带状地区，俗称“蓝香蕉”，占欧盟领土面积很小的一部分（李博婵，2009；Hospers，2003）。“蓝香蕉”是欧盟形成、稳定、扩张和发展的根本保证，是目前欧洲抵御全球金融危机最稳定的地区。

无论是发达国家还是发展中国家，大国经济发展主要是靠内需，靠国内市场。扩大内需已成为我国经济社会发展的战略基点（李克强，2012）。但是，我国不仅是经济大国，更是人口大国和地理大国。如何在辽阔的国土空间上依靠国内市场，推动我国经济走向内生增长、协调发展的轨道呢？回答这个问题的关键之一是找到我国市场和经济的核心区，找到那些能够带动全国发展、惠及更多人口的地区。

市场邻近性是确定经济核心—边缘格局的主要依据。为此，本文利用网络空间统计方法、城市间交通网（最短路径）距离与城市经济数据，旨在揭示我国可能出现不同于沿海—内陆分异的核心—边缘格局。我国国内市场总体上呈现“钻石”型，全国人口呈现与市场相似的核心—边缘结构，市场邻近性、人口邻近性及其差异作为确定我国空间优化发展的判别标准，经济核心区内的部分区域是能够有效减少全国经济空间差异的地区即最优平衡发展区。市场这只看不见的手及其影响是可以可视化和清晰显示的。

我国经济发展有可能出现新的核心区—边缘区格局，有以下几个方面的原因：第一，国内市场一体化、交通设施快速发展和区域增长变化对中国经济空间转型产生重要的影响。中国发达的交通网络已使全国各个城市和地区的经济成为一个有机整体（刘生龙和胡鞍钢，2011），全国经济呈现高度网络化和一体化态势。最近4年（2008～2011年）中国中西部地区和东北地区的增长速度都超过东部地区（中国社会科学院，2012），表明中国经济空间格局可能呈现复杂和多样化的变化。第二，中国经济的转型将伴随着较长时期的空间聚集和集中趋势，这是世界发达国家人均收入达到1万美元之前经济发展呈现的普遍的空间转型规律（World Bank，2009），我国目前人均收入远远低于这个数字（国家统计局，2012）。到2030年，中国人口达到14.3亿左右，接近峰值，城市化率达到60%～65%，有至少2亿的人口进入城市（蔡昉，2010）。第三，我国地域辽阔，经济与人口分布相对分散，而沿海地区狭长，不足以支撑我国相当长时间的工业化进程。美国和欧盟就是典型的例子，它们的核心区不仅包括沿海地区，还包括内陆地区。

国内市场对我国空间发展格局的影响已引起许多学者的关注。在实证研究方面，国内市场有别于国际市场的影响得到证实，在我国区域发展格局中国内市场潜力大于国际市场潜力（赵永亮，2011；范剑勇等，2010），在我国地区差异形成与演化过程中国内市场可以替代国际市场的作用（黄玖立和李坤望，2006）。在理论模型研究方面，一些学者建立两个或三个区的空间经济模型，试图同时考虑国内与国际两个市场对经济空间聚集和区域差异的影响（赵永亮和才国伟，2009；赵伟和张萃，2009；邓慧慧，2009；才国伟和舒元，2008）。

市场邻近性分析与可视化是新经济地理实证研究的重要内容（Sousa and Poncet，2011；Hering and Poncet，2010，2009；Krugman，1993），其中市场潜能和到全国市场

（多点分布）的距离（用网络中位及交通距离等值线表达）是度量市场邻近性的两个重要指标。我们对市场邻近性与空间优化发展研究的贡献包括以下三个方面：第一，我们首次同时使用网络中位和网络轴线揭示国内市场的空间邻近性特征，其中网络中位为到国内市场（加权）距离最小的点（城市区位），网络轴线为到国内市场（加权）距离最小、连接若干城市的交通路径线。Harris（1954）使用网络中位（以及交通距离等值线）和市场潜能两个指标准确地刻画了美国核心区（或制造业带）的轮廓，其中只有市场潜能被国内外学者广泛采用（见以下文献综述部分）。第二，将市场邻近性分析与人口邻近性分析相结合，比较直观、精细地反映我国经济的空间差异，并将有效减少这种空间差异作为我国空间优化发展的判别标准，把我国国土空间划分为最优效率发展区、最优公平发展区以及最优平衡发展区。目前区域经济差异研究主要使用没有空间内涵的统计指标，如 Gini 系数（Caselli and Coleman，2001；洪兴建，2010），少数学者使用包含空间区位信息的重心指标（见以下文献综述部分）。我国区域优化发展一个基本共识是需要兼顾效率与公平（魏后凯，2007；樊杰，2007），但如何将优化空间布局与兼顾效率与公平这两个目标结合起来，目前学术界还缺少比较系统和定量化的研究，特别是在大尺度区域分区（如沿海、中部和西部）条件下很难准确地表达实现优化发展的空间路径。第三，网络空间统计方法能够更加准确地揭示交通网络以及交通费用对中国空间发展格局的影响。目前市场邻近性研究很少考虑交通距离的直接影响，两个例外是 Harris（1954）和石敏俊等（2007）。

我们这里以市场邻近性为依据，重点探讨国内市场对我国未来空间发展格局的影响。我们讨论的经济核心区是在国内市场主导下形成、不受行政区划约束和与行政区划无关的经济区，如美国核心区涉及许多个州的部分地区。许多学者习惯将我国东部沿海地区作为全国经济的核心区，将中西部和东北部地区作为我国的边缘区（Krugman，2011；范剑勇等，2009；刘修岩等，2007b）。但是，我国东部沿海地区是面向国际市场快速发展起来的、与国内市场一体化无关、与行政区划密切相关的政策区。例如，我国沿海地区由几个省级行政区构成。我国学术界比较普遍的观点是，我国于 20 世纪 80 年代实施“两个大局”发展战略，导致制造业在东部沿海地区高度聚集（Krugman，2011；才国伟和舒元，2008；Fujita and Hu，2001），引起东部与内陆地区经济差距拉大，致使我国出台了推动区域协调发展的政策（范剑勇等，2010；刘修岩等，2007a）。这种基于东部沿海和内陆（如中西部）等大尺度区域的分析研究，很难准确地揭示我国经济可能呈现不同于沿海—内陆这样的空间发展格局，对区域经济差异和空间优化发展缺乏比较精细的空间分析和判断。

本文分 6 个部分。第二部分是简要的文献综述。第三部分介绍本研究使用的分析方法与数据。第四部分测算了我国国内市场的空间邻近性特征。第五部分简要探讨了我国经济的空间优化发展的基本框架，包括优化标准和优化分区。第六部分是研究结论和政策建议。

2 文献综述

市场邻近性分析旨在确定市场的空间结构和邻近性，是确定市场邻近性影响的前提，是新经济地理实证分析的主要内容。市场邻近性（Market Accessibility）制约着经济和产业的空间结构，这是诺贝尔经济学奖得主克鲁格曼新经济地理理论（Krugman，1991）的核心思想之一。度量市场邻近性的方法主要有两种（Harris，1954），一种是基于距离衰减的市场潜能（Marketp Otential 或 MP），另一种是到（全国）市场的距离（Distance to National Market），两者都能比较准确地描述经济核心区的轮廓（Harris，1954）。市场潜能是地理学家 Harris（1954）提出的基于地理距离测度市场空间邻近性的指标。Krugman（1993）和 Fujita 等（1999）将该指标纳入新经济地理模型之中，而到市场的距离指标常常直接用于新经济地理市场邻近效应的实证分析（Redding and Sturm，2008；Head and Mayer，2004）。纳入新经济地理框架中的市场潜能指标被拓展为市场邻近（Market Access）指标，考虑了竞争或价格的影响，拥有了微观经济学的理论基础（Fujita，Krugman and Venables，1999；Krugman and Venable，1995；Krugman，1993，1992）。值得注意的是，市场邻近性侧重市场分布的空间密集性，与地理学领域基于人口和交通的空间可达性研究有一定的差别（Lei and Church，2010；O' Kelly and Horner，2003）。

市场邻近性直接影响着经济和产业的空间结构。Combes（2011）和 Redding（2010）对新经济地理领域的实证研究进行了系统综述。一方面，市场邻近性对个人工资水平具有重要的影响，这不仅体现在美国的城市层面（Fallah et al.，2011）、欧洲的区域层面（Breinlich，2006；Head and Mayer，2006），也体现在中国的城市层面（Hering and Poncet，2010；范剑勇等，2009；刘修岩等，2007a）和省级层面（Sousa and Poncet，2011；Hering and Poncet，2009）以及印度尼西亚的公司层面（Amiti and Maverick，2008）。另一方面，市场邻近性制约着经济活动的空间格局，如美国就业的县域聚集（Hanson，2005），欧洲工人的区域迁移倾向（Crozet，2004），日本经济的区域格局（Davis and Weinstein，1999），中国工业聚集、经济发展和增长的市域差异（范剑勇等，2010；刘修岩等，2007b；石敏俊等，2009，2007）。同时，市场邻近性的影响不仅是区域空间性的，也是时间性的。第二次世界大战后，德国被分成东西两个部分，西德失去了与东德的市场联系，致使西德西部城市的增长快于西德东部的城市（Redding and Sturm，2008）。

市场邻近性分析涉及一个国家的国内市场和国际市场，需要计算一个国家国内市场的各个地区（城市或公司）之间的距离以及到国际市场的地理距离。Head 和 Mayer（2004）详细介绍了有关距离的计算分析。Harris（1954）使用到全国市场的最低交通费用点以及交通费用等值线系统描述了美国制造业或中间品市场的地理分布格局。国际市场邻近性分析常常需要计算国家之间的球面大圆距离（Hering and Poncet，2010）。Krugman（1993）

认为，可以使用市场潜能地图表示市场的空间邻近性。石敏俊等（2009，2007）确定了中国省份和市域尺度市场潜力的空间分布特征，刻画了中国市场潜能以沿海地区为中心、内陆地区为外围的中心—外围格局。范剑勇等（2010）分析了中国市场潜能分布，表明中国市场潜能主要来源于国内市场内部，国外市场的贡献相对较弱。

空间优化发展是区域发展和区位分析领域关注的问题，其研究内容包括空间布局的目标、方法和判别标准，但很少与市场邻近性联系起来。这里目标包括效率（Efficiency）、公平（Equity）、均衡或平衡（Balance）。效率、公平、均衡是区域发展特别是空间经济发展通常需要考虑的目标，效率和公平是宏观经济发展、区域发展和区位分析所需要考虑的目标（Kuznets，1955；Morrill and Symons，1977；陆大道，2001；Ulltveit - Moe，2007；Martin and Sunley，2011）。公平和均衡这两个目标常常与国土空间、人口和人口分布密切相关。例如，空间公平目标既可能以人口分布为参照标准，也可能以国土空间格局为参照标准。在区域发展领域，国土空间和人口常常作为空间均衡、空间公平（无空间差异）的参照标准，其中空间重心或中心作为具体的判别标准。空间几何中心是判别区域经济发展处于均衡状态的尺度（刘卫东，1993）。人口重心是判别区域空间公平的标准（樊杰等，2010）。使用国土空间作为空间公平的判别标准有可能夸大空间差异，使用人口分布（中心或重心）可能更准确一些（孟斌等，2005；李秀彬，1999）。

3 方法与数据

3.1 网络空间统计

网络空间统计是空间整体统计在网络空间上的延伸，它侧重分析网络空间分布的区位中心性、展布性和方向性，分别用中位节点、径向距离和指标定量表达。

给定一个一般的空间网络 W，其属性总量散布在平面（或球面）空间若干个节点。有属性数量 w_i 在节点 i（i=1，…，n）分布，D_{ij}是节点 i 到节点 j 的最短路径距离。

3.1.1 中位节点和网络展布性指标——径向距离 D

$$D_j = Min\left(\sum_{i=1}^{n} w_i D_{ij} \Big/ \sum_{i=1}^{n} w_i\right) \tag{1}$$

这里 D_j 所对应的节点为网络中位节点。

3.1.2 网络轴线（方位）

给定任意由若干节点联结、横贯网络的网络线 L，设 d_i 为节点 i 到 L 上所有节点中最短路径最小的距离，这样该网络所有其他节点到该网络线上节点的加权平均距离的最小值为：

$$d = \mathrm{Min}\left(\sum_{i=1}^{n} w_i d_i \Big/ \sum_{i=1}^{n} w_i\right) \tag{2}$$

该网络线代表这个网络的轴线（方位）。对该网络线的约束条件为：按网络轴线上所有节点的纵坐标或横坐标依次排序，保持它们原有的空间相邻秩序不变，要求网络线上任意两个相邻节点在主要展布方向（南北向或东西向）的坐标不能相等。

对中国城市经济网络的空间统计分析步骤如下。

（1）使用 Dijkstra 最短路径算法（陆锋，2001）确定中国城市之间的最短交通路径距离，建立城市最短路径距离矩阵。

（2）计算人口分布和收入分布的节点中位（城市）和轴线（或方位）。

3.2 空间邻近性分析

空间邻近性分析主要用于准确刻画国内市场和全国人口的核心—边缘结构，确定每一个城市在国内市场和全国人口的空间结构中的相对地位。它是空间整体统计中一种特殊的确定空间分布范围的方法，同时考虑了城市经济网络节点（城市）的经济属性特征和城市间交通线的距离效应。有关具体步骤如下。

（1）计算所有其他城市到某一城市的加权距离。

（2）将所有城市按其加权距离从小到大排序，将它们的市场份额相加，进而确定不同市场份额（间距）条件下的城市组合。

（3）在中国地图上划分不同市场份额（间距）条件下的城市组合，确定中国国内市场的核心—边缘结构。

城市 j 到所有其他城市的加权距离为：

$$d_j = \sum_{i=1}^{n} w_i d_{ij} / \sum_{i=1}^{n} w_i \tag{3}$$

其中，i，j = 城市编号；d_{ij} = 城市 i 到城市 j 的最短路径距离；w_i = 城市 i 的市场规模；n = 城市总数。

3.3 数据

这里计算涉及国内市场、城市交通距离和城市区位等数据。其中国内市场用 2009 年城市社会消费品零售总额代表，交通距离用 2010 年中国国道里程（最短路径距离）代表，城市区位用地级及地级以上城市（287 个）经纬度代表。前一种数据来源于《中国城市统计年鉴 2010》，其他来源于中国地图出版社。这里 2009 年城市（市辖区）社会消费品零售总额用于国内市场空间邻近性分析。这里选择国道数据主要有以下两方面原因：第一，公路运输目前是我国交通运输的主要方式，其货运量和客运量分别占我国货运总量和客运总量的 77.5% 和 93.2%（国家统计局，2012）。第二，其他交通方式，包括民航、水运、铁路乃至高速公路还不能通达我国许多地级城市。

4 中国市场邻近性

将全国每一个城市到所有其他城市（287 个）的消费市场的加权距离（最短路径）排序，发现我国国内市场具有明显的圈层结构，市场邻近性由圈层里到圈层外逐步降低（见图 1）。最内侧圈层代表着最邻近全国市场、占全国市场 10% 份额的城市的分布，最外侧圈层外部（西北部）地区代表着最远离全国市场、占全国市场 10% 份额的城市的分布。国内市场邻近性表明，中国国内市场在国土空间上具有明显的“钻石”型结构（见图 1）。中国 50% 的国内市场连续聚集在以北京、上海、衡阳和商洛为端点的“钻石”型地区，是中国最邻近国内市场的地区，也是中国经济的核心驱动区。我们这里选择市场 50% 分布线作为区分核心区与边缘区的标准有以下两个方面的原因：其一，国内市场 10% ~50% 分布线呈现高度密集性，体现了华北平原和长江中下游平原对国内市场的支撑作用；其二，市场 50% 分布线与 60% 分布线具有巨大的地理空间间隔（见图 1），反映了燕山、吕梁山、秦岭、大巴山、南岭和武夷山等山脉对全国国内市场的空间阻断、切割作用。

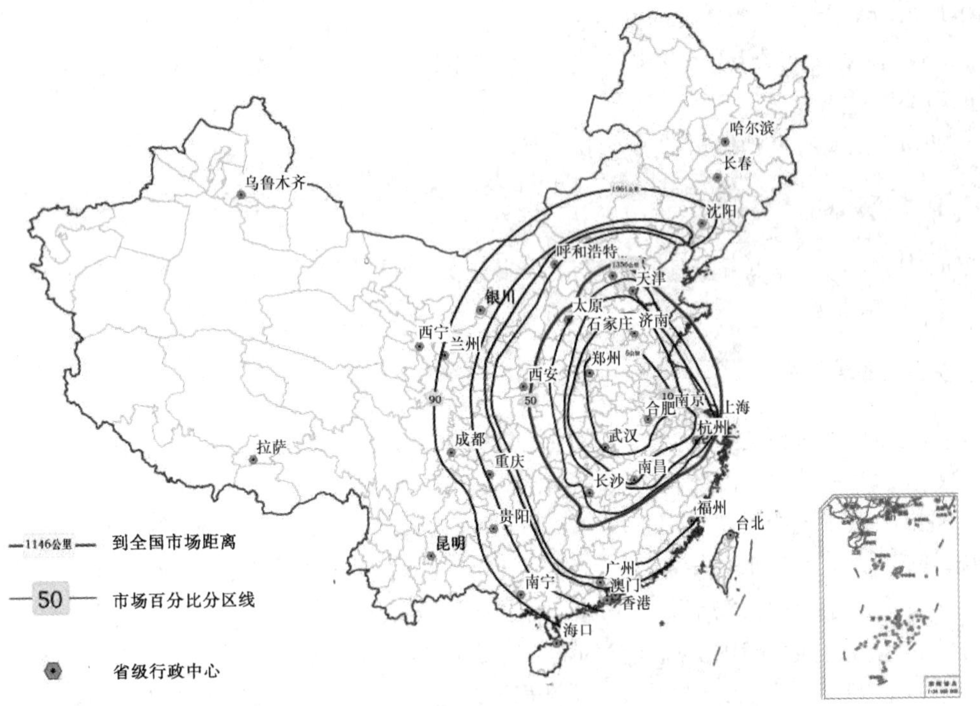

图 1　中国国内市场空间邻近性

编制：中国科学院科技政策与管理科学研究所课题组（2011 年 11 月）。

根据市场邻近性分析，中国市场邻近性最强的地区是以武汉、南京、郑州和合肥为代表的中部地区，中国市场邻近性最弱的地区是以哈尔滨、长春、昆明、乌鲁木齐为代表的广阔的东北部地区和西部地区，占据中国 50% 以上的国土空间（见图 1、表 1）。上海、杭州和济南位于中国市场邻近性次强的地区，北京、天津和长沙位于中国市场邻近性较强的地区。相反，深圳、重庆、沈阳和成都位于中国市场邻近性次弱的地区，广州、西安和福州位于中国市场邻近性较弱的地区。

表 1　中国城市国内市场邻近性

市场邻近性	市场份额线	加权距离（公里）	代表城市（按市场份额排序）
最强	≤10%	1097 ~ 1146	武汉、南京、郑州、合肥、徐州
次强	10% ~ 30%	1147 ~ 1250	上海、杭州、济南、无锡、苏州
较强	30% ~ 50%	1251 ~ 1356	北京、天津、长沙、青岛、太原
较弱	50% ~ 70%	1357 ~ 1681	广州、佛山、西安、福州、东莞
次弱	70% ~ 90%	1682 ~ 1961	深圳、重庆、沈阳、成都、汕头
最弱	>90%	1962 ~ 4198	哈尔滨、大连、长春、昆明、乌鲁木齐

通过比较分析我们发现，使用城市间最短交通路径距离比使用城市间几何距离（如球面大圆弧距离）更能准确地刻画中国国内市场的空间邻近性结构。使用城市间球面距离进行市场邻近性分析，发现任意两个相邻的市场分布线没有出现特别异常的空间隔断。

5　中国空间优化发展

邻近全国市场，邻近全国人口，有效减少全国经济发展的空间差异，确保空间发展能够兼顾效率与公平，这是实现全国经济空间优化发展的关键所在。邻近全国市场，能够提升发展的效率性。邻近全国人口，能够增强发展的普惠性。有效减少全国发展的空间差异，能够保证发展不必过于偏向公平而忽略了效率。这里根据国内市场和人口的邻近性及其空间差异，确定我国经济核心区，判断各个地区快速发展对经济空间差异改变的方向和程度，划分面向不同目标（效率、公平和平衡）的优化发展区，由此建立了中国空间优化发展的基本框架。

5.1　市场邻近性与人口邻近性

我们市场和人口具有相近的邻近性结构，高度聚集在东部地区，两者间的空间差异总体上比较小。市场和人口两个分布拥有基本一致的展布范围，人口 50% 分布线比市场 50% 分布线多包含 9 个城市。同时，这两个分布在天津到东北之间拥有相同的轴线。如果中国经济没有空间差异，中国人口和市场将有相同的节点中位（城市）、展布范围线和轴线。

我国市场和人口分布差异以东西向为主（见图2）。人口分布轴线沿哈尔滨、天津、郑州、武汉和广州分布，消费市场分布轴线沿哈尔滨、天津、南京、南昌和广州分布，两个轴线之间存在比较狭长的“裂谷”。“裂谷”东以沧州—南京—南昌—广州交通线为边界，西以沧州—石家庄—武汉—广州交通线为边界，沿南北向纵贯半个中国，东西向横跨510公里（国道里程），充分展示了中国以东西向差异为主的空间发展格局。市场轴线以东面积狭小的地区，拥有不足全国人口的20%，却拥有全国消费市场的37%。相反，人口轴线以西地域广大的地区，拥有全国人口的40%以上，却占有不足全国城市消费市场的1/4。市场轴线以东地区人均消费市场份额是人口轴线以西地区、两轴线之间地区人均消费市场份额的3.7倍以上，两轴线沿线地区人均消费市场份额比全国平均水平高1/4左右。中国经济也呈现一定的南北差异。中国人口分布的中位节点城市是郑州，市场分布的中位节点城市是信阳，二者南北向距离为312公里（国道里程）。中国经济的南北差异明显小于东西差异。

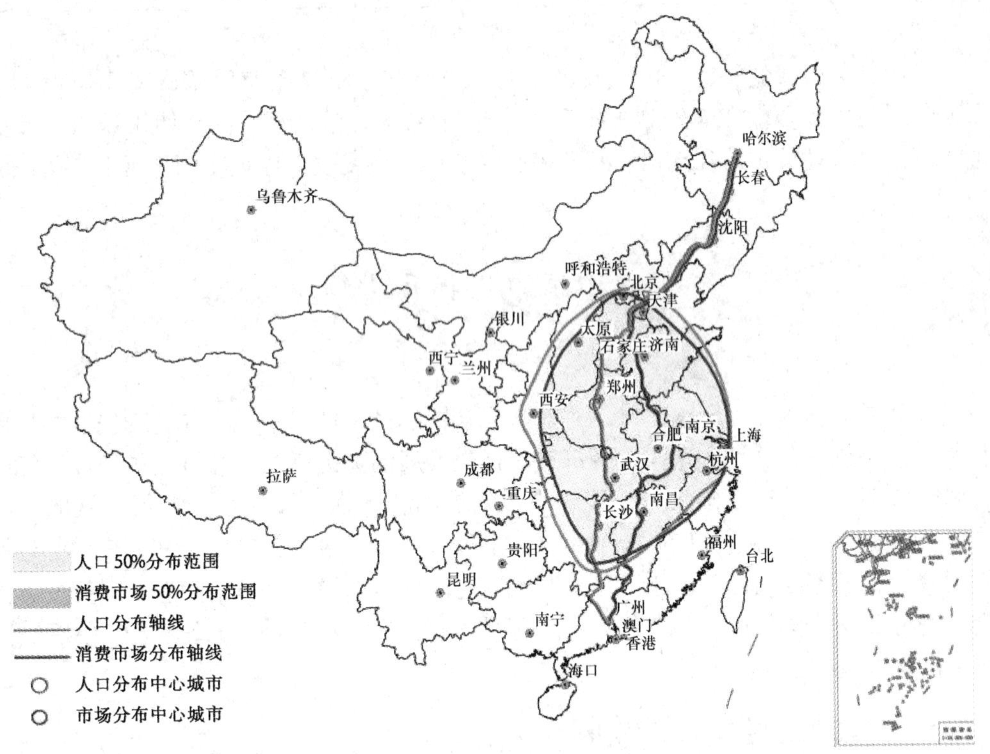

图2　中国经济空间差异“裂谷”

编制：中国科学院科技政策与管理科学研究所课题组（2011年11月）。

5.2 空间优化发展基础：核心区

依据国内市场和人口的50%份额空间范围线，确定我国经济的核心区。我国核心区呈“钻石”型，以上海、北京、西安和长沙（或衡阳）为端点，主体坐落在华北平原和长江中下游平原，占有全国一半的消费市场、人口、GDP、制造业，含有117个地级及地级以上城市（见图3、表2）。从市辖区角度来看，核心区人口、就业（包括制造业）占全国的48.3%以上，GDP和社会消费占全国的50.9%以上。从全市角度来看，核心区人口、就业（包括制造业）占全国的49.5%以上，GDP和社会消费占全国的52.4%以上（见表2）。

表2 中国核心区（2009年）

	人口（亿人）		就业（亿人）		制造业就业（亿人）		GDP（万亿元）		社会消费（万亿元）	
	全市	辖区	全市	辖区	全市	辖区	全市	辖区	全市	辖区
全国城市	12.34	3.81	2.28	1.40	0.35	0.24	36.11	20.78	12.86	8.06
核心区	6.14	1.85	1.13	0.70	0.18	0.12	18.93	10.57	6.79	4.15
核心区（%）	(49.8)	(48.5)	(49.5)	(50.0)	(51.8)	48.3	(52.4)	(50.9)	(52.8)	(51.5)

注：根据2009年中国城市统计数据。

“钻石”型核心区是我国空间优化发展的基石。该地区是我国经济布局最邻近国内市场的地方，是我国社会发展最普惠人口的地方，也是我国乃至世界经济要素最为大规模聚集的地区。我国核心区人口达6.2亿人，是美国全国人口的两倍，是德国、法国和英国等欧洲三强的3倍。我国核心区面积为115万平方公里，占全国领土面积的12%，几乎是美国核心区的两倍。

5.3 空间优化发展分区：有效减少经济空间差异

不同地区的快速发展对减少全国经济空间差异的贡献是不一样的。能够拉大全国经济空间差异的地区，是指向效率的发展区。能够缩小全国经济空间差异的地区，是指向公平的发展区。能够较快地降低全国经济空间差异的地区，是指向平衡的发展区。

空间优化分区具体步骤如下：

第一，依据各个地区的相对快速发展能够加大空间差异的程度，将这些地区依次界定为最优效率发展区、次优效率发展区等，统称为效率发展区。例如，如果市场轴线以东地区得到相对快速发展（与其他地区比较），市场轴线将东移，市场轴线与人口轴线的距离拉大，我国经济发展的空间差异将增加（由于人口流动的黏性和限制，它不可能随投资同步移动）。

第二，依据各个地区的相对快速发展能够降低空间差异的程度，将这些地区依次界定为最优公平发展区、次优公平发展区等，统称为公平发展区。例如，如果人口轴线以西地区得到相对快速发展，市场轴线将西移，市场轴线与人口轴线的距离缩小，我国经济发展的空间差异将降低。

第三，依据各个地区的相对快速发展能够稳定并逐渐降低空间差异的程度，将这些地区依次界定为最优平衡发展区、次优平衡发展区等，统称为平衡发展区。例如，如果人口轴线以东、市场轴线以西地区得到相对快速发展，市场轴线将西移，人口轴线将东移，市场轴线与人口轴线的距离缩小，我国经济发展的空间差异将显著降低。

（1）最优平衡发展区。以南京、沧州、石家庄、衡阳和吉安等城市围成的矩形区域是中国实施最优平衡发展的区域（见图 3）。中国要有效地降低经济的空间差异和不均衡局面，建设这个地区是关键。最优平衡发展区位于中国核心区中部、经济空间差异“裂谷”中。需要指出的是，最优平衡发展区的南部具有邻近国际市场的相对优势。

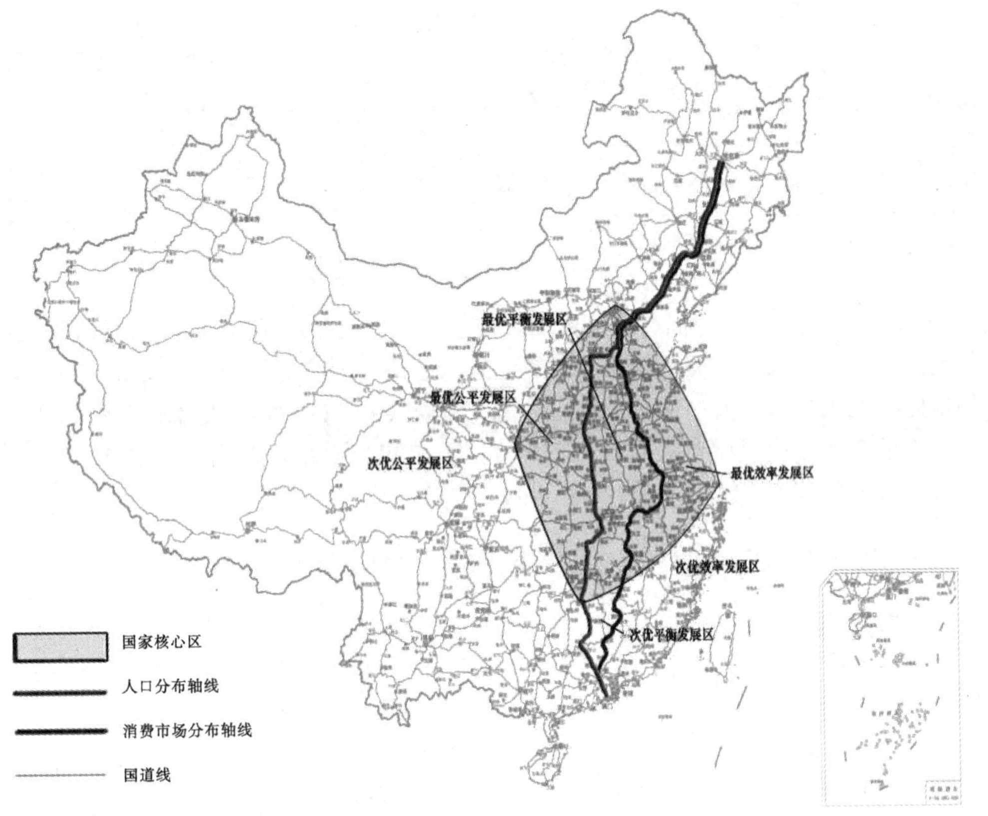

图 3 中国空间优化发展格局

编制：中国科学院科技政策与管理科学研究所课题组（2012 年 1 月）。

根据 2009 年中国地级以上城市全市社会消费品零售总额、2010 年城市间国道最短里程数据及空间聚类方法获得。

资料来源：《中国城市统计年鉴 2010》和中国地图出版社。

（2）最优公平发展区。以北京、天津、石家庄、衡阳、西安和太原等城市围成的长条区域是中国实施最优公平发展的主要区域（见图 3）。中国要全面消除经济的空间差异，建设这个地区是至关重要的。最优公平发展区位于中国核心区西部，在人口分布轴线西侧。需要指出的是，位于哈尔滨、沈阳、北京、西安和广州等城市连线以西的地区是次优公平发展区，其中广东、广西沿海地区具有邻近国际市场的相对优势。

（3）最优效率发展区。以天津、南京、吉安、衢州、上海等城市及黄渤海海岸线所围成的带状区域是中国实施最优效率发展的主要区域（见图 3）。中国要有效地提高国家经济的全球竞争力，建设这个地区是关键。最优效率发展区的中北部具有邻近国际市场的优势。最优效率发展区位于中国核心区东部，市场轴线东侧。需要指出的是，位于上海、金华、吉安和广州等城市连线以东、以南的地区，以及位于哈尔滨、沈阳和锦州等城市连线以东的东北部地区，是次优效率发展区，其中广东、福建、浙江和辽宁沿海地区具有邻近国际市场的相对优势。

6 结论

国内市场对我国走上内生增长、协调发展的轨道具有十分重要的推动作用，其中市场邻近性决定了我国经济形成怎样的核心—边缘格局。我们利用网络空间统计方法、城市间交通网（最短路径）距离与城市经济数据，揭示了我国可能出现不同于沿海—内陆分异的核心—边缘格局。我国国内市场和人口呈现相似的核心—边缘结构。我国经济核心区呈“钻石”型，以上海、北京、西安和长沙（或衡阳）为端点，是最邻近全国市场和人口的地区，是我国乃至世界经济要素最大规模聚集的地区，是我国空间优化发展的基石。在核心区内部，以南京、沧州、石家庄、衡阳和吉安等城市围成的矩形区域是中国实施最优平衡发展的区域，是能够有效减少全国经济空间差异的地区。以北京、天津、石家庄、衡阳、西安和太原等城市围成的长条区域是中国实施最优公平发展的主要区域。以天津、南京、吉安、衢州、上海等城市及黄渤海海岸线所围成的带状区域是中国实施最优效率发展的主要区域。

我国国内市场主导的核心—边缘结构将对我国经济长期持续增长、空间优化发展、区域差异降低和区域协调发展产生深远的影响。例如，中原地区、长江中下游地区以及关中平原地区与珠三角地区、东北部地区相比更邻近全国市场和人口，应当在我国全国经济布局、区域协调发展中发挥更大的作用。核心—边缘结构是世界发达国家工业化和城市化中后期的空间发展规律。一个大国的崛起和现代化都离不开经济核心区，如美国拥有从波士顿、纽约到芝加哥的制造业核心区。中国“钻石”型核心区正在形成中，它横跨东部、中部和西部 3 个地区，占有全国 50% 左右的消费市场、人口和 GDP，它的快速发展将极大地提高中国经济的全球竞争力，制约着中国工业化和城市化完成时期产业、人口和城市的分布格局。促进国家核心区成形，推动全国市场一体化，把握好核心区与边缘区的关系，是一个大国在经济转型中又好又快发展的战略抉择，符合当前中国区域协调发展的精神，应成为中国空间发展规划的主要内容。

中国核心—边缘结构和空间优化发展是一个值得深入研究的重要问题。我们从国内市场邻近性和交通距离角度出发，提出了我国核心—边缘结构和空间优化发展的一个定量分析框架，希望学术界和政策制定者对这一问题给予更多的关注。特别是，中国当今已成为世界第二大经济体，国内市场规模对未来全国的经济增长和发展格局将产生越来越大的影响。同时，中国国土空间辽阔，不同地区发展的收益和成本具有很大的差别，对全国经济布局具有不同的政策含义，需要对全国空间发展格局进行精细和定量化的分析。到市场的距离在以往的研究中只包含了市场对点的邻近性，没有包含市场对若干点（如城市）的连线（如交通网络轴线）的邻近性，这是本文使用网络空间统计的原因，试图拓展对市场邻近性的理解。值得进一步探索的研究方向包括比较市场潜能和到市场距离两个指标对我国市场核心区划分的影响。我们承认国际市场和国内中间品市场也对中国经济的空间格局具有非常重要的影响，同时铁路（包括高速铁路）、高速公路、水运和航空等交通网络对中国空间格局变迁发挥着巨大的推动作用。这些因素的影响特别是国内国际市场的耦合作用（赵永亮，2011；范剑勇等，2010）以及多种交通方式的共同作用（Harris，1954；石敏俊等，2007）有待我们做进一步的研究。

参考文献

[1] Amiti M.，B. S. Maverick. Trade Costs and Location of Foreign Firms in China [J]. Journal of Development Economics，2008（85）：129-149.

[2] Breinlich H. The Spatial Income Structure in the European Union—What Role for Economic Geography? [J]. Journal of Economic Geography，2006（6）：593-617.

[3] Caselli F.，W. J. Coleman II. The US Structural Transformation and Regional Convergence：A Reinterpretation [J]. Journal of Political Economy，2001（109）：584-616.

[4] Combes P. P. The Empirics of Economic Geogoraphy：How to Draw Policy Implications? [J]. Review of World Economics，2011（147）：567-592.

[5] Crozet M. Do Migrants Follow in Market Potential? An Estimation of a New Economic Geography Model [J]. Journal of Economic Geography，2004（4）：439-458.

[6] Davis D.，D. Weinstein. Economic Geography and Regional Production Structure：An Empirical Investigation [J]. European Economic Review，1999（43）：379-407.

[7] Fallah B. N.，M. D. Partridge and M. R. Olfert. New Economic Geography and US Metropolitan Wage Inequality [J]. Journal of Economic Geography，2011（11）：865-895.

[8] Fujita M.，D. Hu. Regional Disperity in China 1985-1994：The Effects of Globalization and Economic Liberalization [J]. Annals of Regional Science，2001（35）：3-37.

[9] Fujita M.，P. Krugman，A. Venables. The Spatial Economy：Cities，Regions and International Trade [M]. Massachusetts：MIT press，1999.

[10] Hanson G. H. Market Potential，Increasing Returns and Geographic Concentration [J]. Journal of In-

ternational Economics, 2005 (67): 1 -24.

[11] Harris C. D. The Market as a Factor in the Localization of Industry in the United States [J] . Annals of the Association of American Geographers, 1954 (64): 315 -348.

[12] Head K. , T. Mayer. Market Potential and the Location of Japanese Investment in the European Union [J] . Review of Economics and Statistics, 2004 (86): 959 -972.

[13] Head K. , T. Mayer. Regional Wage and Employment Responses to Market Potential in the EU [J] . Regional Science and Urban Economics, 2006 (36): 573 -595.

[14] Hering L. , S. Poncet. Market Access and Individual Wages: Evidence from China [J] . Review of Economics and Statistics, 2010 (92): 145 -159.

[15] Hering L. , S. Poncet. The Impact of Economic Geography on Wages: Disentangling the Channels of Influence [J] . China Economic Review, 2009 (20): 1 -14.

[16] Hospers G. J. Beyond the Blue Banana? Structural Change in Europe' s Geo - Economy [J] . Intereconomics, 2003 (38): 76 -85.

[17] Krugman P. Increasing Returns and Economic Geography [J] . Journal of Political Economy, 1991 (99): 483 -499.

[18] Krugman P. A Dynamic Spatial Model [Z] . NBER Working Paper No 4219, 1992.

[19] Krugman P. First Nature, Second Nature, and Metropolitan Location [J] . Journal of Regional Science, 1993 (33): 129 -144.

[20] Krugman P. The New Economic Geography, Now Middle - aged [J] . Regional Studies, 2011 (45): 1 -7.

[21] Krugman P. , A. J. Venables. Globalization and the Inequality of Nations [J] . Quarterly Journal of Economics, 1995 (4): 857 -880.

[22] Kuznets S. Economic Growth and Income Inequality [J] . American Economic Review, 1955 (45): 1 -28.

[23] Lei T. L. , R. L. Church. Mapping Transit - Based Access: Integrating GIS, Routes and Schedules [J] . International Journal of Geographical Information Science, 2010 (24): 283 -304.

[24] Martin R. , P. Sunley. The New Economic Geography and Policy Relevance [J] . Journal of Economic Geography, 2011 (11): 357 -369.

[25] Morrill R. L. , J. Symons. Efficiency and Equity Aspects of Optimum Location [J] . Geographical Analysis, 1977 (9): 215 -225.

[26] O' Kelly M. E. , M. W. Horner. Aggregate Accessibility to Population at the County Level: US. 1940 - 2000 [J] . Journal of Geographical Systems, 2003 (5): 5 -23.

[27] Redding S. J. The Empirics of New Economic Geography [J] . Journal of Regional Science, 2010 (50): 297 -311.

[28] Redding S. J. , D. M. Sturm. The Costs of Remoteness: Evidence from German Division and Reunification [J] . American Economic Review, 2008 (98): 1766 -1797.

[29] Sousa J. de , S. Poncet. How are Wages Set in Beijing? [J] . Regional Science and Urban Economics, 2011 (41): 9 -19.

[30] Ulltveit - Moe K. H. Regional Policy Design: An Analysis of Relocation, Efficiency and Equity [J] . Eu-

ropean Economic Review, 2007 (51): 1443－1467.

[31] World Bank. World Development Report 2009: Reshaping Economic Geography [M]. World Bank Publications, 2009.

[32] 才国伟，舒元．对“两个大局”战略思想的经济学解释［J］．经济研究，2008（9）．

[33] 蔡昉．中国人口与劳动问题报告（No.11）——后金融危机时期的劳动力市场挑战［M］．北京：社会科学文献出版社，2010.

[34] 邓慧慧．贸易自由化、要素分布和制造业集聚［J］．经济研究，2009（11）．

[35] 樊杰．我国主体功能区划的科学基础［J］．地理学报，2007（4）．

[36] 樊杰，陶岸君，吕晨．中国经济与人口重心的耦合态势及其对区域发展的影响［J］．地理科学进展，2010（1）．

[37] 范剑勇，张雁．经济地理与地区间工资差异［J］．经济研究，2009（8）．

[38] 范剑勇，高人元，张雁．空间效率与区域协调发展战略选择［J］．世界经济，2010（2）．

[39] 国家统计局．中华人民共和国2011年国民经济和社会发展统计公报［R］，2012.

[40] 黄玖立，李坤望．对外贸易、地方保护和中国的产业布局［J］．经济学（季刊），2006（5）．

[41] 洪兴建．中国地区差距、极化与流动性［J］．经济研究，2010（12）．

[42] 李博婵．欧盟经济核心区及其扩展趋势［J］．欧洲研究，2009（2）．

[43] 李克强．在改革开放进程中深入实施扩大内需战略［J］．求是，2012（2）．

[44] 李秀彬．地区发展均衡性的可视化测度［J］．地理科学，1999（3）．

[45] 刘生龙，胡鞍钢．交通基础设施与中国区域经济一体化［J］．经济研究，2011（3）．

[46] 刘修岩，殷醒民，贺小梅．市场潜能与制造业空间集聚——基于中国地级城市面板数据的经验研究［J］．世界经济，2007a（11）．

[47] 刘修岩，贺小海，殷醒民．市场潜能与地区工资差距——基于中国地级面板数据的实证研究［J］．管理世界，2007b（9）．

[48] 刘卫东．经济重心地域迁移与区域经济均衡发展［J］．经济地理，1993（2）．

[49] 陆大道．论区域的最佳结构与最佳发展——提出“点—轴系统”和“T”字型结构以来的回顾与再分析［J］．地理学报，2001（2）．

[50] 陆锋．最短路径算法——分类体系与研究进展［J］．测绘学报，2001（3）．

[51] 孟斌，王劲峰，张文忠，刘旭华．基于空间分析方法的中国区域差异研究［J］．地理科学，2005（4）．

[52] 石敏俊，赵曌，金凤君．中国地级行政区域市场潜力评价［J］．地理学报，2007（10）．

[53] 石敏俊，赵曌，袁永娜．经济地理与区域经济增长差异［J］．中国区域经济，2009（1）．

[54] 魏后凯．对当前区域经济发展若干理论问题的思考［J］．经济学动态，2007（1）．

[55] 中国社会科学院．中国省域竞争力蓝皮书［M］．北京：社会科学文献出版社，2012.

[56] 赵伟，张萃．市场一体化与中国制造业区域集聚变化趋势研究［J］．数量经济技术经济研究，2009（2）．

[57] 赵永亮．中国内外需求的市场潜力研究——基于工资方程的边界效应分析［J］．管理世界，2011（1）．

[58] 赵永亮，才国伟．市场潜力的边界效应与内外部市场一体化［J］．经济研究，2009（7）．

The Core of China' s Economy: The Periphery Pattern and Optimized Spatial Development

Zhao Zuoquan

Abstract: The domestic market has a very important driving function for an industrialized country that has gone to path to the endogenous growth and cooperative development, in which the market access leads to a core – periphery structure (CPS) of the economy of the whole country. By the use of the network spatial statistics and the data on the urban econo mies and inter – urban road networks, we have aimed at revealing the possibility, in China, of the CPS that is different from the pattern of the coastal – interior division. China' s domestic markets have, as a whole, the shape of a Diamond, and the population of whole China shows the CPS that is similar to that of the market. If the market nearness, the popu? lation closeness and their differences are taken as the determination of the adjudging standard for the development of China' s optimization in space, only a part of the kernel area is the area where the difference in the space of the econo? my of the whole country can be effectively reduced. The invisible hand—the market, and its impacts can be visualized and explicitly displayed.

Key Words: Core – Periphery; Spatial Development; Market Access; The New Economic Geograpby; Network Spatial Statistics

空间外溢与区域经济增长趋同*
——基于长江三角洲的案例分析

覃成林[1]　刘迎霞[2]　李　超[1]

（1. 暨南大学经济学院，广州　510632；
2. 河南大学哲学与公共管理学院，开封　475001）

【摘　要】空间俱乐部趋同是指经济增长初始条件和结构特征相似且空间上相邻的一组区域的经济增长收敛于相同的稳态，是区域经济增长俱乐部趋同的一个新研究领域，其发生机制是空间外溢促成区域经济出现地方化增长，进而导致空间俱乐部趋同。运用包含空间外溢的区域经济增长理论模型可以证明，空间外溢有可能导致空间俱乐部趋同。对中国长江三角洲 1990 ~2007 年区域经济增长过程所做的经验分析也表明，空间外溢对区域经济增长确有影响，空间俱乐部趋同客观存在。在考虑空间外溢的情况下，长江三角洲的空间俱乐部趋同速度为 1.57%。

【关键词】区域经济增长；俱乐部趋同；空间俱乐部趋同；空间外溢

1　引言

俱乐部趋同是区域经济增长趋同的一种类型。根据 Barro 和 Sala – I – Martin 的经典定义，俱乐部趋同（Club Convergence）是指在经济增长的初始条件和结构特征等方面都相似的一组区域的经济增长收敛于相同的稳态。①俱乐部趋同的结果是形成趋同俱乐部（Convergence Club）。较之于其他趋同类型，直到 20 世纪 90 年代中期，俱乐部趋同才受

* 基金项目：本文为国家自然科学基金项目（40771055）的阶段性成果。感谢匿名评审专家提出的建设性意见。

① R. J. Barro, X. Sala – I – Martin. Convergence Across States and Regions [J]. Brookings Paperson Economic Activity, 1991, 22 (1): 107 – 182.

到学术界的关注。进入21世纪，俱乐部趋同研究成为区域经济增长趋同研究中的一个热点。[①] 一方面，学术界在不同的国家和区域层次上进行实证研究，以检验是否存在俱乐部趋同现象及其普遍性。Quah 的研究发现，区域之间收入水平在时间序列上的分布表现为富裕和贫穷的“双峰”，形成了典型的俱乐部趋同，即所谓的“双峰模式”。[②] Desdoigts 的研究证实了 OECD 国家和非 OECD 国家内部都存在俱乐部趋同现象。[③] Canova 发现，在人均收入层面上欧洲和 OECD 国家均存在趋同俱乐部。[④] Cermeño 运用马尔可夫转移概率模型分别对57个国家、100个国家、OECD 国家和美国各州的不同样本数据进行分析，均发现了俱乐部趋同现象。[⑤] 我国学者的研究也证实了俱乐部趋同现象的普遍存在。[⑥] 另一方面，依据事实观察和实证分析，对俱乐部趋同的内涵进行拓展，先后形成了从时间维度、空间维度界定俱乐部趋同的研究思路。[⑦]

近年来，随着空间计量经济学的发展，俱乐部趋同的空间属性被发现和受到重视，一些学者开始寻求从空间维度讨论俱乐部趋同问题。[⑧] 这是一个有价值的探索方向。从所完成的有关研究工作中，[⑨] 笔者发现俱乐部趋同表现出明显的、内在的空间属性。如果细心观察依据时间维度所划分出的趋同俱乐部的成员区域在空间上的分布状态，就会发现两种被忽略了的现象。其一是某类趋同俱乐部在空间上可能有多个，而不仅仅只有一个。也就是说，从时间维度识别的趋同俱乐部仅仅是一种类型，不能反映这种类型的趋同俱乐部的数量。其二是构成趋同俱乐部的多数成员区域在空间上是呈集聚状态的，表现为成员区域

---

① M. M. Fischer , C. Stirböck. Pan – European Regional Income Growth and Club – Convergence—Insights from a Spatial Econometric Perspective [J] . Annals of Regional Science, 2006, 40 (4): 693 – 721.

② D. Quah. Twin Peaks: Growth and Convergence in Models of Distribution Dynamics [J] . Economic Journal, 1996, 106 (437): 1045 – 1055.

③ A. Desdoigts. Patterns of Economic Development and the Formation of Clubs [J] . Journal of Economic Growth, 1999, 4 (4): 305 – 330.

④ F. Canova. Testing for Convergence Clubs in Income Per – Capita: A Predictive Density Approach [J] . HWWA Discussion Paper , 2001 (139): 7 – 35.

⑤ R. Cermeño. Growth Convergence Clubs: Evidence from Markov – Switching Models Using Panel Data [J] . Paper for the 10th International Conference on Panel Data, Berlin, 2002: 1 – 19.

⑥ 蔡昉，都阳. 中国地区经济增长的趋同与差异——对西部开发战略的启示 [J] . 经济研究，2000 (10)；刘强. 中国经济增长的收敛性分析 [J] . 经济研究，2001 (6)；沈坤荣，马俊. 中国经济增长的“俱乐部收敛”特征及其成因研究 [J] . 经济研究，2002 (1)；覃成林. 中国区域经济增长趋同与分异研究 [J] . 人文地理，2004 (3)；何一峰. 转型经济下的中国经济趋同研究——基于非线性时变因子模型的实证分析 [J] . 经济研究，2008 (8)；潘文卿. 中国区域经济差异与收敛 [J] . 中国社会科学，2010 (1)。

⑦ 覃成林，张伟丽. 区域经济增长俱乐部趋同研究评述 [J] . 经济学动态，2008 (3) .

⑧ J. L. Gallo, C. Ertur. Exploratory Spatial Data Analysis of the Distribution of Regional per Capita GDP in Europe, 1980 – 1995 [J] . Journal of Economics, 2003, 82 (2): 175 – 201; M. Laurini, E. Andrade, P. L. V. Pereira. Income Convergence Clubs for Brazilian Municipalities: A Non – Parametric Analysis [J] . Applied Economics, 2005, 37 (18): 2099 – 2118; S. Dall' erba. Productivity Convergence and Spatial Dependence among Spanish Regions [J] . Journal of Geographical Systems, 2005, 7 (2): 207 – 227.

⑨ 覃成林，唐永. 河南区域经济增长俱乐部趋同研究 [J] . 地理研究，2007 (3)；覃成林. 中国区域经济增长分异与趋同 [M] . 北京：科学出版社，2008.

之间在空间上近邻且连续分布，但也有少量成员区域在空间分布上是离散的，与其他区域在空间上不相连。由此不难发现，时间维度的俱乐部趋同概念至少有两个缺陷。一是它仅能反映趋同俱乐部的类型数量信息，而不能反映某类趋同俱乐部的“个体”数量信息。如在 Quah 的“双峰模式”中，① 每个“峰”仅代表了某类趋同俱乐部，而不能反映出该类趋同俱乐部的个体数量信息。二是它所划分出的趋同俱乐部成员区域在空间分布上有可能是离散的。在解释俱乐部趋同发生机制时，由于把空间上并不相连的区域放在一起进行分析，很容易忽略一些重要的信息或者加入与客观现实不符的伪信息，从而导致结论出现偏差。

根据以上认识，本文拟从区域经济增长俱乐部趋同的空间属性出发，定义区域经济增长空间俱乐部趋同概念（以下简称为“空间俱乐部趋同”，其所形成的趋同俱乐部则简称为“空间趋同俱乐部”），并重点从区域经济增长的空间外溢角度，对空间俱乐部趋同的发生机制进行解释。

本文余下内容安排如下：第二部分，对空间俱乐部趋同概念进行定义。第三部分，首先建立空间外溢促成区域经济呈现地方化增长，进而导致区域经济增长发生空间俱乐部趋同的机制假设。其次根据这个假设，构建包含空间外溢的区域经济增长理论模型，揭示空间外溢导致空间俱乐部趋同的基本原理。第四部分，在第三部分基础上，构建用于检验空间俱乐部趋同的空间计量经济模型。第五部分，以长江三角洲地区的 75 个县区作为样本区域，对空间俱乐部趋同做一个经验分析，以验证本文前面的理论构想。第六部分，为结论与讨论。

2 空间俱乐部趋同

以克鲁格曼为代表的新经济地理学的兴起，从理论上推动了区域经济增长空间属性对于俱乐部趋同影响的研究。从 20 世纪末开始，区域经济增长的空间相关性和异质性对俱乐部趋同的影响逐步受到学术界的重视。

Martin 和 Sunley 认为，区域经济体是一个开放的系统，区域之间存在着各种物质和非物质的联系，导致区域经济体之间存在不同程度的相互影响。一个区域的经济增长不仅取决于自身的基础和投入，也依赖于其他区域的经济增长轨迹，尤其是其周围邻居区域的经济增长状况。② Rey 等运用 ESDA 技术，发现 1929 ~ 1994 年美国的区域经济增长具有很强

① D. Quah. Twin Peaks：Growth and Convergence in Models of Distribution Dynamics ［J］//Controversies in Macro-economics：Growth，Trade，and Policu. Blackuell，Qxford：Malden，Mass，1999：1045 – 1055.

② R. Martin，P. Sunley. Slow Convergence? The New Endogenous Growth Theory and Regional Development ［J］. Economic Geography，1998，74（3）：201 – 207.

的空间自相关性，区域经济增长的趋同与其周边区域关系甚大。① López - Bazo 等的研究表明，在欧洲国家区域经济增长趋同存在空间依赖和趋同俱乐部。②

区域经济增长在表现出空间相关性的同时，又具有明显的空间异质性。由于区域之间普遍存在空间相互作用，使得经济活动常常在某些特定区位上集聚，而不是在空间中均匀分布。Gallo 和 Ertur 利用 1980 ~ 1995 年 138 个欧洲区域的人均 GDP 数据进行空间计量分析，以考察空间效应在欧洲区域经济增长趋同中的作用。结果显示，一个区域的人均 GDP 的平均增长率受到其邻居区域的平均增长率的显著影响。同时，趋同过程在各区域类型之间是不同的，欧洲区域形成了南部和北部两个趋同俱乐部。③ Fischer 等的研究更为深入，他们提出了一个基于空间异质性的检验俱乐部趋同的空间计量框架，对 25 个欧洲国家的 256 个区域在 1995 ~ 2000 年的趋同过程进行分析，得到了如下重要结论：欧洲的俱乐部趋同过程存在异质性模式，异质性同时表现在趋同速度和稳态水平上。④

从目前学术界的研究成果中，笔者得到两个重要启示。其一，区域经济增长的空间相关性说明一个区域的经济增长过程与周边区域关系密切，这就意味着空间上近邻的区域更容易发生俱乐部趋同，形成趋同俱乐部。其二，区域经济增长的空间异质性说明区域经济增长在空间上并不是一个统一的过程，而经常是存在空间差异。具有内部同质性和外部异质性的区域集群（Regional Cluster）有形成趋同俱乐部的趋向，而它们之间则表现为分异或者差异扩大。

因此，在俱乐部趋同研究中，必须重视空间效应的影响。随着研究的深入，时间维度的俱乐部趋同概念和检验不断受到批评。一些学者明确指出，若把区域经济体视为封闭的“孤岛”来研究而忽视空间作用，就可能会得出错误的结论。⑤ 如果不考虑影响区域经济增长的空间特性，那么，运用一般 OLS 趋同模型所进行的趋同分析结果将会存在偏差甚至错误。⑥ 于是，少数学者试图从概念上把空间维度的俱乐部趋同与时间维度的俱乐部趋同区分开来。Baumont 等在 2003 年提出了空间趋同俱乐部（Spatial Convergence Clubs）这

---

① S. J. Rey, B. D. Montouri. US Regional Income Convergence: A Spatial Econometric Perspective [J]. Regional Studies, 1999, 33 (2): 143 - 156; S. J. Rey, M. J. Janikas. Regional Convergence, Inequality, and Space [J]. Journal of Economic Geography, 2005, 5 (2): 155 - 176.

② E. López - Bazo, E. Vayá, A. Mora, J. Suriñach. Regional Economic Dynamics and Convergence in the European Union [J]. The Annals of Regional Science, 1999, 33 (3): 343 - 370.

③ J. L. Gallo, C. Ertur. Exploratory Spatial Data Analysis of the Distribution of Regional per Capita GDP in Europe, 1980 - 1995 [J] RePEC, 2000 (3): 175 - 201.

④ M. M. Fischer, C. Stirböck. Pan - European Regional Income Growth and Club - Convergence—Insights from a Spatial Econometric Perspective [J]. Annals of Regional Science, 2006 (40): 693 - 721.

⑤ B. Fingleton, E. López - Bazo. Empirical Growth Models with Spatial Effects [J]. Papersin Regional Science, 2006, 85 (2): 177 - 198.

⑥ C. Baumont, C. Ertur, J. L. Gallo. A Spatial Econometric Analysis of Geographic Spillovers and Growth for European Regions, 1980 - 1995 [J]. paper for the 6th RSAI World Congress 2000 “Regional Science in a Small World”, Switzerland, 2000: 1 - 28; M. Laurini, E. Andrade, P. L. V. Pereira. Income Convergence Clubs for Brazilian Municipalities: A Non - Parametric Analysis [J]. Applied Economics, 2005: 2099 - 2118.

个概念，将其等同于空间体系（Spatial Regimes）。① 其后，Rumayya 等将其定义为具有相同稳态性质的国家趋同于相同的长期增长路径。② Abreu 等在题为《空间与增长》的综述文献中沿用了这一定义。③ 不难看出，这个定义与传统俱乐部趋同概念并没有实质区别。此外，一些学者使用了诸如空间体系（Spatial Regime）、空间集群（Spatialcluster）等表述。④ 近年来，以中国区域为样本的研究也重视从空间角度来考察趋同问题。⑤ 张伟丽等对中国的空间俱乐部趋同进行了研究，但是没有对空间俱乐部趋同概念进行明确的界定。⑥ 由此可见，对空间俱乐部趋同概念做进一步的深入探讨是十分必要的。⑦

在上述国内外学者研究的基础上，结合笔者对俱乐部趋同的认识，⑧ 本文对空间俱乐部趋同概念做如下定义：空间俱乐部趋同是指经济增长初始条件和结构特征相似且空间上相邻的一组区域的经济增长收敛于相同的稳态。相应地，这组区域就称之为空间趋同俱乐部。与时间维度的俱乐部趋同相比较，本文所定义的空间俱乐部趋同有两个主要特征。其一，发生俱乐部趋同的区域不仅在初始条件和结构特征等方面相似，而且在空间分布上是相邻的。其二，除了初始条件、结构特征之外，强调区域经济增长的空间相关性和异质性对于趋同所产生的影响，将其作为导致俱乐部趋同的重要影响因素。

---

① C. Baumont, C. Ertur, J. L. Gallo. Spatial Convergence Clubs and the European Regional Growth Process, 1980 – 1995 [J] //*European Regional Growth*, Berlin: Springer, 2003: 131 – 158.

② Rumayya W. Wardaya, E. A. Landiyanto. Spatial Convergence Club & Regional Spillovers in East Java [J]. Paralel Session VB: Regional Economic Development, Pukul1315 – 1445, Hotel Borobudur, Jakarta, 2005.

③ G. Abreu, H. de Groot, R. Florax. Spaceand Growth: A Survey of Empirical Evidence and Methods [J]. Région et Développement, 2005, (21): 13 – 44.

④ M. Bräuninger, A. Niebuhr. Agglomeration, Spatial Interaction and Convergence Effects in the EU [J]. ERSA conference papers, European Regional Science Association, 2005; M. M. Fischer, C. Stirböck. Pan – European Regional Income Growth and Club – Convergence—Insights from a Spatial Econometric Perspective [J]. Annals of Regional Scienca 2006 (40): 693 – 721; Dall' erba, L. Gallo. Regional Convergence and the Impact of European Structural Funds over 1989 – 1999: A Spatial Econometric Analysis [J]. Papers in Regional Science, 2008, 87 (2): 219 – 244; C. Ertur, J. L. Gallo, C. Baumont. The European Regional Convergence Process, 1980 – 1995: Do Spatial Dependence and Spatial Heterogeneity Matter? [J]. International Regional Science Review, 2006, 29 (1): 2 – 34; C. Erturand W. Koch. Growth, Technological Interdependenceand SpatialExternalities: Theoryand Evidence [J]. Journal of Applied Econometrics, 2007, 22 (6): 1033 – 1062; J. Ramajo, M. Marquez, G. Hewingsand M. Salinas. Spatial Heterogeneity and Interregional Spillovers in the European Union: Do Cohesion Policies Encourage Convergence across Regions [J]. European Economic Review, 2008, 52 (3): 551 – 567.

⑤ 洪国志，胡华颖，李郇．中国区域经济发展收敛的空间计量分析［J］．地理学报，2010（2）；董冠鹏，郭腾云，马静．空间依赖、空间异质与京津冀都市地区经济收敛［J］．地理科学，2010（5）．

⑥ 张伟丽，覃成林．区域经济增长俱乐部趋同的界定及识别——一个文献综述及中国案例的分析［J］．人文地理，2011（1）；张伟丽，覃成林，李小建．中国地市经济增长空间俱乐部趋同研究——兼与省份数据的比较［J］．地理研究，2011（8）．

⑦ 刘迎霞，覃成林．区域经济增长空间趋同假说研究新进展［J］．经济学动态，2010（2）．

⑧ 覃成林，张伟丽．中国区域经济增长俱乐部趋同检验及因素分析——基于 CART 的区域分组和待检影响因素信息［J］．管理世界，2009（3）；张伟丽，覃成林．区域经济增长俱乐部趋同的界定及识别——一个文献综述及中国案例的分析［J］．人文地理，2011（1）；张伟丽，覃成林，李小建．中国地市经济增长空间俱乐部趋同研究——兼与省份数据的比较［J］．地理研究，2011（8）．

在俱乐部趋同中单独区分出空间俱乐部趋同，从而形成时间维度的俱乐部趋同和空间维度的俱乐部趋同两种类型，① 其意义是多方面的。首先，空间俱乐部趋同描述空间相邻的区域之间所发生的俱乐部趋同这种现象。我们不难发现，富裕区域（或发达区域）、贫困区域（或欠发达区域）常常是连片分布的，这就是典型的空间趋同俱乐部。而且，这种空间趋同俱乐部往往有多个而不是只有一个。Bode 对东德的研究，马国霞等对中国京津冀都市圈的研究，覃成林和唐永对中国河南省的研究，覃成林等、张伟丽等对中国的研究等都证实了这种现象的普遍存在。② 其次，空间俱乐部趋同指引从区域之间的空间关系揭示俱乐部趋同机制的研究路径，在检验俱乐部趋同的时候避免了因忽略空间因素而导致的偏差。最后，空间俱乐部趋同提供从改变区域之间的空间关系，促成其相互之间发生趋同，缩小区域经济差异的政策选择可能性。比较而言，时间维度的俱乐部趋同概念没有考虑区域经济增长的空间属性，忽略区域之间的空间关系，不仅在检验俱乐部趋同时会产生误差，而且也不可能从区域空间关系的角度，揭示俱乐部趋同的机制和提供调控区域经济差异的政策启示。

总而言之，笔者认为，基于客观存在的事实和深化俱乐部趋同研究的角度，从俱乐部趋同概念中进一步区分出空间俱乐部趋同这个概念，不仅是必要的，而且是重要的。这是俱乐部趋同研究中一个有价值的新领域。它既有广泛存在的事实根据，也有揭示俱乐部趋同影响因素和机制的科学价值，以及控制区域经济差异，促进区域经济协调发展的政策启示。

3　空间外溢作用下的空间俱乐部趋同理论模型

在发生机制方面，空间俱乐部趋同与时间维度的俱乐部趋同有什么差别呢？这是本文需要解决的第二个问题。上述对空间俱乐部趋同概念的讨论为我们揭示其发生机制提供了指引。即除了经济增长的初始条件和结构特征之外，需要重点从区域之间的空间关系去研究空间俱乐部趋同的发生机制。那么，区域之间的空间关系是如何引致空间俱乐部趋同的呢？对此，本文做出这样的假设：区域经济增长存在空间外溢，在空间外溢的作用下区域经济呈现地方化增长，进而导致了空间俱乐部趋同。

---

① 覃成林，张伟丽．区域经济增长俱乐部趋同研究评述［J］．经济学动态，2008（3）．

② E. Bode. Regional Economic Interaction and the Role of Growth Poles in East Germany's Convergence Process［J］. paper prepared for presentation at the International Conference on Policy Modeling，Brussels，2002；马国霞，徐勇，田玉军．京津冀都市圈经济增长收敛机制的空间分析［J］．地理研究，2007（3）；覃成林，唐永．河南区域经济增长俱乐部趋同研究［J］．地理研究，2007（3）；覃成林，张伟丽．区域经济增长俱乐部趋同研究评述［J］．经学动态，2008（3）；张伟丽，覃成林，李小建．中国地市经济增长空间俱乐部趋同研究———兼与省份数据的比较［J］．地理研究，2011（8）．

本文这部分的任务是从理论上阐明区域经济增长的空间外溢与地方化增长之间的内在联系，进而构建一个包含空间外溢的区域经济增长模型，以说明在空间外溢的作用下空间俱乐部趋同是如何发生的。

3.1 空间外溢与地方化增长

在新经济增长理论中，知识和人力资本的外溢被视为促进经济增长的重要因素。① 而且，外溢的存在有可能改变跨经济体的增长格局。新经济地理学也同样重视外溢对于经济增长的作用。但与新经济增长理论不同的是，新经济地理学特别强调外溢的空间性，② 并将其定义为空间外溢。③

尽管在概念上尚未形成统一的精确界定，但新经济地理学家基本上都把空间外溢理解为一个区域通过资本和知识的外部性而对邻居区域（Neighborregion）经济增长所产生的影响。④ 其作用机制可分为直接和间接两种。直接作用机制是一个区域的资本和知识外溢在没有增加邻居区域成本的情况下，改善了它们的资本、知识供给条件，并带来其他相关经济增长条件的改善，从而提高了邻居区域的经济增长能力。换句话说，某个区域的经济增长会受益于邻居区域经济增长条件的改善。间接作用机制是空间外溢有可能增加或创造新的市场机会，引导经济活动在空间上集聚。⑤ 受区位指向和区位竞争的双重影响，靠近经济增长中心的邻居区域有可能吸引更多的经济活动，从而使经济活动的规模得以扩大，同时经济活动的专业化或者多样性趋于增强。⑥ 而且，这两种作用机制都具有循环累积的特征。因此，在空间外溢的影响下，区域之间的经济增长表现出显著的空间相关性和相互依赖性。

空间外溢还具有距离衰减的特征，⑦ 即随着空间距离的增大，空间外溢的强度减小。这就意味着，空间外溢存在着地理边界。进一步，不难证明，空间外溢对区域经济增长所产生的影响是在一定的地理空间范围内实现的，于是就形成了地方化的增长。地方化增长是本文对区域经济增长所表现出的地方性特征的描述。它是可以经常观察到的区域经济增长现象，如改革开放以来我国的长江三角洲、珠江三角洲的经济增长就属于典型的地方化

---

① P. Romer. Increasing Returns and Long – Run Growth ［J］. Journal of Political Economy, 1986, 94 (5): 1986, 94 (5): 1002 – 1037; R. J. Lucas. On the Mechanics of Economic Development ［J］. Journal of Monetary Economics, 1988, 22 (1): 3 – 42.

② S. J. Rey, B. D. Montouri. US Regional Income Convergence: A Spatial Econometric Perspective ［J］. Reg Studies, 1999 (33): 143 – 156.

③ 有学者称之为地理外溢（Geographic Spillovers）或区域外溢（Regional Spillovers）。

④ 从这个认识中，我们不难看出，如果考察对象是多个区域的话，空间外溢也可以理解为是一种区域之间的相互作用和影响。这仅是对同一种现象所作的不同描述而已。

⑤ A. Cassar, R. Nicolini. Spillovers and Growth in a Local Interaction Model ［J］. The Annals of Regional Science, 2008, 42 (2): 291 – 306.

⑥ 究竟是专业化还是多样性得到增强，需要视具体情况而定。

⑦ R. Paci, F. Pigliaru. Technological Diffusion, Spatial Spillovers and Regional ConvergenceinEurope ［J］. FEEM Working Paper, University of Cagliari, 2001 (36).

增长。这种增长主要表现为集中在一个有限的地理空间内，各个区域的经济呈“普涨”之势，形成相互作用、充满活力的区域集群。另一种地方化增长的情形是各个区域的经济均呈现缓慢增长（有时甚至是停滞、衰退）之势，形成贫困、落后的区域集群。

从趋同的视角考察地方化增长现象，我们完全可以将其与前述提出的空间俱乐部趋同联系起来，进而做出这样的逻辑推理：空间外溢→地方化增长→空间俱乐部趋同。这个逻辑推理的合理性可以从 Lucas、Krugman 的研究中得到有力的支持。Lucas 曾构建了一个包含人力资本外溢的增长模型，指出在经济体分组的情况下，组内的外溢比组之间的外溢要大得多，这就有可能导致组内趋同而组之间出现差异。[①] 如果我们从空间的角度来比对 Lucas 的这个观点，就会发现，由经济部门所构成的各组经济体就是地方化增长所形成的区域集群，那么，由空间外溢所导致的地方化增长在本质上就是区域集群内部的趋同，即空间俱乐部趋同。Krugman 揭示了经济空间集聚存在阴影效应（Shadow Effect），[②] 这说明空间外溢是有地理边界的。由于知识、人力资本的禀赋和动态变化具有明显的空间差异，因此，发生空间外溢的区域应该有多个且在空间上是分离的。这样就可能形成若干个地方化增长，进而有形成多个空间趋同俱乐部的可能。

下面，我们用一个包含空间外溢的区域经济增长模型，证明空间外溢是如何导致空间俱乐部趋同的。

3.2 包含空间外溢的区域经济增长模型

借鉴 López – Bazo 等的做法，[③] 我们考察一种简单的情况：在一个区域经济体中存在若干个区域，[④] 它们具有相似的初始条件和结构特征，且在空间中彼此相连、互为邻居区域。其中，区域 i 在 t 时期的劳动生产率 y_{it} 是劳均资本 k_{it} 的函数，[⑤] 相应的技术水平用 A_{it} 来表示，[⑥] 于是有：

$$y_{it} = A_{it}k_{it}^{\alpha} \tag{1}$$

这里做如下假设：$0 < \alpha < 1$，即资本的边际产出为正，但随着劳均资本的增加而递减；在区域内部，资本的积累会产生外部性，因此，A_{it} 为 k_{it} 的函数；在区域之间存在空间外溢，所以，A_{it} 又是邻居区域资本存量的函数。

因此，A_{it} 的表达式可以写成如下形式：

$$A_{it} = \Delta k_{it}^{\delta}k_{\rho it}^{\gamma} \tag{2}$$

式（2）中，Δ 是一个外生变量，为了讨论简单，假定它是常数；δ 是对区域内外部

---

① R. J. Lucas. Making a Miracle ［J］. Econometrica, 1993, 61 (2): 251 – 271.

② P. Krugman. On the Number and Location of Cities ［J］. European Economic Review, 1993, 37 (2): 293 – 298.

③ E. López – Bazo, E. Vayá, M. Artis. Regional Externalities and Growth: Evidence from European Regions ［J］. Journal of Regional Science, 2004, 44 (1): 43 – 73.

④ 我们把该区域经济体作为一个待检验的空间趋同俱乐部。

⑤ 为了分析问题简化，这里 k 仅代表实体资本。

⑥ 此时，A_{it} 不仅表示区域 i 在 t 时期的技术水平，在本模型中还代表该区域在此时所接受的空间外溢。

性的测度；下角标 ρi 表示区域 i 的一系列邻居区域，于是，$k_{\rho i}$就是区域 i 所有邻居区域的劳均资本；γ 是对空间外溢的测度，且 $\gamma>0$，其含义为，当 $k_{\rho it}$提高 1%，那么，区域 i 的 A_{it}将提高 γ%。①

式（2）和式（1）联立可得：

$$y_{it}=\Delta k_{it}^{\tau}k_{\rho it}^{\gamma} \tag{3}$$

式（3）中，$\tau=\alpha+\delta$，表示当区域 i 提高其劳均资本存量 1%，那么，它就会获得 τ% 的回报率；如果其邻居区域同时也提高自身的资本存量，那么，就会产生空间外溢效应，使区域 i 的回报率提高至（τ+γ）%。当然，即使此时在区域 i 内部 k_i 没有进一步增加，生产率 y_i 也会随着 $k_{\rho i}$的增加而提高。这是因为空间外溢会使区域 i 的资本更具生产效率。

k_i 的增长率可以表示为：②

$$\frac{\dot{k}_i}{k_i}=s\Delta k_i^{-(1-\tau)}k_{\rho i}^{\gamma}-(d+n) \tag{4}$$

式（4）中，s 是储蓄率，③（d+n）是有效折旧率。显然，k_i 的增长率在区域内报酬递减（$\tau<1$）的假设下是区域 i 劳均资本存量的减函数，同时是区域 i 邻居区域劳均资本存量的增函数。这就意味着，如果区域 i 的邻居区域的资本存量较高，那么，由于空间外溢效应的作用，区域 i 就会获得较高的投资回报率。

此外，假设在稳态情况下，所有区域具有相同的劳均资本数量，即 $k_i^*=k_{\rho i}^*=k^*$。那么，在均衡情况下，区域经济体的增长率即为：

$$g_k=\frac{\dot{k}}{k}=s\Delta k^{-(1-(\tau+\gamma))}-(d+n) \tag{5}$$

长期来看，$g_k=0$，因此，当 $\tau+\gamma<1$ 时，区域经济体将收敛于下列稳态时的劳均资本量：

$$k^*=\left(\frac{s\Delta}{n+d}\right)^{\frac{1}{1-(\tau+\gamma)}} \tag{6}$$

用生产率来表示即为：

$$y^*=\Delta^{\frac{1}{1-(\tau+\gamma)}}\left(\frac{s}{n+d}\right)^{\frac{\tau+\gamma}{1-(\tau+\gamma)}} \tag{7}$$

由式（7）可以看出，在本模型中稳态时的增长率不仅依赖于通常所设定的参数（s、n、d），还依赖于空间外溢的强度（τ、γ）。显然，区域相互依赖性越强，稳态时劳均资

① 显然，当 $\delta=\gamma=0$ 及 $\alpha<1$ 时，就回到了传统的索罗—斯旺生产函数设定上，而罗默—卢卡斯的包括外部效应的生产函数设定就表示为 $\delta>0$ 及 $\gamma=0$。

② 参数的含义和推导过程与索罗增长模型类似，可参见 R. M. Solow. A Contribution to the Theory of Economic Growth［J］. The Quarterly Journal of Economics，1956，70（1）：65－94.

③ 为了简单起见，这里我们假定它是外生的。

本存量就越高。当$\tau+\gamma<1$时，该区域经济体中的所有区域都收敛于一个共同的稳态（因为均衡时增长率为劳均资本的减函数），于是，在区域经济体内部发生了空间俱乐部趋同。但是，当出现$\tau+\gamma\geq1$这种情况时，就会产生一个内生增长，而不会发生趋同。①

下面只考察在$\tau+\gamma<1$时包含空间外溢的增长方程。对数线性化后，对式（4）在稳态附近应用一阶泰勒展开，可得：

$$(\ln k_{it}-\ln k_{i0})=(1-e^{-\beta t})(\ln k^{*}-\ln k_{i0}) \tag{8}$$

其中，$\beta=(1-\tau)(n+d)$是通常所指的趋同速度。此外，考虑到：

$$\ln k_{it}=\frac{\ln y_{it}-\ln\Delta-\gamma\ln k_{\rho it}}{\tau}$$

$$\ln k^{*}=\frac{\ln y^{*}-\ln\Delta}{\tau+\gamma} \tag{9}$$

可以根据劳动生产率得到如下表达式：

$$(\ln y_{it}-\ln y_{i0})=\xi-(1-e^{-\beta t})\ln y_{i0}+\gamma(\ln k_{\rho it}-\ln k_{\rho i0})+\gamma(1-e^{-\beta t})\ln k_{\rho i0} \tag{10}$$

这里ξ是一个常数，衡量 y 在长期均衡时的水平，表示为：

$$\xi=(1-e^{-\beta t})\left[\frac{1-\gamma}{1-(\tau+\gamma)}\ln\Delta+\frac{\tau}{1-(\tau+\gamma)}\ln s-\frac{\tau}{1-(\tau+\gamma)}\ln(n+d)\right] \tag{11}$$

从以上模型中可得到以下三个结论：第一，在存在空间外溢的情况下，当$\tau+\gamma<1$时，就会发生空间俱乐部趋同，但这并不影响趋同速度的大小，因为β是参数τ，n，d 的函数。第二，在增长方程中出现了两个新的元素：邻居区域劳均资本的增长率（$\ln k_{\rho it}-\ln k_{\rho i0}$）和它们的初始水平$\ln k_{\rho i0}$。本文中，在空间外溢均为正的情况下（$\gamma>0$），所有的变量都会提高区域 i 的生产率。第三，从模型中可以看出，空间外溢的假设对稳态时的劳均资本数量和劳动生产率均有一个正的影响。

4 空间俱乐部趋同的空间计量经济检验模型

按照上文给出的理论模型，在这一部分中我们给出两个经验性设定，即生产函数设定和增长方程设定。根据理论模型中的解释，在存在空间外溢的情况下，当$\tau+\gamma<1$时，区域经济体内的差异会逐渐缩小，于是发生空间俱乐部趋同。因此，在检验区域经济体是否发生空间俱乐部趋同之前，有必要对其生产函数进行经验性估计，考察$\tau+\gamma$的估计值。然后，根据参数表现检验是否存在空间俱乐部趋同。

对式（3）两边同时取对数可以得到：

---

① 这里假定邻居区域的空间外溢效应是有限的，因此，即使考虑空间外溢，也不会改变报酬递减的总体趋势，即$\tau+\gamma<1$。所以，从理论上就可以推导出发生空间俱乐部趋同的结论。在理论模型讨论中为了保证完备性，我们对$\tau+\gamma\geq1$时的情况亦进行说明，但在现实中这种情况发生的可能性极小。这个假定将在后文的经验性分析中加以佐证。

$$\ln y_{it} = \ln\Delta + \tau \ln k_{it} + \gamma \ln k_{\rho it} \tag{12}$$

此外，考虑到

$$\ln k_{\rho it} = \frac{\ln y_{\rho it} - \ln\Delta}{\tau} \tag{13}$$

将式（13）代入式（10）中可得：

$$(\ln y_{it} - \ln y_{i0}) = \xi' - (1 - e^{-\beta t}) \ln y_{i0} + \frac{\gamma}{\tau} (\ln y_{\rho it} - \ln y_{\rho i0}) + \frac{\gamma}{\tau} (1 - e^{-\beta t}) \ln y_{\rho i0} \tag{14}$$

在式（12）、式（14）中引入空间权重矩阵 W（在本文中 W 采用一阶 Rook 空间邻接矩阵①），则区域生产函数和增长方程就可以改写为如下形式：

$$\ln y = \ln\Delta + \tau \ln k + \gamma W \ln k + v, \quad v \sim N(0, \sigma^2 I) \tag{15}$$

$$g_y = a - (1 - e^{-\beta}) \ln y + \varphi W g_y + \varphi (1 - e^{-\beta}) W \ln y + v, \quad v \sim N(0, \sigma^2 I) \tag{16}$$

我们注意到，在由理论模型推演出的待估计的经验设定中，解释变量含有邻居区域的某些信息，② 因此，从这个意义上来讲，该设定本身就是空间计量经济模型。Abreu 等认为，类似于这种形式的模型，即在等号右边包含更多个解释变量的空间滞后项的设定形式，也可以用来刻画空间外溢效应，并把这类模型称为空间交叉回归模型（SC—RM Spatial Cross – Regressive Model）。③ 此类模型的应用可以避免过度依赖空间误差模型（Spatial Errors Model，SEM，误差过程表现为来自不同区域误差的空间协方差）和空间滞后模型（SLM，Spatial Lag Model，包括等号右边内生变量的空间滞后项）。④ 例如，有学者在趋同模型中引入人力资本和初始收入的空间滞后项，通过构造空间交叉回归模型来反映人力资本和技术溢出效应。⑤ 该模型的基本形式如下：

$$y = X_1\beta + \varphi W X_2 + \varepsilon, \quad \varepsilon \sim N(0, \sigma^2 I_n) \tag{17}$$

式（17）中，X_1 和 X_2 分别为模型中两组解释变量构成的矩阵，不同之处在于，X_1 表示的是目标区域观测值构成的解释变量矩阵，而 X_2 与 W 的乘积构成的 WX_2 表示的是目标区域的邻居区域平均观测值构成的解释变量矩阵。简单来讲，该模型中不仅引入了常规的非空间滞后解释变量，而且还引入了邻居区域的某些平均特征作为模型解释变量。该模型与其他空间计量经济模型的显著不同之处在于，模型中的空间滞后项是外生的，因

---

① 一些学者（如 López – Bazo 等）通过使用不同的空间权重矩阵定义区域空间关系，发现所得结论并没有显著不同。因此，本文在空间权重矩阵的选择中仅考虑了一阶 Rook 空间邻接矩阵的情况。参见 E. López – Bazo，E. Vayá，M. Artis. Regional Externalities and Growth：Evidence from European Regions［J］. Journal of Regional Science，2004（44）：43 – 73.

② 如式（15）中的 Wlnk、式（16）中的 Wg_y、Wlny，这些变量均表示由空间权重矩阵 W 所定义的邻居区域的相关信息，或称为相关变量的空间滞后项。

③ G. Abreu，H. de Groot，R. Florax. Space and Growth：A Survey of Empirical Evidence and Methods［J］. Region et Developpiment，2005（21）：13 – 44.

④ 限于篇幅，本文不再赘述这两个目前被普遍应用的空间计量经济模型的基本形式。

⑤ S. Lall，S. Yilmaz. Regional Economic Convergence：Do Policy Instruments Makea Difference?［J］. Annals of Regional Science，2001，35，（1）：153 – 166；Rumayya，W. Wardaya，E. A. Landiyanto，Spatial Convergence Club & Regional Spillovers in East Java［J］. Regional Economic Development，2005（17）：1315 – 1445.

此，这些变量的存在不会直接导致模型的估计偏差，所以，在估计时可选用 OLS 法来进行。

本文基于理论模型所构造的生产函数和增长方程的经验设定形式，属于空间交叉回归模型的结构，所以，在进行估计时宜首先采用 OLS 法，然后，根据空间依赖诊断结果判断空间依赖的存在性，选择适合的模型进行估计。

5　经验分析

本文选择我国经济最发达、经济集聚程度最高的长江三角洲作为案例区域。该区域自改革开放特别是 1990 年以来，经济持续快速增长，内部经济联系日趋密切，空间相互作用显著，而且有上海这个强大的经济核心，因此是一个检验空间俱乐部趋同较为理想的区域。[①]

本文的分析时段是 1990 ~ 2007 年，研究区域包括长江三角洲 16 个城市的 75 个县区。[②] 所用数据均来自相应年份的《上海统计年鉴》、《江苏统计年鉴》和《浙江统计年鉴》。由于各县区居民消费物价指数缺失，因此，在计算各县区的实际 GDP 时，用所在省份的居民消费物价指数进行调整，进而获得基于 1990 年可比价格的实际 GDP。另外，因为没有资本存量的相关统计数据，本文用投资流量数据和永续盘存法来获得估算的资本存量数据。[③] 具体是，$K_t = (1-\delta) K_{t-1} + I_t$，其中，$K_t$ 和 I_t 分别为 t 时期的资本存量和投资，δ 为几何折旧率。基期资本存量按照常用方法计算：$K_0 = I_0/(g+\delta)$，[④] 其中，g 是样本期真实投资的年平均增长率，K_0 和 I_0 是基期资本存量和投资。折旧率 δ 按照多数人

---

① 张学良对该区域的经济收敛性进行检验后发现，区域内部存在显著的空间依赖，在分析时段内表现出收敛趋势，但其研究的经验设定并没有基于严格的理论模型，而仅就变量关系进行检验。本文的工作是从理论模型出发，从检验“空间俱乐部趋同”的角度来研究该区域，以期对研究结论能够比较印证。参见张学良．中国区域经济收敛的空间计量分析——基于长三角 1993 ~ 2006 年 132 个县市区的实证研究［J］．财经研究，2009（7）；张学良．长三角地区经济收敛及其作用机制：1993 ~ 2006［J］．世界经济，2010（3）．

② 包括上海市、江苏省的 8 个市（南京、苏州、扬州、镇江、泰州、无锡、常州、南通）和浙江省的 7 个市（杭州、宁波、湖州、嘉兴、舟山、绍兴、台州）。其中，上海市下辖的崇明县因数据缺失，不做单独考虑，在统计时并入上海市区。区级行政单位按其归属地进行合并，统一按市区来进行处理。根据 2007 年底长江三角洲行政区划格局，本文考察对象共包括 75 个县区，之前年份各县区的统计数据均以 2007 年底行政区划格局为标准进行调整。

③ 在对资本存量的数据估算中，多数学者均采用永续盘存法来进行，但是这种方法也存在一定的问题，因为只有选择的基期越早，基期资本存量估计的误差对后续年份的影响才会越小，所以，对全国资本存量测算的基期往往选择在 1952 年（参见雷辉．我国资本存量测算及投资效率的研究［J］．经济学家，2009（6）．由于本文考察的是长江三角洲的县域资本存量，因数据方面的限制而不能获得其早期全社会固定资产投资数据，因此，本文测算的数据与真实存量数据可能会有一定的差距。不过，本文的研究重点在于把资本存量作为解释变量引入模型，而非对资本存量本身的研究，所以这种误差不会对本文主要结论产生显著影响。

④ 张军，吴桂英，张吉鹏．中国省际物质资本存量估算：1952 ~ 200［J］．经济研究，2004（10）．

的选择定为5%。[①] 关于固定资产投资价格指数，由于数据缺失，参照张学良的做法，[②] 用各县区所在省份的固定资产投资价格指数来替代，其中，1996 年之前的数据按照张军等介绍的方法计算各省份隐含投资平减指数获得，[③] 1996 年之后的数据直接采用《中国统计年鉴》中公布的固定资产投资价格指数。具体的分析指标见表 1。

表 1　变量及说明

变量	名称	说明
y	人均 GDP	用各年份实际 GDP 除以人口数获得
k	人均资本	用估算的各年份资本存量除以人口数获得
g_y	人均 GDP 年度增长率	用两年度人均 GDP 的对数值之差与时间间隔之比来表示

5.1　区域经济增长空间自相关检验

为了更清楚地考察长江三角洲各县区之间的空间依赖关系，本文分别做出其 1990 年和 2007 年人均实际 GDP 标准化值的 Moran’I 散点图（见图 1），用于观察其经济增长空间自相关的程度及变化状况。根据 Moran’I 散点图的含义，把所考察的区域分为四个部分，即 H—H、L—H、L—L、H—L，其依次位于散点图的第Ⅰ、Ⅱ、Ⅲ、Ⅳ象限中，分别表示目标区域值较高、邻居区域值也较高，目标区域值较低、邻居区域值较高，目标区域值较低、邻居区域值也较低，目标区域值较高、邻居区域值较低的四种情形。这样，通过仔细分析 Moran’I 散点图就可以获得长江三角洲内部经济增长空间自相关状况的信息。

从图 1 可知，长江三角洲人均 GDP 的 Moran’I 值 1990 年是 0.4464，2007 年是 0.5788，均为显著的空间自相关且呈现出增大的趋势。这为本文所提出的空间外溢假设提供了经验性证据。在这两幅图上，大多数的区域都位于第Ⅰ、Ⅲ象限，即 H—H 和 L—L 区域，呈现出典型的空间俱乐部趋同特征。[④]

5.2　空间俱乐部趋同的空间计量经济模型检验

首先，对长江三角洲 75 个县区 1990 年和 2007 年的总量生产函数进行估计，确定 $\tau+\gamma$ 的估计值。其次，对上述区域 1990～2007 年的数据进行增长方程的估计，检验是否发生了空间俱乐部趋同。在这两步分析中，本文均按照空间计量经济学经验分析的研究规范来进行。先不考虑模型以外的空间依赖性，用 OLS 法对模型进行估计。最后，根据空间依赖诊断结果，判断空间依赖的存在性及选择适合的模型进行估计。具体方法是，当

① 郭庆旺，贾俊雪．中国全要素生产率的估算：1979～2004［J］．经济研究，2005（6）．

② 张学良．长三角地区经济收敛及其作用机制：1993～2006［J］．世界经济，2010（3）．

③ 张军，吴桂英，张吉鹏．中国省际物质资本存量估算：1952～2000［J］．经济研究，2004（3）．

④ 当然，仍有少数区域落在Ⅱ、Ⅳ象限中，这可能是因为区域本身空间外溢不强（H—L 型）或接受空间外溢能力不强（L—H 型）所导致。

LM—LAG 和 LM—ERR 诊断结果都不显著时，说明构造的模型已经能够解释空间相关性，保留原有的 OLS 分析结果。当两者有其一显著时，说明模型中仍然存在空间相关性，用 OLS 估计的结果是有偏的，这时应选择适合的空间计量经济模型来进行估计。具体地，当 LM—LAG 显著而 LM—ERR 不显著时，采取空间滞后模型进行估计；反之，采取空间误差模型进行估计；当 LM—LAG 和 LM—ERR 均显著时，比较 Robust LM—LAG 和 Robust-LM—ERR 诊断结果，前者显著就用空间滞后模型；反之，用空间误差模型。按照这个步骤对式（15）、式（16）进行估计，结果见表 2 和表 3。①

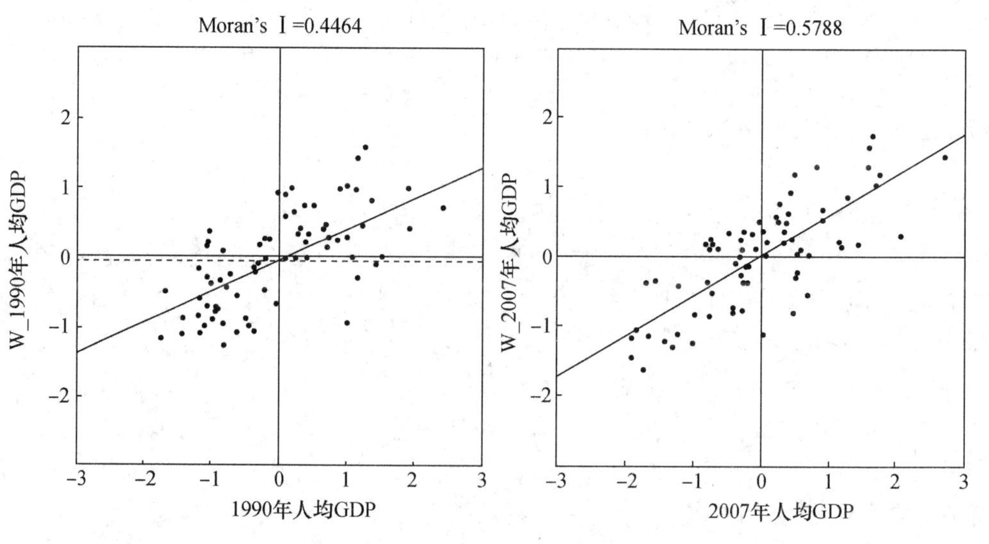

图 1　长江三角洲人均 GDP Moran' I 散点图

表 2　长江三角洲生产函数 OLS 估计结果

	1990—OLS	2007—OLS
Constant	3.00 [66.35]***	1.82 [7.64]***
τ	0.21 [7.60]***	0.52 [10.37]***
γ	0.06 [1.96]**	0.02 [1.95]**
R^2	0.49	0.60
LIK	45.04	36.97
AIC	-84.09	-67.94
SC	-77.14	-60.98
LM—LAG	4.24 (0.03)	17.29 (0.00)

① 限于篇幅，本文仅给出 1990 年和 2007 年生产函数的各项估计结果，用以确定 $\tau+\gamma$ 的估计值，验证空间俱乐部趋同理论模型的结论。

续表

	1990—OLS	2007—OLS
Robust LM—LAG	6.01（0.01）	0.90（0.34）
LM—ERR	4.63（0.03）	30.77（0.00）
Robust LM—ERR	1.41（0.13）	14.38（0.00）
Moran' I	2.42（0.01）	5.89（0.00）
Breusch—Pagan	3.57（0.16）	5.58（0.06）
Jarque—Bera	10.21（0.00）	4.83（0.08）

注：LIK、AIC、SC 是检验模型拟合度的指标，LIK 越大拟合度越好，AIC 和 SC 数值越小表示拟合度越好；LM—LAG、Robust LM—LAG、LM—ERR、Robust LM—ERR 和 Moran' I 是空间依赖诊断指标；Breusch－Pagan 是异方差诊断指标；Jarque－Bera 是回归诊断指标。*、**、***分别表示显著性水平为 10%、5%、1%（下表同）。方括号内的数值是 t 检验值，圆括号内的数值为 p 值。

在生产函数的估计中，可以看出 OLS 估计结果存在偏差（见表 2）。两个年份生产函数模型估计中，Moran' I 指数均在 1% 水平上高度显著（见表 2 的 Moran' I 指数），说明这两个模型存在显著的空间自相关，这是导致 OLS 估计结果存在偏差的原因。从 LM—LAG 和 LM—ERR 诊断结果来看，1990 年生产函数宜采取空间滞后模型来估计，而 2007 年生产函数则用空间误差模型来估计，其估计结果见表 3。对比 OLS 估计结果和空间计量经济分析结果可以发现，在式（15）中本文虽然构造了 Wlnk 项来表示邻居区域的人均资本存量水平，用于解释目标区域的人均 GDP 水平，但并没有有效消除空间自相关，而采用合适的空间计量经济模型进行估计可以提高模型拟合度，并获得一致无偏估计量。这也提示我们在空间计量经济技术应用方面，并非所有空间交叉回归模型都可以用 OLS 方法进行估计，在具体操作的过程中亦需要进行空间自相关检验，进而选择合适的方法。

表 3　长江三角洲生产函数空间计量经济分析结果

	1990—SLM	2007—SEM
Constant	3.08［2.17］**	2.39［9.47］***
τ	0.18［5.22］***	0.40［7.73］***
γ	0.14［4.62］***	0.01［2.09］**
ρ	0.05［2.07］**	
λ		0.82［17.16］***
R^2	0.52	0.77
LIK	47.28	54.87
AIC	−86.56	−103.75
SC	−77.29	−96.80
Likelihood Ratio test	4.47（0.03）	35.81（0.00）
Breusch—Pagan test	3.00（0.22）	8.94（0.01）

注：ρ 为空间滞后项估计系数，λ 为空间误差项估计系数；方括号内的数值是 z 检验值，圆括号内的数值为 p 值。

我们估计生产函数的目的有两个：其一，确定$\tau+\gamma$的估计值；其二，测度空间外溢的大小。在这两个年份的估计结果中，可以发现都是$\tau+\gamma<1$，这为后面进行空间俱乐部趋同假说检验提供了保证。此外，这两个年份中的γ均不同程度地显著为正且小于相同时期的τ，表明一个区域的人均 GDP 与邻居区域实体资本的增长存在正向关系，即在长江三角洲存在空间外溢。而且，邻居区域空间外溢的影响小于区域内部实体资本对人均 GDP 的影响，这较为符合前述理论模型的结论。

进一步，在明确$\tau+\gamma<1$的前提条件下，我们检验长江三角洲是否发生了空间俱乐部趋同。这里需要估计增长方程式（16），确定β的估计值。由于式（16）给出的增长方程是空间计量经济模型中的空间交叉回归模型式（17）的形式，根据前文说明，需要首先用 OLS 法进行估计，判断模型中是否存在空间自相关，结果见表 4。

表 4　长江三角洲 1990 ~2007 年增长方程估计结果

	OLS
Constant	0.05 [3.27]***
β	−0.0157 [−1.89]*
Wg_y	0.39 [1.98]**
Wlny	0.0062 [1.77]*
R^2	0.06
F	1.49
LIK	259.31
AIC	−510.63
SC	−501.36
LM—LAG	0.00 (0.99)
Robust LM—LAG	0.06 (0.80)
LM—ERR	0.004 (0.94)
Robust LM—ERR	0.06 (0.79)
Moran' I	0.37 (0.70)
Breusch—Pagan	10.96 (0.01)
Jarque—Bera	2.48 (0.28)

注：方括号内的数值是 t 检验值，圆括号内的数值为 p 值。

从表 4 中可以看出，Moran' I 指数不显著，即式（16）所构造的空间计量经济模型已通过相关解释变量的空间滞后项消除了空间自相关，所以，此时 OLS 法是式（16）的合适的估计方法。这里，β估计值为−0.0157，说明在该时段长江三角洲经济增长发生了空间俱乐部趋同，趋同速度为 1.57%。Wg_y项系数的估计值显著为正，说明在这一时段长江三角洲内邻居区域经济增长率对目标区域经济增长有正向影响，这种形式的空间外溢产生的途径与需求方的外部性相关，因为一个区域生产的最终产品或投入品的需求来自其邻居区域。① Wlny 项的系数也显著为正，说明该时段长江三角洲内邻居区域人均收入水平亦对目标区域经济增长率有显著的正向影响。这种形式的空间外溢产生的途径是与供给方的外部性相关的，② 即通过邻居区域收入水平进行传导的，因为邻居区域的收入水平直接反映的是供给方经济总量，这可以通过邻居区域供给方的技术外溢或货币外部性进行跨区域传导，进而产生对目标区域的空间外溢效应。③ 由此可以看出，在长江三角洲内存在与来自需求方和供给方外部性相关的显著的空间外溢效应。在这种空间外溢效应的作用下，长江三角洲出现地方化增长，发生了空间俱乐部趋同。这就验证了本文提出的空间俱乐部趋同理论模型的基本结论。

6 结论与讨论

根据俱乐部趋同概念，在考虑区域经济增长空间属性和借鉴已有研究成果的基础上，本文对空间俱乐部趋同概念进行了明确的界定，将其作为与时间维度俱乐部趋同相并列的一种俱乐部趋同类型。这有助于使空间俱乐部趋同成为俱乐部趋同研究中一个有价值的新领域。它不仅是对空间相邻的区域之间所存在的俱乐部趋同现象的科学描述，也指引了从区域之间空间关系入手揭示俱乐部趋同机制的研究路径，可以避免时间维度俱乐部趋同概念的缺陷。特别是空间俱乐部趋同有可能为分析富裕区域或贫穷区域集中连片分布，形成不同发展水平的区域集群，以及它们在空间上的组合方式等的影响因素和机制打开一个新的视角。

本文受新经济增长理论和新经济地理学理论的启迪，初步建立了空间外溢促成区域经济出现地方化增长，进而导致空间俱乐部趋同的分析路径；并基于新古典增长理论，构建了一个包含空间外溢的区域经济增长理论模型，从理论上证明了空间外溢导致空间俱乐部趋同的原理。同时，运用空间计量经济学方法，本文构建了检验空间俱乐部趋同的空间计量经济模型，为检验空间俱乐部趋同提供了对应的方法。

本文以长江三角洲为例，对空间俱乐部趋同做了经验性检验，结果表明空间外溢对区

---

① E. Vayú, E. López - Bazo, R. Moreno, J. Suriñach. Growth and Externalities across Economies, An Empirical Analysis Using Spatial Econometrics [J] . provided by Universitat de Barcelona. Espaide Recercaen EconomiainIts Series Working Papers in Economics, 1998 (59): 1 - 39.

② E. Vayú, E. López - Bazo, R. Moreno, J. Suriñach. Growth and Externalities across Economies: An Empirical Analysis Using Spatial Econometrics [J] //Advances in Spatial Econometrics: Methodology, Tools and Applucations. New York: Springer, 2004: 1 - 39.

③ Lall 和 Yilmaz 的研究结论之一是一个区域的人均收入水平受到其对邻居区域熟练劳动力可获得性的正向影响，这说明空间外溢效应在具体作用形式上可以通过劳动力等要素流动来实现。参见 S. Lall, S. Yilmaz. Regional Economic Convergence: Do Policy Instruments Make a Difference? [J] . The Annals of Reguonal Science, 2001, 35 (1): 153 - 166。

域经济增长确实有影响，空间俱乐部趋同客观存在。在考虑空间外溢的情况下，长江三角洲发生了空间俱乐部趋同，趋同速度为 1.57%。这初步验证了本文所提出的空间外溢导致空间俱乐部趋同的观点和理论模型是正确的，所采用的检验空间俱乐部趋同的空间计量经济模型也是合理的。

就应用而言，研究空间俱乐部趋同可以获得丰富而有价值的政策信息。按照稳态的差异，空间俱乐部趋同可以形成富裕的空间趋同俱乐部，如长江三角洲、珠江三角洲；也可能形成贫穷的空间趋同俱乐部，如连片分布的贫困区域。识别这些空间趋同俱乐部，能够为制定区域政策提供更加科学的区域对象。揭示它们的形成影响因素和机制，可以为控制区域经济差异，促进区域经济协调发展，提供科学依据和政策工具。这些方面对于我国而言尤为重要。

当然，我们也认识到，本文所做的工作是初步的。如何更科学地界定空间趋同俱乐部，深入、全面地揭示空间趋同俱乐部的形成机制，完善相应的理论模型和空间计量经济检验方法，都有待继续探讨。同时，如何选择更合适的反映空间外溢的变量，采集更合适的数据，拓展经验分析的区域范围和类型等，也是我们要继续做的工作。

Spatial Spillover and the Convergence of Regional Economic Growth: A Case Study of the Yangtze River Delta

Qin Chenglin　LiuYingxia　Li Chao

(1. School of Economics, Jinan University, Guangzhou　510632, China;
2. School of Philosophy and Public Administration of Henan
University Kaifeng　475001, Chian)

Abstract: Spatial club convergence means that a group of regions that are similar in initial conditions and structural features of economic growth and are spatially adjacent gradually converge toward each other in economic growth. Spatial club convergence works on the mechanism that spatial spillover motivates the localized growth of regional economy, which in turn leads to spatial club convergence. Using the theoretical model of regional economic growth that contains spatial spillover, this study shows that spatial spillover maylead to spatial club convergence. Our empirical analysis of the regional economic growth in the Yangtze River Delta in 1990 – 2007 also shows that spatial spillover can affect regional economic growth, and that spatial club convergence does exist. Taking into consideration the factor of spatial spillover, the rate of spatial club convergence in the Yangtze River Deltais 1.57%.

Key Words: Regioral Economic Growth; Club Convergence; Spatial Club Convergence; Spatial Spillover

区际生态补偿主体的研究：基于新经济地理学的分析*

安虎森　周亚雄

（南开大学经济研究所，天津　300071）

【摘　要】本文建立了一个新经济地理学污染外部性模型，运用数理模型与数值模拟方法分析了污染外部性导致的市场失灵以及地方政府和中央政府在区际生态补偿政策中的角色。结果显示：当贸易成本很小时，在较小概率下市场机制是有效的；当贸易成本不足够低时，污染外部性将导致市场失灵。由于地方政府间的利益不完全一致，必然会导致地方政府在治理市场失灵时出现政府失灵，因此由中央政府以第三方当事人主导的区际生态补偿政策是有效的。此外，实施差异化的税收补偿政策、在生态区实施相对自由的贸易政策等有助于政府主导的区际生态补偿政策的实施。

【关键词】市场失灵；地方政府博弈；区际生态补偿

1　引言

20 世纪 90 年代以来，中国逐渐实施了退耕还林、京津风沙源治理、三江源保护等一系列跨区域生态治理保护工程，在国家“十一五”规划中提出了主体功能区战略，并在“十二五”规划中将其提升为国家战略。在主体功能区划分中，西部大部分地区被划为限制开发和禁止开发区域（龚霄侠，2009）。然而自西部大开发以来，中国东西部发展差距

---

* 基金项目：本文得到国家社会科学基金重点项目“十二五时期调整城乡结构和推进城镇化研究”（10AZD004）和教育部人文社会科学规划基金项目“转移支付和区域协调发展研究”（10YJA790001）的资助。作者衷心感谢两位匿名审稿人宝贵的修改意见，当然，文责自负。

作者简介：安虎森、周亚雄：南开大学经济研究所 300071 电子信箱：husen@ nankai. edu. cn（安虎森）；zyxnwnu@ 126. com（周亚雄）。

拉大的趋势虽然得到了一定缓解，但绝对差距仍不容忽视（刘贵生，2008）。

从国家层面来看，实施跨区域的生态环境保护是抑制生态环境恶化的有效举措，而西部等生态地区却为保护环境丧失了大量的发展机会，迫切需要通过区际生态补偿来实现既能有效保护生态环境又能缩小区域差距的和谐发展。

生态环境具有公共产品、外部性、产权不清等特征，并会导致市场失灵，使得自然资本消耗经常高于社会最佳消耗值（Tietenberg，2006）。生态补偿是一种通过将外部性内部化来克服市场失灵的转化机制，它能够将没有市场价值的生态环境转化为现实价值，以对生态保护者提供激励。生态补偿是基于受益者支付而非污染者支付（Engela et al.，2008；Pagiola and Platais，2007；毛显强等，2002），主要解决"谁保护，谁受益"的问题，即应当对生态保护者提供奖励性补偿（王青云，2008）。

虽然众多学者对生态环境保护给予了高度重视，而且大部分学者支持区际生态补偿政策，但对于生态补偿的实施模式意见并不一致，Engela 等（2008）和毛显强等（2002）认为，生态补偿应以科斯定理为理论基础，在产权界定清晰条件下，通过受生态影响各方的私人谈判就能够克服外部性问题；Pagiola 和 Platais（2007）认为，由于生态服务产品的提供者与受益者双方拥有关于生态服务产品最直接的信息，能够观察其是否符合要求且拥有谈判能力，所以市场主导的生态补偿机制是有效率的。Hilson（2002）和王军锋等（2011）认为，政府在生态补偿中应当发挥重要作用；王兴杰等（2010）认为，政府不是生态补偿的利益相关方，政府的介入能够显著降低贸易成本、提高生态补偿的运行效率；但 Pagiola 和 Platais（2007）认为，由于贸易成本中的规模经济特征以及信息传递的间接性，使得政府主导的生态补偿比市场主导的模式成本高、运行效率低。还有学者认为，生态补偿是个复杂的系统工程，需要采用政府与市场相结合的补偿分担模式，如王青云（2008）认为，生态补偿模式可分为主要受益者分担模式（主要受益的企业和居民通过对产品付费方式承担部分补偿费用，其余部分由地方或中央政府承担）和政府全部承担模式（由中央政府或地方政府承担补偿）。

现有文献侧重于从外部性内部化视角研究区际生态补偿，并从国家层面（Pagiola，2008）或区域、流域层面（Hilson，2002；王军锋等，2011）探讨补偿模式、原则、标准等问题。然而，这些研究均未能在理论上界定市场、地方政府和中央政府在区际生态补偿中所应担当的角色，也未能厘清分别由市场、地方政府和中央政府主导的区际生态补偿政策实施的可行性。本文试图在新经济地理学框架下构建一个差异化贸易成本的污染外部性模型，从福利改进角度分析生态环境产品的市场失灵，以及地方政府、中央政府在区际生态补偿中的角色定位问题，进一步完善有关区际生态补偿政策的理论基础。

本文结构如下：第二部分建立一个新经济地理学模型；第三部分利用数值模拟方法探讨市场机制下的长期均衡与污染外部性导致的市场失灵；第四部分讨论消除污染外部性的税收补偿模型，研究由地方政府与中央政府主导的区际生态补偿政策实施的可行性；第五部分为结论。

2 基准模型

Krugman（1991）的中心—外围（Core – Periphery）模型开创了新经济地理学的研究框架，Forslid 和 Ottaviano（2003）发展了松脚型企业家（Footloose – Entrepreneur）的新经济地理模型，本文在 Forslid 和 Ottaviano（2003）的研究基础上进一步引入差异化贸易成本和污染指数，构建一个新经济地理学的污染外部性基准模型。

2.1 基本假设

假设一个经济体有两个地区：地区 1（上游生态区）和地区 2（下游非生态区），地区 1 进行工业生产会产生污染，并对地区 2 造成负外部性，而地区 2 进行工业生产对地区 1 没有影响。存在两个部门：农业部门 A 和工业部门 M。农业生产无污染且必须在两地区同时进行，农产品是完全竞争市场且在区域间流动无成本，设农产品为计价物（$p_a = 1$ 为农产品价格，本文分别用下标 a、m 表示农业部门和工业部门的变量）。工业部门在 Dixit 和 Stiglitz（1977）垄断竞争市场条件下进行生产，且具有规模收益递增特征；工业品在区际间流动遵循冰山贸易成本，设地区 2 的贸易成本为 $\tau > 1$，即地区 1 向地区 2 提供 1 单位工业品需要运输 τ 单位产品；地区 1 的贸易成本为 $\tau^* > 1$（本文用上标“*”表示地区 2 的变量），即地区 2 向地区 1 提供 2 单位工业品需要运输 τ^* 单位产品。

生产中使用两种要素：劳动力和企业家。劳动力可以在部门间自由流动，但不能跨地区流动，两地区拥有等量的劳动力 $L = L^*$；企业家可自由流动。农业生产只需劳动力，地区 1、地区 2 用于农业生产的劳动力分别为 l、l^*。工业生产需要劳动力和企业家，地区 1、地区 2 企业家数量分别为 h、h^*，企业家总数 $H = h + h^*$，并标准化 $H = 1$。

2.2 消费者行为

不考虑时间因素，代表性消费者追求当期效用最大化，其效用函数为 $U = C_m^{\mu} C_a^{1-\mu}$，$(0 < \mu < 1)$，其中 $C_m = \left[\int_0^{n^w} (q_i)^{(\sigma-1)/\sigma} di \right]^{\sigma/(\sigma-1)}$ 为一组工业品组合；q_i 为消费者对第 i 种工业品的需求量；n^w 为产品种类总数；$\sigma > 1$ 为任意两种工业品之间的替代弹性；C_a 为农产品消费量；μ 为对工业品的支出份额，$1 - \mu$ 为对农产品的支出份额。消费者不进行储蓄，因此消费者对工业品和农产品支出之和正好等于其收入，即 $p_a C_a + P_m C_m = Y$。其中，$P_m = \left[\int_0^{n^w} (p_i)^{(1-\sigma)} di \right]^{1/(1-\sigma)}$ 表示工业品价格指数，Y 表示消费者收入，p_i 表示差异化工业品 i 的价格。根据上述条件可得代表性消费者的需求量 q_i 为：

$$q_i = \mu Y \ (P_m)^{\sigma-1} \ (p_i)^{-\sigma} \tag{1}$$

2.3 农产品生产

农业部门采用规模报酬不变的生产技术，设地区 1 一单位劳动力能够生产 c 单位农产品，则地区 1 的农产品产量为 $Q_a = lc$。由于劳动力可在部门间自由流动，于是地区 1 的劳动力市场是完全竞争的，其劳动力工资为 $w_a = MR \cdot MP_l = c$，其中 MR 为农业厂商的边际收益，MP_l 为农业部门中劳动的边际产量。

假设无污染时两地区农业生产技术相同。由于受地区 1 工业污染负外部性的影响，地区 2 单位劳动的农业产量为 $c/(1+n)^{\gamma}$，其中 n 表示地区 1 生产的工业品种类数，$\gamma \geq 0$ 表示污染系数，$\gamma = 0$ 表示地区 1 对地区 2 无污染，γ 越大表示地区 1 对地区 2 的污染程度越高。令 $e = (1+n)^{\gamma} > 1$，显然一阶导数 $de/dn > 0$，说明地区 1 生产的工业品越多，对地区 2 的污染就越大。由单位劳动产量可得地区 2 的农产品产量为 $Q_a^* = l^* c/e$。同样，地区 2 的劳动力市场是完全竞争的，其劳动力工资为 $w_a^* = c/e$。

2.4 工业产品生产

（1）产品价格。工业部门是规模收益递增的生产部门，设地区 1 的厂商需要投入一单位企业家作为固定成本，企业家报酬为 w；每单位产出需要投入 α 单位的劳动力，则地区 1 厂商的产量为 x 时的成本为 $TC_m = w + \alpha cx$。在垄断竞争市场中，厂商根据边际成本加成法定价，则地区 1 产品的出厂价格为 $p_1 = c\alpha\sigma/(\sigma-1)$。不失一般性，设 $\alpha = (\sigma-1)/\sigma$，则 $p_1 = c$。由于存在冰山贸易成本，则地区 1 的产品在地区 2 的出售价格为 $p_1^* = \tau c$。由规模收益递增假设可知每个厂商只生产一种差异化产品，因而产品种类与厂商数量相等，显然在地区 1 有 $h = n$。

假设无污染时两地区工业生产技术相同。由于受污染外部性影响，地区 2 工业生产成本是无污染时的 e 倍，于是地区 2 厂商的成本为 $TC_m^* = (w^* + \alpha x^* w_a^*)e = w^* e + \alpha cx^*$，其中 w^*、x^* 为地区 2 的企业家报酬与产量。根据边际成本加成定价法，地区 2 产品的出厂价 $p_2^* = c$，其在地区 1 的出售价格为 $p_2 = \tau^* c$。显然在地区 2 厂商数量与企业家数量满足等式 $n^* = h^*/e = (1-n)/e$，于是两地区的厂商总数为 $n^w = n + (1-n)/e$。

根据工业品价格指数 P_m 的公式可得地区 1 的工业品价格指数为 $P_m = c\Delta^{1/(1-\sigma)}$，其中，$\Delta = n + \varphi^* n^*$，$\varphi^* = (\tau^*)^{1-\sigma}$表示地区 1 的贸易自由度，$\varphi^* \in [0, 1]$ 与 τ^* 呈反向变化关系，当 $\tau^* \to 1$ 时 $\varphi^* = 1$，当 $\tau^* \to \infty$ 时 $\varphi^* = 0$；地区 2 的工业品价格指数为 $P_m^* = c(\Delta^*)^{1/(1-\sigma)}$。其中，$\Delta^* = n^* + \varphi n$，$\varphi = \tau^{1-\sigma}$表示地区 2 的贸易自由度。由工业品价格指数与农产品价格可得两地区的总价格指数分别为 $P = (p_a)^{1-\mu}(P_m)^{\mu}$ 和 $P^* = (p_a)^{1-\mu}(P_m^*)^{\mu}$。

（2）收益决定。由于总支出等于农产品支出与工业品支出之和，所以两地区的总支出分别为 $E = wh + Lc$ 和 $E^* = w^* h^* + L^* c/e$。根据式（1）可得地区 1 厂商对本地市场的供给量为 $\mu E(P_m)^{\sigma-1}(p_1)^{-\sigma}$，对地区 2 的供给量为 $\varphi\mu E^*(P_m^*)^{\sigma-1}(p_1)^{-\sigma}$；地区 2 厂

商对本地市场的供给量为 $\mu E^{*}(P_m^{*})^{\sigma-1}(p_2^{*})^{-\sigma}$，对地区 1 的供给量为 $\varphi^{*}\mu E(P_m)^{\sigma-1}(p_2^{*})^{-\sigma}$，从而两地区代表性企业的产量为：

$$\begin{cases} x=\mu E(P_m)^{\sigma-1}(p_1)^{-\sigma}+\varphi\mu E^{*}(P_m^{*})^{\sigma-1}(p_1)^{-\sigma} \\ x^{*}=\varphi^{*}\mu E(P_m)^{\sigma-1}(p_2^{*})^{-\sigma}+\mu E^{*}(P_m^{*})^{\sigma-1}(p_2^{*})^{-\sigma} \end{cases} \tag{2}$$

在垄断竞争市场条件下厂商的超额利润为 0，则地区 1 企业的利润为 $\pi=p_1x-(w+\alpha cx)=0$，从而可得企业家报酬 $w=p_1x/\sigma$，结合式（2）可得：

$$w=b\left\{(wn+cL)\Delta^{-1}+\varphi\left[w^{*}(1-n)+\frac{c}{e}L^{*}\right](\Delta^{*})^{-1}\right\} \tag{3}$$

其中，$b=\mu/\sigma$。

地区 2 的企业利润为 $\pi^{*}=p_2^{*}x^{*}-(w^{*}e+\alpha cx^{*})=0$，结合式（2）可得：

$$w^{*}=\frac{b}{e}\left\{\varphi^{*}(wn+cL)\Delta^{-1}+\left[w^{*}(1-n)+\frac{c}{e}L^{*}\right](\Delta^{*})^{-1}\right\} \tag{4}$$

联袂式（3）、式（4），可得短期均衡时两地区企业家名义工资的显性解（见附录1）：

$$\begin{cases} w=\dfrac{bc}{e\Delta^{*}}\cdot\dfrac{(e\Delta^{*}L+\varphi\Delta L^{*})[e\Delta^{*}-b(1-n)]+b\varphi(\varphi^{*}Le\Delta^{*}+\Delta L^{*})(1-n)}{(\Delta-bn)[e\Delta^{*}-b(1-n)]-b^{2}n(1-n)\varphi\varphi^{*}} \\ w^{*}=\dfrac{bc}{e\Delta^{*}}\cdot\dfrac{(\Delta-bn)(\varphi^{*}Le\Delta^{*}+\Delta L^{*})+bn\varphi^{*}(Le\Delta^{*}+\Delta\varphi L^{*})}{(\Delta-bn)[e\Delta^{*}-b(1-n)]-b^{2}n(1-n)\varphi\varphi^{*}} \end{cases} \tag{5}$$

式（5）中除地区 1 的企业数量 n 外均是外生变量。由总价格指数 P、P^{*} 以及式（5）可得企业家的实际收入为：

$$\begin{cases} \omega=w/P \\ \omega^{*}=w^{*}/P^{*} \end{cases} \tag{6}$$

同样可得劳动力的实际收入为：

$$\begin{cases} \omega_a=w_a/P \\ \omega_a^{*}=w_a^{*}/P^{*} \end{cases} \tag{7}$$

其中，ω、ω^{*}、ω_a、ω_a^{*} 分别为两地区企业家和劳动力的实际收入。

3 长期均衡与污染外部性分析

3.1 长期均衡条件

在长期企业家受实际收入的驱动而流动，于是存在如下长期均衡条件：

$$\begin{cases}\omega=\omega^*,\ 0<n<1\\ \omega>\omega^*,\ n=1\\ \omega<\omega^*,\ n=0\end{cases} \tag{8}$$

由式（5）~式（8）可以得到长期均衡时厂商数量的函数 $f(n)=0$，只要能够从 $f(n)=0$ 解得长期均衡时的厂商数量 n，就可以通过式（5）和式（6）得到企业家的收入水平。从而能够求得全社会的总支出：

$$E^w=wn+w^*(1-n)+c(L+L^*/e) \tag{9}$$

为了研究的方便，本文用实际收入来界定福利水平，于是能够进一步得到地区与全国层面的福利水平为：

$$\begin{cases}\Omega=E/P\\ \Omega^*=E^*/P^*\\ \Omega^w=\Omega+\Omega^*\end{cases} \tag{10}$$

其中 Ω、Ω^*、Ω^w 分别为地区 1、地区 2 和全国的福利水平。由于 $f(n)=0$ 的表达式过于复杂，无法得到其显性解，于是本文借助数值模拟求得长期均衡时的企业家收入、总支出及福利水平。

3.2 数值模拟及福利分析

图 1 ~ 图 6 给出了不同贸易成本和污染指数下的长期均衡，① 其中 a 图为两地区企业家实际收入差（$\Delta\omega=\omega-\omega^*$）的滚摆线图。当 $\Delta\omega>0$ 时厂商具有向地区 1 移动的趋向，当 $\Delta\omega<0$ 时厂商具有向地区 2 移动的趋向，当 $\Delta\omega=0$ 时为长期均衡点。当 $n=0$ 或 $n=1$ 时为 Krugman 的核心—外围均衡，$\Delta\omega$ 曲线与横轴的交点 $n^{**}\in(0,1)$ 为非均匀分布均衡。在本文所有的数值模拟中，参数取值为 $\sigma=5$，$\mu=0.4$，$c=1$，$L=L^*=1/2$。在此，需要对数值模拟中 σ 与 μ 的取值做一点必要的说明。首先，从主体文献来看，现有研究成果中 σ 的取值大多在 4 ~ 6 区间，μ 的取值大多在 0.3 ~ 0.5 区间（当然不限于该区间）。其次，从 σ 与 μ 对均衡的影响来看，当 $\mu\in[0.2, 0.8]$、$\sigma\in[2, 8]$ 时（该区间已远大于大部分现有文献的取值区间），用 σ 与 μ 按不同组合进行模拟，结果变化的只是两参数不同组合下的具体均衡状态，而图 1 ~ 图 6 的基本形状并不改变，也就是说 σ 与 μ 的不同取值不会改变本文的基本结论。这表明取 $\sigma=5$、$\mu=0.4$ 时得到的结论具有较好的稳定性（关于 σ 与 μ 取值更详细的讨论有兴趣的读者可向作者索取）。下面我们结合图 1 ~ 图 6 来分析贸易成本与污染指数对长期均衡的影响。

（1）当贸易成本很低（贸易自由度很高）时，不论污染程度如何，在长期存在两个稳定的核心—边缘均衡与一个非均匀分布的不稳定均衡（如图 1a 所示）。由于地区 1 厂商数量的初始值 $n|_{初始}$ 是 [0, 1] 区间分布的随机变量，$n^{**}\leqslant 0.5$ 值就是在长期工业在地区 2 集聚的概率。显然随着污染程度增加，工业在地区 2 实现集聚的概率下降。

① 本文着重分析存在污染（$\gamma>0$）时的情形，无污染（$\gamma=0$）的情形不是本文研究的重点。

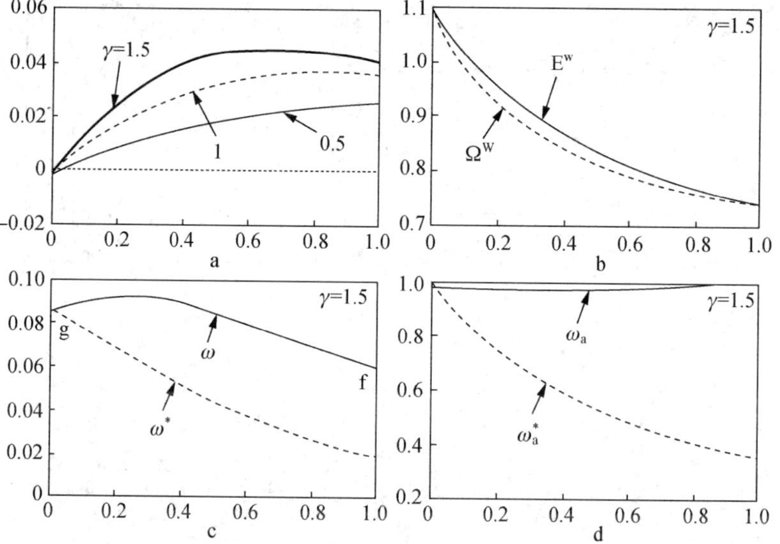

图1　$\tau=\tau^{*}=1.05$

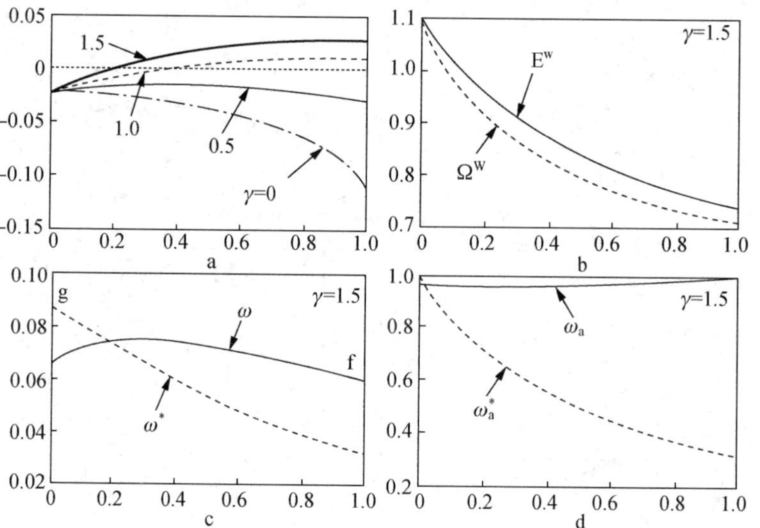

图2　$\tau=1.5$、$\tau^{*}=1.1$

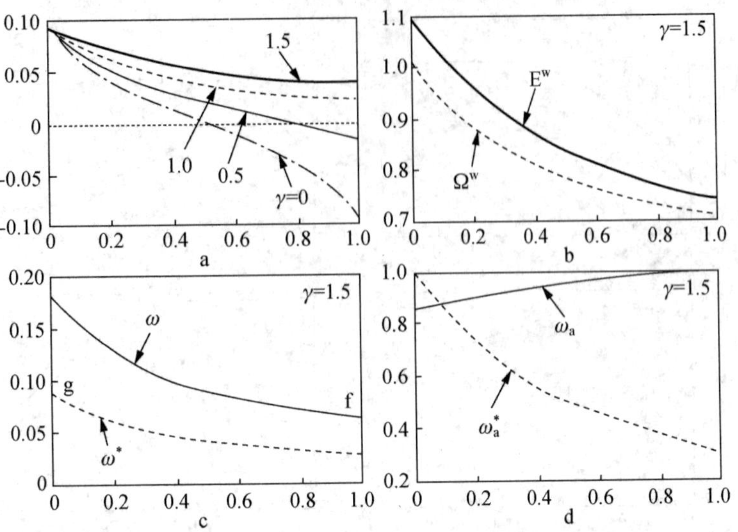

图 3 $\tau=\tau^*=1.5$

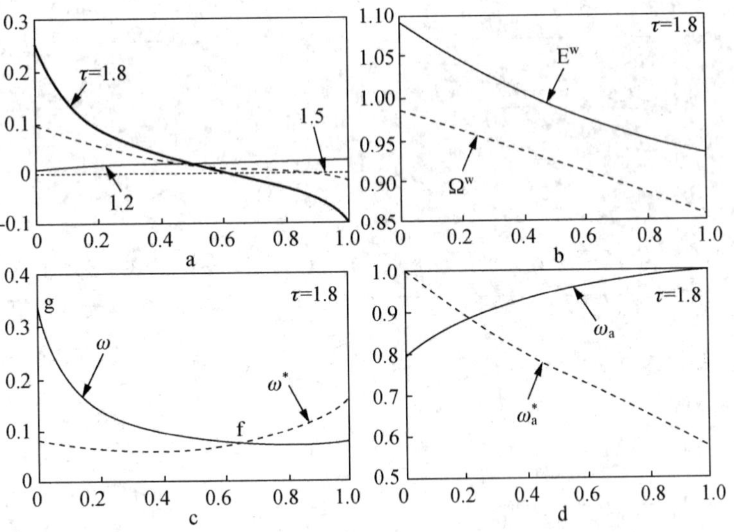

图 4 $\gamma=0.5$、$\tau=\tau^*$

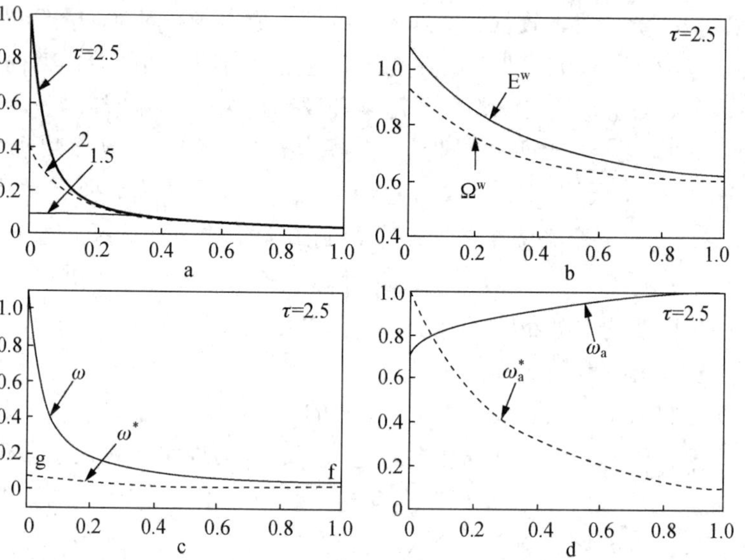

图 5　γ=3、τ=τ*

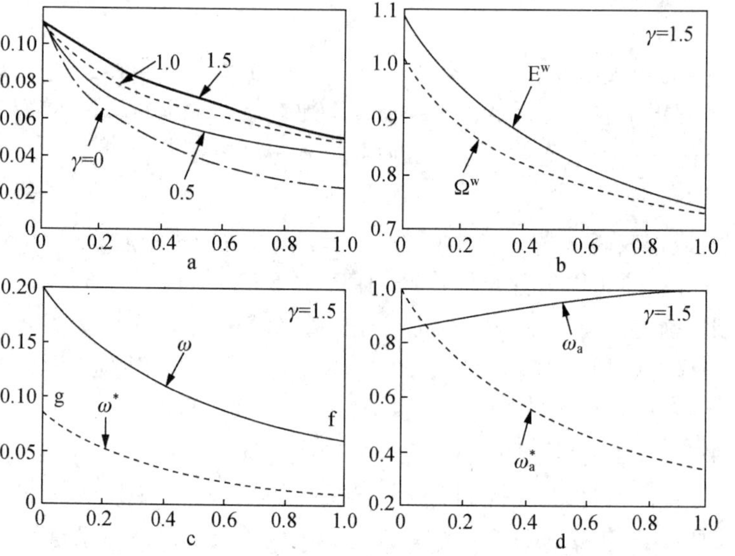

图 6　γ=1.1、τ* =1.5

注：①图 1 ~ 图 6 中纵轴所代表的含义是：a 图为厂商的实际收入差；b 图为全社会的名义总收入 E^w 和实际总收入 Ω^w；c 图为地区 1 厂商的实际收入 ω 和地区 2 厂商的实际收入 ω^*；d 图为地区 1 劳动力的实际收入 ω_a 和地区 2 劳动力的实际收入 ω_a^*；横轴均表示地区 1 的厂商数量 n。

②在本文所有的数值模拟中，参数取值为：σ = 5，μ = 0.4，c = 1，L = L* = 1/2。

（2）当地区 1 的贸易成本较低，而地区 2 的贸易成本较高时（如图 2a 所示），① 若污染程度较低（如 $\gamma = 0.5$），则工业集聚在地区 2 是稳定均衡；而随着污染程度提高，则长期工业集聚在地区 2 的稳定性将下降，若污染程度超过某一临界值（如 $\gamma = 0.91$），则长期均衡将转变为图 1a 所示的情形：工业在长期只能以较小的概率集聚于地区 2。

从福利水平来看（见图 1b、图 2b），当 $n|_{初始} < n^{**}$ 时，工业在地区 2 集聚，有 $\Omega^w|_{n=0} = \Omega^w|_{max}$，此时整个经济系统实现了福利最大化的最优选择。当 $n|_{初始} > n^{**}$ 时，工业在地区 1 集聚，有 $\Omega^w|_{n=1} = \Omega^w|_{min}$，此时整个经济系统实现了福利最小化的最劣选择。当工业在两地区非均匀分布时，有 $\Omega^w|_{min} < \Omega^w|_{n=n^{**}} < \Omega^w|_{max}$，$0 < n^{**} < 1$，此时整个经济系统只能实现总福利的次优选择。

从企业家实际收入水平来看（见图 1，图 2 的 c、d 图），当 $n|_{初始} < n^{**}$ 时，$\omega^* > \omega$，厂商向地区 2 集聚，受益于污染外部性内部化，厂商将实现实际收入最大化（$\omega^*|_{n=0}$）。当 $n|_{初始} > n^{**}$ 时，$\omega^* < \omega$，厂商向地区 1 移动，受地区 1 企业竞争强度增加以及地区 2 污染外部性的影响，厂商将实现实际收入的次优化（$\omega^*|_{0<n^{**}<1}$）或实际收入的最小化（$\omega|_{n=1}$）。

当贸易成本很低、地区 1 实施相对自由的贸易政策时，在市场机制作用下，只要政府采取必要的引导，如重置厂商的初始分布、调控贸易政策等，工业集聚于地区 2 是一种可能的长期均衡，此时全社会与企业家均实现了最优选择。

命题 1 贸易自由度很高，或生态区实施自由贸易政策、非生态区实施贸易保护政策时，虽然存在污染外部性，但只要通过政府的合理引导，在市场机制下能够实现全社会总体福利水平的最优选择，此时在一个较低概率下市场机制是有效的。

（3）当贸易成本较高（贸易自由度较低）时，若污染系数较低（如 $\gamma = 0.5$），则工业分布在长期只有一种非均匀分布的稳定均衡（$0.5 < n^{**} < 1$）。随着污染系数递增（如 $\gamma = 1.5$），长期均衡将向集聚于地区 1 的核心—边缘结构（$n = 1$）转变（如图 3a 所示）。这表明随着污染程度增加，地区 2 的生产成本提高，厂商受实际收入驱动逐渐向地区 1 迁移。

从总福利来看，当污染系数较小时只能实现次优选择（$\Omega^w|_{n=n^{**}}$）。随着污染程度增加，厂商逐渐向地区 1 转移，与此同时全社会的污染量增加，地区 2 的生产成本增加，进一步导致生产向地区 1 集聚，整个经济陷入污染程度越大，制造污染量越大的恶性循环累积过程。当生产完全集聚于地区 1 时，只能实现整个经济系统福利水平的最劣选择（$\Omega^w|_{n=1} = \Omega^w|_{min}$）。

（4）在污染系数较低时，若贸易成本较低（如 $\tau = 1.2$），则工业分布在长期只有集聚

① 此时，地区 1 可能采取限制出口、鼓励进口等自由贸易政策，地区 2 可能采取鼓励出口、限制进口等贸易保护政策。

于地区 1 的一种稳定均衡（$n=1$），随着贸易成本增加（如 $\tau=1.8$），工业分布将逐渐转变为非均匀分布的稳定均衡（$0.5<n^{**}<1$）（如图 4a 所示）。这表明随着贸易成本增加，地区 2 的价格指数增加，以至于价格指数的影响超过了污染外部性，部分产品在地区 2 生产变得有利可图。但由于污染负外部性的存在，地区 1 的厂商数量始终占优，即 $0.5<n^{**}<1$。

从总福利来看，在市场机制下，当贸易成本较高时只能达到次优水平（$\Omega^w|_{n=n^{**}}$）。随着市场化进程的推进，贸易成本下降，价格指数随之下降，地区 2 的厂商为了逃避污染的影响，向地区 1 转移，结果全社会的污染量增加，地区 2 的生产成本进一步增加，导致更多的厂商向地区 1 转移，整个经济陷入污染程度越大，制造污染量越大的恶性循环累积过程。当生产完全集聚于地区 1 时，只能实现全社会总福利的最劣选择（$\Omega^w|_{n=1}=\Omega^w|_{min}$）。

（5）在污染程度很高时（如 $\gamma=3$），不论贸易成本如何提高，工业分布在长期只能集聚于地区 1（$n=1$）（如图 5a 所示）。这表明此时污染的负外部性是如此之强，以至于在任何贸易成本水平下，地区 2 因污染导致生产成本的提高超过了价格指数下降的影响。从总福利来看，经济体最终只能实现最劣选择（$\Omega^w|_{n=1}=\Omega^w|_{min}$）。

（6）当地区 2 的贸易成本较低，而地区 1 的贸易成本较高时，① 则不论污染程度如何，工业分布在长期只有集聚于地区 1 的一种均衡模式（如图 6a 所示）。在市场机制下，经济体在长期只能实现全社会总福利的最劣选择（$\Omega^w|_{n=1}=\Omega^w|_{min}$）。

命题 2 当贸易成本较高时，污染外部性导致市场失灵——全社会福利只能实现次优或最劣选择。污染系数与贸易成本对长期均衡的影响不同：污染系数增加倾向于生产集聚于制造污染的上游生态区，并陷入污染的恶性循环累积过程；贸易成本的提高倾向于生产在两地区间均匀分布，但是当污染系数达到一定程度后，贸易成本无论多高生产都将集聚于制造污染的上游生态区。

再从厂商实际收入来看（见图 3 ~ 图 6c），若工业集聚于地区 1 的核心—边缘模式为长期均衡，则厂商获得在地区 1 的所有可能收入中的最低收入 $\omega|_{n=1}$（见图 3、图 5、图 6 中的 f 点）。若生产的长期均衡为非均匀分布模式（$0.5<n^{**}<1$），厂商的实际收入为 $\omega|_{n=n^{**}}$（见图 4 中的 f 点）。若工业集聚于地区 2，则厂商获得在地区 2 的所有可能收入中的最高收入 $\omega^*|_{n=0}$（见图 3 ~ 图 6 中的 g 点）。显然，在其他条件不变时，$\omega^*|_{n=0}>\omega|_{n=n^{**}}>\omega|_{n=1}$ 成立。虽然，$\omega^*|_{n=0}$ 为厂商所有可能收入中的最高现实收入，但是厂商在地区 1 的潜在收入 $\omega|_{n=0}$ 大于 $\omega^*|_{n=0}$，于是厂商将向地区 1 转移，但在达到长期均衡时厂商只能获得次高或最低收入。所以对厂商来说，存在个体理性（追求个体利益最大

① 此时，地区 1 可能采取鼓励出口、限制进口等贸易保护政策，地区 2 可能采取限制出口、鼓励进口等自由贸易政策。

化）导致集体非理性（长期均衡时实际收入水平下降）的博弈悖论。

命题 3 由于市场失灵，市场机制下厂商只能获得次高或最低的实际收入，厂商群体由于个体理性导致集体非理性。

4 生态补偿模型

4.1 政府生态补偿干预对象

本文认为只有当市场失灵时，才需要政府实施区际生态补偿政策进行干预。前文的分析表明，当贸易成本很低（贸易自由度很高），或地区 1 实行更为自由的贸易政策时，虽然存在污染外部性，但只要政府对厂商的初始分布、区际贸易政策、污染系数等条件进行适当调控，市场机制依然是有效的。所以，我们将政府生态补偿干预对象集聚于图 3 ~ 图 6 所示的市场失灵情形。

4.2 生态补偿的基本原则

从图 3 ~ 图 6 可以看到，当生产全部集聚于地区 2 时，全社会总福利最大。所以政府实施区际生态补偿政策使工业生产集聚于地区 2，并对在此过程中的获益者征税、利益受损者补偿，以使他们的实际收入保持在生产转移前的长期均衡水平。然后核算政府总收入 Γ（即税收收入与补偿支出之差），若 $\Gamma \geqslant 0$，则政府主导的区际生态补偿政策是可行的，若 $\Gamma < 0$，则该政策不可行。具体过程如下：

首先，对厂商和劳动力按差别化的税率征收所得税。设 t、t_a、t_a^* 分别为厂商、地区 1 和地区 2 劳动力的税率，税率值大于 0 表示征税，否则是补偿。

其次，长期均衡时厂商的实际收入必然相等，所以在其他条件不变时，分别计算厂商在长期均衡点的实际收入 $\omega|_{长期均衡}$ 与集聚于地区 2 的实际收入 $\omega^*|_{n=1}$，然后选择恰当的税率 t，使等式 $\omega|_{长期均衡} = \omega^*|_{n=0} \times (1-t)$ 成立。

再次，分别计算两地区劳动力长期均衡的实际收入 $\omega_a|_{长期均衡}$ 和 $\omega_a^*|_{长期均衡}$，以及厂商集聚于地区 2 的实际收入 $\omega_a|_{n=0}$ 和 $\omega_a^*|_{n=0}$，然后选择恰当的税率，使等式 $\omega_a|_{长期均衡} = \omega_a|_{n=0}(1-t_a)$ 和 $\omega_a^*|_{长期均衡} = \omega_a^*|_{n=0}(1-t_a^*)$ 成立。

最后，计算政府净收入，如果 $\Gamma \geqslant 0$，说明政府主导的区际生态补偿政策是可行的；若 $\Gamma < 0$，说明政府缺乏干预市场的经济实力，只能接受市场的次优或最劣选择。

4.3 长期均衡为生产集聚于地区 1（n = 1）时的政府干预

（1）厂商的税率。由式（5）可以求得工业生产集聚于地区 2 时厂商的名义收入 $w|_{n=0}$；当工业生产集聚于地区 1 时厂商的名义收入 $w|_{n=1}$。为保持征税前后实际收入相等，必须满足等式 $\frac{w^*|_{n=0}(1-t)}{P^*|_{n=0}}=\frac{w|_{n=1}}{P|_{n=1}}$，从而可得对厂商的税率为：

$$t=1-\frac{2^{\gamma}L+L^*}{2^{\gamma}(L+L^*)} \tag{11}$$

显然 $t>0$，说明需要对厂商征税。而且 $\frac{dt}{d\gamma}=\gamma 2^{\gamma-1}L^*(L+L^*)/[2^{\gamma}(L+L^*)]^2>0$，说明污染程度越高，厂商从生产转移中获得的收益越大，其应当支付的税率也越高。

（2）地区 1 劳动力的税率。地区 1 劳动力的名义收入为 $w_a|_{n=0}=c$，$w_a|_{n=1}=c$。保持征税前后实际收入相等，必须满足 $\frac{w_a|_{n=0}(1-t_a)}{P|_{n=0}}=\frac{w_a|_{n=1}}{P|_{n=1}}$，从而可得税率：

$$t_a=1-(\varphi^*)^{\mu/(1-\sigma)} \tag{12}$$

显然 $t_a<0$，说明需要对地区 1 的劳动力补偿。且 $\frac{dt_a}{d\varphi^*}=\frac{\mu}{\sigma-1}(\varphi^*)^{[\mu/(1-\sigma)-1]}>0$，说明随着地区 1 贸易自由度的提高，价格指数下降，劳动力实际收入的损失也下降，从而对劳动力的补偿也会减少，特别是当地区 1 实现了完全自由贸易（$\varphi^*=1$）时，$t_a=0$。这表明在政策层面上，政府可以通过提高地区 1 的贸易自由度（降低贸易成本），减少补偿成本，提高区际生态补偿政策的可行性。

（3）地区 2 劳动力的税率。地区 2 的劳动力名义收入为 $w_a^*|_{n=0}=c$，$|w^*_{a\,n=1}=c/2^{\gamma}$。保持征税前后实际收入相等，必须满足 $\frac{w_a^*|_{n=0}(1-t_a)^*}{P^*|_{n=0}}=\frac{w_a^*|_{n=1}}{P^*|_{n=1}}$，从而可得税率为：

$$t_a^*=1-\frac{1}{2^{\gamma}\varphi^{\mu/(1-\sigma)}} \tag{13}$$

显然 $t_a^*>0$，说明需要对地区 2 的劳动力征税。由于 $dt_a^*/d\gamma=\gamma 2^{-\gamma-1}\varphi^{\mu/(\sigma-1)}>0$，表明污染程度越高，地区 2 劳动力受污染外部性影响的损失越大，从而当生产全部转移到地区 2 后，劳动力不但可以享受价格指数下降的好处，而且可以免遭污染损失，所以其应当承担的税率也越高。同时，$dt_a^*/d\varphi=-\mu 2^{-\gamma}\varphi^{[\mu/(\sigma-1)-1]}/(\sigma-1)<0$，表明随着地区 2 贸易自由度的提高，劳动力从价格指数下降中得到的好处在递减，所以其税率也应该减少。这表明在政策层面上，政府可以通过在地区 2 实行一定的贸易保护，增加税收水平，提高区际生态补偿政策的可行性。

（4）政府净收入。政府在地区 1 的税收收入为 $\Gamma_t=t_aLw_{a|n=0}<0$；政府在地区 2 的税收收入为 $\Gamma_t^*=t(1-n)w^*|_{n=0}+t_a^*L^*w_a^*|_{n=0}>0$，则政府净收入为：

$$\Gamma=\Gamma_t+\Gamma_t^*=\frac{b}{1-b}\left(\frac{1}{2}-\frac{1}{2^{\gamma+1}}\right)+\frac{2(\varphi^*)^{\mu/(\sigma-1)}-1}{2(\varphi^*)^{\mu/(\sigma-1)}}-\frac{\varphi^{\mu/(\sigma-1)}}{2^{\gamma+1}} \tag{14}$$

由于 $d\Gamma/d\gamma = 2^{-(\gamma+2)}(\gamma+1)[b/(1-b)+\varphi^{\mu/(\sigma-1)}]>0$，表明污染系数越大，政府净收入越大，政府实施区际生态补偿政策的可行性越强（在图 7 中表现为 Γ 与 γ 呈同向变化），也就是说，污染程度越高，越需要政府出面治理生态环境，这与现实情况一致。

政府净收入与地区 2 的贸易自由度间存在反向变化关系，即 $d\Gamma/d\varphi = -\mu\varphi^{[\mu/(\sigma-1)-1]}/[(\sigma-1)2^{\gamma+1}]<0$，也就是说，地区 2 实行贸易保护政策，政府净收入将提高，政府实施区际生态补偿政策的可行性增强，在图 7b 中表现为随着 τ 增加，Γ 曲线向上平移。

政府净收入与地区 1 的贸易自由度间存在同向变化关系，即 $d\Gamma/d\varphi^* = \mu(\varphi^*)^{[-\mu/(\sigma-1)-1]}/2(\sigma-1)>0$，也就是说，地区 1 实行自由贸易政策，政府净收入将提高，政府实施区际生态补偿政策的可行性增强，在图 7c 中表现为随着 τ^* 减少，Γ 曲线向上平移。

从图 7 的 a、c 中我们还可以看到，当污染系数较小，且贸易成本不为 0 或地区 1 实行贸易保护政策时，政府净收入 Γ<0，此时存在政府干预的盲区。[①] 由于污染程度较小，地区 1 工业生产对地区 2 的负外部性比较小，而贸易成本较高，地区间的贸易保护现象比较严重，导致价格指数较大，政府将工业生产集聚到地区 2 时，能够获得的税收收入不足以弥补补偿支出。所以此时虽然存在市场失灵，但是政府缺乏干预市场的经济实力。我们在此仅讨论区际生态补偿这一单项政策行为收支平衡的情况，并没有考虑其他资金来源。如果政府能够获得其他的资金支持，将会使图 7 中的政府净收入曲线整体向上平移，于是“盲区”的范围会缩小、政府干预的空间也将扩大。

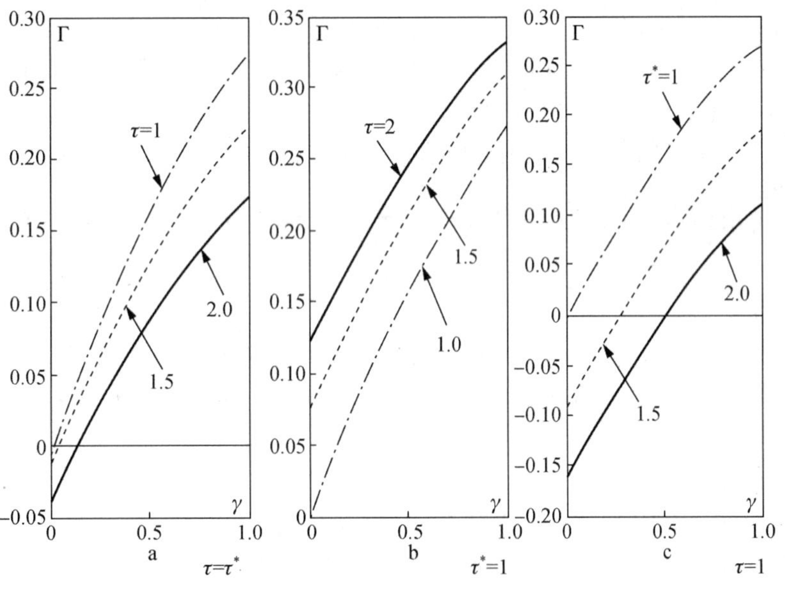

图 7　政府净收入曲线

注：横轴表示污染程度 γ，纵轴表示政府净收 Γ。

---

① 即虽然存在污染外部性导致的市场失灵，但政府由于缺乏足够的资金，就像进入了信号盲区那样对市场失灵无能为力。

命题 4 当污染外部性导致市场失灵时，需要实施政府主导的区际生态补偿政策：将污染性生产集聚于非生态区，并对厂商和非生态区的劳动力征税，向生态区的劳动力提供补偿。当污染系数较大、生态区实行自由贸易政策、非生态区实行贸易保护政策时，政府主导的区际生态补偿政策实施的空间也较大。但是当污染程度较小、贸易成本不为 0 以及生态区实施贸易保护政策时，则存在政府干预的盲区。

4.4 生态补偿主体

前文的分析表明，除了政府干预的盲区外，通过政府主导的区际生态补偿政策来治理市场失灵是可行的。但这种政府主导的区际生态补偿政策能否通过地方政府间的博弈实现？本文认为，对地方政府而言，存在一个两阶段博弈过程，首先，地区 1 政府是否愿意采取一定措施（例如更加自由的贸易政策等）促进工业向地区 2 转移；其次，当工业从地区 1 转移到地区 2 后，地区 2 政府是否会信守承诺向地区 1 给予补偿。

（1）第一阶段：地区 1 政府缺乏促进工业转移的动力。长期均衡时，两地区的总支出分别为 $E|_{n=1}=\frac{b(2^{\gamma}+1)}{2^{\gamma+1}(1-b)}+\frac{1}{2}$ 和 $E^{*}|_{n=1}=\frac{1}{2^{\gamma+1}}$；政府干预后地区 1 的总支出为 $E|_{n=0}=1/2$，地区 2 的总支出为 $E^{*}_{n=0}=b/(1-b)+1/2$。

政府干预前后地区 1 总支出的变化为 $dE|_{转移}=E|_{n=0}-E|_{n=1}=-\frac{b(2^{\gamma}+1)}{2^{\gamma+1}(1-b)}<0$。

政府干预前后地区 2 总支出的变化为 $dE^{*}|_{转移}=E^{*}|_{n=0}-E^{*}|_{n=1}=\frac{b}{1-b}+\frac{2^{\gamma}-1}{2^{\gamma+1}}>0$。

当工业不发生转移时，有 $dE|_{不转移}=0$，$dE^{*}|_{不转移}=0$。显然，只有当地区 1 愿意将工业转移出去且地区 2 愿意接受工业转移时，工业转移才能真正发生。

从表 1 的支付矩阵中可以看到，如果工业发生转移，则地区 1 的总支出将下降（$dE|_{转移}<0$），地区 2 的总支出将增加（$dE^{*}|_{转移}>0$）。显然在缺乏外界约束，或没有得到地区 2 政府实质性承诺的条件下，选择不转移工业是地区 1 政府的占优策略。

表 1 地方政府总支出变化支付矩阵

		下游地区 2	
		接受转移	不接受转移
上游地区 1	转移	$dE\|_{转移}<0$，$\underline{dE^{*}\|_{转移}>0}$	$dE\|_{不转移}=0$，$\underline{dE^{*}\|_{不转移}=0}$
	不转移	$\underline{dE\|_{不转移}=0}$，$\underline{dE^{*}\|_{不转移}=0}$	$\underline{dE\|_{不转移}=0}$，$\underline{dE^{*}\|_{不转移}=0}$

注：表中下划线表示不同博弈条件下地方政府的策略选择。

在中国当前以 GDP 作为考核地方政府政绩的现实环境下，即使地区 2 政府承诺工业转移发生后将给地区 1 予以补偿，工业转移也一定不会发生。因为，首先，工业转移与补偿行为不是同时发生的，地区 2 政府只有在工业转移发生后才需要向地区 1 提供补偿，而且地区 2 政府在获得工业转移后是否会守约值得怀疑，地区 1 政府根本无法约束地区 2 政府的违约行为。其次，工业转移相对缓慢，而地方官员大多热衷于在短期内通过扩大工业推动地方 GDP 增长，然后获得升迁，对地区 1 的政府官员来说，促进工业转移与其政绩要求相矛盾。

（2）第二阶段：地区 2 政府缺乏提供补偿的动力。若工业发生转移后，地区 1 政府的补偿缺口为 $\Gamma_t=[1-(\varphi^*)^{-\mu/(\sigma-1)}]/2\leqslant 0$，显然只要 $\varphi^*<1$，即只要贸易成本不为 0，工业转移发生后，地区 1 必然会存在一个实际收入缺口。

地区 2 政府获得的税收收入为 $\Gamma_t^*=b(1-1/2^\gamma)/[2(1-b]+(1-\varphi^{\mu/\sigma-1}/2^\gamma)/2\geqslant 0$，显然只要 $\gamma>0$、$\varphi<1$，则工业转移发生后，地区 2 必然会获得一个正的税收收入。

当地区 2 不支付补偿时，地区 1 获得的补偿为 $|\Gamma_t||_{不支付}=0$。理论上，只要满足 $\Gamma_t^*-|\Gamma_t|\geqslant 0$，政府主导的区际生态补偿政策就是可行的。

表 2　地方政府税收补偿变化支付矩阵

		下游地区 2	
		支付补偿	不支付补偿
上游地区 1	接受补偿	$\underline{|\Gamma_t|\geqslant 0}$，$\Gamma_t^*-|\Gamma_t|\geqslant 0$	$\underline{|\Gamma_t||_{不支付}=0}$，$\underline{\Gamma_t^*}$
	不接受补偿	$\underline{|\Gamma_t||_{不支付}=0}$，$\underline{\Gamma_t^*}$	$\underline{|\Gamma_t||_{不支付}=0}$，$\underline{\Gamma_t^*}$

注：表中下划线表示不同博弈条件下地方政府的策略选择。

从表 2 的支付矩阵可以看到，如果地区 2 提供补偿，地区 2 的税收收入将下降 $\Gamma_t^*-|\Gamma_t|<\Gamma_t^*$，同时，地区 1 因工业转移而导致的损失将被弥补（$|\Gamma_t|\geqslant 0$），显然选择不支付补偿是地区 2 政府的占优策略。

上述分析表明，由于地方政府间利益追求不完全一致，使得地方政府在治理市场失灵时会导致政府失灵，区际生态补偿政策不可能由地方政府主导实施。虽然我们只讨论了不重复的两阶段博弈行为，其实博弈理论已经证明了只要是有限次的重复博弈，其结果均与一次博弈行为相同。事实上，即使我们将模型扩展到无限次重复博弈的情形，地区 2 政府也不必因为担心地区 1 政府的报复行为而向其支付补偿，因为厂商从地区 1 转移到地区 2，需要支付厂房等沉没成本，当厂商转移到地区 2 后，在一段时期内就会相对稳定下来。当地区 1 政府再一次将企业吸引过来并具备报复条件时，两地区的政府官员可能早已更换，一切博弈行为又重新开始。

（3）中央政府以第三方当事人身份主导区际生态补偿政策。长期均衡时全社会的总支出为 $E^w|_{n=1}=E|_{n=1}+E^*|_{n=1}=\dfrac{b(2^{\gamma+1})}{2^{\gamma+1}(1-b)}+\dfrac{1}{2}+\dfrac{1}{2^{\gamma+1}}$；政府干预后全社会的总支出

为 $E^w|_{n=0}=E|_{n=0}+E^*|_{n=0}=b/(1-b)+1$。政府干预前后全社会的总支出变化为：

$$dE^w|_{n=0}=\left(\frac{1}{2}-\frac{1}{2^{\gamma+1}}\right)+\left(1-\frac{2^{\gamma}+1}{2^{\gamma+1}}\right)\frac{b}{1-b} \tag{15}$$

显然，只要 $\gamma>0$，就有 $dE^w|_{n=0}>0$，也就是说，只要存在污染外部性，从全社会来看，将工业集聚于地区 2，就能够增加全社会的总支出水平。

然而，式（14）表明，作为区际生态补偿政策中的第三方当事人，中央政府也受 $\Gamma\geqslant 0$ 的约束。当工业从地区 1 转移到地区 2 后，只要中央政府从地区 2 获得的税收收入能够弥补向地区 1 的补偿支出，中央政府必然会受全社会总支出水平增加的驱动而不遗余力地推进区际生态补偿政策。这也就是说，在现实世界中，中央政府在治理生态环境方面的热情远大于地方政府的原因。

命题 5　由于地方政府间利益追求不完全一致，使得地方政府在治理市场失灵时会导致政府失灵。中央政府作为第三方当事人，只要能够打破经济约束，就会受全社会总支出水平增加的驱动而主导实施区际生态补偿政策。

4.5　长期均衡为非均匀分布（$n=n^{**}$）时的政府干预

当工业生产的长期均衡为非均匀分布（$n=n^{**}$）时，必然有 $\omega|_{n=n^{**}}=\omega^*|_{n=n^{**}}$，从而厂商的税率为：

$$t=1-\omega|_{n=n^{**}}/\omega^*|_{n=0} \tag{16}$$

地区 1 劳动力工资为 $w_a=c$，其税率为：

$$t_a=1-P|_{n=n^{**}}/P|_{n=0} \tag{17}$$

地区 2 劳动力工资为 $w_a^*=c/e$，其税率为：

$$t_a^*=1-eP^*|_{n=n^{**}}/P^*|_{n=0} \tag{18}$$

于是政府净收入为：

$$\Gamma=\Gamma_t+\Gamma_t^*=ct_aL+t(1-n)w^*|_{n=0}+ct_a^*L^* \tag{19}$$

显然只要 $\Gamma\geqslant 0$，政府主导的区际生态补偿政策就是可行的。但是由于无法得到长期均衡时 $f(n)=0$ 的显性解，从而得不到式（16）～式（19）的解，于是求助于数值模拟法求解。本文对 γ 在 0.5 ~3 区间以 0.1 为步长取值，对 τ 和 τ^* 在 1.4 ~3 区间以 0.1 为步长取值，分别数值模拟出长期均衡时地区 1 的厂商数量 n^{**}，税率 t、t_a、t_a^*，政府净收入 Γ 等值（见附录 2）。

从附录 2 可以进一步验证在不同长期均衡状态下命题 4 和命题 5 的正确性，即：

（1）政府实施区际生态补偿政策时，需要对企业家与地区 2 的劳动力征税（$t>0$、$t_a^*>0$），同时对地区 1 的劳动力给予补偿（$t_a<0$）。

（2）从总支出来看，随着工业转移到地区 2，地区 1 的总支出将减少（$dE<0$），而地区 2 的总支出将增加（$dE^*>0$）。工业转移也就意味着地区生产总值的转移，而这与地区 1 政府的政绩追求并不一致。从全社会来看，工业转移到地区 2 时，$dE^w>0$，所以中央政府受总支出水平增加的驱动，必然会推动实施区际生态补偿政策。

（3）在保持工业转移前后厂商与劳动力实际收入水平不变的条件下，工业转移使地区 1 的利益受损（$\Gamma_t<0$），而地区 2 受益（$\Gamma_t^*>0$），显然地区 2 不会将既得利益转让给地区 1（向地区 1 提供补偿）。但是只要政府净收入 $\Gamma\geqslant0$，中央政府就会推动实施区际生态补偿政策。

（4）政府净收入 $\Gamma<0$ 的情形出现在污染系数较小且贸易成本较大时，此时存在政府干预的盲区，即虽然出现了市场失灵，但是中央政府由于缺乏实施区际生态补偿政策的经济实力而无力干预。

5 结论与启示

本文构建了一个存在污染外部性的新经济地理学模型，研究了区际生态补偿过程中市场、地方政府与中央政府的角色定位。本文的主要发现是，依据工业污染程度与区际间贸易成本的不同，应当采取不同的区际生态补偿模式。

第一，当贸易成本很低或在生态区实施更为自由的贸易政策时，只要调整可流动要素的初始值或调控区域贸易政策，就可以保证市场机制的有效性。第二，当贸易成本不足够低或生态区相对实施地方保护政策时，污染外部性会导致市场失灵，市场机制不但无法实现全社会福利最优选择，反而会陷入污染恶性循环累积过程，此时需要政府运用区际生态补偿政策调整生产布局。由于生态区与非生态区地方政府作为利益直接相关者，在工业转移与区际生态补偿中的利益并不完全一致，在一个两阶段的地方政府博弈中，必然会出现地方政府在治理市场失灵时导致政府失灵的现象。由于工业在由生态区向非生态区转移并消除污染外部性的过程中，全社会的总支出将增加，所以中央政府作为第三方当事人，只要能够打破经济约束，就会不遗余力地推动实施区际生态补偿政策。第三，在政府与市场机制之外还存在政府干预的盲区，即当污染程度较小且贸易成本较大时，虽然存在市场失灵，但政府因资金短缺而无力实施区际生态补偿政策，只能维持市场机制下社会福利的次优选择，这与中国目前在生态区发展低污染工业的现状相符。在本文中我们只考虑了以区际生态补偿政策的收益弥补补偿支出的强假设条件，如果考虑将中央政府的其他财政收入作为区际补偿的可用来源，那么政府干预的盲区将缩小，区际生态补偿政策实施的可行性将进一步增强，但这并不影响中央政府的主导地位。

此外，本文认为在区际生态补偿过程中，对不同的受益者与受损者应实施差异化的税收补偿政策，如对厂商和非生态区劳动力应当征税，对生态区劳动力应给予补偿。由于税率与污染程度正相关，则企业越发展低污染工业，其承担的税负越低，这表明区际生态补偿政策有利于促进企业发展低污染工业。从贸易自由度来看，生态区实施相对自由的贸易政策，非生态区实施相对保护的贸易政策，不但有利于降低非生态区劳动力的税率、提高生态区劳动力的补偿率，而且有利于实现经济活动集聚于非生态区的最优配置。但这与目前中国东部非生态区相对自由的贸易环境和中西部生态区相对封闭的贸易环境并不相符，一个可能的解释是本文仅限于在一个两地区的封闭模型中展开讨论。而现实情况是，由于接近于广阔的海外市场，东部地区比西部地区更具有贸易成本优势，在市场规模效应下，西部企业具有向东部地区流动的倾向。于是在追求 GDP 的驱动下，西部地区政府必然实行相对保护的贸易政策以阻止企业向东部地区迁移。

附录 1

由式（3）、式（4）可得：

$$\begin{cases}\dfrac{\Delta-bn}{\Delta}w-\dfrac{\varphi b(1-n)}{\Delta^*}w^*=bc\,\dfrac{Le\Delta^*+\varphi L^*\Delta}{e\Delta\Delta^*}\\[2ex]-\dfrac{bn\varphi^*}{e\Delta}w+\dfrac{e\Delta^*-b(1-n)}{e\Delta^*}w^*=bc\,\dfrac{eL\varphi^*\Delta^*+L^*\Delta}{e^2\Delta\Delta^*}\end{cases}\tag{A1}$$

于是可建立矩阵方程：

$$\begin{pmatrix}\dfrac{\Delta-bn}{\Delta} & -\dfrac{\varphi b\ (1-n)}{\Delta^*}\\[2ex] -\dfrac{bn\varphi^*}{e\Delta} & \dfrac{e\Delta^*-b\ (1-n)}{e\Delta^*}\end{pmatrix}\begin{pmatrix}w\\ w^*\end{pmatrix}=\frac{bc}{e\Delta\Delta^*}\begin{pmatrix}Le\Delta^*+\varphi L^*\Delta\\ \dfrac{eL\varphi^*\Delta^*+L^*\Delta}{e}\end{pmatrix}$$

利用克莱姆法则可解得式（5）。

附录 2　数值模拟结果表

γ	τ	n^{**}	t	t_a	t_a^*	dE^w	dE	dE^*	Γ	Γ_t	Γ_t^*
0.5	1.4	0.99	0.1475	−0.1431	0.3793	0.1582	−0.0735	0.2317	0.1309	−0.0716	0.2025
0.5	1.6	0.70	0.1648	−0.1703	0.3121	0.1267	−0.0524	0.1791	0.0852	−0.0851	0.1704
0.5	1.8	0.63	0.1639	−0.2131	0.2948	0.1178	−0.0478	0.1656	0.0551	−0.1066	0.1617
0.5	2.0	0.61	0.1700	−0.2598	0，2914	0.1152	−0.0461	0.1613	0.0306	−0.1299	0.1605
0.5	2.1	0.60	0.1685	−0.2819	0.2888	0.1139	−0.0455	0.1594	0.0181	−0.1410	0.1591
0.5	2.2	0.59	0.1647	−0.3034	0.2859	0.1124	−0.0451	0.1575	0.0056	−0.1517	0.1573
0.5	2.3	0.59	0.1693	−0.3262	0.2868	0.11.25	−0.0448	0.1573	−0.0050	−0.1631	0.1581
0.5	2.4	0.58	0.1624	−0.3464	0.2834	0.1111	−0.0445	0.1556	−0.0174	−0.1732	0.1558
0.5	2.5	0.58	0.1654	−0.3682	0.2839	0.1111	−0.0444	0.1555	−0.0078	−0.1841	0.1563
0.5	2.6	0.58	0.1679	−0.3896	0.2844	0.1111	−0.0443	0.1554	−0.0380	−0.1948	0.1568
0.5	2.7	0.58	0.1700	−0.4104	0.2847	0.1111	−0.0442	0.1553	−0.0481	−0.2052	0.1572
0.5	2.8	0.58	0.1717	−0.4309	0.2851	0.1111	−0.0441	0.1552	−0.0580	−0.2155	0.1575

续表

γ	τ	n^{**}	t	t_a	t_a^*	dE^w	dE	dE^*	Γ	Γ_t	Γ_t^*
0.5	2.9	0.58	0.1732	-0.4510	0.2853	0.1111	-0.0440	0.1551	-0.0678	-0.2255	0.1577
0.6	2.3	0.61	0.1889	-0.3303	0.3306	0.1351	-0.0451	0.1802	0.0165	-0.1652	0.1817
0.6	2.4	0.60	0.1832	-0.3507	0.3270	0.1335	-0.0448	0.1783	0.0041	-0.1753	0.1794
0.6	2.5	0.60	0.1867	-0.3726	0.3276	0.1335	-0.0446	0.1781	-0.0063	-0.1863	0.1800
0.6	2.6	0.60	0.1897	-0.3941	0.3281	0.1336	-0.0444	0.1780	-0.0165	-0.1970	0.1805
0.6	2.7	0.60	0.1921	-0.4150	0.3284	0.1336	-0.0443	0.1779	-0.0266	-0.2075	0.1809
0.6	2.8	0.59	0.1830	-0.4332	0.3244	0.1321	-0.0441	0.1762	-0.0385	-0.2166	0.1781
0.6	2.9	0.59	0.1847	-0.4533	0.3247	0.1320	-0.0441	0.1761	-0.0483	-0.2267	0.1784
0.6	3.0	0.59	0.1861	-0.4730	0.3249	0.1320	-0.0440	0.1760	-0.0579	-0.2365	0.1786
0.7	2.5	0.62	0.2067	-0.3769	0.3703	0.1558	-0.0448	0.2006	0.0147	-0.1884	0.2031
0.7	2.6	0.62	0.2100	-0.3984	0.3708	0.1558	-0.0446	0.2004	0.0045	-0.1992	0.2037
0.7	2.7	0.61	0.2025	-0.4173	0.3667	0.1541	-0.0444	0.1985	-0.0077	-0.2086	0.2010
0.7	2.8	0.61	0.2048	-0.4379	0.3671	0.1541	-0.0443	0.1984	-0.0176	-0.2189	0.2013
0.7	2.9	0.61	0.2067	-0.4581	0.3673	0.1541	-0.0442	0.1983	-0.0274	-0.2290	0.2016
0.7	3.0	0.61	0.2083	-0.4778	0.3676	0.1541	-0.0441	0.1982	-0.0370	-0.2389	0.2019
0.8	2.7	0.63	0.2226	-0.4217	0.4083	0.1758	-0.0446	0.2204	0.0127	-0.2108	0.2235
0.8	2.8	0.63	0.2251	-0.4424	0.4087	0.1759	-0.0444	0.2203	0.0027	-0.2212	0.2239
0.8	2.9	0.63	0.2273	-0.4626	0.4090	0.1758	-0.0443	0.2201	-0.0071	-0.2313	0.2242
0.8	3.0	0.63	0.2291	-0.4825	0.4092	0.1758	-0.0442	0.2200	-0.0167	-0.2413	0.2245
0.9	2.8	0.65	0.2442	-0.4468	0.4491	0.1972	-0.0446	0.2418	0.0224	-0.2234	0.2458
0.9	2.9	0.65	0.2466	-0.4671	0.4494	0.1972	-0.0444	0.2416	0.0126	-0.2336	0.2461
0.9	3.0	0.65	0.2486	-0.4870	0.4497	0.1972	-0.0443	0.2415	0.0029	-0.2435	0.2464

注：①$\tau=\tau^*$；②精度：$dW<0.001$；③在$\gamma\geqslant 0.9$之后，Γ的模拟值均大于0；④我们总共得到了219组模拟数据，限于篇幅，在此只列出了大部分$\Gamma<0$和部分$\Gamma>0$的模拟值。使用这些模拟数值已经完全可以表达主要结论。若读者有兴趣，可向作者索要所有的模拟数值。

参考文献

[1] 龚霄侠．推进主体功能区形成的区域补偿政策研究［J］．兰州大学学报（社会科学版），2009（4）．

[2] 毛显强，钟瑜，张胜．生态补偿的理论探讨［J］．中国人口资源与环境，2002（4）．

[3] 刘贵生．改革开放30年来西部地区经济金融发展与全国的对比分析［J］．金融研究，2008（7）．

[4] 王军锋，侯超波，闫勇．政府主导型流域生态补偿机制研究——对子牙河流域生态补偿机制的思考［J］．中国人口资源与环境，2011（7）．

[5] 王青云．关于我国建立生态补偿机制的思考［J］．宏观经济研究，2008（7）．

［6］王兴杰，张骞之，刘晓雯，温武军．生态补偿的概念、标准及政府的作用——基于人类活动对生态系统作用类型分析［J］．中国人口资源与环境，2010（5）．

［7］Dixit A. K. and Stiglitz J. E. Monopolistic Competition and Optimum Product Diversity［J］. American Economicreview, 1977, 67（3）: 297－308.

［8］Engela S., Pagiola S. and Wunder S. Designing Payments for Environmentd Services in Theory and Practice: An Overview of the Issues［J］. Ecoligical Economics, 2008, 65（4）: 663－674.

［9］Forslid R. and Ottaviano G. I. P. An Analytically Solvane Core－periphery Model［J］. Journal of Eeconomic Geography, 2003, 3（3）: 229－240.

［10］Hilson G. An Overview of Land Use Conflicts in Mining Communities［J］. Land Use Policy, 2002, 19（1）: 65－73.

［11］Krugman P. Increasing Retums and Economic Geography［J］. Journal of Political Economy, 1991, 99（3）: 483－499.

［12］Pagiola S. Payments for Environmental Services in Costa Riea［J］. Ecoligical Economics, 2008, 65（4）: 712－724.

［13］Pagiola S. and Platais G. Payments for Environmental Services: From Theory to Practice［J］. World Bank, Washington, 2007.

［14］Tietenberg T. Environmental and Natural Resource Economics 6th edition［M］. Boston: Addison－Wesley, 2006.

中国各省区碳足迹与碳排放空间转移*

石敏俊[1,2]　王妍[1,2,3]　张卓颖[1,2]　周新[4]

（1. 中国科学院大学，北京 100049；2. 中国科学院虚拟经济与数据科学研究中心，北京 100190；3. 中国传媒大学，北京 100024；4. 日本地球环境战略研究所，神奈川县）

【摘　要】减排责任的区域分解需要科学评价各地区的排放责任。碳足迹可以全面客观地评价为满足消费而进行的生产的生命周期碳排放水平，除了生产过程的直接碳排放，也包括生产过程中所消耗的中间产品的隐含碳排放。文章应用 2007 年各省区投入产出模型和 2002 年中国各省区间投入产出模型，定量测算了各省区的碳足迹和省区间的碳排放转移。结果显示，各省区之间碳足迹和人均碳足迹存在显著的差异。碳足迹较大的省份为经济大省，主要分布在北方地区；人均碳足迹较高的省份主要是北京、上海等中心城市和能源富集区域及重化工基地；中国存在着从能源富集区域和重化工基地分布区域向经济发达区域和产业结构不完整的欠发达区域的碳排放空间转移。上述结果表明，人均碳足迹高的经济发达省份应承担较大的减排责任，能源富集区域和重化工基地分布区域有相当一部分的碳排放是为沿海发达省份和产业结构不完整的欠发达省份提供电力、原材料等高碳产品所致，减排责任的区域分解需要考虑碳排放空间转移的因素，适当减轻能源富集区域和重化工基地分布区域的减排责任，或使沿海发达省份向能源富集区域和重化工区域提供资金和技术上的扶持，帮助这些区域提高能源利用效率，减少碳排放。

【关键词】区域碳足迹；碳排放空间转移；减排责任区域分解；中国省区间投入产出模型

1　引言

应对气候变化已成为全球共同面临的环境挑战，减少二氧化碳排放、推行低碳经济已

* 基金项目：国家自然科学基金项目（71173112；70921061）［Foundation：National Natural Science Foundation of China，No. 71173112；No. 70921061］。

作者简介：石敏俊（1964—），男，教授，博士生导师，中国地理学会会员（S110005575M），主要从事区域发展、绿色经济与资源环境管理研究。E－mail：mjshi1964@ gmail. com。

成为国际社会的共识[1]。由于减排责任分担影响到各国的未来发展空间，国际社会对于后京都时期的减排责任分担仍然存在较大的分歧。随着经济全球化，国际经济联系和全球产业分工日趋强化，高耗能产品的国际贸易导致大量隐含碳排放的国际转移，使得部分国家的排放责任被转嫁到其他国家。在减排责任的国际谈判中，碳排放国际转移带来的排放责任转嫁成为一个新的因素[2]。另外，中国政府已经确定了 2020 年的减排目标，为了实现这一减排目标，需要将减排责任分解和落实到各个地区。由于区际经济联系比国际经济联系更加密切，区域之间商品流动所隐含的碳排放空间转移比国际碳排放转移范围更广、规模更大。中国减排责任的区域分解也面临着如何评价排放责任和碳排放空间转移的问题。

碳排放空间转移问题的背后是环境责任究竟是归咎于生产者，还是消费者也需要承担环境责任的认识差异。如果考虑消费者的环境责任，那么在分析生产过程产生的直接碳排放的同时，也需要考虑生产所消耗的中间产品中所隐含的间接碳排放。

碳足迹可以全面客观地评价为满足消费而进行的生产和服务的碳排放水平，除了生产过程的直接碳排放，也包括生产过程中消耗的中间产品的隐含碳排放。本文拟在系统梳理碳足迹的概念和内涵的基础上，应用各省区投入产出模型和省区间投入产出模型，定量测算中国各省区的碳足迹和省区之间的碳排放转移，以期为客观认识各地区的排放责任、合理分解减排责任提供科学参考。

2　区域碳足迹的概念与计算方法

2.1　区域碳足迹与碳排放空间转移

碳足迹（Carbon Footprint）是在生态足迹概念的基础上提出来的、用来衡量碳排放水平的一个概念，指人类日常活动过程中所排放的二氧化碳总量[3]。目前，不同的学者对于碳足迹概念的理解存在着一定的差异[4]。归纳起来，主要有两种认识：一种是狭义的碳足迹，指局限于化石燃料燃烧产生的直接的碳排放量[5-7]；另一种是广义的碳足迹，是指某一产品或服务活动的全生命周期内的碳排放量[8-11]，生命周期的碳排放量除了化石燃料燃烧产生的直接碳排放，还包括生产或服务过程中所消耗的中间产品中隐含的间接碳排放。如果碳足迹的概念局限于化石燃料燃烧过程中产生的直接排放量，那么排放责任就集中在钢铁、有色、化工、建材、电力等能源密集型部门，而建立在这些能源密集型部门基础之上的汽车制造、机电设备制造、精细化工等高端制造业部门的排放责任就难以得到全面的反映。随着消费主义盛行，生产的驱动力从追求利润逐步转向满足消费欲望，当今社会越来越需要全面客观地评价消费驱动的生产或服务的环境效应。为了全面客观地评价消费者的环境责任，应该强调从满足消费的视角去分析生产或服务的完全碳排放，碳足迹的概念除了直接的碳排放，同时也应该包括间接的碳排放。本文所指的碳足迹包括直接碳排放和间接碳排放的生命周期碳排放。

碳足迹包括个人碳足迹、产品碳足迹、企业碳足迹、区域碳足迹4个层面[12-14]。产品碳足迹指单一产品“从摇篮到坟墓”的整个生命周期中因燃料使用以及制造和运输过程中产生的碳排放。企业碳足迹除了产品碳足迹，还包括非生产性活动的碳足迹。区域碳足迹着眼于一个国家、区域或城市为满足最终需求所需的完全碳排放，包括区域内的直接和间接碳排放、区域间调入调出和进出口活动的碳排放[15-17]。本文着重讨论区域碳足迹。

随着产业投入产出关联的强化，不同产业部门之间隐含碳排放的转移也越来越发达。产业部门之间的隐含碳排放转移映射到空间上，就成为国家之间、区域之间的碳排放空间转移。区域碳足迹中调入调出的隐含碳排放就是区域间的碳排放转移。中国幅员辽阔，资源禀赋、产业结构和经济发展水平的地域差异十分显著，随着市场化和区域一体化进程，省区之间的经济联系日趋密切，商品和服务贸易越来越频繁。隐含在区际商品和服务贸易中的区域间碳排放转移，使得各省区的碳足迹与实际的碳排放之间出现差异。因此，在探讨减排责任的区域分解时，不仅需要考虑各省区的实际碳排放，也需要考虑碳排放空间转移的因素。

2.2 区域碳足迹和碳排放空间转移的计算方法

碳足迹的计算方法有自上而下（Top - Down）与自下而上（Bottom - Up）两种方法[18-19]。自上而下的方法是以生命周期评价方法和投入产出分析为基础，测算最终需求所诱发的生命周期碳排放。自下而上的方法利用碳足迹计算器，以日常生活中实际消费、交通形态为估算依据，通过生命周期清单分析得到所研究对象的输入和输出数据清单，进而得到所研究对象全生命周期的碳排放，主要应用于产品碳足迹分析。投入产出分析从部门之间错综复杂的投入产出关系出发，将产业间和区域间经济联系完整地衔接在一起，通过列昂惕夫（Leontief）逆矩阵，可以计算出最终需求诱发的所有部门的直接和间接的碳排放。投入产出分析与生命周期评价方法相结合，是当前区域碳足迹的主流分析方法。省区间碳排放转移的计算则可采用区域间投入产出分析。

2.2.1 区域碳足迹的计算方法

各省区碳足迹的计算基于各省区的投入产出表进行。在投入产出模型里，第i部门行向平衡的数学表达式为：

$$x_i = \sum_{j=1}^{n} x_{ij} + f_i \tag{1}$$

式中，x_i 表示i部门的总产出；x_{ij}表示i部门对j部门产品的中间投入；f_i 表示对i部门产品的最终需求。

直接投入系数 a_{ij}，$a_{ij} = x_{ij}/x_j$ (2)

式中，$(0 \leqslant a_{ij} < 1)$ 表示j部门的单位产出对i部门产品的中间消耗。

结合式（2），式（1）变为：

$$x_i = \sum_{j=1}^{n} a_{ij}x_j + f_i \tag{3}$$

表示为矩阵的形式为：

$$X = AX + F \tag{4}$$

式中，X、A 和 F 分别代表总产出矩阵、中间投入系数矩阵和最终需求矩阵。

由 A 的性质，(I - A) 为满秩矩阵，可逆。因此式（4）可改写为：

$$X = (I - A)^{-1}F \tag{5}$$

式中，$(I - A)^{-1}$为列昂惕夫逆矩阵，表示生产单位最终产品对投入部门产品的完全需求。

各省区的投入产出表均为进口竞争型模型，隐含的假设为列向投入的进口产品与国内同类产品性能相同，可以完全替代，具有竞争关系，进口产品同国内产品一样进入中间需求和最终需求。因此，需要对列昂惕夫逆矩阵和最终需求进行剔除进口影响的处理。处理后的列昂惕夫逆矩阵的表达式如下：

$$\overline{B} = [\overline{b_{ij}}] = [I - (I - \hat{M})A]^{-1} \tag{6}$$

处理后的最终需求的表达式为：

$$\overline{F} = [\bar{f_j}] = (I - \hat{M})F \tag{7}$$

为了将碳排放与投入产出模型联系起来，首先需要确定直接碳排放系数，即单位产出的直接碳排放量：

$$E = (e_j), \ e_j = c_j/x_j \tag{8}$$

式中，E 为直接碳排放系数矩阵，e_j 为 j 部门的直接碳排放系数，c_j 为 j 部门的直接碳排放量，x_j 为 j 部门的产出。

完全碳排放系数，即满足最终需求的产品在整个生命周期中的单位产出的碳排放量，可以由直接碳排放系数与列昂惕夫逆系数相乘得到：

$$L = [l_j], l_j = \sum_i e_i \times \overline{b_{ij}} \tag{9}$$

碳足迹可由完全碳排放系数 l_j 与最终$\overline{f_j}$相乘得到：

$$C = [c_j], \ c_j = l_j \cdot \overline{f_j} \tag{10}$$

2.2.2 碳排放空间转移的计算方法

本文中省区之间碳排放转移的计算是基于 2002 年中国省区间投入产出模型进行的。由于中国省区间投入产出模型是进口竞争型的区域间投入产出模型，列向投入未区分进口产品同国内产品的差异，因而首先要对列向投入进行国内生产和进口的区分。

（1）国内生产和进口的区分。在区域间投入产出模型中，区域间的供给和需求关系可表示如下：

$$X^R = A^{RS}X^R + F^{RS} + E^R - M^R \tag{11}$$

式中，X^R 为区域间投入产出模型的产出列阵；A^{RS}为区域间投入产出模型的投入系数矩阵；F^{RS}为区域间投入产出模型的最终需求矩阵。E^R 为区域间投入产出模型的出口列阵；

M^R 为区域间投入产出模型的进口列阵。

由于进口竞争型投入产出模型中的矩阵 A^{RS}和 F^{RS}中均包含进口，为了对各区域之间贸易中国内生产部分隐含的碳排放单独进行核算，引入进口系数矩阵 $\hat{M}$，将 A^{RS}和 F^{RS}中所包含的进口部分剔除出去。

$$\hat{M}=\begin{bmatrix}\hat{M}^{R1} & 0 & \cdots & 0\\ 0 & \hat{M}^{R2} & \cdots & 0\\ \vdots & \vdots & \ddots & \vdots\\ 0 & 0 & \cdots & \hat{M}^{R30}\end{bmatrix} \tag{12}$$

$$M^{RS}=\hat{M}\left(A^{RS}X^R+F^{RS}\right)=\hat{M}A^{RS}X^R+\hat{M}F^{RS} \tag{13}$$

式中，将进口的使用分成了两部分。一部分是满足各区域中间投入需求（$\hat{M}A^{RS}X^R$），另一部分是满足各区域最终消费需求（$\hat{M}F^{RS}$）。本文的进口系数 $\hat{M}$ 是按进口量占国内总需求（包括中间需求和最终需求）的比例确定的。剔除进口后，式（13）可改写为：

$$X^R=\left[I-(I-\hat{M})A^{RS}\right]^{-1}\left[(I-\hat{M})F^{RS}\right] \tag{14}$$

式中，$\left[I-(I-\hat{M})A^{RS}\right]^{-1}$是区域间投入产出模型剔除进口后的列昂惕夫逆矩阵，表示满足单位最终产品需求所需的国内生产。$(I-\hat{M})F^{RS}$表示的是由国内生产提供的最终需求。

（2）区域间碳排放转移。计算区域间碳排放转移时，需要将碳排放数据同区域间投入产出模型结合起来。首先，将列昂惕夫逆矩阵乘以各部门的直接碳排放系数矩阵：

$$L^{RS}=D^{RS}\left[I-(I-\hat{M})A^{RS}\right]^{-1} \tag{15}$$

$$D^{RS}=\begin{bmatrix}D^{R_1} & 0 & \cdots & 0\\ 0 & D^{R_2} & \cdots & 0\\ \vdots & \vdots & \ddots & \vdots\\ 0 & 0 & \cdots & D^{R_{30}}\end{bmatrix} \tag{16}$$

式中，L^{RS}为区域间完全碳排放系数矩阵，表征了单位最终产品中隐含的碳排放量。每一个 D^R（R 为各区域）是一个 60×60 的对角矩阵，其对角线上的元素 D_i^R 表示 R 地区 i 部门的直接碳排放系数。

用 L^{RS}乘以区域最终消费矩阵，再合并整理，即得到区域间碳排放转移矩阵 T^{RS}：

$$T^{RS}=L^{RS}\left[(I-\hat{M})F^{RS}\right] \tag{17}$$

2.3 数据来源

各省区碳足迹分析的数据基础是各省区投入产出表，省区间碳排放转移分析的数据基础是 2002 年中国省区间投入产出模型（China IRIO 2002）。China IRIO 2002 由中国科学院虚拟经济与数据科学研究中心基于 2002 年各省区投入产出表自行编制，是一个包含 30 个省区 60 个部门的区域间投入产出模型[20-21]，也是目前数据年份最新的区域间投入产出模型。

各省区分部门的碳排放和碳排放系数的数据基础是 2002 年和 2007 年中国能源统计年

鉴各省区能源平衡表和各省区投入产出表。首先，整理各省区一次能源（包括煤、石油和天然气）消费数据，根据能源平衡表分行业终端能源消费和投入产出表数据，将各省区能源消费量对应拆分到 60 个部门，得到各省区分部门的化石能源消费量；其次，基于 IPCC 提供的排放因子，将化石能源消费量转换为各省区分部门的碳排放量，再除以各部门总产出，可得到直接碳排放系数；由式（9）可得到各省区分部门的完全碳排放系数。

需要说明的是，第一，在部分省区，省区投入产出表中库存项是作为行向平衡项处理的结果，不能完全反映真实的库存，因此计算碳足迹时最终需求不包含库存项，本文的碳足迹计算结果不包括沉淀在库存里的碳排放；第二，China IRIO 2002 假设建筑业和部分服务业不存在省区间交易，本文的省区间碳排放转移计算结果不包括这些部门隐含碳排放的省区间转移。对于建筑业和服务业的省区间交易比重较大的北京、上海等省份来说，未被统计的建筑业和部分服务业的隐含碳排放对于省区间碳排放转移的计算结果会带来一些影响。

3　中国的碳足迹及其空间差异

2007 年，中国碳足迹总量为 60.11 亿吨，是 2002 年 33.13 亿吨的 1.8 倍；人均碳足迹为 4.55 吨，比 2002 年的 2.58 吨增加近 2 吨。进入 21 世纪以来，中国碳排放总量迅速增加，从 2002 年的 36.85 亿吨增加到 2007 年的 67.46 亿吨，人均碳排放从 2.9 吨增加到 5.1 吨。碳排放的增长驱动了碳足迹和人均碳足迹的增加。

3.1　碳足迹总量的省区比较

各省区的碳足迹总量存在着显著的差异（见表 1）。2007 年，碳足迹总量最大的是河北和山东，分别为 4.58 亿吨和 4.45 亿吨；其次是河南、江苏、广东、吉林、内蒙古、湖南、山西、浙江、辽宁、四川。碳足迹总量大的省份大多数是经济规模较大的省份，只有吉林、内蒙古、山西的经济规模相对偏小，这 3 个省份碳足迹总量偏大主要是由于能源利用效率较低、碳排放系数偏高的缘故。碳足迹总量最小的是青海和海南，分别只有 0.18 亿吨和 0.19 亿吨，与最大的河北和山东相比，相差 25 倍；其余碳足迹总量较小的省份还有宁夏、甘肃、天津、福建等。碳足迹总量较小的省份里，一类是经济总量小、工业化程度较低的中西部省份，如青海、宁夏和甘肃；另一类是能源消费量较少的沿海省份，如海南、福建、天津。

表 1　2002 年和 2007 年各省区的碳足迹及人均碳足迹

省区	碳足迹（亿吨）		人均碳足迹（吨）		省区	碳足迹（亿吨）		人均碳足迹（吨）	
	2002 年	2007 年	2002 年	2007 年		2002 年	2007 年	2002 年	2007 年
北京	1.21	1.69	8.52	10.38	河南	1.37	3.64	1.43	3.89

续表

省区	碳足迹（亿吨）		人均碳足迹（吨）		省区	碳足迹（亿吨）		人均碳足迹（吨）	
	2002 年	2007 年	2002 年	2007 年		2002 年	2007 年	2002 年	2007 年
天津	0.65	0.91	6.41	8.18	湖北	1.37	1.92	2.30	3.38
河北	2.20	4.58	3.27	6.60	湖南	0.86	2.55	1.30	4.01
山西	1.93	2.49	5.87	7.34	广东	1.49	2.69	1.90	2.85
内蒙古	1.12	2.55	4.70	10.60	广西	0.38	1.47	0.79	3.08
辽宁	1.24	2.37	2.94	5.51	海南	0.35	0.19	4.40	2.25
吉林	1.90	2.63	7.03	9.64	重庆	0.96	1.32	3.08	4.68
黑龙江	1.23	2.01	3.23	5.27	四川	1.16	2.36	1.34	2.90
上海	1.13	1.43	6.95	7.69	贵州	0.81	1.62	2.12	4.29
江苏	1.87	3.30	2.53	4.33	云南	0.83	1.96	1.91	4.35
浙江	1.10	2.49	2.37	4.92	陕西	1.06	1.73	2.89	4.60
安徽	1.11	2.12	1.76	3.46	甘肃	0.63	0.84	2.45	3.19
福建	0.49	1.04	1.41	2.90	青海	0.18	0.18	3.44	3.30
江西	0.50	1.63	1.19	3.73	宁夏	0.71	0.64	12.35	10.51
山东	2.71	4.45	2.98	4.75	新疆	0.64	1.31	3.36	6.25

2002 年碳足迹总量的分布格局与 2007 年基本相似，山东最高，青海最低。河北和河南增幅最大，碳足迹增量超过 2 亿吨；碳足迹增幅较大的还有湖南、山东、内蒙古、江苏、浙江、广东、四川等，均为经济总量增长较大的省份。

从地理上看，碳足迹总量较大的省份主要分布在北方地区（见图 1 和图 2）。河北、山东、河南、山西、内蒙古、辽宁、吉林、黑龙江北方 8 省区的碳足迹合计为 24.7 亿吨，占全国的 41.1%。2002 年北方 8 省区碳足迹合计占全国的 41.3%，碳足迹总量的空间格局基本稳定。中国北方地区碳足迹总量偏大与煤炭资源富集于这一地区有关，一方面产业结构偏重于重化工业，另一方面能源结构依赖于煤炭及煤炭转换而来的火电，煤炭资源还转换为电力、煤化工等高碳产品向外输出，因此万元 GDP 的能耗和碳排放均较高。

3.2 人均碳足迹的省区比较

人均碳足迹的区域差异也十分显著（见图 3 和图 4）。2007 年，按常住人口统计的人均碳足迹以内蒙古和宁夏最高，分别为 10.60 吨和 10.51 吨。人均碳足迹较高的省份主要有两类，一是北京、上海、天津等全国性中心城市，经济发展水平高，导致人均碳足迹趋高；二是内蒙古、宁夏、吉林、山西、新疆等资源富集省份，人均 GDP 虽然不高，但由于能源利用效率低，碳排放系数高，导致人均碳足迹偏大（见表 1）。人均碳足迹低于 3 吨的有海南、广东、福建和四川，分别为 2.25 吨、2.85 吨、2.90 吨和 2.90 吨。海南和内蒙古相比，人均碳足迹相差 4.7 倍。人均碳足迹低于全国平均水平的省份，除了海南、

图 1　2002 年中国各省区碳足迹总量

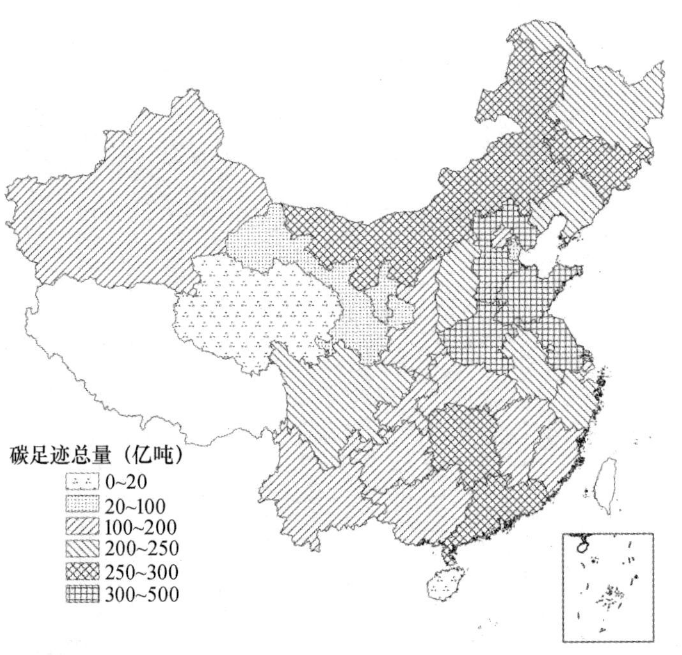

图 2　2007 年中国各省区碳足迹总量

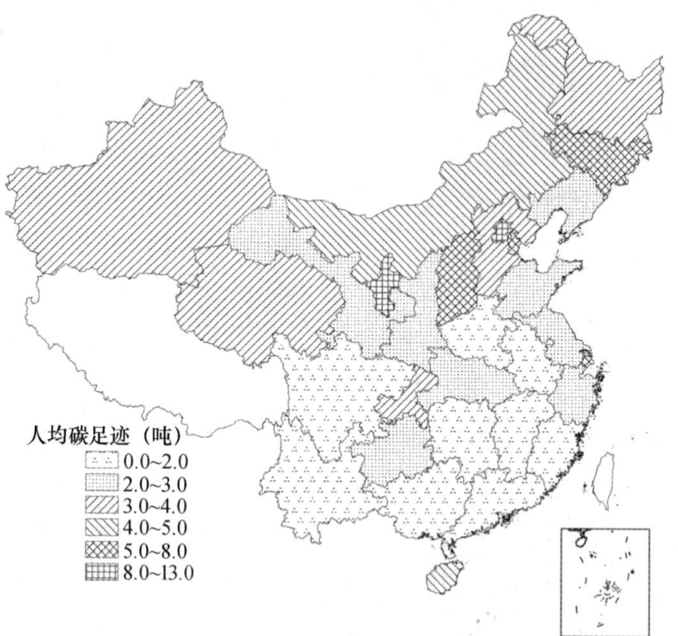

图 3　2002 年中国各省区人均碳足迹总量

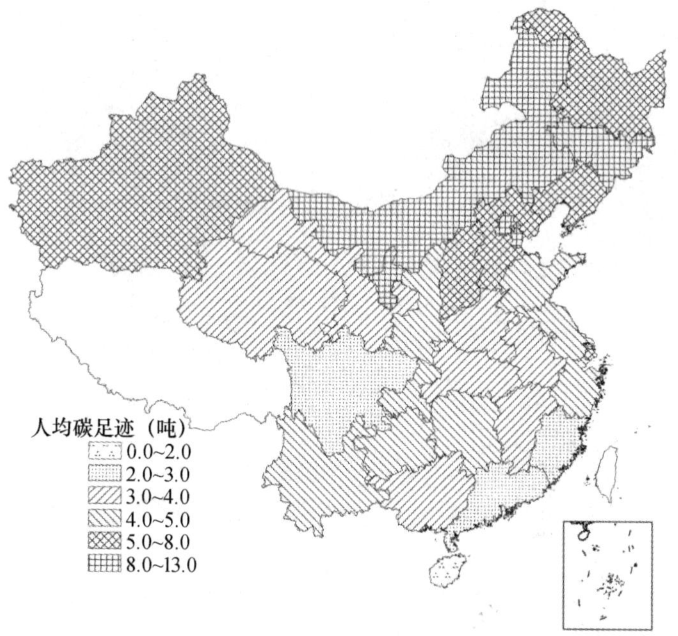

图 4　2007 年中国各省区人均碳足迹总量

广东和福建等南方省份以外，大多为中西部地区，如湖南、湖北、江西、安徽、河南、四川、广西、云南、贵州、甘肃、青海等。山东、江苏、浙江等沿海省份人均 GDP 较高，人均碳足迹与全国水平相仿。

从地理分布看，除北京、上海等全国性中心城市，人均碳足迹较大的省份里北方地区居多，而且煤炭资源富集地区和高耗能产业比重高的省份人均碳足迹较大；南方省份的人均碳足迹较低，这与南方缺煤、产业结构偏轻有一定关联，南方气候温暖，冬季取暖耗能较少也是导致南方省份消费碳足迹偏低的原因之一。

2002 年，人均碳足迹的空间格局与 2007 年基本相似，宁夏最高，广西最低，但区域间差异有所缩小。原先人均碳足迹较低的省份有明显增加，如广西、江西、湖南、福建、四川、河南等；原先人均碳足迹较高的省份虽然有所增加，但增加幅度受到控制，如宁夏、吉林、山西、北京、上海等。值得注意的是，部分省区人均碳足迹增加幅度较快，如内蒙古从 4. 70 吨增加到 10. 60 吨，跃居全国首位。河北、新疆等省区人均碳足迹的增加幅度也较大。

4　中国省区间的碳排放转移

4.1　隐含碳排放的调入与调出

隐含碳排放调出省外的数量较大的省份有山西、河北、内蒙古、吉林、山东、江苏、辽宁、河南、安徽、湖北、四川、浙江、广东（见表 2）。其中包括 2 类区域：一类是资源富集省份，如山西、内蒙古、河北、安徽、吉林、河南等，另一类是制造业基础较好的省份，如山东、江苏、辽宁、浙江、广东等。前者调出煤炭、电力等初级产品较多，后者调出加工制造品较多。调出比例较高的省份有内蒙古、吉林、河北、山西、安徽、甘肃、陕西、宁夏。与调出数量较大的省份相比，调出比例较高的省份均为资源富集区域。这反映出资源富集区域在服务于全国一盘棋的指导思想下，向省外调出初级产品的比例较高，而制造业省份由于产品服务于本地市场的比例较高，尽管隐含碳排放调出数量大，但调出比例不高。

表 2　2002 年中国省区间隐含碳排放的调入与调出

单位：万吨

省区	调出省外	省外调入	净调出	省区	调出省外	省外调入	净调出
北京	1397. 80	5856. 86	-4459. 06	河南	3030. 53	2707. 28	323. 25
天津	1052. 59	1699. 70	-647. 11	湖北	2344. 49	1746. 50	598. 00
河北	5678. 19	5508. 83	169. 36	湖南	1068. 21	1727. 38	-659. 16
山西	5921. 15	1222. 24	4698. 91	广东	2169. 34	4340. 62	-2171. 28

续表

省区	调出省外	省外调入	净调出	省区	调出省外	省外调入	净调出
内蒙古	4574.35	1465.96	3108.39	广西	1009.60	1327.18	-317.58
辽宁	3296.02	1790.42	1505.6	海南	299.70	401.45	-101.76
吉林	4650.97	2186.16	2464.81	重庆	1315.13	1740.42	-425.29
黑龙江	1157.92	5220.72	-4062.8	四川	2307.03	1840.83	466.21
上海	1904.87	2803.00	-898.13	贵州	1448.24	766.72	681.52
江苏	3936.55	2847.70	1088.85	云南	859.23	1249.68	-390.45
浙江	2250.72	2588.36	-337.64	陕西	1418.08	3031.80	-1613.72
安徽	2838.32	2066.70	771.62	甘肃	1224.98	1705.12	-480.14
福建	736.19	711.34	24.85	青海	266.89	388.72	-121.83
江西	698.44	1649.06	-950.62	宁夏	1584.68	561.27	1023.41
山东	4020.22	3077.48	942.74	新疆	974.62	1205.57	-230.95

隐含碳排放调入数量较大的省份有北京、河北、黑龙江、广东、山东、陕西、江苏、上海、浙江、河南等。调入比例较高的省份有北京、天津、上海、河北、黑龙江、江西、广西、陕西、甘肃等。两者相比，反映出几个特点：①北京、上海、天津等中心城市对于隐含碳排放调入的依赖较大；②广东、山东、江苏、浙江等制造业规模较大的省份尽管隐含碳排放的调入数量较大，但调入比例不高；③江西、广西、甘肃等经济总量较小的省份隐含碳排放调入的数量不大，但由于产业结构不完整，隐含碳排放调入的比例较高；④黑龙江、河北、陕西等经济规模较大的资源富集省份，由于产业体系不完整，对外依赖较深，隐含碳排放的调入数量和调入比例均较大。

隐含碳排放为净调出的省份有山西、内蒙古、吉林、宁夏、辽宁、江苏、山东、安徽、贵州、四川、湖北、河南、河北等。这些省份包括2类区域：一类是资源富集区域，如山西、内蒙古、宁夏、安徽、贵州等。这些省份是中国能源和重化工基地的主要分布区域，大量输出能源和重化工产品，为沿海区域的经济增长提供了有力的支撑。另一类是经济总量规模较大的区域，如江苏、山东、辽宁、河北等。这些省份产业基础较好，重化工所占比例高，产品调出比例较大。吉林主要是汽车制造和化工的调出较大，因而成为隐含碳排放净调出区域。

隐含碳排放为净调入的省份有北京、上海、天津、广东、黑龙江、陕西、江西、浙江、重庆、云南、甘肃、青海、海南等。这些省份中，一类是人均GDP高的区域，如北京、上海、天津、广东、浙江等，这些省份的电力、钢铁、水泥等对调入的依赖较大，导致隐含碳排放的净调入数量巨大。另一类是欠发达区域，如陕西、黑龙江、江西、甘肃、青海、云南等。这些省份由于产业结构不完整，许多投资品或消费品不得不依赖调入来满足最终需求，成为隐含碳排放净调入区域。

中国碳排放空间转移的基本构图是从能源富集区域和重化工基地分布区域向经济发达

区域和产业结构不完整的欠发达区域转移，山西、内蒙古、辽宁、吉林、山东、江苏、安徽、贵州、四川、湖北、河南、河北为隐含碳排放净调出省份，北京、上海、天津、重庆、广东、海南、黑龙江、江西、陕西、甘肃、青海、云南为隐含碳排放净调入省份。

4.2 隐含碳排放的省区间转移

中国省区之间隐含碳排放的转移具有以下两个特点：

（1）区域性。隐含碳排放的省区间转移主要发生在大区内部的省份之间。如北京、天津与河北、山西、内蒙古之间，河北、山西、内蒙古之间，辽宁、吉林、黑龙江之间，江苏、浙江、上海之间，安徽、山东、河南之间，广东、广西、湖南之间的隐含碳排放转移。此外，陕西、河南、湖北、四川等中部省份之间，四川、贵州、云南和广西等西南地区各省之间，陕西、甘肃、宁夏、新疆等西北地区各省区之间，也存在着明显的碳排放转移。

（2）多层次。碳排放转移的流向表现出多层次的特点（见图5、表3）。

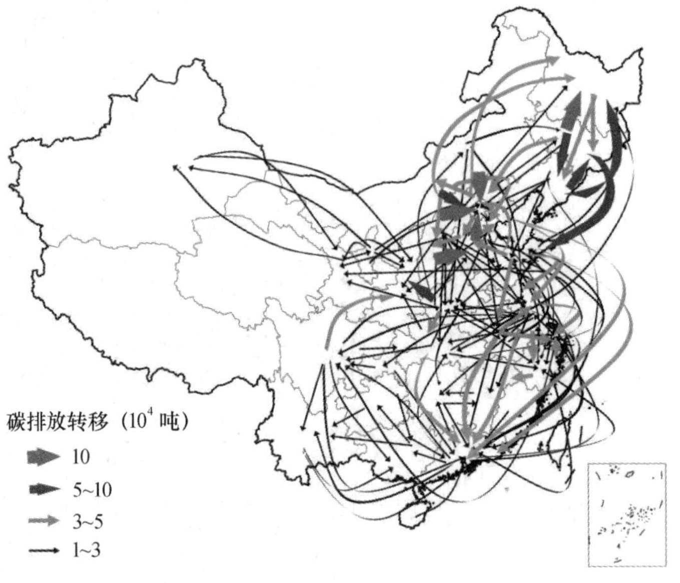

图5　2002年中国省区间隐含碳排放转移的流向

表3　省区间隐含碳排放的转移矩阵

省区	北京	天津	河北	山西	内蒙古	辽宁	吉林	黑龙江	上海	江苏	浙江	安徽	福建	江西	山东
北京	51.7	2.0	1.9	0.2	0.7	0.5	0.5	0.7	0.3	0.4	0.4	0.3	0.1	0.5	0.4
天津	0.7	65.9	1.0	0.2	0.6	0.3	0.3	0.4	0.9	0.4	0.6	0.4	0.2	0.4	0.3
河北	12.2	6.2	67.0	2.2	4.7	1.0	2.6	3.7	2.4	1.9	1.4	1.8	2.1	1.1	1.4

续表

省区	北京	天津	河北	山西	内蒙古	辽宁	吉林	黑龙江	上海	江苏	浙江	安徽	福建	江西	山东
山西	11.1	7.7	9.9	91.9	4.9	0.8	1.0	1.1	0.8	0.8	0.6	1.7	0.5	1.2	0.8
内蒙古	10.8	6.7	5.4	2.2	80.4	1.0	1.9	3.8	0.5	0.8	0.3	0.4	0.2	0.4	0.4
辽宁	1.2	1.3	1.5	0.2	1.2	82.1	11.5	6.9	0.9	0.6	0.7	0.7	0.4	0.5	1.0
吉林	1.3	0.9	2.3	0.1	1.1	6.5	73.6	21.2	0.7	0.4	0.3	0.4	0.2	0.5	2.7
黑龙江	0.7	0.3	0.6	0.1	0.6	3.4	3.7	52.2	0.2	0.1	0.1	0.1	0.1	0.1	0.3
上海	0.6	0.7	0.6	0.1	0.2	0.3	0.4	0.5	66.6	1.7	1.8	1.5	0.7	1.7	0.6
江苏	0.5	1.0	0.7	0.3	0.3	0.5	0.5	0.8	5.9	82.2	3.9	3.6	2.4	2.7	1.4
浙江	0.3	0.9	0.4	0.1	0.2	0.6	0.2	0.3	5.6	1.1	76.9	1.2	1.7	9.0	0.6
安徽	0.7	0.4	0.5	0.1	0.1	0.3	0.2	1.0	4.9	1.9	2.2	74.5	2.4	4.8	1.1
福建	0.1	0.1	0.1	0.0	0.0	0.1	0.0	0.1	0.6	0.5	0.8	0.4	82.8	0.9	0.2
江西	0.1	0.1	0.2	0.1	0.0	0.0	0.1	0.1	0.3	0.1	0.7	0.4	0.9	60.5	0.1
山东	2.7	1.5	2.7	0.7	0.5	0.7	1.1	2.0	3.1	2.0	2.4	4.5	1.2	1.6	85.5
河南	1.0	0.3	0.7	0.7	1.3	0.2	0.8	0.8	0.5	0.7	0.4	2.1	0.3	1.6	0.4
湖北	0.5	0.4	0.5	0.2	0.1	0.2	0.2	0.4	1.1	1.1	1.1	1.1	0.9	2.3	0.7
湖南	0.2	0.1	0.3	0.0	0.1	0.1	0.2	0.4	0.3	0.1	0.4	0.3	0.3	2.4	0.1
广东	0.4	0.6	0.4	0.1	0.1	0.4	0.2	0.4	1.3	0.6	2.0	1.3	0.9	1.9	0.4
广西	0.2	0.1	0.2	0.0	0.0	0.1	0.1	0.1	0.2	0.1	0.3	0.3	0.2	0.7	0.1
海南	0.0	0.0	0.0	0.0	0.0	0.0	0.0	0.0	0.2	0.1	0.1	0.0	0.0	0.0	0.0
重庆	0.2	0.2	0.2	0.0	0.0	0.1	0.1	0.3	0.5	0.6	0.4	0.5	0.3	0.5	0.3
四川	0.5	0.3	0.4	0.1	0.2	0.2	0.3	0.6	0.7	0.5	0.6	0.6	0.5	0.9	0.3
贵州	0.3	0.1	0.3	0.0	0.1	0.0	0.0	0.2	0.2	0.2	0.3	0.2	0.3	0.7	0.1
云南	0.1	0.1	0.2	0.0	0.1	0.0	0.0	0.0	0.2	0.2	0.3	0.2	0.2	1.5	0.1
陕西	0.4	0.3	0.4	0.1	0.2	0.1	0.1	0.1	0.4	0.4	0.3	0.7	0.1	1.1	0.2
甘肃	0.3	0.2	0.5	0.0	0.4	0.1	0.1	0.2	0.1	0.2	0.1	0.4	0.1	0.2	0.1
青海	0.1	0.1	0.1	0.0	0.1	0.0	0.0	0.2	0.0	0.0	0.0	0.0	0.0	0.0	0.0
宁夏	1.1	1.0	0.7	0.0	0.8	0.2	0.1	0.9	0.2	0.1	0.1	0.3	0.1	0.1	0.1
新疆	0.2	0.5	0.3	0.0	1.0	0.1	0.1	0.1	0.3	0.2	0.1	0.2	0.0	0.1	0.3
合计	100.0	100.0	100.0	100.0	100.0	100.0	100.0	100.0	100.0	100.0	100.0	100.0	100.0	100.0	100.0

省区	河南	湖北	湖南	广东	广西	海南	重庆	四川	贵州	云南	陕西	甘肃	青海	宁夏	新疆
北京	0.6	0.2	0.2	0.3	1.2	0.0	0.4	0.4	0.4	0.2	1.1	0.3	0.1	0.4	0.4
天津	0.2	0.2	0.3	0.7	0.5	0.3	0.1	0.1	0.1	0.1	0.2	0.2	0.1	0.5	0.4
河北	1.8	0.7	0.8	1.9	0.9	0.6	0.5	0.5	0.3	0.4	3.0	1.6	0.5	0.9	1.3
山西	2.2	1.2	0.9	0.6	0.6	0.2	0.3	0.6	0.2	0.3	3.7	2.7	1.5	2.4	0.8
内蒙古	1.7	0.2	0.4	0.3	0.4	0.1	0.2	0.3	0.2	0.1	1.3	2.0	0.7	1.2	0.9

续表

省区	河南	湖北	湖南	广东	广西	海南	重庆	四川	贵州	云南	陕西	甘肃	青海	宁夏	新疆
辽宁	0.4	0.2	0.4	1.2	0.5	0.7	0.3	0.2	0.1	0.1	0.5	0.3	0.1	0.3	0.3
吉林	0.5	0.1	0.2	0.2	0.2	0.1	0.1	0.1	0.1	0.1	0.2	0.2	0.1	0.2	0.1
黑龙江	0.6	0.1	0.1	0.1	0.1	0.0	0.0	0.1	0.0	0.0	0.2	0.1	0.0	0.1	0.1
上海	0.6	0.4	0.8	1.0	1.0	0.8	0.4	0.9	0.3	0.6	0.7	0.5	0.1	0.3	0.7
江苏	2.5	1.1	2.0	3.0	1.9	4.1	0.9	1.1	0.5	0.9	1.2	1.5	0.3	0.3	0.7
浙江	0.3	0.4	0.8	1.4	1.2	1.0	0.4	0.4	0.4	0.5	0.3	0.2	0.2	0.1	0.3
安徽	0.9	1.0	1.1	2.3	1.1	1.0	0.5	0.7	0.3	0.4	0.6	0.4	0.1	0.1	0.2
福建	0.2	0.3	0.4	0.8	0.5	0.4	0.2	0.2	0.1	0.2	0.1	0.1	0.0	0.1	0.1
江西	0.3	0.2	1.6	0.5	1.4	0.1	0.1	0.2	0.3	0.3	0.3	0.1	0.0	0.0	0.1
山东	2.0	0.8	1.1	2.5	0.9	1.4	0.6	0.4	0.3	0.3	2.0	1.7	1.2	0.6	0.8
河南	77.4	3.5	2.0	0.5	0.8	0.1	0.4	0.6	0.2	0.2	9.4	7.0	2.6	1.7	1.4
湖北	1.4	84.9	2.4	1.9	1.5	1.1	0.7	1.1	0.5	0.6	3.5	0.5	0.3	0.2	0.5
湖南	0.3	0.3	77.1	1.7	2.2	0.2	0.3	0.3	1.4	0.3	0.3	0.2	0.0	0.1	0.2
广东	0.7	0.9	3.0	73.1	4.6	3.8	0.8	0.9	1.4	1.8	0.6	0.4	0.1	0.2	0.4
广西	0.3	0.2	0.4	0.8	66.6	2.6	0.5	0.7	1.9	3.2	0.1	0.1	0.0	0.0	0.1
海南	0.0	0.0	0.1	1.0	0.2	79.0	0.2	0.1	0.0	0.0	0.0	0.0	0.0	0.0	0.0
重庆	0.3	0.4	0.4	1.2	1.7	1.4	84.3	2.2	1.1	0.6	0.8	0.4	0.1	0.1	0.7
四川	0.9	0.8	0.8	1.0	3.5	0.5	2.3	83.0	1.6	1.8	6.4	1.9	0.5	0.7	1.6
贵州	0.3	0.2	1.2	0.6	3.0	0.2	3.3	0.7	86.8	4.3	0.5	0.1	0.0	0.0	0.1
云南	0.2	0.1	0.8	0.7	3.0	0.2	0.6	0.9	0.9	81.9	0.5	0.1	0.1	0.1	0.1
陕西	1.6	1.0	0.6	0.2	0.3	0.0	0.2	1.1	0.1	0.3	52.8	4.9	2.0	0.6	1.9
甘肃	0.6	0.1	0.2	0.1	0.1	0.0	0.5	0.7	0.1	0.2	3.0	59.3	5.3	2.7	4.1
青海	0.2	0.0	0.0	0.0	0.0	0.0	0.1	0.2	0.0	0.0	0.5	1.3	76.5	0.3	0.4
宁夏	0.4	0.2	0.2	0.2	0.1	0.0	0.3	0.7	0.1	0.1	4.3	6.7	5.7	85.3	2.0
新疆	0.7	0.2	0.1	0.1	0.1	0.0	0.2	0.6	0.1	0.1	1.7	5.2	1.7	0.8	79.2
合计	100.0	100.0	100.0	100.0	100.0	100.0	100.0	100.0	100.0	100.0	100.0	100.0	100.0	100.0	100.0

大规模的碳排放转移（500 万吨以上）发生在河北、山西、内蒙古向北京，山西、内蒙古向河北，吉林向辽宁、黑龙江，辽宁向吉林、黑龙江，吉林向山东，主要发生在华北和东北，资源富集省份向发达省份的转移。

较大规模的碳排放转移（300 万 ~ 500 万吨）发生在河北、山西、内蒙古向天津，河北、山西、内蒙古 3 省区之间，黑龙江向辽宁、吉林，江苏、浙江、上海之间，山东向北京、河北、江苏、安徽，安徽向上海、江苏，河北、江苏、安徽、山东、湖北向广东。归纳起来，有 5 类转移：①华北和东北的省区之间的转移；②华东沿海省份之间的转移；

③中部省份向长三角的转移；④山东向经济规模大的周边省份的转移；⑤华东和中部省份向广东的转移。

中等规模的碳排放转移（100万~300万吨）发生在山东来自河北、山西、辽宁、江苏、安徽、上海、浙江、湖北的调入，山东向山西、黑龙江、上海、浙江、河南的调出；广东来自辽宁、天津、上海、浙江、福建、海南、广西、重庆、四川、云南的调入，广东向上海、浙江、安徽、湖北、湖南、广西、四川、云南的调出；河南来自河北、山西、内蒙古、山东、安徽、江苏、湖北、陕西、四川的调入，河南向北京、河北、山西、内蒙古、安徽、江苏、湖南、甘肃的调出；湖北来自山西、安徽、江苏、广东、陕西的调入，湖北向山东、江苏、浙江、河南、湖南、陕西、四川的调出；湖南来自江苏、江西、湖北、河南、广东的调入，湖南向江西、广东的调出；安徽来自河北、山西、河南、上海、江苏、浙江、广东的调入，安徽向山东、河南、浙江、江西、福建、湖北、黑龙江的调出；陕西来自山西、河北、湖北、四川、甘肃、宁夏、新疆的调入，陕西向河南、湖北、四川、甘肃、新疆的调出；西南地区川渝黔滇桂之间的转移，西北地区陕甘宁新之间的转移。归纳起来有：①山东和广东等发达省份与周边省份之间的转移；②河南、安徽、湖北、湖南、陕西等中部省份与周边省份之间的转移；③西北地区内部和西南地区内部的转移。

西南地区向广东、广西和河南、湖北的转移较多，向华北、华东、东北的转移规模较小。西北地区主要是区域内部的转移，除陕西之外，向华北、东北、华东和华南的转移规模较小。东北地区主要是区域内部的转移以及与北京、河北、山东等环渤海湾地区之间的转移，向华东、华南以及中西部地区之间的转移规模较小。

5　结论与启示

（1）各省区之间碳足迹和人均碳足迹存在着显著的差异。碳足迹较大的省份大多是经济规模较大的省份，主要分布在北方地区。河北、山东、内蒙古、山西、河南、辽宁、吉林、黑龙江北方8省区的碳足迹合计为24.7亿吨，占全国的41%。北方地区碳足迹偏大与煤炭资源富集有关，一方面产业结构偏重于重化工业，另一方面能源结构又依赖于煤炭或煤炭转换而来的火电，煤炭还转换为电力、煤化工等高碳产品向外输出。人均碳足迹的空间分布与碳足迹总量有所不同。人均碳足迹较高的省份，一类是北京、上海、天津等全国性中心城市；另一类是内蒙古、宁夏、吉林、山西等能源富集省份和重化工基地，由于能源利用效率低，碳排放系数高，导致人均碳足迹偏大。

（2）中国存在着从能源富集区域和重化工基地分布区域向经济发达区域和产业结构不完整的欠发达区域的碳排放空间转移。隐含碳排放为净调出的省份，一类是中国能源和重化工基地分布区域，如山西、内蒙古、宁夏、安徽、贵州等，它们大量输出能源和重化

工产品，为沿海区域的经济增长提供了有力的支撑；另一类是经济总量规模大的区域，如江苏、山东、辽宁、河北等，产业发展基础较好，产品调出比例较大。隐含碳排放为净调入的省份，一类是人均 GDP 高的发达区域，如北京、上海、天津、广东、浙江等，电力、钢铁、水泥等高碳产品对调入的依赖较大；另一类是欠发达区域，如陕西、黑龙江、江西、甘肃、青海、云南等，由于产业结构不完整，许多投资品和消费品不得不依赖调入来满足最终需求。

（3）碳排放空间转移与商品和服务的区际贸易走向基本一致。省区间碳排放转移具有区域性和多层次的特点。首先，隐含碳排放的省区间转移主要发生在大区内部的省份之间。其次，碳排放转移的流向表现出多层次的特点。500 万吨以上的碳排放转移主要发生在华北和东北，资源富集省份向发达省份的转移。300 万 ~500 万吨的碳排放转移主要发生在华北和东北的省区之间，华东沿海省份之间，安徽向长三角的转移，山东向周边经济规模大的省份的转移，华东和中部省份向广东的转移。

本文的研究结果表明，经济总量规模较大省份的排放责任较大，与此同时，能源富集区域和重化工基地分布区域的碳足迹也较大，但由于这些区域的碳排放中有相当一部分是为沿海的经济发达省份和产业结构不完整的欠发达省份提供电力、原材料等高碳产品所致。如果仅从生产端考虑碳排放责任，就难以体现下游产业和消费端的排放责任，因而减排责任的区域分解需要考虑碳排放空间转移的因素，适当减轻能源富集区域和重化工基地分布区域的减排责任，或使经济发达的沿海省份承担一定的责任，向能源富集区域和重化工区域提供资金和技术上的扶持，帮助这些区域提高能源利用效率，减少碳排放。

参考文献

［1］刘燕华，葛全胜，何凡能．应对国际 CO_2 减排压力的途径及中国减排潜力分析［J］．地理学报，2008，63（7）：675 -682.

［2］樊杰，李平星，梁育填．个人终端消费导向的碳足迹研究框架：支撑我国环境外交的碳排放研究新思路［J］．地球科学进展，2010，25（1）：62 -70.

［3］Carbon Trust. Carbon Footprint Measurement Methodology. Version 1. 3，2007.

［4］王微，林剑艺，崔胜辉．碳足迹分析方法研究综述［J］．环境科学与技术，2010，33（7）：71 -78.

［5］Grubb Ellis. Meeting the Carbon Challenge：The Role of Commercial Real Estate Owners，Users & Mmanagers［M］. Chicago：Grubb & Ellis Company，2007.

［6］曹淑艳，谢高地．中国产业部门碳足迹流追踪分析［J］．资源科学，2010，32（11）：2046 -2052.

［7］赵荣钦，黄贤金，钟太洋．中国不同产业空间的碳排放强度与碳足迹分析［J］．地理学报，2010，65（9）：1048 -1057.

［8］POST. Carbon Footprint of Electricity Generation. Parliamentary Office of Science and Technology，2006：POSTnote268.

［9］Wiedmann T. A First Empirical Comparison of Energy Footprints Embodied in Trade – MRIO versus

PLUM. Ecological Economics, 2009 (68): 1975 - 1990.

[10] Druckman A., Jackson T. The Carbon Footprint of UK Households 1990 - 2004: A Socio - economically Disaggregated, Quasi - Multi - Regional Input - Output Model [J]. Ecological Economics, 2009, 68 (7): 1 - 19.

[11] 陈红敏. 包含工业生产过程碳排放的产业部门隐含碳研究 [J]. 中国人口资源与环境, 2009, 19 (3): 25 - 30.

[12] Piecyk M. I., McKinnon A. C. Forecasting the Carbon Footprint of Road Freight Transport in 2020 [J]. Production Economics, 2010 (128): 31 - 42.

[13] Brown M. A., Southworth F., Sarzynski A. The Geography of Metropolitan Carbon Footprints [J]. Policy and Society, 2009 (27): 285 - 304.

[14] Kenny T., Gray N. F. Comparative Performance of Six Carbon Footprint Models Foe Use in Ireland [J]. Environmental Impact Assessment Review, 2009 (16): 1 - 6.

[15] Rawski T. G. What is Happening to China's GDP Statistics? [J]. Energy Policy, 2001, 28: 671 - 687.

[16] Shui B., Harriss R. C. The Role of CO_2 Embodiment in US - China Trade [J]. Energy Policy, 2006 (34): 4063 - 4068.

[17] Munoz P., Steininger K. W. Austria's CO_2 Responsibility and the Carbon Content of Its International Trade [J]. Ecological Economics, 2010 (68): 2003 - 2019.

[18] Padgett J. P., Steinemann A. C., Clarke J. H. A. Comparison of Carbon Calculators [J]. Environmental Impact Assessment Review, 2008 (28): 106 - 115.

[19] MacMinn C. W., Juanes R. A. Mathematical Model of the Footprint of the CO_2 Plume during and after Injection in Deep Saline Aquifer Systems [J]. Energy Procedia, 2009 (1): 3429 - 3436.

[20] 张卓颖, 石敏俊. 中国省区间产业内贸易与产业结构同构分析 [J]. 地理学报, 2011, 66 (6): 732 - 740.

[21] 石敏俊, 张卓颖等. 中国省区间投入产出模型与区际经济联系 [M]. 北京: 科学出版社, 2012.

Regional Carbon Footprint and Interregional Transfer of Carbon Emissions in China

Shi Minjun[1,2]　Wang Yan[1,2,3]　Zhang Zhuoying[1,2]　Zhou Xin[4]

(1. University of Chinese Academy of Sciences, Beijing 100049, China;
2. Research Center on Fictitious Economy and Data Science, CAS, Beijing 100190, China;
3. China Communication University, Beijing 100024, China;
4. Japan Institute of Global Environmental Strategy)

Abstract: Obligation assignment of carbon emission reduction needs to evaluate carbon emission charge by taking into account interregional transfer of carbon emissions. Carbon footprint, as a concept of carbon emission measurement, can evaluate life cycle carbon emissions of production and service to meet final demand. It should include direct carbon emissions caused by fossil energy as well as indirect carbon emissions induced by intermediate products production. This paper aims to estimate carbon footprint of each province and inter – provincial transfer of carbon emissions in China based on an input – output approach and China IRIO 2002 database. The results indicate there are significant differences of carbon footprint and per capita carbon footprint among provinces in China. The provinces with higher carbon footprint, mainly located in northern China, have large economic scale. The provinces with high per capita carbon footprint include developed metropolitan regions and energy-rich regions with a high proportion of energy intensive sectors. Interregional transfer of carbon emissions has emerged from energy – rich regions with a high proportion of energy intensive sectors to developed coastal regions and developing regions with incomplete industrial systems. The results imply developed coastal regions should bear more obligation of carbon emission reduction. As a significant amount of carbon emissions of energy – rich regions with a high proportion of energy intensive sectors is induced by provision of energy intensive products for developed coastal regions and developing regions with incomplete industrial systems, interregional transfer of carbon emissions should be taken into account for regional obligation assignment of carbon emission reduction. It can be considered to reduce obligation of carbon emission reduction for those energy – rich regions with a high proportion of energy intensive sectors. Otherwise, a compensation mechanism should be considered for developed coastal provinces to provide financial and technological aid to energy – rich regions with a high proportion of energy intensive sectors for improvement of energy use efficiency and reduction of carbon emissions.

Key Words: Regional Carbon Footprint; Interregional Transfer of Carbon Emissions; Obligation Assignment of Carbon Emission Reduction; China IRIO – 2002

环境规制效果与中国城市空气污染*

贺灿飞[1,3]　张　腾[2]　杨晟朗[1]

（1. 北京大学城市与环境学院，北京　100871；
2. 北京大学深圳研究生院，广东深圳　518055；
3. 北京大学—林肯研究院城市发展与土地政策研究中心，北京　100871）

【摘　要】中国不同城市的空气污染现状与年际变化存在巨大的差异，但总体而言正在经历着明显的改善。城市空气污染是政府环境规制效果的体现，论文从影响环境规制的多种途径和渠道出发，将影响政府环境规制执行效果的原因分为三种因素，包括来自企业等利益攸关者的环境规制执行阻力、来自社会的空气污染改善受益方的环境规制执行压力和政府本身的环境规制执行能力。论文着重阐述了这三种动力内容，并利用空气污染指数（API）数据制作非平衡面板模型，对这三种动力因素与规制执行效果的关系进行了验证，发现环境规制执行阻力和环境规制执行能力显著地影响规制执行效果。教育等社会因素通过提升环境规制压力也能够对环境规制执行进行一定的推动。

【关键词】经济地理；环境规制；面板数据模型；空气污染指数

自 20 世纪 80 年代以来，我国出台了一系列环境法规政策和国家标准以规制环境污染。按政策的直接目标区分，环境规制政策可分为两类：一类旨在直接规制工业企业的污染排放[1]，如“三同时政策”（污染治理设施和工厂新建改建扩建部门同时设计、同时施工、同时验收）、排污收费制度、排污权交易制度和环境影响评价制度；另一类政策则规定了城市需要达到的环境质量目标，如环境保护目标责任制和环境综合整治定量考核制度等。我国环境政策由中央政府制定，由地方政府负责具体执行。因此，地方政府的政策执行[2]是环境规制落实的关键。

作为污染排放的主要来源，工业企业对环境规制执行效果的影响成为一些文献研究的主题。如 Fredriksson 等验证了分权体制下的政府环境规制强度往往弱于集权制政府，因

*　基金项目：国家自然科学基金资助项目（41271130）。

第一作者简介：贺灿飞（1973—），江西永新人，教授，美国亚利桑那州州立大学博士，主要从事经济地理学研究。E - mail：hecanfei@ urban. pku. edu. cn。

为政府为了吸引外国投资，或者保障本地区企业的竞争优势，竞相降低环境规制行为的强度[3]。但也有结论相反的研究指出[4]，环境规制的缺乏会由于政府对规制执行的成本和收益的明确而得到改善，消费者和投资者也会对企业的环境表现予以重视，因此完善的市场经济建设会使得企业因素不一定对环境规制产生消极的影响。

社会和民众从环境规制执行中受益，已有文献也分析了这些因素对环境规制执行的影响。研究发现，中国的民间环保团体、舆论监督能够对地方政府的环境规制起到"强度不足，但正在逐渐增加的影响"[5]。不过，已有文献针对社会力量的研究还较为分散，以城市内部或者案例比较研究较为常见[6]，针对全国城市尺度的定量研究较少。

文献普遍指出，对环境质量和规制强度的度量是研究环境规制的棘手问题。已有文献主要采用污染排放类指标衡量环境质量，如排污强度（即单位工业产值的污染排放）[7]、污染排放总量[8-9]，或者使用各种污染物的排放量构建综合的污染指数。由于环境规制执行往往采用相关行政手段，因此一些文献采用如单位企业排污费征收量、地区环境污染案件处罚数量、地区排污费征收总量等环境管理指标衡量规制的力度。

但上述两类指标局限性也很明显：污染排放类指标及其变化与企业生产有直接关系，并不直接反映政府的规制效果；环境管理类指标只有省级数据能够获取，对以城市尺度为分析对象的研究，这类指标往往爱莫能助。最重要的是，污染排放类和环境管理类指标都忽略了政府对工业企业污染源之外的污染源的规制行为，而近年来，各国经验表明恰恰是城市机动车辆等非点源排放源对城市空气污染的贡献逐年增加[10]。

1 环境规制的影响因素

本文中的城市环境质量规制指环境政策的地方执行者为了达到降低污染的目标而采取的改善环境质量的措施的总称。针对空气污染，可以采取的应对措施包括对污染源排放行为（如工厂排污、燃煤污染和机动车尾气排放）的约束和针对污染途径的治理（如城市绿化）。有三方面的因素影响城市空气污染规制的有效执行，分别是：来自被规制对象（主要是企业）的环境规制执行阻力，来自环境规制执行受益方的环境规制执行压力和政策执行主体的环境规制执行能力。这三方面因素能够影响排放源治理和污染途径治理，最终影响环境规制的效果，从而影响城市空气污染状况。

1.1 规制执行阻力

被规制对象（指各排污源，包括企业和社会内部）只有付出成本，并改变既有的生产、社会活动方式才可能满足政府具体的环境规制目标要求。因此，理性的被规制对象有阻碍环境规制政策执行的激励。

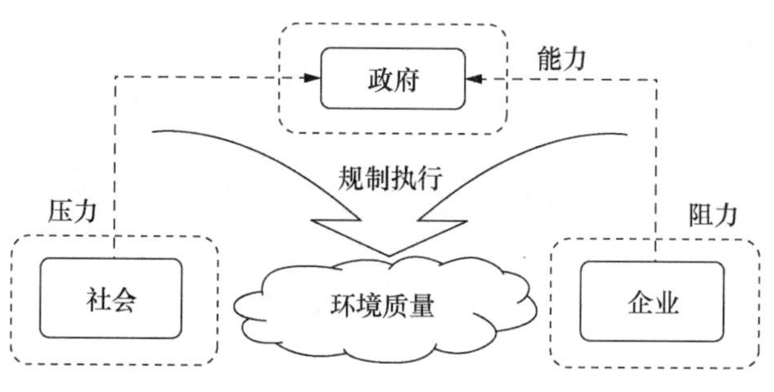

图 1　环境规制执行的影响因素分析框架

环境规制执行阻力其实与企业对环境政策实施方的“议价能力”有关。企业在环境规制中的“议价能力”与几种因素有关。

第一，企业在城市经济中的地位。个别企业对城市经济的掌控能力导致这些企业具有较高的谈判地位。实证研究如 Lorentzen 等[11]也发现，控制其他影响因素后，城市中企业的垄断程度影响了政府环境执政行为。特别是垄断企业往往从事石油、电力或者其他制造业等高污染行业，政府由于企业垄断而纵容的污染排放，更加剧了这些城市的污染状况。除了垄断，城市企业对政府执政目标的“贡献”也会影响企业的议价能力，因为运行良好的企业能够促进政府实现最基本的两个目标：经济增长和就业[12]。

第二，作为理解中国社会结构的专门术语，政企之间的“关系”[13]也是影响政府环境规制执行的重要因素。企业与地方政府间的“关系”纽带可能帮助排污企业规避中央环境政策的规制，从而降低企业的环境表现[14]。K. E. Swanson 和 R. G. Kugn[15]也指出，乡镇企业与执法部门的“关系”是阻碍中国环境政策有效执行的因素。

1.2　规制执行压力

在有效的环境规制下，社会享受的环境质量得到改善，因此，各种社会力量激励对政府环境规制执行施加“压力”，敦促环境规制的积极实施。

社会对环境规制执行的压力可以通过多种途径表达——如媒体的舆论攻势，甚至居民的请愿、信访和集会等行为。对我国部分城市的实证研究表明[16-17]，投诉、请愿以及舆论对环保事件的关注的增加，能够使得地方政府的规制行为更有效率，并投入更多的精力于污染的改善。

城市居民的教育水平与环境规制执行压力存在重要联系。城市居民教育水平的提升能够反映出社会民主诉求与环保意识的提高，从而增加对政府环境规制的压力。另外，较高教育水平的人往往具有较高的收入和消费水平，对环境污染更加敏感[18]，从而也更加有能力生活在环境较好的地区，因此教育水平与污染的相关关系并不一定由于教育对环境规制执行压力的增强而产生。一些针对中国的研究[5]发现了相反的证据，发现在我国，民众教育水平与环境规制执行力度、效果之间有负相关关系，认为由于中国公共环境意识的缺失[17]，教育中缺乏对环境教育的强调，民众接受更多教育反而会更加忽视所处环境的质量。

1.3 规制执行能力

环境规制执行能力主要指地方政府执行环境规制政策所能掌握的资源、管理水平和政府执行环境政策的意愿。

地方政府需具备充分的资金、人力资源，以完成环境规制执行，并激励污染源向规制政策“妥协”，遵从有利污染约束的规制制度安排[19]。但当前，我国环境管理部门普遍“缺钱”、“缺人”[6,15]，已经严重影响了基层环境政策的执行。基层政府羸弱的管理水平也成为我国环境政策推行的障碍[20]。

政府执行环境政策的意愿受环境规制目标在政府执政目标中的重要程度所影响。由于环境问题的日益严重和中央政策的重视，特别是20世纪90年代以来的环境质量首长责任制度的执行，使得地方政府在推进经济发展目标的同时，也更多地把环境污染的改善作为执政的目标[21]。

2 中国的城市空气污染

环境规制执行的目的在于减少污染对城市的侵害，空气污染历来都是各个城市环境规制的重要对象，因此一个城市空气污染的变化情况能够反映地方政府的环境规制执行效果。

有多种污染物能够造成空气污染，而同一个城市也一般有多个监测站点，因此实践中往往将监测数据换算为指数形式以衡量城市的空气污染状况。我国实践中采用的空气污染指数（API）将空气中首要污染物的浓度按对人类健康影响程度换算成0~500内的整数[22]，便于对外发布与公众理解。

2000年6月5日，我国首批42个城市开始对外发布以API指数衡量的空气质量日报。2001~2011年公布空气质量日报的城市数量日益增加，到2011年底，已有120个城市在环境保护部网站上公布每日的API指数（见表1、图2）。

表1 我国发布空气质量日报的城市名单

日期	发布API城市数量*	新增发布城市
2000-06-05	42	北京、长春、长沙、成都、大连、福州、广州、贵阳、哈尔滨、海口、杭州、合肥、呼和浩特、济南、昆明、拉萨、兰州、南昌、南京、南宁、南通、青岛、汕头、上海、深圳、沈阳、石家庄、苏州、太原、天津、温州、乌鲁木齐、武汉、西安、西宁、厦门、烟台、银川、湛江、郑州、重庆、珠海

续表

日期	发布 API 城市数量*	新增发布城市
2001－06－05	47（5）	北海、桂林、连云港、宁波、秦皇岛
2004－06－04	84（37）	鞍山、宝鸡、长治、常德、赤峰、大同、德阳、抚顺、湖州、济宁、荆州、九江、开封、克拉玛依、柳州、泸州、绵阳、牡丹江、平顶山、齐齐哈尔、曲靖、泉州、日照、韶关、绍兴、石嘴山、泰安、潍坊、渭南、芜湖、扬州、阳泉、玉溪、枣庄、张家界、镇江、淄博
2006－01－01	86（2）	南充、自贡
2011－02－11	120（34）	安阳、包头、保定、本溪、常州、大庆、佛山、邯郸、吉林、嘉兴、焦作、金昌、锦州、临汾、洛阳、马鞍山、攀枝花、三门峡、三亚、台州、唐山、铜川、威海、无锡、咸阳、湘潭、徐州、延安、宜宾、宜昌、岳阳、中山、株洲、遵义

注：＊括号内为新增发布城市数量。

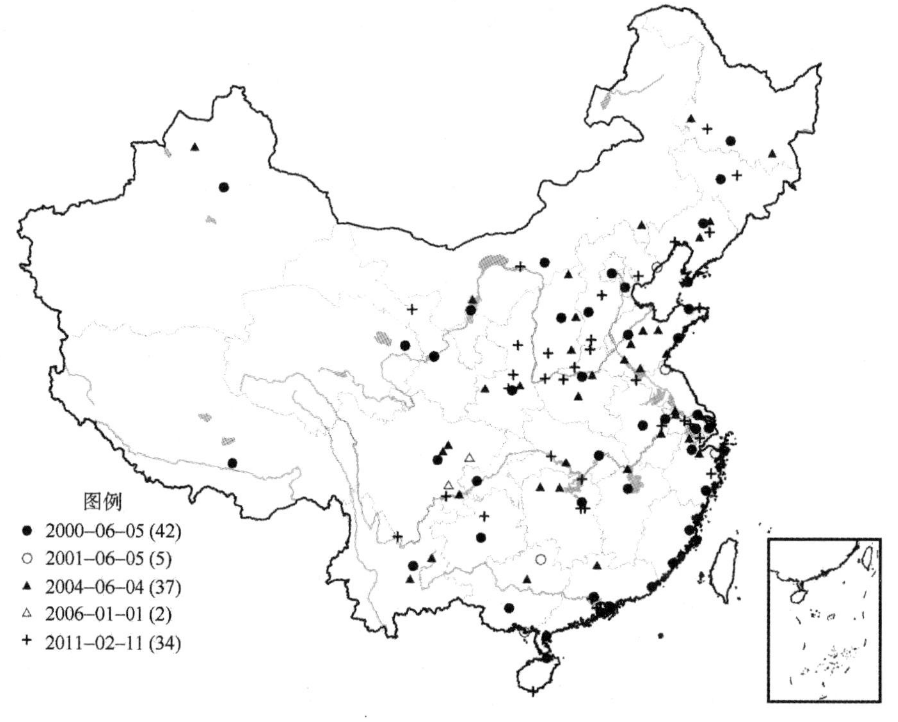

图 2　我国历次发布空气质量日报的城市

API 指数涵盖了 PM_{10}、二氧化硫和二氧化氮这三种污染物的日均浓度，计算公式如表 2 和式（1）所示[23-24]：

$$I = \max\left\{\frac{I_{high,i} - I_{low,i}}{BP_{high,i} - BP_{low,i}}(C_i - BP_{low,i}) + I_{low,i}\right\} \tag{1}$$

式中，I 是最终算得的空气污染指数；下标 i 表示纳入空气污染指数统计的三种污染物 PM_{10}、二氧化硫和二氧化氮；C_i 是污染物 i 的日均浓度；$BP_{high,i}$ 和 $BP_{low,i}$ 分别代表表格中与 C_i 相邻的两个值；$I_{high,i}$ 和 $I_{low,i}$ 分别代表与 $BP_{high,i}$、$BP_{low,i}$ 对应的 API 指数值。

表 2 API 指数计算参考表格

API 指数值	0	50	100	150	200	300	400	500
PM_{10}/(μg/m^3)	0	50	150	250	350	420	500	600
SO_2/(μg/m^3)	0	50	150	475	800	1600	2100	2620
NO_2/(μg/m^3)	0	80	120	200	280	565	750	940

注：表格内均为日均浓度。

实际发布的 API 日报数值为 0 ~ 500 的整数，数值越大表示污染越严重。为了便于公众理解，日报中将不同的 API 指数区间对应为不同的空气污染级别，分别为优（0 ~ 50）、良（51 ~ 100）、轻微污染（101 ~ 150）、轻度污染（151 ~ 200）、中度污染（200 ~ 250）、中度重污染（250 ~ 300）和重度污染（300 +）。

由于污染源排放和扩散条件的差异，我国不同城市的每日空气污染状况与时间分布差异巨大。然而，在相对邻近的城市，由于地形、气象、气候因素的近似，加上污染物扩散与空间距离相关，空气污染状况的特征是相对近似的[25-26]。图 3 展示了来自不同地区的 5 个代表性的城市十余年来每日的空气污染情况，它们的空气污染程度和变化能够代表性地反映我国城市空气污染的一般情况。

不同城市空气污染的差异表现在三个方面。第一是季节性。可以看出，夏季全国各城市空气污染程度普遍较低，而其他季节的污染变化则因城市而有很大不同。如北京，在冬季前期（10 ~ 12 月）和春季（3 ~ 4 月）空气污染最为严重，而乌鲁木齐的重污染天气则几乎全部集中在冬季。

第二是污染程度。如同样是空气污染严重的冬季，海口即使在空气污染相对严重的 12 ~ 4 月，空气污染指数也一般保持在 75 以下的良好水平，而反观北京、乌鲁木齐，相同季节的 API 则一般在 100 以上。

第三是变化趋势。不同城市十余年来 API 变化情况有很大不同。如北京、乌鲁木齐近年来的重污染天气较 10 年前有明显的下降，但乌鲁木齐近年来空气污染程度较低的天数（偏白色）则显著不如 2003 ~ 2005 年。重庆 2006 ~ 2011 年的 API 指数明显低于 2000 ~ 2004 年，海口市近年来空气污染相比 2001 ~ 2003 年略为恶化，但仍维持在远远超过其他城市的优良水平上。

城市年度的空气污染状况具有各地污染严重程度和年际变化的差别。本文采用各城市 API 指数的年中位数值表示城市的年空气污染状况。相较平均值而言，这种方法避免了空气极端污染天气对年空气污染状况的过度扭曲。如图 3（f）所示，以这种指标衡量的城市空气污染清晰地反映出城市空气污染的年际变化，并可进行城市间的比较。如乌鲁木齐经历了 2003 年、2004 年空气污染好转后（甚至强于同时期北京、重庆的空气质量），又出现了显著的恶化趋势，到 2010 年重新成为 5 城市中空气污染最严重的城市。

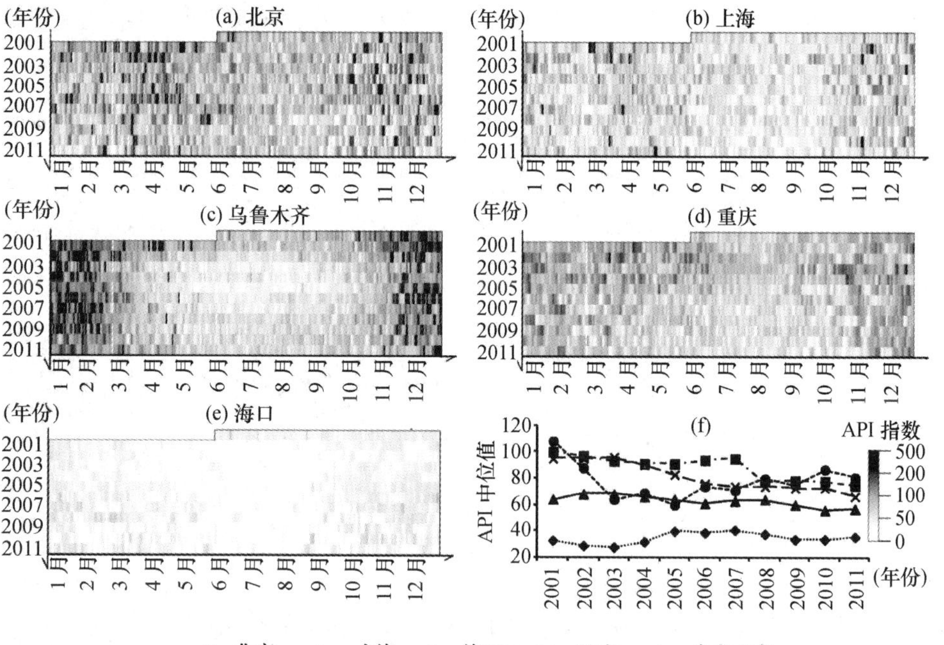

图 3　我国部分城市每日空气污染状况变化

注：横坐标表示各年份内按时间顺序排列的不同日期，坐标的最左端是 1 月 1 日，最右端是 12 月 31 日。

图 4 和表 3 展示了我国城市空气污染状况的年际变化。除了我国城市年度空气污染指数（2001 ~2011 年有日报监测记录的 42 个城市，以 API 年中位数衡量）的平均值外，还展示了各级别 API 天数占总 API 记录的年度变化。

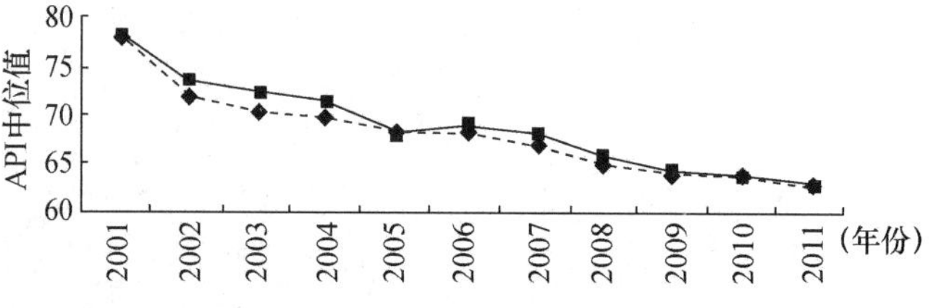

图 4　我国城市 API 年中位数平均值的历年变化

注：实线为 42 个自 2000 年开始发布空气质量日报的城市平均值；虚线为当年发布空气质量日报的全部城市。

表 3　全国各级别空气污染的天数占总记录天数变化

年份	优Ⅰ	良Ⅱ	轻微污染ⅢA	轻度污染ⅢB	中度污染ⅣA	中度重污染ⅣB	重度污染Ⅴ	全国平均API中位数
2001	16.22%	58.65%	18.30%	4.59%	0.74%	0.44%	1.07%	78.81
2002	18.49%	59.45%	16.29%	3.69%	0.51%	0.49%	1.09%	74.31
2003	18.64%	64.31%	13.40%	2.69%	0.40%	0.17%	0.38%	72.88
2004	17.75%	66.38%	12.80%	2.28%	0.33%	0.21%	0.25%	72.23
2005	20.12%	66.64%	11.09%	1.51%	0.20%	0.14%	0.31%	68.55
2006	20.37%	66.86%	9.84%	1.80%	0.35%	0.18%	0.60%	69.39
2007	20.31%	68.38%	9.27%	1.41%	0.28%	0.12%	0.23%	68.52
2008	22.41%	66.81%	9.13%	1.14%	0.16%	0.09%	0.25%	66.38
2009	25.91%	64.32%	8.01%	1.30%	0.11%	0.14%	0.20%	64.75
2010	26.41%	63.52%	8.08%	1.36%	0.14%	0.10%	0.38%	64.36
2011	25.99%	65.33%	7.17%	1.14%	0.10%	0.09%	0.19%	63.36

注：为42个自2000年开始发布空气质量日报的城市平均值。

可以看出，我国城市API中位数的均值从2001年的78.81下降到2011年的63.36，分类别来看，轻微污染以上天气大幅度减小，如ⅢA级空气污染指数记录从2001年占总记录的18.30%下降到2011年的7.17%，Ⅴ级重度污染记录更是从2001年的1.07%下降到2011年的0.19%，降幅达82.24%。与此同时，优、良级天气记录比重上升，优级天气从2001年的16.22%上升至2011年的25.99%。

图5是2011年我国大陆120个城市的API指数中位数值分布情况，展示了城市空气污染的地区差异。从2011年各城市API中位数值空间分布情况来看，空气污染较轻的城市主要在东南沿海和西藏，三亚、拉萨、海口、中山、湛江、珠海API的中位数在50以下，是全国空气污染程度较轻的6个城市，其中三亚更是以22的API中位数值遥遥领先全国；而空气污染相对严重的城市主要分布在西北、华北地区，从API年中位数的情况来看，兰州、西安、乌鲁木齐、济宁、延安和合肥是空气污染最严重的6个城市，年均API指数在78以上。

在城市空气污染呈现西部、北方总体上比东部、南方严重的总体格局基础上，也应看到不同城市空气污染水平的差别。如在西北的关中地区，西安为全国空气污染最严重的5个城市之一；而仅几十公里之外的咸阳市，年API中位数仅为65，接近全国平均水平（63.2）。沿海城市虽然空气污染程度一般较低，但湖州、绍兴等城市API大大高于周边城市。特别是湖州，该年度API中位数高达75，2011年空气污染严重程度位列全国前十。

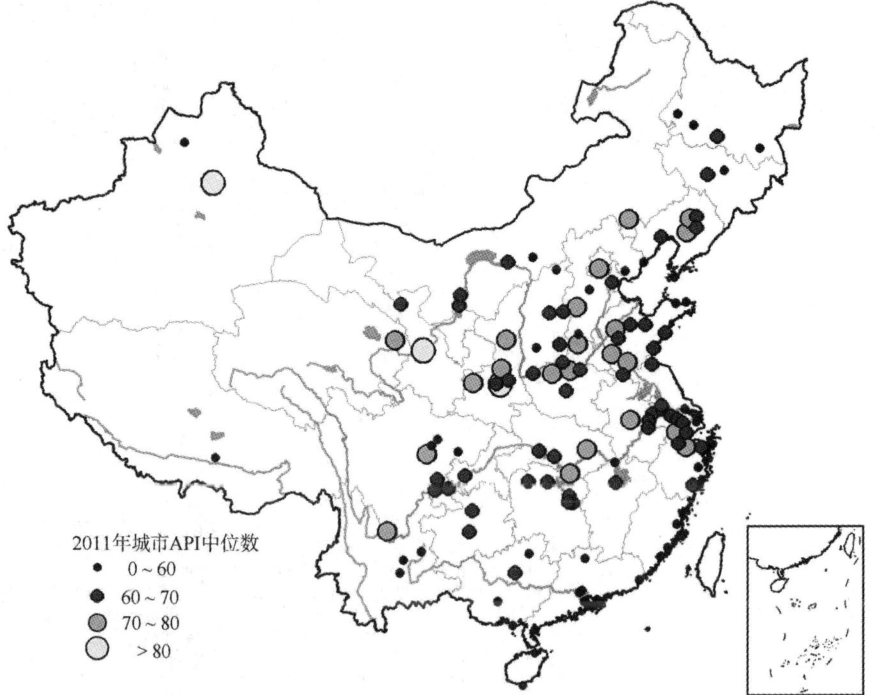

图5　中国城市的空气污染指数（2011 年）

3　面板数据模型分析

城市空气污染状况是城市环境规制执行效果的体现，为探讨影响环境规制执行的因素，本文将采用前文的分析框架，利用面板数据模型探讨影响环境规制执行的影响因素。

3.1　模型选择与控制变量

面板数据模型可以有效避免样本时间短的缺陷，还能够通过模型设定避免数据内生性问题。本文将以各城市历年 API 指数的中位数表示各城市的空气污染状况，作为因变量建立面板数据模型。

本文模型的时间跨度为 2006～2011 年，在此跨度期内我国实施“十一五”计划，可以看作是一个连续的中央政策稳定时期。为了避免计量模型的内生性，自变量数据一般均滞后一阶，即采用 2005～2010 年的数据。由于公布 API 日报数据的城市在 2006 年仅有 86 个，到 2011 年增至 120 个，本文建立的面板模型为非平衡的。

3.2 解释变量和问题验证

本文的解释变量和部分控制变量如表 4 所示。

表 4 变量描述

变量含义	单位	变量	平均值	标准差	最小值	最大值	预期符号
最大三个企业占总产值比重	%	DOM	25.334	17.315	2.623	83.12	+
国有控股企业产值比重	%	SOES	38.62	24.00	2.116	100.0	+
每万人环境信访数量	个/10^4 人	PEP	4.980	6.6298	0.0156	121.61	-?
每万人高校学生数	人/10^4 人	HIGH	307.50	280.6	0	1254.5	-?
环境行政透明程度指数		PITI	36.90	16.578	10.2	83.7	-
县级机构环境管理人员	人/10^4 人	BURE	0.917	0.469	0.0290	2.4620	? _
地级市总人口	10^4 人	GPOP	500	547.398	401.2475	29.74	
总降水量（未滞后）	0.1mm	PREC	924.4	500	64.1	2895	
年均温度（未滞后）	0.1℃	TEM	146.7	47.55	23.083	237.87	
年均风速（未滞后）	0.1m/s	WIND	21.89	5.149	9.085	52.00	
当年城市是否供暖		HOT	500	0.69	0.462	9564	
当年空气轻度污染以上天数*	d	APIiii +	500	5.45	9.087611	0	

注：* 附加模型变量，后文有所阐述。

衡量规制执行阻力的变量包括 DOM 和 SOES，分别为城市内最大的三个工业企业占地区工业总产值比重（来自研究组内部资料）、国有控股企业产值占总工业产值比重（来自中国城市统计年鉴）。这两个指标分别代表企业“地位”和与政企“关系”对政府环境规制执行的阻力。一般而言，相比三资企业，国有企业往往与地方政府的关系更为密切。因此国有企业比重高的城市，政府普遍地与企业关系更为密切。这两个变量符号都预期为正，即垄断和关系会阻碍规制执行。

每万居民环境信访案件数量变量 PEP 和每万人高校学生数 HIGH 分别来自《中国环境年鉴》（采用所在省区数据）和《中国区域经济年鉴》，用于衡量政府环境规制执行所受到的社会压力。环境信访强度代表了一个地区社会对环境规制执行的压力，压力越大则环境规制执行就会越严格，从而降低空气污染，因此信访强度的符号预期为负。但同时，信访多也有可能仅仅意味着城市环境污染本身的相对严重性，而并不代表对环境规制执行压力。城市万人高校学生人数代表了城市社会的教育程度，如果教育的提高使得社会提高对环境污染的关注，进而形成对环境规制执行的压力，则这个变量系数应当为负，另外，如果该变量系数符号为正，则说明提高的教育并不能转化为对环境规制执行的压力。

政府环境规制能力采用三个变量阐述。采用每万人中环境管理执法人数（县级以下环境管理部门，采用所在省区数据）BURE 衡量影响环境规制的人力、财力因素（来自

《中国环境年鉴》），这个变量系数符号预期为负。使用城市污染源监管信息公开指数（PITI）衡量政府环境规制的管理水平，因为透明执政是我国政府工作的一个重要努力方向，所以执政公开程度可以作为城市环境管理水平的反映。PITI 的数据来自公众环境保护中心，该数据自 2008 年起逐年发布，部分缺失城市的数值采用省区平均值代替，缺失年份数据使用相邻年份替代。

3.3 计量分析

由于随机面板模型无法通过豪斯曼检验，本文采用固定效应模型。在固定效应模型中，所有不随时间变化而仅与城市个体有关的影响城市空气污染的因素均得到控制，如地形等自然因素。此外，城市规模、产业结构等污染源相关因素的差别主要来自不同城市之间，而在面板周期（6 年）的变化相对较小，也基本能够被固定效应模型控制。但本文仍然采用人口作为控制变量以控制可能因为污染规模变化引起的空气污染变化。与其他因变量一样，这个变量是滞后 1 年的。

影响大气污染的因素除了人类活动以外，还受不同年份天气状况的影响。本研究利用中国气象科学数据共享服务网提供的 2005～2011 年全国 100 余个参与国际数据共享的地面气象监测站点数据，进行插值得到了本文 120 个城市历年的降水、温度和风速，作为模型的自然因素控制变量。这些变量没有进行滞后处理。回归结果见表 5。

表 5 面板回归结果

	模型一：阻力		模型二：压力			模型三：能力		模型四：全部	
	1.1FE	1.2lnFE	2.1FE	2.2lnFE	2.3FE	3.1FE	3.2lnFE	4.1FE	4.2lnFE
DOM	0.0434	0.0261 *						0.0032	0.0151
SOES	0.0285	0.0066						0.0157	0.0035
PEP			0.0420	-0.0009	-0.0233			0.0254	-0.0005
HIGH			-0.0085	-0.0175	-0.0080 *			-0.0042	-0.0061
APIiii +					0.4568 ***				
PITI						-0.0092	-0.0098	-0.0093	-0.0079
BURE						-17.2547 ***	-0.2789 ***	-16.5601 ***	-0.2593 ***
GPOP	-0.0539 ***	-0.2853 **	-0.0532 ***	-0.3105 **	-0.0276 *	-0.0322 *	-0.2220 *	-0.0305 *	-0.2038
HOT	0.2821	0.0088	-0.0984	0.0095	-0.4988	0.6728	0.0157	0.3707	0.0117
PREC	-0.0007	0	-0.0007	0	-0.0006	-0.0008	0	-0.0007	0
TEM	0.1430 **	0.0019 **	0.1322 **	0.0021 **	0.0852	0.0695	0.0013	0.0476	0.0011
WIND	0.2025	0.0028	0.2411	0.0029	0.1550	0.1495	0.0022	0.1585	0.0023
_ cons	68.3680 ***	5.4785 ***	73.6999 ***	5.8047 ***	65.9900 ***	86.6200 ***	5.4969 ***	88.7788 ***	5.3769 ***
r2_ w	0.0909	0.0689	0.0921	0.0636	0.2817	0.1417	0.0884	0.1440	0.0913
r2_ o	0.0881	0.1535	0.1050	0.1731	0.0190	0.1416	0.2051	0.1370	0.1866
r2_ b	0.0870	0.1202	0.1086	0.1374	0.0487	0.1422	0.1701	0.1393	0.1519
F	5.4726	4.0466	5.5485	3.7189	16.9300	9.0358	5.3080	5.7946	3.4617

注：显著性水平 * <0.1；** <0.05；*** <0.01；_ cons 为常数项，r2_ w、r2_ o、r2_ b 分别为组内、总体和组间的 R^2。

本文使用三个模型（模型一、模型二、模型三）分别检验阻力、压力和能力因素对执行效果的影响，然后再将所有自变量放入同一个方程（模型四）回归。每个回归方程分别使用所有变量都不取对数（FE model，.1）和对所有变量都取对数（lnFE model，2）两种数据。

控制变量中，气温变量 TEM 显著，说明气温差异造成的大气垂直扩散差异是最显著能影响到空气污染状况的自然因素。

模型一用于解释企业力量对环境规制执行的阻力。回归发现，变量符号符合预期判断，企业的垄断 DOM 和关系因素 SOES 对环境规制的效果确实有不利影响。其中衡量垄断的变量 DOM 在双对数模型中系数显著，表示垄断程度的比重上升 1%，空气污染程度就要恶化 0.03% 左右，说明在我国垄断确实能够影响规制执行的效果。另外，国企比重的升高虽然使得环境规制效果下降，但变量 SOES 的回归系数并不显著。本文认为，国企比重高的城市内，政府和企业之间“关系”更加趋于紧密，但实际上可能企业所有制的类型并不能代表城市政府和企业“关系”的紧密程度，一些地区出于招商引资角度考虑，对民营、外资企业也有较多的照顾[27]；当然，也可能由于“关系”因素并不重要。因此，“关系”和环境规制的关系有待进一步研究。

在模型二中，使用 3 个子模型度量规制压力对环境规制的影响。其中教育水平 HIGH 符号为负号，说明教育水平较高的城市，城市空气污染相对轻微。其中在不取对数的模型中该变量显著性水平为 0.12，已经非常接近 0.1 的显著性水平。参照 M. Torras 等[28]的研究，教育对政府的压力有两种途径：

首先，教育水平提高，导致居民对环境问题更加迫切的关注，从而对行政部门形成压力，迫使其更积极地对污染进行规制管理。这种压力可能是易于度量且明显的，如通过对请愿、信访等行动的支持。但回归模型中 PEP 的系数不显著性说明我国显著的请愿等行为难以形成有效的规制压力。教育水平提高带来的压力也可能是隐性的，如可能通过舆论、社会气氛对环境问题等难以量化的途径对政府形成压力。

其次，教育水平与污染的负相关关系也可能仅仅是因为教育水平高的城市污染状况相对较好而已。本文采用高校人数比重度量城市的教育水平，但高校有可能对环境污染有主动的厌恶偏好，如湘潭等一些环境、风景较好的城市成为了大学城。另外，教育资源集中、高等教育发达的地区，往往布局更密集的智力密集产业和服务业，这些经济部门的污染排放远小于轻重工业。而且，随着高等教育的进一步发展，原本的污染部门更有可能被清洁产业挤出城市，造成城市环境污染的客观减轻，大大降低了重污染事件发生的可能。为了控制教育与空气污染的这种偶然关联关系，在模型二中加入附加模型 2.3，在其中增加了控制污染程度本身的变量 APIiii +：一年中轻度污染以上天数（滞后）。如果高等教育与城市空气的相关关系是上述的偶然关系，则加入该变量后 HIGH 的显著性应当进一步减小。但模型 2.3 中变量 HIGH 不但符号未变，显著性还增强至 0.1 以下（0.096），可见，高等教育水平与空气污染之间是存在前述的由规制压力引发的关系的——教育水平促进社会压力影响环境规制执行。

模型三衡量政府环境规制能力对环境规制效果的影响。基层环境执法人数与环境规制效果关系显著，且系数较大——基层环境执法工作者人数每上升 1% 能够使因变量 API 减少 0.27%。说明现阶段基层环境执法人数的保障确实有利于政府环境规制目标的实现。此外，在所有模型中，用以衡量环境管理水平的变量 PITI 的系数符号与预期相符，说明政府环境管理水平与环境规制效果之间存在积极但不显著的关系。

模型四将全部变量放入，变量系数的符号并没有改变，但各个系数的显著性发生了一定的变化，说明上述结论并不因为各个变量之间的交互作用而改变变量作用的影响方向。

4　结论和政策建议

不论是企业、市民还是执行环境规制的行政部门，城市的蓝天是每一个生活在其中的人所向往的。然而，研究结果显示，垄断城市经济的企业由于其所处的强大地位，往往使得城市环境的管理者放松规制，扮演了阻碍环境规制顺利执行的消极角色。不过，虽然还没有足够证据说明请愿等活动能推动环境规制的执行，但随着教育水平的提升，来自社会民众的力量，正在通过一些机制（尚不明确，可能是舆论监督等）扮演推动环境规制成功执行的积极角色。

面对成千上万的污染点源和移动排放，在社会压力的有效推动下，环境规制的真正有效执行离不开政府本身执政能力的保障。充足配置的环境工作人员、经费和透明执法的信心有助于环境规制的顺利实施，特别是回归结果显示的，基础环境执法人员保障对环境规制执行的作用是明显且显著的。

政府、社会民众和企业是环境规制过程中不可或缺的三个重要角色。有强大执法能力的保障，加以适当社会压力的监督，环境执法部门定能够克服企业等被规制者带来的阻力，使环境法规顺利执行。为了做到这些，需要加强地方环境部门的资源配置，改变当前环保部门“缺钱少人”的现状；需要不断完善环境规制的具体执行，不因企业的性质、垄断地位而有偏倚；更需要大力促进社会建设，加强社会力量对环境规制的推力与监督。

参考文献

[1] Fang Ming, Chan Chak, Yao Xiaohong. Managing Air Quality in a Rapidly Developing Nation: China [J]. Atmospheric Environment, 2009, 43 (1): 79 - 86.

[2] 吴宇华. 北海市银滩国家旅游度假区西区的环境问题 [J]. 自然资源学报, 1998 (3): 40 - 48.

[3] Fredriksson P. G., List J. A., Millimet D L. Bureaucratic Corruption, Environmental Policy and Inbound US FDI: Theory and Evidence [J]. Journal of Public Economics, 2003 (87): 1407 - 1430.

[4] Wheeler David. Racing to the Bottom? Foreign Investment and Air Pollution in Developing Countries [J]. Journal of Environment Development, 2001, 10 (3): 225 - 245.

[5] Tang Shui - yan, Lo Carlos, Fryxell Gerald. Enforcement Styles, Organizational Commitment, and Enforcement Effectiveness: An Empirical Study of Local Environmental Protection Officials in Urban China [J]. Environment and Planning A, 2003 (35): 75 - 94.

[6] 王羊，刘金龙，冯喆等．公共池塘资源可持续管理的理论框架［J］．自然资源学报，2012，27 (10): 1797 - 1807.

[7] He Canfei, Pan Fenghua, Yan Yan. Is Economic Transition Harmful to China's Urban Environment? Evidence from Industrial Air Pollution in Chinese Cities [J]. Urban Studies, 2011 (10): 1 - 24.

[8] He J. Estimating the Economic Cost of China's New Desulfur Policy during Her Gradual Accession to WTO: The Case of Industrial SO_2 Emission [J]. China Economic Review, 2005 (16): 364 - 402.

[9] He J. Pollution Haven Hypothesis and Environmental Impacts of Foreign Direct Investment: The Case of Industrial Emission of Sulfur Dioxide (SO_2) in Chinese Provinces [J]. Ecologial Economics, 2006 (60): 228 - 245.

[10] Sharma Mukesh, Pandey Reenu, Maheshwari Mayank, et al. Interpretation of Air Quality Data Using an Air Quality Index for the City of Kanpur, India [J]. Journal of Environmental Engineering & Science, 2003, 6 (2): 453 - 462.

[11] Lorentzen P., Landry P., Yasuda John. Transparent Athoritarianism? An Analysis of Political and Economic Barriers to Greater Government Transparency in China [R]. APSA (American Political Science Association) Annual Meeting Working Paper, 2010.

[12] 高鸿业．西方经济学［M］．北京：中国人民大学出版社，2001.

[13] 阎云翔．一个礼物的流动［M］．上海：上海人民出版社，1994.

[14] 姚圣．政治缓冲与环境规制效应［J］．财经论丛，2012 (1): 84 - 90.

[15] Swanson K. E., Kugn R. G. Environmental Policy Implementation in Rural China: A Case Study of Yuhang, Zhejiang [J]. Environmental Management, 2001, 27 (4): 481 - 491.

[16] Lo Carlos, Fryxell Gerald. Enforcement Styles among Environmental Protection Officials in China [J]. Journal of Public Policy, 2003, 23 (1): 81 - 115.

[17] Dong Yanli, Ishikawa Masanobu, Liu Xianbing, et al. The Determinants of Citizen Complaints on Environmental Pollution: An Empirical Study from China [J]. Journal of Cleaner Production, 2011, 19 (I12): 1306 - 1314.

[18] Antle J. M., Heidebrink G. Environment and Development: Theory and International Evidence [J]. Economic Development and Cultural Change, 1995 (43): 603 - 625.

[19] Lo C. W. H., Leung S. W. Environmental Agency and Public Opinion in Guangzhou: The Limits of a Popular Approach to Environmental Governance [J]. The China Quarterly, 2000 (163): 677 - 704.

[20] Manion Melanie. Policy Implementation in the People's Republic of China: Authoritative Decisions versus Individual Interests [J]. Journal of Asian Studies, 1991 (50): 253 - 279.

[21] Lieberthal Kenneth. China's Governing System and Its Impact on Environmental Policy Implementation [J]. China Environmental Series, 1997 (1): 3 - 8.

[22] Murena Fabio. Measuring Air Quality over Large Urban Areas: Development and Application of an Air Pollution Index at the Urban Area of Naples [J]. Atmospheric Environment, 2004 (38): 6195 - 6201.

[23] 北京市环境保护监测中心．空气污染指数计算公式［EB/OL］．http: //www.bjmemc.com.cn/

Common/View. aspx? mid = 62&id = 18526&functype = info&add = 0. 2012 - 06 - 10.

[24] 环境保护部 . HJ633—2012 环境空气质量指数（AQI）技术规定（试行）[S]．中华人民共和国环境保护标准，2012.

[25] Shaw Daigee, Pang Arwin, Lin Chang - ching, et al. Economic Growth and Air Quality in China [J]. Environmental Economics & Policy Studies, 2010, 12 (3): 79 - 96.

[26] Gao Huiwang, Chen Jing, Wang Bin, et al. A Study of Air Pollution of City Clusters [J]. Atmospheric Environment, 2011 (45): 3069 - 3077.

[27] Bai Chong - en, Cao Jing, Xu Jianhuan. Environmental Regulation in China: Do We Race to Bottom? [EB/OL]. http: //www. csfee. org. cn/uploadfile/PACE2009% E4% BC% 9A% E8% AE% AE/Environmental_ Regulation_ in_ China_ % E6% B8% 85% E5% 8D% 8E% E5% A4% A7% E5% AD% A6_ Chong - En _ Bai. pdf, 2011.

[28] Torras M. , Boyce J. K. Income, Inequality, and Pollution: A Reassessment of the Environmental Kuznets Curve [J]. Ecological Economics, 1998 (25): 147 - 160.

Air Pollution in Chinese Cities: Does Enforcement of Environmental Regulations Matter

He Canfei[1,3] Zhang Teng[2] Yang Shenglang[1]

(1. College of Urban and Environmental Sciences, Peking University, Beijing 100871, China; 2. Shenzhen Graduate School, Peking University, Shenzhen 518055, China; 3. Center for Urban Development and Land Policy, Peking University - Lincoln Institute, Beijing 100871, China)

Abstract: Air quality degradation has been one of the most urgent environmental problems in urban China. Existing literature explores the relationship between air pollution and economic development under the framework of EKC and stresses the importance of triple effects of technological, structural and scale effects. With the context of regional decentralization in China, institutions may play a critical role in China's environmental degradation. This paper argues the enforcement of environmental regulations matter for urban air quality and proposes that the capability to enforce, pressure to enforce and resistance to enforce may shed some light on the extent of urban industrial pollution controlling for other factors. Using Air Pollution Index data during 2001 - 2011, this paper finds overall improvement of urban air quality in China but significant inter -

city and inter – seasonal variations. Some cities have witnessed constantly air quality reduction. Based on an unbalanced panel data regression model, this study confirms that lack of capability and strong resistances to enforce environmental regulations do have contributed to the environmental deterioration. Social pressure may not be able to help improve urban air quality in China currently. The findings indicate that a new institutional framework is needed to systematically curb China's environmental issue.

Key Words: Economic Geography; Environmental Regulation; Panel Data Regression; Air Pollution Index

第二节

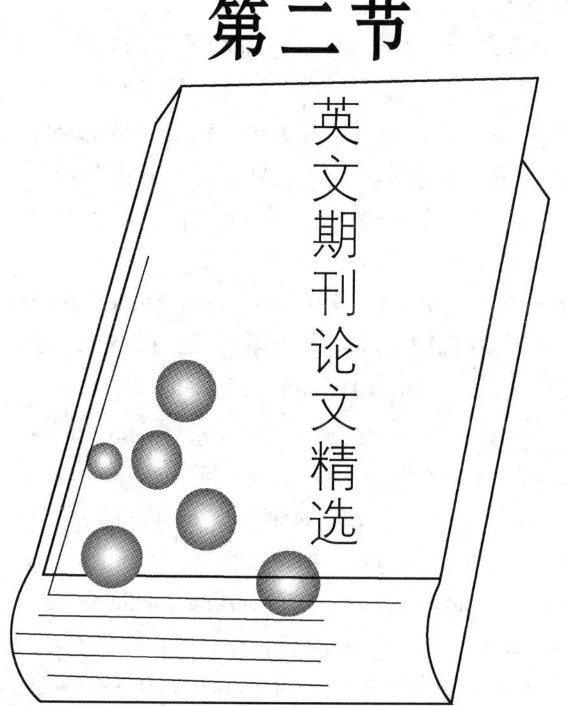

一、题目：生产性城市：分类、选择和聚集

来源：《政治经济学杂志》2010年第122卷第7922期：第507－533页

作者：克里斯蒂安·贝伦斯，吉尔斯·杜兰顿，弗里德里克·罗伯特尼古特

摘要：大城市比小城市的人均产出多，这可能是因为更多高才能的人分布在大城市中，大城市选择生产率更高的企业家和公司；或者是聚集经济的缘故。我们综合这三方面进一步发展了城市体系模型，并且得到一些关于它们的有趣的补充。该模型可以重现关于城市的分类，聚集和选择的典型事实。同时在实证可信的参数值下，对于城市而言其规模分布符合齐普夫定律（又称为位序—规模法则）。最后，本文为重新解释现有的实证证据提供了一个有用的框架。

Title：Productive Cities：Sorting，Selection，and Agglomeration

Source：Journal of Political Economy，2010，122（7922）：507－553

Author：Kristian Behrens ，Gilles Duranton ，Frederic Robert－Nicoud

Abstract：Large cities produce more output per capita than small cities. This may occur because more talented individuals sort into large cities，because large cities select more productive entrepreneurs and firms，or because of agglomeration economies. We develop a model of systems of cities that combines all three elements and suggests interesting complementarities between them. The model can replicate stylised facts about sorting，agglomeration，and selection in cities. It also generates Zipf' s law for cities under empirically plausible parameter values. Finally，it provides a useful framework within which to reinterpret extant empirical evidence.

二、题目：来自苏联的爱：企业迁移对当地的影响

来源：《经济地理学杂志》2011 年第 13 卷第 10 期：第 419 – 449 页

作者：奥利弗 · 法尔克，克里斯提娜 · 冈瑟，斯蒂芬 · 海博力克，威廉 · 罗伯特 · 克尔

摘要：在具备准实验特点的历史背景下，我们探究了某一区域内企业集中分布对当地企业经营的影响。第二次世界大战后，德国分裂，许多机床制造业企业逃离苏占区以防止被征用。我们发现，这些企业做出迁至西德的决定是受非经济因素和启发式影响的，而不是由于当时的工业条件和环境。搬迁企业增加了目的地区域已有企业倒闭的可能性，这一模式与新生竞争者完全不同。我们将进一步提供证据，表明这些效应是由于对本地资源日益激烈的竞争造成的。

Title：**From Russia with Love**：**The Impact of Relocated Firms on Incumbent Survival**

Source：**Journal of Economic Geography**, 2011, 13 (3)：419 – 449

Author：Oliver Falck, Christina Guenther, Stephan Heblich and William Robert Kerr

Abstract：We identify the impact of local firm concentration on incumbent performance in a historic setting that has quasi – experimental characteristics. When Germany was divided after World War Ⅱ, many firms in the machine tool industry fled the Soviet – occupied zone to prevent expropriation. We show that the regional location decisions of these firms upon moving to western Germany were driven by non – economic factors and heuristics rather than existing industrial conditions. Relocating firms increased the likelihood of incumbent failure in destination regions, a pattern that differs sharply from new entrants. We further provide evidence that these effects are due to increasedcompetition for local resources.

三、题目：产业集群中的公司——工人匹配

来源：《经济地理学杂志》2014 年第 14 卷第 1 期：第 1 - 19 页

作者：欧佩拉・菲格雷多，保罗・吉马良斯，道格拉斯・伍德沃德，威廉・罗伯特・克尔

摘要：本文中，我们将采用一种新方法以及一套庞大的葡萄牙雇主—雇员面板数据库，用以研究阿尔弗雷德・马歇尔的假设，假设内容即产业集群能够提高公司—工人匹配的质量。方法借鉴了高维固定效应模型估计和分析的最新进展。在控制了导致异质性（包括观测到、未观测到）的诸多因素的条件下，利用工资的回归模型，我们并未发现足够的证据表明在同一产业内，配置的质量会随着公司集聚程度而增加。这一结果支持了弗里德曼对于美国某州软件业的分析。由于最终的回归揭示了产业集群引起巨大的工资溢价，结果说明集群的好处源于劳动力配置之外的其他因素。与先前的研究一致，工资溢价也会随着城市化经济体的发展而得到改善。

Title：**Firm—worker Matching in Industrial Clusters**

Source：**Journal of Economic Geography**, 2014, 14 (1): 1 - 19

Author：**Octavio Figueiredo, Paulo Guimaraes and Douglas Woodward**

Abstract：In this article we use a novel approach and a large Portuguese employer - employee panel data set covering most of the economy to study Alfred Marshall's hypothesis that industrial agglomeration improves the quality of firm - worker matching. Our method employs recent developments in the estimation and analysis of models with highdimensional fixed effects. Using wage regressions with controls for multiple sources of observed and unobserved heterogeneity, we find little evidence that the quality of matching increases with firm clustering within the same industry. This result supports Freedman (2008) analysis of the software industry in one U. S. state. Since our final regressions still uncover evidence for a large wage premium from industrial clustering, the results suggest that agglomeration advantages may stem from sources beyond labor matching. The wage premium also improves with urbanization economies, in line with previous work.

四、题目：解开聚集经济：代理、资源和空间依赖

来源：《区域科学杂志》2013 年第 53 卷第 3 期：第 392 –417 页

作者：Nivedita Mukherji，Jonathan Silberman

摘要：高速增长和进步的区域拥有促进创新的文化。创新取决于一个区域使用它已有知识和其他区域产生的知识的能力。本文论证了吸收外部知识的能力在解释美国大都市区 106 个地方创新生产力中的重要性。使用一个依赖起源地和目的地流动的专利引证的空间交互模型，目的地固定效应系数提供了一个对区域吸收能力的衡量。我们定义了一个形成区域吸收能力的区位条件，并且论证了它对创新生产率具有正向且显著的影响。

Title：**Absorptive Capacity，Knowledge Flows，and Innovation in U. S. Metropolitan Areas**

Source：**Journal of Regional Science**，2013，53（3）：392 –417

Author：**Nivedita Mukherji，Jonathan Silberman**

Abstract：High growth and progressive regions possess a culture that promotes innovation. Innovation depends on a region's ability to use its own existing knowledge and knowledge generated elsewhere. This paper demonstrates the importance of the ability to absorb external knowledge in explaining innovation productivity for 106 U. S. metropolitan areas. Using a spatial interaction model of patent citation flows with origin and destination dependence，the destination fixed –effects coefficients provides a measure of a region's absorptive capacity. We identify local conditions that shape a region's absorptive capacity and demonstrate it has a positive and significant impact on innovation productivity.

五、题目：生产力与人力资本密度

来源：《区域科学杂志》2010 年第 52 卷第 440 期：第 562 – 586 页

作者：Jaison R. Abel，Ishita Dey，Todd M. Gabe

摘要：我们对一个关于城市生产力的模型进行了估计，在这个模型中大都市区域中人力资本存量促进了人力资本密度带来的集聚效应。在估计中，我们解释了由内生性所导致的潜在偏误，而这种内生性是由资本密度和产业构成效应引起的。利用美国城市地区工人人均产出的最新信息，以及解释了人口空间分布的密度衡量手段，我们发现，人力资本密度翻倍可以使生产力提高 2% ~4% 。与城市学习和知识溢出理论相一致，我们证实了人力资本密度的平均劳动生产力弹性随着人力资本的增加而增加。人力资本存量低于平均值一个标准差的大都市区域，人力资本密度翻一倍并未使生产力提升；而在人力资本存量高于平均收益生产力一个标准差的大都市区域中，人力资本密度翻一倍，生产力的增长水平大约是平均收益生产力条件下生产力提高水平的两倍。上述情形在某些行业中更为明显，这些行业普遍具有如下特征：信息交换和理念共享在生产过程中有着十分重要的地位。

Title: **Producitivity and the Density of Human Capital**

Source: **Journal of Regional Science**, 2010, 52 (440): 562 – 586

Author: **Jaison R. Abel, Ishita Dey, Todd M. Gabe**

Abstract: We estimate a model of urban productivity in which the agglomeration effect of density is enhanced by a metropolitan area's stock of human capital. Estimation accounts for potential biases due to the endogeneity of density and industrial composition effects. Using new information on output per worker for U. S. metropolitan areas along with a measure of density that accounts for the spatial distribution of population, we find that a doubling of density increases productivity by 2 to 4 percent. Consistent with theories of learning and knowledge spillovers in cities, we demonstrate that the elasticity of average labor productivity with respect to density increases with human capital. Metropolitan areas with a human capital stock one standard deviation below the mean realize no productivity gain, while doubling density in metropolitan areas with a human capital stock one standard deviation above the mean yields productivity benefits that are about twice the average.

六、题目：石油危机在哪儿?

来源：《区域科学杂志》2014 年第 54 卷第 2 期：第 169 – 185 页

作者：Kristie M. Engemann，Michael T. Owyang，Howard J. Wall

摘要：许多文献在研究石油危机的影响时讨论了什么是石油危机并得出结论——油价变动对美国经济的影响是不对称的。也就是说，油价大幅上涨对经济活动造成负面影响，但油价大幅下跌却没有影响。通过回答“石油危机在哪儿?”，我们重新考虑油价变动对各州的影响，发现各州的反应有所不同。多数州只对油价上涨有反应，其余的州要么只对油价下降有反应（五个州），要么对油价上涨下跌都有反应（五个州），要么对两者都没有反应（五个州）。

Title：Where is an Oil Shock?

Source：Journal of Regional Science，2014，54（2）：169 – 185

Author：Kristie M. Engemann，Michael T. Owyang，Howard J. Wall

Abstract：Much of the literature examining the effects of oil shocks asks the question “What is an oil shock?” and has concluded that oil – price increases are asymmetric in their effects on the US economy. That is，sharp increases in oil prices affect economic activity adversely，but sharp decreases in oil prices have no effect. We reconsider the directional symmetry of oil – price shocks by addressing the question “Where is an oil shock?”，the answer to which reveals a great deal of spatial/directional asymmetry across states. Although most states have typical responses to oil – price shocks—they are affected by positive shocks only—the rest experience either negative shocks only（5 states），both positive and negative shocks（5 states），or neither shock（5 states）.

七、题目：产业封锁还是区域封闭？论知识结构属性如何影响区域弹性

来源：《区域科学杂志》2012 年第 14 卷第 1 期：第 199 – 219 页

作者：Joan Crespo，Raphael Suire and Jerome Vicente

摘要：本文主要关注本地知识结构，并革新了区域弹性的理论框架。在摆出增长和集群的基本原理之后，我们主张区域集群将会在短期竞争力和长期弹性（恢复力）上达到均衡。区域知识结构的度分布（等级水平）和度相关性（结构同质水平）研究结果反映了集群如何成功地将技术封锁和区域封闭纳入同一目标之下。为了突出这些属性，我们简单模型化，并讨论了政策导向分析的结果。结论显示，事前区域判定和特定联系的重构比基于网络密度的新增长的政策要更有利于区域弹性（恢复力）。

Title：**Lock – in or Lock – out? How Structural Properties of Knowledge Networks Affect Regional Resilience**

Source：**Journal of Economic Geography**，2012，14（1）：199 – 219

Author：**Joan Crespo，Raphael Suire and Jerome Vicente**

Abstract：The paper develops an evolutionary framework of regional resilience with a primary focus on the structural properties of local knowledge networks. After a presentation of the network – based rationales of growth and structuring of clusters，we analyze under which structural conditions a regional cluster can mix short run competitiveness without compromising long run resilience capabilities. We show that degree distribution（the level of hierarchy）and degree correlation（the level of structural homophily）of regional knowledge networks are suited properties for studying how clusters succeed in combining technological lock – in and regional lock – out. We propose a simple model of cluster structuring in order to highlight these properties，and discuss the results on a policy – oriented analysis. We conclude showing that policies for regional resilience fit better with ex ante regional diagnosis and targeted interventions on particular missing links，rather than ex post myopic applications of policies based on an unconditional increase of network relational density.

八、题目：区域发展干预的一个案例：基于地方和地方中性的方法

来源：《区域科学杂志》2012 年第 5 卷第 1 期：第 134 – 152 页

作者：Fabrizio Barca，Philip McCann，Andrés Rodríguez – Pose

摘要：最近突然兴起的对区域发展协调的研究提出了一个重要并且紧迫的话题——变化发展政策需要适应世界各地社会经济发展趋势和经济理论。这提供了新的和有趣的见解政策，但未能推出发展干预政策的普遍范式。虽然有些空间盲区或地区中立政策可能是最好的选择，可以促进经济增长和促进落后地区的追赶，但对另一些人来说，即使是最好的空间盲区发展战略可能会受到制度环境差的影响，因此，空间区位的选择是必要的。

一直以来都有围绕根本问题的争论效率是否应该集中在核心或有增长和发展潜力的每一个领域。空间区位参数意味着利用未使用的潜力在中间和落后地区的未开发潜力并不是对总体增长不利的，而是可以增强一个地方和国家层面上的经济增长（Farole et al.，2011）。以同步的方式来提高非核心边远地区的潜力可以提高国家总体增长（Garcilazo et al.，2010）。与此同时，在不需要重大政策干预的情况下主要核心城市中心将继续增长，尽管一些主要的长期挑战诸如环境的管理、堵塞和社会包容问题也可能会得到更大的关注。

空间区位参数表明，发展战略应该关注建立在当地的能力之上的机制，在公共政策的设计和提交中要通过本地和一般知识，内生和外生参与者之间的相互作用来促进创新理念（Rodrik，2005；OECD，2009a，2009b），建立包括不同地方的不同公共产品的供应的多部门政策框架。因此，评估发展政策是基于完全收敛性判别准则。以欧盟的凝聚政策为例（Rodr'l guez – Pose Fratesi，2004），由于收敛的社会经济目标政策强调制度和学习行为，因而很少或根本没有意义。空间区位参数意味着这只能通过努力使增长和发展干预更具有"空间区位意识"，只有通过政策，无论是基于空间区位还是基于人，才会成为区域发展干预政策的强大理由。

Title：**The Case for Regional Development Intervention**：**Place – Based Versus Place – Neutral Approaches**

Resource：**Journal of Regional Science**，2012，52（1）：134 – 152

Author：**Fabrizio Barca**，**Philip McCann**，**Andrés Rodríguez – Pose**

Abstract：The paper examines the debates regarding place – neutral versus place – based policies for economic development. The analysis is set in the context of how development policy thinking on the part of both scholars and international organizations has evolved over several decades. Many of the previously accepted arguments have been called into question by the impacts of globalization and a new response to these issues has emerged, a response both to these global changes and also to nonspatial development approaches. The debates are highlighted in the context of a series of major reports recently published on the topic. The cases of the developing world and the European Union are used as examples of how in this changing context development intervention should increasingly focus on efficiency and social inclusion at the expense of an emphasis on territorial convergence and how strategies should consider economic, social, political, and institutional diversity in order to maximize both the local and the aggregate potential for economic development.

九、题目：洪灾具有持续的效应吗？来自荷兰的证据

来源：《区域科学杂志》2014 年第 54 卷第 3 期：第 355 – 377 页

作者：Trond G. Husby，Henri L. F. de Groot，Marjan W. Hofkes，Martijn I. Droes

摘要：这篇文章分析了 1953 年荷兰洪涝灾害对人口变化的长期和短期影响。动态的双重差分法分析显示，洪涝灾害对人口的增长有短期的负影响及有限的长期影响。为了防止洪涝灾害修建的工程项目 Deltaworks（三角洲工程“是世界上最大的、最为壮观的防潮工程”）对人口增长有长期的正效应。结果显示，在易发洪涝灾害的地区人口会增加。本文章的结果表明，防洪减灾的道德风险效应会导致更多的人口集聚在易发洪涝灾害的地区，进而导致灾害成本增加。

Title：**Do Floods Have Permanent Effects? Eviednce From the Netherlands**

Source：**Journal of Regional Science**，2014，54（3）：355 – 377

Auhor：**Trond G. Husby，Henri L. F. de Groot，Marjan W. Hofkes，Martijn I. Droes**

Abstract：This study investigates the short – and long – run impact on population dynamics of the major flood in the Netherlands in 1953. A dynamic difference – in – differences analysis reveals that the flood had an immediate negative impact on population growth，but limited long – term effects. In contrast，the resulting flood protection program（Deltaworks），had a persisting positive effect on population growth. As a result，there has been an increase in population in flood – prone areas. Our results suggest a moral hazard effect of flood mitigation leading to more people locating in flood – prone areas，increasing potential disaster costs.

十、题目：前后向联系产生作用时的贸易政策和工业化

来源：《经济研究》2015 年第 69 卷第 2 期：第 123 - 131 页

作者： Richard Baldwin，Anthony J. Venables

摘要： 本文建立了一个模型来研究前后联系的相互作用怎样决定在发展中经济中生产的商品和零件的范围。基于不同商品使用不同范围和复杂程度的零件的现实，本文探讨了贸易和产业政策的影响。联系创建的乘数效应影响着很多方面，例如，最终商品生产者可以扩大零件的生产范围，进一步扩大工业基础和吸引更多最终商品生产商的进入。效果取决于政策是否针对合适的边界。扩大边界上零件生产的政策可能比促进国内生产和国外零件生产会引发更多工业化。

Title: Trade Policy and Industrialisation When Backward and Forward Linkages Matter

Source: Research in Economics, 2015, 69 (2): 123 - 131

Author: Richard Baldwin, Anthony J. Venables

Abstract: This paper develops a model in which the interaction of forward and backward linkages determines the range of goods and of parts that are produced in a developing economy. Using a simple formalisation of the range and sophistication of parts used in different goods, the paper investigates the effects of trade and industrial policy. Linkages create multiplier effects, so, for example, support for final goods producers can increase the range of parts produced, broadening the industrial base and attracting entry of further final goods producers. Effects depend on whether policy is targeted at appropriate margins. Policies that expand the range of parts on the margin are likely to spark more industrialisation than policies that promote parts production within the margin (parts that are already produced domestically), or parts far beyond the margin (highly sophisticated parts not used in locally produced final goods).

第三章　区域经济学学科 2012～2014 年中英文图书精选

第一节

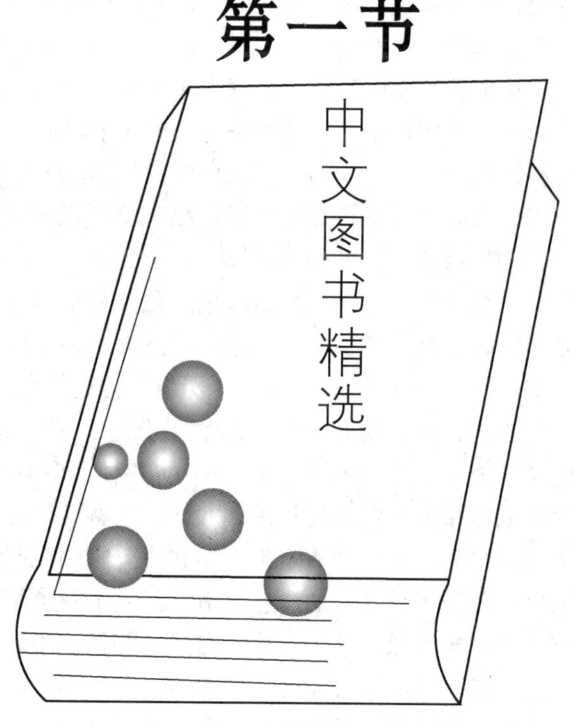

一、《现代区域经济学》

作者：石敏俊

出版社：科学出版社

出版时间：2013 年 9 月

内容简介：

本书是关于区域发展的经济理论与实证分析的研究专著。本书主要有四个特点。一是突出区域发展的动态过程，对区域经济格局演进的过程和机理做出经济学解释。二是突出区域经济的空间相互作用及其对区域发展格局演进的作用，主要考察和分析区域发展的动态过程及空间过程。三是从中长期发展的视野考察区域发展过程，突出区域经济与资源环境的和谐共生和可持续发展，主要是基于区域经济与资源环境协调发展的理念展开分析和论述。四是突出“过程机理模拟”的研究主线，通过格局变化分析揭示区域经济的动态过程及空间过程，进而探讨产业空间组织和区域经济格局演进的驱动因素与经济学机理，最后对区域经济的空间组织与绿色转型进行动态模拟分析。

绿色金融是本书重点介绍的内容之一。所谓绿色金融，就是用金融手段来支持绿色经济的发展。我国过去较多强调通过财政手段推动绿色经济发展，支持绿色经济发展的金融政策体系和制度安排相对滞后。国家发改委指出，要制定促进绿色经济发展的财税、金融、价格等激励政策。有的学者将“绿色金融”定义为绿色产业和传统产业绿色改造服务的金融要素综合，包含服务于节能减排和环境保护的各种金融制度安排和金融交易活动，其目的是推动金融资本向绿色产业集聚和延伸。绿色金融既依托于传统金融体系，同时又要形成鼓励金融要素向绿色经济流动的定价机制和风险管理机制。发展绿色金融，其目的是引导资本流向绿色产业和传统产业的绿色改造，需要财政政策与货币政策的合理配置，关键在于在金融信贷领域建立绿色准入门槛，对限制和淘汰类新建项目，不得提供信贷支持，从源头上切断高耗能、高污染行业的经济命脉，遏制高耗能、高污染产业的盲目扩张；鼓励和支持绿色产业和传统产业绿色改造的融资。

二、《经济布局与区域经济》

作者：陈栋生

出版社：中国社会科学出版社

出版时间：2013 年 1 月

内容简介：

东部沿海地带是我国工业基础最雄厚，科学技术、文化教育水平较高，商品经济比较发达，历史上就与国外有广泛联系的地区。30 多年来该地带经济有很大的发展，为国家做出了重大贡献，总的来讲已经达到或接近“成熟型”经济。由于国际国内多种因素的影响，经济建设中沿海与内地的关系在过去较长时间里都不够合理，特别是忽视了运用新技术及时改造、提高老工业基地，以致在产业结构、产品结构、技术结构等多方面出现“老化”。创造条件，改造、振兴上海、辽宁等老工业基地，使其在四化中发挥更大作用，已成为关系经济建设全局的首要问题。

在改革和对外开放的新形势下，不失时机地加强东部沿海地带的经济建设，从各方面促进其迅速发展，特别是加快 4 个经济特区、14 个进一步开放的港口城市和海南岛，珠江三角洲、长江三角洲、闽南“金三角”三个经济开放区和辽东半岛、胶东半岛的发展，逐步形成北起大连港、南迄北海市的沿海产业带和对外开发的经济地带，以充分发挥其经济技术和对外经济技术合作的优势，并以此为阵地，带动中部和西部地区的开发，将对加速我国四化进程，加快缩小我国与发达国家经济技术水平的差距发挥关键作用。

沿海经济地带的发展，要按照“外引内联”的方针，走引进、改造、振兴的新路子。通过引进，采用先进技术，改造传统工业，开拓新兴产业，使老工业基地重新焕发青春。

为了与封闭的内向型经济朝内向、外向结合型经济转变相适应，沿海地带的产业结构、产品结构和原材料来源结构均需逐步进行调整，把重点放在发展技术密集型和知识密集型产业上；围绕提高产品出口竞争能力，适应国际市场需要，大力发展高、精、尖、新产品和信息，以及咨询等第三产业，逐步实现产业结构、产品结构的高度合理化。为了克服或避开沿海地带能源和矿产资源紧缺等不利条件，今后除特有资源和利用国外资源外，不宜再在那里摆耗能高、用料多、运量大的建设项目；对现有高耗能的企业和产品，有条件的要逐步向中部、西部能源丰裕地区转移；在部分水源不足的老工业城市，要控制高耗水型企业的发展。

三、《中国区域经济周期的经验研究》

作者： 张文彬

出版社： 商务印书馆

出版时间： 2012 年 4 月

内容简介：

该书从区域的视角研究中国经济周期，并结合我国工业化、市场化、国际化进程的现实背景，对区域经济周期的总体特征和区域产业周期、区域投资周期、区域出口周期的特征进行深入分析，并对财政政策的区域经济稳定效应做了经验研究，得到一系列新的结论，为宏观调控政策在区域层面细化和区域经济周期理论发展提供必要的经验事实，进而有助于协调中央和地方、地方和地方之间的关系，促进宏观经济稳定与和谐社会构建。

本书认为，第三产业会得到创新发展。第三产业主要表现在服务经济方面，不只制造业依靠增加服务含量发展，服务业将增加更多服务含量来形成新的服务形态，比如第四方物流服务、技术合同管理将由节能环保领域扩展到其他领域，信息咨询将与更多专业服务广泛结合。

公共服务外包的发展会得到更多的发展，在社会保障建设的过程中，民生服务（社区养老服务、青少年动员、公益创投、廉租房社区管理、医疗保险服务、职业教育与培训、公共呼叫、家政服务、人力服务等）内容进一步发展，但是在这些服务中传统公共服务模式在服务的质与量上均不能满足公众需要，新兴的多领域商业性的或者公益性的外包服务将充分兴起。

为了解决城市交通拥挤，新设计成为服务发展新基础，设计正从以往独特的艺术表达技能成为将消费者心理诉求转化为实际的产品与服务形态的高级心理服务工作，它也扮演了产生产品与服务附加值的核心要素的角色。这一点尤其在满足新一代消费者与高端消费群体消费需求中会表现得特别突出，由于购买力与生活方式升级而导致的消费革命将使得再设计成为具有规模的 B2B 服务机制。

文化产业发展与文化事业改革创造了很多新的商机，其中一个非常重要的方面是推动了文化娱乐服务行业的创新发展，可以预期的是娱乐性主题公园、影视屏、线上线下互动游戏、社区化娱乐服务、艺术连锁超市、收藏服务等行业均有重大的发展，娱乐业面临扩容与升级的双重机会。

四、《空间集聚论》

作者：刘乃全等

出版社：上海财经大学出版社

出版时间：2012 年 1 月

内容简介：

与工业化快速发展与产业集聚相适应，我国当前城市化发展的主要方向应该是坚持空间集中取向的特色城市化空间布局战略，重点在经济发展基础较好地区打造高集聚度的区域性中心城市、枢纽型城市与国际化大都市，并以其为核心，稳步推进以城市群为空间集聚主体形态的城市化道路，最终形成大、中、小城市及城镇协调发展的城市空间格局。

本书认为，产业集聚（Industrial Agglomeration）是指产业在空间上集中分布的情形。集聚概念最初主要的分析对象便是产业的集聚（Weber，1909；Isard，1956）。通常情况下，在一个适当的区域范围内，同一产业的若干企业，以及为这些企业配套的上下游企业、相关服务业高度集中，产业资本要素在空间范围内不断汇聚，便形成了产业集聚。理论研究主要关注产业集聚的空间分布形态，特别注重上述产业从分散到集中的空间转变过程。19 世纪 90 年代，马歇尔（Marshall）提出产业集聚的空间外部性概念，指出集聚形成相关的外部性包括以下方面：集聚能够促进专业化投入和服务的发展；集聚能够为具有专业化技能的工人提供集中的市场；集聚使得企业能够从技术溢出中获益，共享现代化基础设施。以空间经济学和新经济地理学为代表的理论研究多求助于微观经济学的概念和工具分析集聚背后的经济学原因。通常认为，地理位置和历史优势是集聚的起初条件，规模报酬递增和正反馈效应导致了集聚的自我强化，使得优势地区保持领先。

五、《中国城市集聚经济研究》

作者： 田相辉

出版社： 湖北科学技术出版社

出版时间： 2014 年 10 月

内容简介：

集聚经济作为一种有效的资源配置效应，已经成为城市可持续发展和城乡、区域统筹协调发展的强大动力，可以有效缓解我国正面临的经济转型和结构调整的巨大压力。在理论层面，集聚是城市经济学、区域经济学和新经济地理学研究的核心命题。但由于其不可观测性，集聚经济一直被当作一个“黑箱”。此外，在经济一体化程度和生产要素流动上，中国与欧美等发达国家的经济地理情况存在较大差异。因此发源于欧美等发达国家的集聚经济理论及其相关经验在中国的应用与发展，是亟待国内学术界进行进一步认真剖析和深入研究的课题。

基于马歇尔关于集聚经济三个方面的经典阐释，本书以正式集聚经济的存在性和考察集聚经济发挥作用的内在机制为目标，从多重维度展开了集聚经济的识别与测度研究。在研究视角上，一方面，鉴于空间因素在集聚经济识别与测度中的重要性，本书将空间因素区分为独立空间和联系空间两种类型，从联系空间出发考察城市间的地理邻近效应和组织文化邻近效应；另一方面，本书把集聚经济主体划分为宏观层面的城市、中观层面的行业和微观层面的劳动三个层次，着力探讨这三个层面行为主体间的密切联系和各个层面行为主体异质性对集聚经济所产生的种种效应，在技术路线上考虑循环累计因果关系在生产要素集聚过程中所起的关键性作用。本书通过深度挖掘城市空间效应、异质性和内生性等问题产生的理论基础，采用微观计量、多层次分析和空间分析等工具方法，试图解决内生性、异质性和空间效应等违背经典回归假设的问题，其中以集聚经济内生性问题的识别和有效处理为实证分析的重中之重。

六、《产业集聚与城市化互动发展的模式、机制及空间结构演化研究》

作者： 陆根尧　邵一兵　赵丹等

出版社： 经济科学出版社

出版时间： 2014 年 11 月

内容简介：

产业集聚是城市化的动力，产业集聚通过大量企业的地理集中和产业组织优化，产生规模经济、范围经济效益和溢出效应，形成一个由供应商、客户群、垂直或水平联系的众多企业和相关支撑机构共同作用的体系，共享基础设施，加速知识和技术的创造和扩散，为城市化人口、要素的空间集聚提供了保障和基础。本书对产业集聚和城市化互动发展的关系需要进行深入探讨，包括产业集聚与城市化是否确实存在互动发展的关系，如果存在互动发展的关系，产业集聚与城市化互动发展存在哪些模式，产业集聚与城市化互动发展的机制是怎么样的，产业集聚与城市空间结构演化有无关系，产业集聚与城市化互动发展存在哪些问题，如何促进产业集聚与城市化良性互动发展等，对这些问题的研究显然具有重要意义。

七、《区域产业生态网络的经济研究》

作者：李广明

出版社：暨南大学出版社

出版时间：2013 年 5 月

内容简介：

本书采用实证研究与规范研究、定性分析与定量分析相结合的研究方法，对区域产业生态网络进行了较系统的经济研究。在对区域产业生态网络的概念、内涵和特点进行梳理的基础上，本书基于自然资源和环境价值的经济学计量方法学，以人力资本法为例，阐述了环境价值的计量模型与方法，并探讨了人力资本、环境污染和经济增长的关系；对区域产业生态网络形成的前提条件和影响因素进行了归纳与总结；然后从热力学的角度对区域产业生态网络的形成机理和理论进行了大胆的尝试性探索；基于资源环境经济价值评估理论，分别从社会福利和厂商利润最大化的角度，构建了理论计量模型，研究了区域产业生态网络的成本、效益和有效规模；用生命周期评价的方法探讨了区域产业生态网络的政治、经济、社会、环境绩效；基于上述这些理论、模型和方法，研究了城乡产业生态网络、旅游产业生态网络、县域经济产业生态网络构建模式、有效规模和可持续发展管理等相关问题；最后，提出了区域产业生态网络构建的方法论框架和政策建议。

八、《贫困动态性：理论与实证》

作者：吴海涛　丁士军

出版社：武汉大学出版社

出版时间：2013 年 3 月

内容简介：

本书综合运用宏观统计数据、全国第二次农业普查数据和大量一手农户调查资料，以农户为主要分析对象，通过文献研究、统计描述、计量分析、案例分析等多种分析方法刻画贫困动态性，揭示贫困动态成因；在界定《贫困动态性：理论与实证》研究的关键概念的基础上，总结解释贫困动态性的理论，构建了贫困动态性研究的逻辑主线；系统介绍了贫困动态性研究的方法，涉及个体福利的测度方法、贫困线构建方法、经典的贫困测度方法、描述贫困动态性的方法、慢性贫困和暂时性贫困的度量方法以及贫困脆弱性的测度方法等。此外，对截面数据、时序数据和面板数据在贫困动态性研究中的利用进行了说明。利用宏观统计数据全面回顾了中国农村贫困的动态演变过程，并介绍了农村反贫困历史进程、贫困发展的趋势以及反贫困的挑战。本书采用湖北农户数据分析了农户进出贫困的动态过程。首先介绍了湖北农村经济发展基本情况，然后利用全国第二次农业普查数据考察了湖北农村贫困的分布状况，最后利用来自国家统计局湖北农村调查队的农户面板数据调查农户贫困的经历、贫困的运动过程和贫困的连续性。本书利用农户面板数据考察了呈现不同动态性的农户特征，并测度了慢性贫困和暂时性贫困，深入分析了慢性贫困和暂时性贫困的影响因素；在回顾农户生计分析框架和脆弱性分析框架的基础上，构建了农户生计脆弱性分析框架，并采用农户面板数据测度了农户贫困的脆弱性，分析了贫困脆弱性的影响因素；采用定性的案例研究方法，利用来自湖北、云南、四川等省的农户深度访谈数据进一步考察贫困动态性及其成因；对农户相对贫困进行了研究，首先利用湖北农户数据从收入不平等角度研究了相对贫困及其影响因素，其次从性别贫困角度用多维度贫困研究方法分析了湖北农户性别贫困状况。本书最后总结了《贫困动态性：理论与实证》研究的主要结论，并提出政策含义。

九、《贫困测量理论与方法》

作者：王小林

出版社：社会科学文献出版社

出版时间：2012 年 10 月

内容简介：

本书涵盖了当前国际社会上广泛应用的主要贫困测量方法，以住户数据对我国的贫困状况进行了城乡、多维度、跨年度和多群体的测算。在测量方法上，既包括传统的以收入和消费测量贫困和不公平的方法，也包括贫困的动态分析、多维贫困、主观福利和相对贫困分析的方法，此外还对经济增长的利贫性和包容性进行了评估。本书不仅对我国的农村贫困进行了分析，还分析了城市的贫困，对城市贫困和农村贫困进行了比较全面的比较，首次运用各种方法分析了中国的城市贫困状况，为更加全面认识城乡和农村贫困提供了学术支持。

本书重点考察了我国老年人主观福利及贫困状况。收入与主观福利呈正相关，即收入越高老年人主观福利值越大，但收入对主观福利的影响系数不大。按照收入贫困标准来看，收入贫困对老年人主观福利有一定的影响。贫困线以下的老人相对于贫困线以上的老人，收入对于主观福利更为敏感。女性老年人的主观福利低于男性老年人，农村低于城市，独居老年人低于有配偶的老年人。在老年群体中，减贫战略和社会救助政策需要重点关注高龄老年人、农村老年人、女性老年人、受教育水平较低的老年人。在公共政策上，不仅需要养老保险，而且需要提供相应的照料服务。

十、《中国城市贫困的空间分异研究》

作者：袁媛

出版社：科学出版社

出版时间：2014 年 3 月

内容简介：

本书借鉴国外贫困地理的理论与方法，以广州市为例，在宏观层面，系统解析户籍和外来贫困人口的空间分布、演化特征及影响因素；通过拓展贫困度量指标，在城市宏、微观构成层面建立贫困空间测度和地域类型划分之间的有机联系；在微观层面，深入不同类型的贫困邻里，构建地域分异机制理论，为微观层面不同类型贫困地域创新改造与规划管理提供有效对策；系统研究转型时期中国城市贫困空间分异特征、形成机制和反贫困地域政策。以广州市为例，利用民政、普查和个体问卷数据，结合典型社区实地调研，得出转型时期中国城市贫困问题有明显的空间差异特征。以贫困人口类型划分，户籍和流动贫困人口的空间分布与演化存在分异：户籍贫困人口聚居区内部存在特征分异。从贫困程度看，以绝对贫困线度量的绝对贫困状况和以教育、住房等指标综合度量的相对贫困状况，存在空间分离与重合的不同模式。正是体制和市场两种因素在计划和转型两个时期共同作用，带来不同类型的城市贫困人口居住空间、生活机会的差异，从而导致了贫困空间的特征差异。中国城市必须针对性地制订反贫困的地域政策，实施有效的更新规划，希望地理学和城乡规划学可以在国家和城市反贫困体系中发挥更大的学科影响力。

第二节

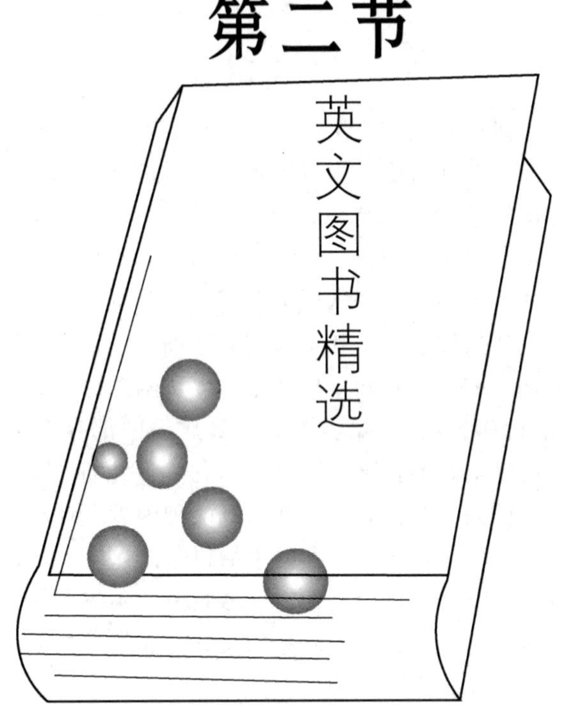

一、《创新城市和地区：路径依赖和知识创新战略》

作者：Marco Bontje, Sako Musterd, and Peter Pelzer

出版社：阿什盖特出版社

内容简介：

《创新城市和地区》这本书是区域科学家持续深远的贡献。这部著作描述了欧洲五个国家中七个鼓励知识创新的城市。这七个城市的背景、优势和弱点具有很大的异质性，它们从曼彻斯特到莱比锡到巴塞罗那（其他四个是伯明翰、阿姆斯特丹、赫尔辛基和慕尼黑）。在每一个案例研究中，作者提供了许多关于地方社区鼓励经济转型、城市活力和经济增长的历史和努力的事实和细节。作者通过在每个城市的半结构化的实地访谈收集了书中所用的信息。而且，作者以一个共同的格式进行案例研究，这有助于读者明白每一个城市的优势、劣势、机会和威胁（SWOT）。因此，这项工作将对于理解在欧洲城市的路径的依赖、城市和集群发展战略提供一个简单的参考。

作者对赫尔辛基进行了深入的研究，赫尔辛基在芬兰的创新体系和经济发展中发挥了重要作用。特别是，作者研究了许多经济因素，例如平等和发展动力的权衡、第二次世界大战后的发展路径，以及赫尔辛基和芬兰的其余部分之间的复杂关系和芬兰面临的脆弱经济。另外，作者对赫尔辛基地区面临的司法管辖权问题和监管作用也进行了非常有趣的描述。然而，案例研究没有花足够的时间在赫尔辛基具有竞争力的明显的因素上：寒冷的气候、具有挑战性的语言、适当的税和种族的同质性。芬兰还制定了许多独特的战略以适应其全球地位。例如，在经济学中，赫尔辛基与麻省理工学院等波士顿地区的学校进行了深度的学术交流和合作，使得这两个地方之间的距离似乎很小。这些讨论都非常有价值。

案例研究的标题为"赫尔辛基：超越诺基亚革命"，并且采访是在 2005 年进行的。因此，作者关注芬兰应该如何确保和扩大诺基亚的成功。但是随后七年的情形一直比作者预期的更具有波动性，诺基亚的股价在 2005 ~ 2007 年几乎提升了两倍，并随后失去价值的 90%，同时伴随着随之而来的增加的经济和社会问题，作者指出，赫尔辛基可能会显示一个韧性，来克服其脆弱性，许多赫尔辛基的年轻人想成为企业家并为之努力，这在 2005 年是很难想象的。

虽然在同一个国家的制度内，两个德国城市慕尼黑和莱比锡是非常不同的，但当作者描述大而稳定的企业、西方欧洲统合主义利益集团和彼此密切相关的政治家时，慕尼黑可能是作者头脑中的一个原型。16 世纪以来，慕尼黑在巴伐利亚州具有关键作用。今天，它是 30 家最大的德国上市公司的七家总部所在地。前巴伐利亚总理 Franz Josef Strauss 的产业政策，依旧在慕尼黑发挥作用。

莱比锡在德国民主共和国成立前一直是一个具有大量人口的城市。它是早期的贸易展览和印刷业的中心。民主德国成立后，莱比锡由中央计划城市转化成一个巨大的工业城。然而，民主德国的中央图书出版商仍然位于那里。柏林墙被推倒后，莱比锡重新建立了博览会和印刷公司。莱比锡地区成功引进了汽车生产商宝马和保时捷，至少在宝马，中央决策的补贴发挥了重要作用。

作者对于莱比锡和慕尼黑的研究表明了历史和知识的重要性。在巴洛克时代，慕尼黑就是巴伐利亚的关键城市，它的统治者经常试图模仿法国的国王，并且在公园和剧院等设施上投资，让这里的人们生活得非常舒适。这些历史在今天仍然发挥作用，他们吸引有创新能力和高技能的工人。一个例子是，慕尼黑城市公园甚至比纽约的中央公园还要大。

“二战”后，慕尼黑得益于德国划分为苏联的卫星国（东德）和以市场为导向的德意志联邦共和国（西德）。德国东部许多企业主从东德逃离到西德。他们中的几个成功地在慕尼黑继续了原来的业务，并为城市的发展做出了贡献。尽管许多人逃离民主德国，莱比锡印刷业的复兴也表明社会变革历时 40 年没能摧毁深深植根于城市的历史。

德国的案例研究也表明，集聚可能会出现一个成本，即租金的增加。慕尼黑的租金大幅增加。如果租金的增加比集聚效益的增加更明显，在慕尼黑聚集可能不是最优的，从而影响了城市结构和城市隔离。相比之下，莱比锡的住房供应过剩，住房空间质量差，其租金更低。后来，许多社区被完全重新装修，这些地区的租金增加了。然而，莱比锡仍然提供租金较低的住房空间，这可能会吸引艺术家和其他创造性的人，可能会有助于莱比锡的进一步发展。

在这些案例研究之外，这本书中还有其他可以改进之处。虽然它描述了约七个创新的城市的丰富的实施，但它阅读起来太像每一个案例的研究笔记。作者如果进行更多的案例比较研究和更多的合成工作将会更好，这可能在作者之后的著作中完成。这种后续工作在一个更深入、更丰富的学术框架内进行将更加理想。这些案例研究将补充越来越多的计量经济学的方法来估计历史事件、地方政策或城市活力对于城市发展的因果关系的定量文献。

此外，相比两个市的比较，理解七个案例的比较分析十分重要。理想情况下，进行比较的城市是除了一个方面之外彼此相似的。这样的比较将有助于我们了解这一单一方面对一个城市的发展的影响。例如，简·雅各布对比了伯明翰和曼彻斯特（雅各布，1969），指出后者的经济多样性将作为经济的稳定和增长的长期优势。虽然他们并没有提及，但作者对这两个城市的描述表明，在过去的 50 年中，无论她的假设是否是真的，雅各布看法并没有成为现实。通过对这七个案例的深入研究，我们希望作者在未来对他们的工作中得到的关键的见解和最佳实践采取更强硬的立场。这些结论可能会受到挑战，但这样的尝试将极大地提升这一重要的研究议程的影响。

Inventive City - Regions：Path Dependence and Creative Knowledge Strategies

Author：Marco Bontje, Sako Musterd, and Peter Pelzer

Publisher：Ashgate

Brief Introduction：

Virtually every city - region in West and Central Europe has developed policies and strategies to attract, retain and encourage creative industries and knowledge – intensive services. Since most of these citiy – regions tend to see a creative knowledge economy as "the best bet for the future", one of the main goals of such policies and strategies is increasing the international competitiveness of their city – region. Using the cities of Amsterdam, Barcelona, Birmingham, Helsinki, Leipzig, Manchester, and Munich as case studies, this book explores the spatial, economic, historical, socio – demographic, socio – cultural and political conditions that may determine whether a city – region is or can become attractive for creative and knowledge – intensive companies, and for the talented people working for or founding these companies. A comparison of the case studies and an overview of the key findings, similarities and differences which lead to policy recommendations as well as suggested directions for further research will make this book attractive to urban and regional academics, planners and students.

二、《企业家精神和区域经济发展研究手册：国际和区域视角》

作者： Michael Fritsch

出版社： Edward Elgar

内容简介：

本书提出了我们目前所知道的新的企业在区域发展中所扮演的各种角色，以及这些新的企业在建立、发展和生存过程中潜在的主要因素和从这些讨论过程中形成的暂时的政策性结论。确保受新企业喜欢的正确的框架条件是很重要的，但是建立一个企业家文化更为困难。全球化已经改变了发达国家的比较优势，并由传统的要素投入促进经济增长逐渐转向知识投入带动经济增长。然而，我们所知道的“瑞典悖论”或者“欧洲悖论”表明，仅仅加大对知识的投资是不足以产生创新活动的。这就提高了我们所知道的“知识扩散”的重要性，这种观点表明，明确的组织形式比其他的要素更有助于知识的吸收和知识的溢出，一个区域产业组织的结构是区域将知识转为创新能力的重要线索。第四章中新的企业形式对经济的发展非常重要，但是对创造大量的就业岗位就没那么大的作用。然而大多数新生企业的角色更多的是与其提供工作的质量相关，新企业对区域的发展有着直接或者间接的影响。

本书采用多层次的方法证实了欧洲的企业家精神、城市化及区域层面的生产力之间的关系，为了分析欧洲地区区域企业家精神的作用，作者利用了早期来自全球企业家精神监管部门 2001 ~ 2006 年关于“企业家活动区域率”的调查数据。欧洲的数据表明，以增长导向和创新导向的新企业与区域生产力之间有很强的关系，但是与城市化之间的关系非常复杂。同时，那些拥有较高水平的，并且拥有增长较慢的企业家精神的企业的区域也拥有较高的生产率，因此理解企业家精神、增长和区域特点之间的关系仍需要大量的工作。大部分主要的工作岗位是由较少的影响力较大的企业提供的，一半是由中小型企业提供的，一半是由大型企业提供的，几乎所有的岗位确实都可以归结于大的并且影响力较小的企业。与此同时，典型的影响力较大的企业比平均企业运营时间短，而他们不一定就是新的企业。

本书讨论了制度及结构转型在促进高增长企业中所扮演的角色。高度重视专业化和不同要素的不可转变能力在促进增长方面的作用。本书认为，克服与抑制熟练技术工人流向试图扩张或者高速增长的企业相关法律和金融瓶颈、促进竞争性市场是很有必要的。这些瓶颈可能是相关的就业合同或税收相关问题的监管问题，其中的行政负担往往不成比例地由小公司承担。同时，促进合作和风险分担的制度安排有利于创业精神的发展。区域性公司公共政策在创造过程中也会产生比其他政策更重要的影响，如健康关怀政策、反托拉斯法、移民政策、知识产权、处理合作的政策和反竞争措施。如果政策可以产生预期性的作用，那些旨在在更广政策和制度内容范围内促进企业家精神发展的政策和不同对策衡量之间的关系需要仔细的考虑。

本书也讨论了大学、企业家精神和本地化经济发展之间的关系。通过对国家工业化过程的研究，在大学中产生的衍生企业的数量在不断增长。大学不断参与商业流程，并得到大多数观察者的赞扬。更多的是，大学通过一系列的机制在不断推进本地经济发展。在公共场合反对的观点有利于维持大学的研究，但这种反事实的论点缺少足够的论据。实证经验表明，大学范围内的政策变化，如大学科技园和技术授权组织对新企业形成率只有很小或者几乎没有影响。另外，在大学内创造一种企业家精神文化、提高理工科学生的数量对区域利益的增大有实质性的意义。大学要想促进区域经济发展仍有很长的路要走，但是证据表明他们正在慢慢的学习。

总之，这本书为定位和接触企业家精神的不同方面提供了一个理想化的参考点，并且每一章从进一步可研究和可分析的角度提供了一个出发点。这部书集中了更精确、考虑更全面和容易理解的研究企业家精神和区域发展的论据。

Handbook of Research on Entrepreneurship and Regional Development：National and Regional Perspectives

Author：Michael Fritsch

Publisher：Edward Elgar

Brief Introduction：

Recent research has found pronounced differences in the level of entrepreneurship and new business formation across various regions and nations. This timely Handbook reveals that the development of new ventures as well as their effects on overall economic growth are strongly shaped by their regional and national environment. The expert group of contributors gives an overview on the current state of the art in this field, and proposes avenues for further investigation. Topics include the regional determinants of new business formation, the effects of start－ups on growth, the role of globalization for regional entrepreneurship, the effect of national and regional framework conditions, as well as the role of universities as incubators of innovative new firms.

三、《印度的改革和经济转型》

作者： 贾格迪什·巴格沃蒂，阿尔文德·帕纳贾利亚

出版社： 牛津大学出版社

内容简介：

本书是《印度经济政策研究》系列的第二卷，旨在厘清该国从 1991 年以来的市场化改革对全社会的动态、广泛的影响。

本书有三大主题。第一个主题的一系列章节论证了为什么印度和东亚国家有相似的政治和经济结构，但是其劳动者从农业向工业、服务业转移的速度相对要慢。已有文献表明，印度的增长和东亚有很大不同，在印度是服务业部门而非制造业主要贡献了经济增长。但很少有人解释这种情况出现的原因。本书的第一部分通过使用来自企业调查、覆盖制造业和服务业的高度细分的企业层面的数据，解决了这一基本问题。Hasan 和 Jandoc（第 2 章）强调了这一问题的答案在于，古板僵化的劳动法阻止了企业雇佣更多的工人。僵化的劳动法在第 3、第 4 章继续探讨。Sundaram、Ahsan、Mitra 探究了贸易自由化及其对制造业的影响。Dehejia 、Panagariya 研究了对服务业的影响。在该部分的最后一章（第 5 章），Kohli 和 Bhagwati 考虑了围绕零售业自由化的政策辩论。

第二大主题是本文的一个突出贡献，验证了经济改革给企业内部和企业间带来了转变。例如，Gupta 在第 6 章提出了一个实证分析，有关在印度大量存在的国有企业的私有化。

第 7 章中，Goldberg、Khandelwal 和 Pavcnik 使用来自 CMIE 的数据，检验了中间产品的进口如何刺激了新产品种类的增加。第 8 章是对私有化主题的补充，Alfaro 和 Chari 调查了对投资和进口许可要求的终止是如何影响了制造业企业的竞争力。

本书的最后一个主题是还在进行中的一项工作。该主题有关社会转型改革对于弱势群体的效应。Hnatkovska 和 Lahir 在第 9 章提出了一个案例，经济转型可以很大程度上带来教育和工资在不同群体中的收敛，尤其是对于社会弱势群体。本书的最后一章，第 10 章补充了这一工作，Dehejia 和 Panagariya 提出了观点：弱势群体目睹了创业者的发展，作者认为这是改革带来的机会。

Reforms and Economic Transformation in India

Author：Jagdish Bhagwati and Arvind Panagariya

Publisher：Oxford University Press

Brief Introduction:

This book is the second volume in a series on "Studies in Indian Economic Policies" that aims to understand the dynamics of the wide – ranging and heterogeneous implications of the market reforms embraced by the country since 1991.

There are three broad themes that the book addresses. A set of chapters in the first part of the book examines why the structural transformation in India in terms of migration of workers from agriculture to industry to services has been relatively slow compared to other economies in East Asia with similar economic and political structures. It has been well documented that India's growth has been quite unlike that of East Asia in that it is the services sector (rather than manufacturing) that has contributed to growth. But little has been said as to why that has been the case. The first part of the book deals with that fundamental question by making use of highly disaggregated firm – level data from enterprise surveys covering both manufacturing and services firms. .

Hasan and Jandoc (chapter 2) for example emphasize that the answer to the puzzle lies in rigid labor laws that have prevented large firms from hiring more workers. The point about rigid labor regulations in states isalso echoed in chapters 3 and 4. While Sundaram, Ahsan, and Mitra's contribution (chapter 3) deals with the link between trade liberalization and its impact on organized and unorganized sectors in manufacturing, Dehejia and Panagariya (chapter 4) address transformation within the services sector. The final chapter in this section (chapter 5) by Kohli and Bhagwati considers the policy debate surrounding the concerns to liberalize organized retail services in India.

The second overall theme, which seems unique to this volume and a notable contribution to the literature, too, is an examination of the transformation that the economic reforms have brought about within and across firms. Gupta (chapter 6), for instance, presents a strong empirical case for privatization of the inefficient state enterprises that remain dominant in India.

Using the database from CMIE, Goldberg, Khandelwal, and Pavcnik (chapter 7) examine how the liberalization of imports on intermediate inputs spurred the growth of new product varieties. Complementing the privatization theme is Alfaro and Chari's study (chapter 8), which investigates how the end of licensing requirements for investments and imports has affected competition among manufacturing firms.

The final theme of the book appears to be a work in progress, with much more potential to be fully developed in future volumes. This theme pertains to the effects of reforms on social transformation among "socially disadvantaged groups". Hnatkovska and Lahiri (chapter 9), for instance, present the case that economic reforms have significantly contributed to the striking education and wage convergence across castes, particularly benefitting the socially disadvantaged groups.

Complementing this work, the final chapter in the book, chapter 10 by Dehejia and Panagariya, makes the point that socially disadvantaged groups witnessed the development of an entrepreneurial class, which the authors attribute to the opportunities created by reforms.

四、《欧洲第二住所旅行：生活方式与政策回应》

作者：Zoran Roca（ed.）

出版社：Ashgate Publishing

内容简介：

经济危机要求各国分析基于常住和基于旅行等不同目的诱发的房屋建设及其带来的社会经济影响。西班牙、葡萄牙、希腊、意大利等国对住房建设进行规定，以满足家庭住房的内在需要和出于旅行目的的国内国际需求。此外，中北部欧洲居民收入增长刺激了对第二住所的需求，并引发了人口跨国流动。

本书的写作背景即为住房建设的蓬勃发展和第二住所需求的迅速上升。本书肯定了对第二住所的研究不再是以旅行为界的外部问题，而是如今欧洲社会经济变革的核心话题，同时肯定了第二住所这一问题的复杂性和多样性。22 位作者分 13 章讨论了欧洲十几个国家的第二住所问题，重点关注生活方式、文化变迁、有闲阶级流动和政策回应。

第一部分重点关注经济衰退对第二住所所有者的影响，即第二住所带动有闲阶级流动，从而促进了“地区依赖”。

第二部分研究城市扩张和生活方式变迁，且将历史、文化等因素考虑在内，分析住房变迁和第二住所发展的因素。例如，Nefedova 和 Pallot 对俄罗斯的研究根植于历史和文化中，讨论其对传统别墅的影响；Müller 质疑逃离城市是驱动人们购买第二住宅的主要因素这一假设；Zaninetti 细致分析法国度假房屋的发展。

第三部分更关注政策回应及影响。由于希腊经济的衰退，各国政府需要采取有效政策来解决第二住所问题。葡萄牙的政策将第二住所所有者和游客联系起来；意大利强调出于旅行目的购买私人房屋的未知影响和政策干预产生的问题；对挪威政策的探讨分析包括简易小屋和高档住所在内第二住所演进的影响。

最后一章中，Paul Claval 表达了对第二住所现象的批判，认为新的社会分化、经济周期的极端脆弱性和对土地与环境的负面影响是第二住所带来的主要后果。

在研究方法上，该书运用论述和案例分析（如分析爱尔兰、英格兰、葡萄牙、西班牙、俄罗斯、芬兰、意大利、希腊的市场），从欧洲各国入手讨论第二住所的不同影响。案例分析的异质性既是本书的优点，也是本书的缺点。优点表现在地区间历史、文化、政治传统的显著不同使得具体问题需要具体分析，而缺点表现在难以形成统一的理论框架并借此做出政治选择。部分章节运用数据进行严谨分析，如第十章使用数据对第二住所和一系列社会经济因素进行分析，第六章运用对瑞典居民的调查数据分析人们对第二住所的看法差异，第八章分析了第二住所发展对环境和社会经济的相互关系。

运用历史、文化、政治、地理方面的分析是本书一大亮点。作者从历史变迁角度讨论住所发展的过程，例如 Tatyana Nefedova 和 Judith Pallot 对俄罗斯的别墅变迁进行描述（第五章），Antonella Perri 讨论了“根据地”的含义（第三章）。在有些文化中，拥有第二住所是地位的标志，是向亲朋好友展示成功的信号；在另一些文化中，在城市的小公寓和在乡村的宽敞住所相结合是生活“标配”。政治因素的重要性体现在规定和章程对土地使用和房屋建造的决定作用上。南欧的规定相较北欧偏弱，导致投机性的过度修建和对当地居民的负面影响；希腊某地区的新房建设给类似于消防、下水道和水资源等公共服务带来了新的启示；在瑞典，简单的狩猎或打鱼都受到严格限制。地理因素对第二住所也有重要影响，沿海地区或临河、临江地区比森林和山区更有利于第二住所发展，而沿海地区较高的价格也使得人们转而选择内陆临河和山区居住。但临近原住所有时可以超越地理因素。此外，地理位置对第二住所的限制受到交通发展的影响，俄罗斯的周末别墅受交通时间的影响显著，不过也有一些作者认为廉价且安全的航空运输发展降低了距离成本。

本书易混淆处为定义，因为没有对第二住所的定义做出统一的界定和规范，使得部分章节有些混乱。各章节作者都在讨论第二住所的定义。此外，第二住所的性质（投资或消费）也被视为限制研究的一个因素。

Second Home Tourism in Europe：Lifestyle Issues and Policy Responses

Author：Zoran Roca（ed.）

Publisher：Ashgate Publishing

Brief Introduction：

The recent boom in residential construction and the demand for second homes constitute the background of this book. With 22 authors and co－authors contributing 13 different chapters on a dozen countries in Europe, this book helps to interpret the second－home phenomenon as an increasingly transnational aspect of housing systems. Its concerns are with issues of lifestyle, cultural change and leisure class mobility as well as planning and policy issues.

五、《牛津大学贫穷经济学手册》

作者：Jefferson，N Philip

出版社：牛津大学出版社

内容简介：

贫困是一个紧迫和持久的问题，而其程度因国家而异，它的存在总是代表了人类生产力水平的萎缩。因此，似乎自然想要做点什么。那么，有国家在减轻贫困方面取得进展了吗？我们如何确定哪些人是穷人和哪些人不是穷人？基于什么想法或理论设计的反贫困政策？劳动力市场的整体性能是保持贫穷率低水平的关键吗？或者，个体与了解可用工作的人存在较好的联系是否重要？移民增加了贫穷的可能性吗？反贫困政策有效果吗？反贫困政策对哪些人起作用？如果我陷入贫困，我会获得医疗保健和住房权利吗？如果我嗜吃肥胖、烟瘾较大、进过监狱、无银行储蓄且没有任何财产，我陷入贫困的话，我会获得医疗保健和住房权利吗？对于经济分析，贫困问题太难吗？在这本手册中，一群杰出的学者将共同面对这些问题。

手册编写以很容易接受的风格，鼓励读者批判性地思考贫困。理论给出一个严格的但不过度依赖的技术方法，简洁明了的实证分析明晰了关键政策问题。本书内容有六个部分：21 世纪的贫困、劳动力市场因素、贫困政策、贫困动态机制、贫穷的维度、反贫困政策的趋势和问题。手册的目的是激发对贫困领域的进一步研究。为此，有些章节挑战了关于贫困的传统思维逻辑，以及在某些情况下存在特定的经济和社会政策改革建议。

这本书是一个编辑收集的论文，旨在提供一个从经济学家的角度关于贫困问题的最新研究。它关注贫困人群的收入以及收入的维度。大部分章节着重于贫困的维度、测量、趋势和动态演变，另外还关注更复杂的问题，如政策和劳动力市场因素对贫困的影响。手册中所选择的章节涵盖了所有与贫困相关的重要问题。手册收录了撰写良好的论文使其对研究者、政策制定者和有兴趣了解贫困的政治家们很受用。这 25 篇文章都值得讨论。然而，由于内容的限制，只允许我们关注几章本人觉得特别有意思的议题。

The Oxford Handbook of the Economics of Poverty

Author：Jefferson，N Philip

Publisher：Oxford University Press

Brief Introduction：

Poverty is a pressing and persistent problem. While its extent varies across countries, its presence always represents the diminution of human capacity. Therefore, it seems natural to want to do something about it. Have countries made progress in mitigating poverty? How do we determine who is poor and who is not poor? What intuitions or theories guide the design of anti – poverty policy? Is overall labor market performance the key to keeping the poverty rate low? Or, does it matter how well – connected an individual is to those who know about the availability of jobs?

Does being an immigrant increase the odds of being poor? Are there anti – poverty policies that work? For whom do they work? If I'm poor, will I have access to health care and housing? Am I more likely to be obese, polluted upon, incarcerated, un – banked, and without assets if I'm poor? Is poverty too hard a problem for economic analysis? These are some of the questions that a distinguished group of scholars have come together to confront in this handbook. The Handbook is written in a highly accessible style that encourages the reader to think critically about poverty. Theories are presented in a rigorous but not overly technical way; concise and straightforward empirical analyses enlighten key policy issues. The volume has six parts: Poverty in the 21st Century; Labor Market Factors; Poverty Policy; Poverty Dynamics; Dimensions of Poverty; and Trends and Issues in Anti – Poverty Policy. A goal of the handbook is to stimulate further research on poverty. To that end, several chapters challenge conventional thinking about poverty and in some cases present specific proposals for the reform of economic and social policy.

六、《知识与学习的关系经济地理》

作者：Ronald Wall

出版社：区域研究

内容简介：

这是一本综合性的书，它提供了有关社会经济活动的演变和日益以知识为驱动的全球经济组织和领土之间变化关系的连贯性观点。这方面的核心观点是一个将经济行为概念化为社会“理性”行为的分析框架。作者认为，经济人不是实现原子化行为脚本的孤立人，但是个体规范、喜好、价值、品位、道德、需求、风格和目标的出现，是通过共同经济行动的社会嵌入构成，并相互作用。因此，相对于原子化或者其他常规方法，本书的首要议程是证明一种研究经济地理学专业未来发展的合理方法的必要性，因此要了解它对于区域政策和发展的效用。

这本书是自下而上的分析框架，明确地定位了研究的问题，并组织了本书的概念、方法和相关政策。研究问题解决企业、企业网络和生产系统是如何在全球经济中被组织的和为什么这些因地而异；有什么新的地域需要创建、访问和共享经济知识，并维持经济竞争力；本地集群和全球生产链相互交织、共同构成的方式；在生产组织中技术、需求和竞争的全球变化影响，以及这些全球变化在社区、地区和国家之间的影响。

在第一章节介绍中，作者解释，因为在开放系统中的经济行为无法通过通用的空间规律进行预测，所以需要上下文语境、路径依赖或局部的观察视角。

首先，由包含当作集体代理的个人和企业的社会和体制关系塑造了经济行为，它们是高度相关的。其次，由于这些行为取决于之前的行动和过去的决定，它们是路径依赖的。最后，因为代理可以决定建立新的替代策略，并从给定的轨迹来获得独特的竞争优势，经济行为可以看作是偶然的。这个最初的观点在引言中获得进一步发展，主要集中在三大互补的概念，即侧重于区域创新的环境学院、全球价值链和聚焦地域习俗的观念。这个分析产生了一个包罗经济地理的概念，将各种经济和社会理论糅合于一个集成的空间分析中，并且努力让这个专业、它的目标和未来可能的行为变得有意义。社会经济代理作为核心目标，替代之前的空间，成为他们相关概念的聚焦点。本章试图从微观角度去理解经济决定背后的原因和策略将经济学理解为一种社会行为，将经济行动理解为嵌入的制度环境和制度安排，聚焦于区域发展的过程而不仅仅是描述性和静态区域研究，全球—地方的相互关系，积极的区域政策的发展。

本书分为四个部分，由 12 章组成。第 1 章阐述相关思想的理论基础，勾画出将空间观点连接基于行为理解的主要概念，鼓励关注于经济方法的整合性观点。第 2 章建立基本命题和从空间视角分析的理论，发展了偶然性和路径依赖性等关键概念。这显然是发展成了一个概念图，将分析空间四个维度（即组织、进化、创新和互动）整合成由语境、应变和路径依赖构成的相关观点。在第 3 章，一个通过体系角色来整合结构和机构的概念被推导出来，它承认聚焦于机构角色的微观观点和强调结构重要性的宏观视角之间的紧张关系。这一章节讨论市场运作的惯例和概念以及市场语境。第 4 章着重于一个事实，即经济过程从根本上依赖于资源转化为产品和服务。使用彭罗斯（1959）关于将企业成长作为起点的增长理论，相关概念被用来重新思考知识，权力和社会资本成为空间视角中关系的无形资产。

在侧重于知识的相关集群的第二部分，从空间观点上来看，相关方法经验性被运用到对知识生成和创新的分析中。第 5 章提出了基于知识理解的工业集群概念，它分析了知识创造之间的内在关系、集群和地理上接近之间的一致性。在这一章中，以在中国长江三角洲地区的化工行业为例，笔者认为，发展基于知识理解的集群是有必要的，基于水平、垂直和体制维度，特别要注意集群外部联系，以及在集群中经济行为者之间的强有力关系。同样，第 6 章提出了一个问题，即如何概念化服务性集群，将声誉和概述性经济的概念和城市化优势相结合，这样才能了解集聚在大型都市地区的服务业的正外部性。这种方法适用于德国的咨询集群。第 7 章使用本地的交流（Buzz）和全球联系网络的概念来解释区域动态是如何产生的，并讨论了本地及非本地在学习过程中的相互作用。

在第三部分中，前几章推导出的概念和研究被转换到一个更广泛的角度来分析整个地区的知识流通，这是区域和国家之间和嵌于全球价值链中的。本章的重点放在基于互联网的互动和补充或取代传统互动形式面对面互动。第 8 章通过分析知识密集产业国际化和创造相对接近其客户永久分散的地点展开。在第 9 章，国际贸易交易会被概念化为临时集群，并建议这些事件中临时的知识循环用于启动永久集群之间的初始网络，能够建立全球知识的管道。基于两个德国船旗展销会，它显示了不同地区和国家的人员如何可以在压缩的时间和空间，对市场、产品和创新信息进行交流。第 10 章将这种关系转移到对企业网络中的全球知识流的分析，打开跨越遥远地域的企业内部知识流的黑盒子。本章是基于一个全球性的技术服务公司的实证案例研究。

第四部分讨论了关于将相关方法转化到领土范围内的经济政策问题，并且将注意力转移到将来可能挑战经济行为和互动的知识经济范畴中。对于相关的政策，第 11 章总结了主要论点和本书的发现，并根据有关的经济支持政策做出结论。这是专注于经济机构和概念化连接全球资源和知识池的区域外联系的政策解释。第 12 章根据主要论点和相关概念化的发现做了一个概要，但更重要的是强调了这个方法和其他方法的差异。本章认为，关系性思维对于有效的区域发展是特别有用的。

很多特性使得这本书成为那些对知识型经济、集聚经济、全球本地生产网络和社会经济进程感兴趣的人的兴趣读物。首先，这种方法超越了经济行为的传统理论，认识到这在很大程度上取决于社会和体制的关系，以及过去的经济决策和建立的结构。其次，它表明，知识经济日益被那些通常用供求关系无法解释的无形资产所定义。再次，关系性方法有助于个人对全球—本地连接在知识经济中的理解。最后，本书解决了经济发展中的空间不对称性——货物、人员和知识参差不齐的流动，以及由地区发展政策不足所造成的空间差异。另外，作者鼓励遵循一个多层次治理方法的集群政策，旨在克服传统区域固定点间题。因此，关系策略将是同时归域的（布伦纳，1999；Swyngedouw，1997）过程和全球化，是多级管理，允许在不同空间尺度（Hudson，2007）协调的政策。

几个重要的评论性知识点也在论述中。在最后一章中作者认为，今天无论是研究还是低估社会进程重要性的时候，或者传播严谨的定量分析方法，或者相反，利用广泛的社会和文化理论定性解释方法，而忽略了经济的合理性。在他们看来，将这些观点整合成为经济过程及其空间性跨学科概念的一部分是一个重大挑战。尽管如此，这本书主要侧重于定性研究，尤其是案例研究的方法。文献列表显示了较少的定量研究论文，其中包括使他们的论点更加实证和理性。在此背景下，这本书的核心概念之一是当地的交流（Buzz）和全球联系网络的重要性。在此基础上，人们将期望有一个包括各种定量的区域经济网络研究（Gilsing et al.，2007；Neffke et al.，2011）的更平衡的文献综述和定量的全球经济网络的研究（奥尔德森和 Beckfield，2004；卡罗尔，2010）。

还有一点是，作者假定一种新的考虑到空间的关系性概念的经济地理学的发展，但忽略了空间本身在经济行为分析中可以有效地作为一个解释因素的事实。不幸的是，作者没有在本书中清楚地解释这些在空间中意味着什么。我的想法是，他们认为因素向企业间的距离、企业间地理位置和企业间物理接近一样。这是违背研究的（Brakman and van Marrewijk，2008；Wall et al.，2011），该研究经验表明，地方、空间和距离在经济关系和集群的形成中相当重要。但不可否认作者的精心论证，但是一个关于为什么空间不是此原因的更加实证的讨论会增加本书的价值。考虑到作者传播了“一个更全面的跨学科概念化的经济过程及其空间性”（第 238 页），它重新整合定量和定性方法（第 45 页），保持这样一种新概念化的各种观点是有必要的，并由此确保这些理念能够对未来保持开放的发展。

尽管有这些批评，作者必须对在成功挑战经济地理学行业的未来重要性和概念化主流经济和社会学科之间的位置方面予以表彰。这本书被作为区域发展综合理解的发展的一个重要起点，并被作为对未来有关经济地理学发展讨论的一个重要投入。此外，本书应该放在学者、研究人员、政策制定者、策划者和工作于全球化、经济学、社会学、企业管理、区域发展和政策制定等方面的实践者的办公桌上。

The Relational Economy Geographies of Knowing and Learning

Author：Ronald Wall

Publisher：Regional Studies

Brief Introduction：

This is a comprehensive book that offers a coherent perspective on the evolution of socio – economic action and the changing relationship between territory and organization within an increasingly knowledge – driven world economy. Central to this perspective is an analytical framework that conceptualizes economic action as socially embedded “relational” action. The authors argue that economic actors are not isolated beings who carry out atomistic behavioral scripts, but that individual norms, preferences, values, tastes, ethics, needs, styles and objectives emerge from and are co – constituted through the social embedding of economic action and interaction. Therefore, in contrast to atomistic and other conventional approaches, the book's overarching agenda is to demonstrate the necessity of a relational approach to the future development of the economic geography profession, and consequently its perceived utility to regional policy and development.

The book is well structured by a bottom – up analytical framework that clearly positions the research questions and organizes the conceptual, methodological and policy – related parts of the book. The research questions address how firms, networks of firms and production systems are organized in the global economy, and why this varies from place to place; what new geographies are emerging from the need to create, access and share economic knowledge, and sustain economic competitiveness; the ways that local clusters and global production chains are intertwined and co-constituted; and the impacts of global changes in technology, demand and competition on the organization of production, and how this varies between communities, regions and nations.

七、《城市生态设计：一个再生空间的过程》

作者：达尼洛·帕拉佐，弗雷德里克·斯坦纳

出版社：岛屿出版社

内容简介：

该书为城市规划开创性地提供了一种跨学科的“进程模式”，而且这种模式已经被多次测试成功。其目的并非讲解如何对特定城市区域或公共空间进行设计，而在于阐述对城市空间的再造较为有用的步骤措施。《城市生态设计》一书的逻辑结构如下：理论运用、技术介绍、图像展示和案例研究。作者认为，环境问题的需求解决之道在于城市设计，比如生态和可持续发展问题。毕竟还是城市设计师在帮助人类去协调与建筑环境下其他生物的关系。

该书共分为12章，包括导言、进程、前提条件、知识挖掘、综合演绎、方案选择、对话与探讨、总规划、报告、细节交代、实施成果、结论，体现了城市规划的具体性和实践性（可操作性）特征。同时，据联合国估计，至2050年大约66%的人口会居住在城市地区，城市生态规划必须考虑到未来人口的增长。因此，该书是具有前瞻性的，主张可持续发展的理念。

导言：“城市设计”一词是在20世纪50年代中期创造的（Lang，2005），而且当时“城市设计”在美国学界同时被呼之欲出。尽管历史悠久且近来备受关注，但这个术语仍界定不明。作为教材，该书在之前一些定义基础上，对概念的内涵进行了较为严密的界定。该书主要面向学生、设计和规划从业者、开发商和公共官员。

进程：“城市设计”是通过一个与项目具体情况相适应的系统过程，将理论与实践相结合。城市设计师从以往的经验中获取新知，并引导下一步实践。

前提条件：本章介绍了各种类型的先决条件，先决条件提供了城市设计项目的出发点，帮助构建城市设计框架，具体包括了客户提供的自然和文化条件、法律，当地工程和分区条例。因此，环境特性在城市设计中十分重要，然而，每一个具体环境条件需要被确认，然后城市设计师会将元素纳入一个项目，以求降低生产的能源成本，并使生活健康化和成效化。

知识挖掘：虽然先决条件涉及复杂的客户请求和信息，但是城市设计团队需要更深入地了解网站及其环境和各部分。这是我们定义为知识的过程的一部分，其关键之处在于提醒设计师这是他们通过了解网站及周边来探索改变出路的时候了。凯文·林奇说：“每一个自然的或人为的网站，在某种程度上都是独一无二的，其独特之处在于它连接事物和事件，有限制但也有开拓。”（Lynch and Hack，1984）

综合演绎：根据城市设计团队收集的信息创建一个知识框架，这个框架囊括了设计师开始初步设计阶段到总结分析阶段。任何进一步的数据收集和分析调查取决于城市设计任务的性质和维度，时间和可用的信息，以及设计团队的能力等因素。

方案选择：在这个过程中，城市设计师可以更精确地定义项目的目标和策略，从而可以得出研究区的初步计划草案。这样的概念计划被视为一个可能的未来草图。设计器与客户端共同从这些可能性中选择一个方案，或创建一个新的方案选择。在这个阶段，设计师必须将偏好和优先条件明确。环境分析的结果，以及综合演绎的假设和结果，都是考虑的内容。设计师提出的方案应该逻辑清晰，以便交付客户，并使方案易于修改和删减。

对话与探讨：在城市设计的过程中，长期的对话是指设计师和客户之间的融洽关系，以及设计师和公众之间的关系的机会。这个术语是由 Edmund Bacon（1974）在《城市设计》一书中描述费城市场街道如何转型案例时提及的。作为过程的参与者中 Bacon 使用"对话"这个词来描述规划设计师提出观点、沟通、反馈和修改企划的多重行为。

总体规划：这是城市设计项目的最终产品。它汇集了设计过程中所有之前的步骤，并有组织地呈现出来。虽然总体规划的范围和内容由具体环境情况决定，但大多数规划是有共性的。总体规划绘制了一幅研究区域的总体发展概念宏图，包括现在和未来的可视化、土地利用配置、设计原则、景观绿化、公共空间、建筑形式、基础设施和服务的分布。

报告：最终成型版本的规划方案将以回忆演讲的形式呈现出来。

细节交代：总体规划里也应该包含细节的处理，其存在原因可能如下：客户的进一步需求、监管机构的评估、可行性分析以及更多的特殊因素（建筑开放、经济可行性）等。

实施成果：大多数官方规划具有全面性、通用性和战略性。综合性的规划有一些依赖法规和政策实施，另一些则依赖资金，还有一些是前二者的综合。而且，项目实施还要求规划政策具有一致性，或这些政策和规则的正式修订。全面规划往往会有税费、公债等公共基金来支持，比具体计划有更大优势。

结论：在欧洲，所有城市设计工作极可能是由一个规划师或者工程师完成，而在北欧、澳大利亚、北美，景观设计师承担了这一工作，这一现象在亚洲越来越普遍。因此，城市生态规划非常注重全局性、一贯性和交互性。

作者指出，城市设计被视为不同学科之间的一个交叉学科。他们将其形容为：被城市规划师、建筑师、工程师和景观设计师（开发商和政治家经常加入）经常跨学科进入甚至占领的一个领域。这本书的总体目标是加强城市设计师的作用。他们既是诚恳的中间人和设计过程的推动者，也是社会生产领域里创造力的代表。

Urban Ecological Design：A Process for Regenerative Places

Author：Danilo Palazzo，Frederick Steiner

Publisher：Island Press

Brief Introduction:

This trailblazing book outlines an interdisciplinary "process model" for urban design that has been developed and tested over time. Its goal is not to explain how to design a specific city precinct or public space, but to describe useful steps to approach the transformation of urban spaces. Urban Ecological Design illustrates the different stages in which the process is organized, using theories, techniques, images, and case studies. In essence, it presents a "how – to" method to transform the urban landscape that is thoroughly informed by theory and practice.

The authors note that urban design is viewed as an interface between different disciplines. They describe the field as "peacefully overrun, invaded, and occupied" by city planners, architects, engineers, and landscape architects (with developers and politicians frequently joining in) . They suggest that environmental concerns demand the consideration of ecology and sustainability issues in urban design. It is, after all, the urban designer who helps to orchestrate human relationships with other living organisms in the built environment.

The overall objective of the book is to reinforce the role of the urban designer as an honest broker and promoter of design processes and as an active agent of social creativity in the production of the public realm.

八、《挣扎的巨人：伦敦、纽约、巴黎和东京的城市区域治理》

作者： 保罗·康特，克里斯汀·勒菲维尔，安萨托·斋藤，哈维·萨维奇，安迪·索恩利

出版社： 明尼苏达大学出版社

内容简介：

过去的 30 多年，少数城市或地区在世界经济中正在发生剧变，并取得了空前的全球地位。本书分析四个大都市的转型：伦敦、纽约、巴黎和东京。本卷主要分析这些大都市面临的最棘手的问题，包括通过公共政策改善社会问题、全球化对地方治理的影响，以及地方和国家制度之间的关系。

这本书包括三个关键议题。其一，区域治理框架下执政能力的保持。其二，城市如何应对强大的政治倾向（不公正歧视问题）。笔者发现，政策的可选择余地很大，且政府对经济危机比对社会环境问题更敏感。其三，虽然作者认为实用主义和零碎政策仍然奏效，但是这些城市显然还是经济的主导者，因为他们可以做任何调整。

第 1 章“四个全球城市：概要”，通过人口统计、经济发展、社会两极分化以及生活质量等指标，描绘了每个区域的大致情况。本章说明了涉及比较工作的可能挑战。规模（东京城市政府结构变化很大，以至于很难找到可比数据点，而且其购买房屋的人口数是巴黎城市区域人口数的三倍）、民族文化等都可能得到。

接下来的八章（第 2 章 ~ 第 9 章）对四个都市的发展成果和未来方向做了详细说明。每两章讨论一个城市。两章中，前一章主要分析政府结构及其特点。不同利益相关者（包括区域机构以及商业和市政行动者）的功能也在研究之列，还包括准官方机构（半自治非政府组织）的存亡问题。后一章则是在全球化的压力下对每个城市政策进行评价和解释。四大都市的主题将会被翻来覆去地老生常谈，它们包括维护经济竞争力、解决日益激烈的社会不公平问题以及改善生活环境和文化品位。作者基于这些城市区域对不同的案例进行研究，并进行了丰富而有见地的叙述。

最后一章（第 10 章）通过观察近 30 年的变化讨论变革的路径。本章旨在根据三大共同议题和任何相关举措对全球城市的政策调整进行分类，所以它是对四大都市案例研究的总结。首先，有关经济竞争力，笔者认为除巴黎以外的三市，保持和增强竞争力已经成为一个早期的优先政策。其次，在每个城市经历严重社会两极分化时，只有解决不平等的细微努力会被察觉。这是由于这样的事实：在大多数国家，包括住房在内的社会问题解决方案与国家政府职能息息相关，使得地方政府没有资源去实施其自身策略。最后，全球所有城市开始注意环境问题，尤其是伦敦和巴黎在降低污染水平方面已经取得显著进展。但这并非地方积极性使然，相反是这些国家在立法和政策上执行了更严格的环保措施和标准。总之，并不存在明确的行为范式，每个城市地区同样面临着社会不平等、环境威胁，及收入差距等问题，但每个城市地区也有自己的地位，并对环境做出应对。虽然这可能不

是所希望的结果，但却的确是一个结果。在他们的结论中，作者推测，关于治理方法的连续性，从综合（集中式综合性规划）到多中心的竞争力（地区相互竞争），全球城市区域似乎已经选择了标有妥协的“实用调整”。随着这种方法被证明是有效的，不久以后改变不太可能发生。

总之，这本书既有长处又有短处。它包含有用的术语缩写表、插图和地图，帮助读者获得对研究区域的理解。很遗憾的是，由于编辑的粗心导致很多图形形同虚设。但是，如果不看这一点，这本书最有价值的贡献是对四个城市区域的详细评价和案例研究。建议每个对此有兴趣的研究者和学生多多关注本卷，并着重阅读方法和细节，因为这本书是规范的。

Struggling Giants：City – region Governance in London，New York，Paris，and Tokyo

Author：Paul Kantor，Christian Lefevre，Asato Saito，H. V. Savitch，Andy Thornley

Publisher：University of Minnesota Press

Brief Introduction：

Throughout the past thirty years a small number of city – regions have achieved unprecedented global status in the world economy while undergoing radical changes. Struggling Giants examines the transformation of four of the most significant metropolises：London，New York，Paris，and Tokyo. This volume analyzes the thorniest issues these sprawling city – regions have faced，including ameliorating social problems through public policies，the effect of globalization on local governance，and the relationships between local，regional，and national institutions. Three critical themes frame Struggling Giants. The first is the continuing struggle for governability in the midst of regional governmental fragmentation. The second theme is how the city – regions fight to manage powerful political biases. Policy – making is often selective，the authors find，and governments are more responsive to economic exigencies than to social or environmental needs. Finally，these city – regions are shown to be strong economic leaders in part because they are able to change—although the authors reveal that pragmatism and piecemeal policy solutions can still prevail.

九、《新亚洲城市：三维虚拟空间和城市形态》

作者：吉尼·金·沃森

出版社：明尼苏达大学出版社

内容简介：

基于作者的观察，亚洲超大城市诸如首尔、台北、新加坡显示出了殖民背景的遗留，利用广泛的文学、电影、政治著作和相关建筑数据，沃森演示了环太平洋边缘超级城市规模是如何迁移和构造的，以及他们将这些城市作为殖民地开拓的过去和全球化的现在。

研究新建空间包括高速公路、高楼大厦、工厂区域、百货商店和政府大楼，并揭示了大规模市民和城市如何合理地、小说化地成为虚拟作品和政治文本里的图表。沃森展示了文学、电影和诗歌所描述和挑战的当代亚洲大都市，尤其是着重于大都市中的劳动者和对性别的塑造。她鼓励应该接受战后持有为了发展势在必行的观念的人们，他们支持民族企业新殖民主义路线。

新的亚洲城市提供了如何更好地理解环太平洋地区都市的一个创新方法。在这一过程中，它演示了快速经济和城市发展的作用下，阅读文化作品连同建筑环境如何丰富我们的知识。

全书分为四个部分。第一部分论述了早期殖民城市的发展。这一部分主要论述了在殖民规则下成长起来的这些亚洲超大城市以及这些城市从西方化的城市理论汲取了哪些养分，又是如何成长起来的。作者勾画了早期殖民者来到这些亚洲城市，如何定居下来，如何改造这些城市。他们可能万万没想到，当他们只想打造一个类似家乡的居住环境时，所改善的交通、住宿环境都深深影响了这些城市后来的发展。第二部分主要论述了战后的城市化进程。亚洲城市发展和分离的维度既相似又有很大的不同。首尔、新加坡、台北在城市的扩张过程中分享着相似的美学，同时其经济发展又常常以开发为导向，这些都深刻地作用于城市和文学的转型。这些转型包括：一是后殖民时期受到地理环境和资源限制的亚洲城市逐步向高层、高密度、重复建设转变；二是从文学角度论述年轻人对城市这种转变的抵触与对抗。第三部分，工业化景象。这一部分主要通过文学、电影等方式论述亚洲城市工业化过程的景象，分别论述了新加坡政治发展格局的改变以及对文学发展产生的影响，同时也论述了台湾地区电影作品中所展示的台湾人的移动和迁移，这种移动和迁移有着很强的中国台湾政治的色彩。最后论述了韩国现实主义文学发展以及韩国政治运动对文学产生的影响。第四部分，作者从政治、经济、文化等多个角度描述了亚洲超大城市的兴起和发展，认为这些城市起步较晚，但同时发展得极为迅速，既有着殖民时代的烙印，同时也积极地融入全球化的当下。

The New Asian City：Three – Dimensional Fictions of Space and Urban Form

Author：Jini Kim Watson

Publisher：University of Minnesota Press

Brief Introduction：

Under Jini Kim Watsons scrutiny, the Asian Tiger metropolises of Seoul, Taipei, and Singapore reveal a surprising residue of the colonial environment. Drawing on a wide array of literary, filmic, and political works, and juxtaposing close readings of the built environment, Watson demonstrates how processes of migration and construction in the hyper growth urban scapes of the Pacific Rim crystallize the psychic and political dramas of their colonized past and globalized present.

Examining how newly constructed spaces including expressways, high – rises, factory zones, department stores, and government buildings become figured within fictional and political texts uncovers how massive transformations of citizenries and cities were rationalized, perceived, and fictionalized. Watson shows how literature, film, and poetry have described and challenged contemporary Asian metropolises, especially around the formation of gendered and laboring subjects in these new spaces. She suggests that by embracing the postwar growth – at – any – cost imperative, they have buttressed the nationalist enterprise along neocolonial lines.

The New Asian City provides an innovative approach to how we might better understand the gleaming metropolises of the Pacific Rim. In doing so, it demonstrates how reading cultural production in conjunction with built environments can enrich our knowledge of the lived consequences of rapid economic and urban development.

十、《重塑区域政策》

作者： Harry W. Richardson，Chang – Hee Christine Bae ，Sang – Chuel Choe

出版社： Edward Elgar

内容简介：

这本书除了强调韩国本身的区域政策，还对比和拓展了欧盟以及其他亚洲国家的区域政策思想。这本书首先研究了一些较为激进的区域政策，其由区域发展总统委员会发起。现有的9个省和7个特殊城市（即大都市区）将会对7个新的超级都市区产生相当大的影响和预算约束。许多新政策背后的想法（如区域内聚性、区域创新和区域竞争力）是来自国外，尤其是欧洲。低级城市规模的变化对韩国传统自上而下的政策进行了修正。先前的政策，即“国家均衡发展”，包括政府，是通过目的在于侵蚀首尔的重新分配，对其他处于零和博弈地区转移支付。这项新政策旨在实现首都地区和其他超级都市区的“双赢”，这本书评估了这些途径。

一些该领域最权威的学者对初始研究做出了贡献，包括 Sang – Chuel Choe、Sir Peter Hall、Andreas Faludi、Michael Storper、Takashi Onishi、Maryann Feldman 和 Sam Ock Park，确定区域一体化的优先权，发展跨境合作的观点，讨论欧盟政策和对整体区域竞争力的影响，检测地区企业家优势的影响，并对财政政策和决策进行考虑。区域研究、规划学、区域经济学、经济地理学与政治科学领域的教授、学生和公共政策制定者，将会发现本书的前瞻性和启发性。

本书的内容包含六个部分。第一部分是引言，重塑韩国区域政策。第二部分为全球视角，共分为三个小节。第一节是 Sir Peter Hall 视角下的地区和区域政策；第二节是 Somik V. Lall 视角下的区域政策作用机制；第三节是 Michael G. Donovan 笔下的“跨境合作中的障碍及突变策略”。

第三部分是国际经验借鉴，分为两章，一章是欧洲经验借鉴，另一章为其他地区经验借鉴。欧洲经验用五个小节来介绍。第一节是 Andreas Faludi 刻画的“内聚性、一致性、协同性：欧盟跨域疆域的政策”；第二节是 Thomas Farole、Andres Rodriguez – Pose 和 Michael Storper 总结的欧盟“内聚性政策：增长、地理和机构”；第三节为区域竞争力的政策，Patrick Creze 是作者；第四节为加强大都市区域的增长和创新，由 Rupert Kawka 提供；第五节是英格兰区域发展机构，Harry W. Richardson 是作者。其他地区经验包括三节，分别是日本可持续发展的区域规划和经济基础发展策略，日本经济区的经验及新出现的问题，构建区域企业家优势：技术不确定性和新兴产业。

第四部分是收入与空间均衡，分为三个小节。第一节的作者为 Eric J. Heikkila，分析区域规划中的身份和不平等性对区域发展的影响；第二节为不公平与区域发展政策，由 Chang – Hee Christine Bae 刻画；第三节为新经济地理学与区域发展政策，作者为 Harry W. Richardson。

第五部分为韩国区域政策，分为五节。第一节是 Young Geol Lee 提供的“财政政策与区域发展”；第二节是“韩国的区域发展政策：过去、现在、未来”，作者为 Jae – Hong Jang；第三节是韩国区域发展的长期战略，作者为 Sam Ock Park；第四节是经济区和大都市经济体在韩国区域政策中的作用，作者为 Soon Nam Jung；第五节是韩国巨型经济体搭建区域治理体系，作者为 Yong – Woon Kim。第六部分是本书的总结，由 Harry W. Richardson 和 Chang – Hee Christine Bae 共同撰写。

Reshaping Regional Policy

Author：Harry W. Richardson, Chang – Hee Christine Bae and Sang – Chuel Choe

Publisher：Edward Elgar Publishing Ltd

Brief Introduction：

Originally initiated by the Presidential Committee on Regional Development in South Korea, this wide – ranging volume investigates the new directions in regional development policy taking shape around the world. In addition to contributions with individual emphasis on regional policy in Korea, the book compares, contrasts and extends regional policy thought in the European Union and other Asian countries. The book first examines some radical new directions in Korea's regional policies instigated by the Presidential Committee on Regional Development. The existing nine provinces and seven "Special Cities" (i. e. metropolitan areas), will yield considerable power and budget authority to seven new mega – regions. Many of the ideas behind the new policies (such as territorial cohesion, regional innovation and regional competitiveness) were inspired from abroad, especially Europe. There are also changes at the lower urban scale to modify Korea's traditional top – down strategies. Previous policies, named "balanced national development", were targeted at undermining Seoul by redistributing activities, including government, to other parts of the country under the zero sum game assumption. This new policies aim to benefit both the Capital Region and other mega – regions under a "win – win" assumption. The book evaluates these approaches. Original contributions from some of the field's foremost scholars – including Sang – Chuel Choe, Sir Peter Hall, Andreas Faludi, Michael Storper, Takashi Onishi, Maryann Feldman and Sam Ock Park – identify priorities for territorial integration, develop ideas for cross-border cooperation, discuss EU policy and policies for overall regional competitiveness, examine the construction of regional entrepreneurial advantageand consider fiscal policy and decision – making. Professors, students and public policy officials in the fields of regional studies, planning and regional economics, economic geography and political science will find this book current and enlightening.

第四章　区域经济学 2012 ~ 2014 年大事记

1. 国务院批复《东北振兴“十二五”规划》

《规划》提出，把东北地区基本建设成为具有国际竞争力的装备制造业基地、国家新兴原材料和能源保障基地、国家重要商品粮和农牧业生产基地以及重要技术研发与创新基地、面向东北亚开放的重要枢纽。《规划》明确提出了“十二五”时期东北振兴的重点任务。一是以保障国家粮食安全为首要目标，巩固发展现代农业。改善农村生产生活条件，建设富裕美好新农村。二是完善现代产业体系。优化提升传统工业，加快培育战略性新兴产业，发展壮大服务业，积极发展海洋经济。三是优化区域发展空间布局，推动产业集聚发展。依托科技和人才资源，增强区域创新能力。四是促进资源型城市可持续发展。大力发展接续替代产业，着力解决历史遗留问题，建立可持续发展长效机制。五是改善基础设施条件，形成比较完备的综合交通运输体系和多元清洁的能源体系。六是加强森林、草原、湿地和江河流域等重点生态区保护与治理，强化资源节约和节能减排。七是采取多种措施增加就业岗位，加快包括棚户区改造的保障性安居工程建设。八是继续深化国有企业改革，加快发展非公有制经济。推进国有林区和农垦体制改革。全面提升对外开放水平，建设向东北亚开放的重要枢纽。

2. 兰州新区成为我国第五个国家级新区

2012 年 8 月 27 日，国务院将兰州新区批复为国家级新区，填补了西北地区的新区空白。按照规划，兰州新区将成为国家战略实施的重要平台，西部区域复兴的重要增长极，兰州城市拓展的重要空间。规划远期是到 2030 年，兰白核心经济区的一体化发展基本形成，GDP 达到 2700 亿元左右，新区城市人口规模 100 万人。在布局方面，《规划》将新区分为两带一轴，即东部产业发展带，主要发展新材料产业片区、生物医药产业片区和装备制造产业片区；西部产业发展带主要发展临空加工制造与物流产业片区、综合产业片区；以水系为轴，打造行政文化中心、旅游休闲中心、商务金融中心和科技研发中心，形成综合服务片区和高新技术产业研发片区。

3. 舟山综合保税港区获批

2012 年 9 月 29 日，国务院以国函〔2012〕148 号正式批复设立舟山港综合保税区。

作为浙江海洋经济发展示范区的重要载体和浙江舟山群岛新区的蓝色引擎，舟山港综合保税区的批复，是舟山新区发展史上具有里程碑意义的大事，标志着浙江海洋经济发展取得新的重大突破。作为我国的群岛型城市，舟山港口岸线资源丰富，岛屿类型各异，港口岸线在岛屿发展中也发挥不同的功能。舟山港综合保税区的主要特色货种为大宗商品和为临港产业配套的产品，根据《浙江海洋经济发展示范区规划》，其主要为矿砂、煤炭、油（液体化工品）和粮。结合舟山实际，舟山港综合保税区按“一区两片”模式，设置本岛分区和衢山分区。这种模式属国内首家。本岛分区位于舟山本岛北部的舟山经济开发区新港工业园区，衢山分区位于衢山鼠浪湖岛。规划总面积5.85平方公里。

4. 哈大高铁开通，东北经济版图被改写

我国第一条穿越高寒地区的高速铁路哈大高铁于2012年12月1日正式开通运营。这条纵贯东北三省的高铁不仅将拉近人与人、城市与城市的距离，更将改写东北老工业基地的经济版图。哈大高铁通车后，将实现公交化运行，平均每半个小时就会有一趟高速列车进出站。以时速300公里计算，从哈尔滨到大连只需3个小时。哈大高铁运行后，将形成以哈尔滨、长春、沈阳、大连四城市为中心的新“1小时交通圈”，人们的生活、工作等诸多方面将发生结构性变化，东北地区的城市化和同城化进程，以及各城市功能的错位发展都将会加速推进。

5. 中原经济区规划正式发布，中部崛起再添新引擎

2012年12月4日，国务院批复了《中原经济区规划》（以下简称《规划》）。《规划》明确要求，持续探索以新型城镇化为引领的“两不三新”三化协调科学发展的路子。《规划》明确了中原经济区的具体范围：包括5省的30个省辖市和3个县（区），面积28.9万平方公里，2011年末总人口1.79亿，地区生产总值4.2万亿元，分别占全国的3%、13.3%和9%。《规划》根据中原经济区的突出优势，充分考虑未来发展潜力，明确了中原经济区的“五个定位”（建设国家重要的粮食生产和现代农业基地、建设全国“三化”协调发展示范区、建设全国重要的经济增长板块、建设全国区域协调发展的战略支点和重要的现代综合交通枢纽、建设华夏历史文明传承创新区）。

6. 长江流域城市群合作宣言：突破体制障碍及区划限制

2012年12月6日在上海举行的长江沿岸中心城市经济协调会第15届市长联席会议上，长江流域城市群发出最新的合作宣言：不断突破体制障碍和行政区划限制，发挥长江流域城市圈、城市群的辐射和带动作用，放大国家区域发展政策叠加效应，加强城市间的配合和联动。

上海、重庆、武汉、南京、合肥等27个长江流域城市联合发出的这份合作宣言说，长江连接中国东部、中部和西部三大区域，是举世闻名的“黄金水道”，对中国区域经济社会发展具有举足轻重的作用。“长江流域经济合作进入新的历史时期”。

7.《全国促进城镇化健康发展规划（2011 ~ 2020 年）》印发

由国家发改委牵头，财政部、国土资源部、住建部等十多个部委参与编制的《全国促进城镇化健康发展规划（2011 ~ 2020 年）》（以下简称《规划》）将于 2016 年全国两会前后对外颁布。该规划将涉及全国 20 多个城市群、180 多个地级以上城市和 1 万多个城镇的建设，为新型城镇化提供了发展思路，提出了具体要求。

按照上述规划，未来中国新型城镇化建设，将遵从“公平共享”、“集约高效”、“可持续”三个原则，按照“以大城市为依托，以中小城市为重点，逐步形成辐射作用大的城市群，促进大中小城市和小城镇协调发展”的要求，推动城镇化发展由速度扩张向质量提升“转型”。

具体到对新型城镇化的战略布局，更进一步的规划是，在东部地区，优化提升京津冀、长三角和珠三角城市群，逐步打造更具国际竞争力的城市群；在中西部资源环境承载能力较强的地区，培育壮大若干城市群。在此基础上，优先发展区位优势明显、基础条件较好的中小城市，有重点地发展小城镇，把有条件的东部地区中心镇、中西部地区县城和重要边境口岸逐步发展成为中小城市。

8.“中四角”概念首次提出，长江中游城市群变阵

一直以来，长江中游城市群都以武汉、长沙、南昌为核心，包含武汉城市圈、长株潭城市群和环鄱阳湖城市群共 29 个城市的中部经济发展区，又称“中三角”。合肥市市长张庆军在合肥“两会”上首次提出“中四角”的概念。“安徽、湖南、湖北、江西四省均已有自己的城市圈，四省省会连接，正好呈四边形。”“内需潜力东部有，中西部回旋余地和发展空间更大，沿江地带是重要的战略支点。”李克强近日视察了部分长江中游城市，并在长江沿线部分省份及城市负责人参加的区域发展与改革座谈会上说。

9. 国务院正式批复《全国老工业基地调整改造规划》

发改委网站 2013 年 4 月 2 日消息，国务院近日正式批复了国家发展改革委会同科技部、工业与信息技术部、财政部编制的《全国老工业基地调整改造规划（2013 ~ 2022 年）》（以下简称《规划》）。

这是今后一个时期指导全国老工业基地调整改造的行动纲领。规划范围是 95 个地级老工业城市和 25 个直辖市、计划单列市、省会城市的市辖区，涉及全国 27 个省、自治区、直辖市。

《规划》提出，到 2017 年，老工业基地产业结构优化升级取得重要进展，节能减排取得明显成效，科技创新能力得到增强；城市内部空间布局得到优化，城区老工业区调整改造全面展开；人民生活持续改善，居民收入增长与经济发展同步；改革开放取得新进展，经济发展的活力动力明显增强。到 2022 年，老工业基地现代产业体系基本形成，城区老工业区调整改造基本完成，良性发展机制基本形成，城区老工业区调整改造基本完

成，良性发展机制基本形成，为建设成为产业竞争力强、功能完善、生态良好、和谐发展的现代化城市奠定坚实基础。

10. 合肥主办长三角市长联席会议，真正成为“参与者”

2013 年 4 月 13～14 日，长江三角洲城市经济协调会第十三次市长联席会议将在合肥召开。在正式成为“长三角城市经济协调会”成员的第三年，合肥市从“参加者”变身“执行主席”，与长江三角洲城市群其他成员一起，共同“唱响”长三角一体化发展“新红利”。

据合肥市发改委有关负责人介绍，长三角协调会正在积极酝酿扩容，在这次会议的市长内部会议上，也将对芜湖、连云港、徐州、滁州、淮南、丽水、宿迁、温州 8 个先后申请入会的城市进行讨论，最终决定扩容方案。

如果安徽此次申请“入长”的三个城市能获通过，算上目前已经在列的合肥、马鞍山，安徽“入长”的城市有望达到 5 个。

11. 央行发布《2012 中国区域金融运行报告》，地区发展差距有所收敛，区域经济增长极不断涌现

中国人民银行近日发布了《2012 年中国区域金融运行报告》（以下简称《报告》）。《报告》指出，2012 年各地区经济保持稳中有进的良好发展态势，城乡居民收入稳定增长，消费对经济增长的贡献增强。《报告》认为，2013 年，各地区在发挥比较优势，深入实施区域发展总体战略和主体功能区战略，深化区域合作，促进生产要素合理流动，推动区域经济协调发展方面还大有可为。

《报告》显示，2012 年各地区经济保持稳中有进的良好发展态势，城乡居民收入稳定增长，消费对经济增长的贡献增强，固定资产投资较快增长，出口市场呈现多元化，主要价格指标涨幅回落。全年东部、中部、西部和东北地区生产总值加权平均增长率分别为 9.3%、11.0%、12.5% 和 10.2%；居民消费价格涨幅分别为 2.7%、2.5%、2.9% 和 2.8%。

区域发展的协调性进一步增强。东部地区稳步推进产业转型升级，战略性新兴产业、服务业加快发展，第三产业比重比上年提高 1.3 个百分点，“走出去”稳步推进。中西部地区城镇化和产业承接步伐加快，工业增速较高，工业增加值在全国占比提升；中部地区对外资吸引力增强，利用外资占全国的比重进一步提高；在外向型企业内迁及外商投资规模扩大的推动下，中西部地区外贸保持较快增长。东北振兴战略实施效果进一步显现，第一产业稳步发展，工业支撑作用增强，固定资产投资保持较高增速。长三角、珠三角、京津冀经济圈区域经济金融一体化进程加快。

12. 上海自贸区打造中国经济“升级版”

近日，国务院正式批准设立中国上海自由贸易试验区。商务部在其官网上表示，建设

中国上海自由贸易试验区，是顺应全球经贸发展新趋势，实行更加积极主动的开放战略的一项重大举措，有利于培育我国面向全球的竞争新优势，构建与各国合作发展的新平台，拓展经济增长的新空间，打造中国经济“升级版”。近日，上海市政府亦下发文件，提出42条措施落实《国务院办公厅关于金融支持经济结构调整和转型升级的指导意见》（以下简称《意见》），《意见》明确提出上海要结合中国上海自由贸易试验区建设的要求，争取先行先试，使国家金融改革、创新有关部署在上海最先落地。

13. 重庆将成长江经济带主角，战略与规划吻合

国家发改委会同交通运输部，正式启动编制“长江经济带”规划。规划所涉及的上海、湖北、重庆、四川等9省市正在加紧制定“长江经济带”规划设想，长江经济带将依托4大战略定位，最终拓展中国经济发展空间，形成转型升级新支撑带。

“这对重庆而言，又是一次战略机遇。”李勇之所以几次用到“再”、“又”这样的词，是因为在1985年的时候，长江沿岸的20多个中心城市，搭乘和组建了长江沿岸中心城市经济协调委员会。在这个委员会中，重庆担任了长江上游沿岸中心城市经济协调组组长。

实际上，此次国家启动“长江经济带”规划，更准确地应该叫“再规划”。李勇在分析了新规思路后认为，“新规的4个定位，透露出了功能区的概念，重庆的新战略正好与之对应。”

14. 城市群推进城镇化，“行政分割”阻碍一体化进程

趁着中央城镇化工作会议的余热，近期各地政府就各自的城镇化之路先后展开了部署，打造以省会为中心或跨区域的城市群渐成主流。

例如，河北省提出要以打造大省省会为引领，推动城镇建设上水平、出品位；甘肃全省经济工作会议指出，加快发展兰白核心经济区和环兰白经济区都市圈；构建“1个特大中心城市+7个卫星城+6个区域中心城+10个小城市”的城镇骨架成为成都新一轮的城镇体系规划。

城市群作为城镇化的重要载体这一方向已基本确定：未来中国城镇化不再新建上千万人口的超大城市，转向发展以省会为中心的次区域城市群和以县市为基础推进就地城镇化。

城市群建设之所以得到各地的热捧，与其所带来的“看得见，摸得着”的基础设施建设以及投资机会有关。据悉，自从郑汴一体化提出后，河南省政府已先后在郑州和开封之间修建了高速公路，按照规划，还将建设郑汴城际轻轨，同时预留4条铁路专用线。

15. 西咸、贵安上升为国家级，中国已有8大新区

2014年1月10日，中国政府网发布了《国务院关于同意设立陕西西咸新区的批复》和《国务院关于同意设立贵州贵安新区的批复》。国务院已于1月6日批复同意设立陕西

西咸、贵州贵安两大新区。据中国经济网记者了解，算上新设立的两大新区，中国的国家级新区扩容至8个，此前的6个分别是上海浦东新区、天津滨海新区、重庆两江新区、浙江舟山群岛新区、甘肃兰州新区、广东南沙新区。

国务院在《批复》中指出，要把建设西咸新区作为深入实施西部大开发战略的重要举措，探索和实践以人为核心的中国特色新型城镇化道路，推进西安、咸阳一体化进程，为把西安建设成为富有历史文化特色的现代化城市、拓展我国向西开放的深度和广度发挥积极作用。《批复》指出，西咸新区要着力建设丝绸之路经济带重要支点，着力统筹科技资源，着力发展高新技术产业，着力健全城乡发展一体化体制机制，着力保护生态环境和历史文化，着力创新体制机制，努力把西咸新区建设成为我国向西开放的重要枢纽、西部大开发的新引擎和中国特色新型城镇化的范例。西咸新区位于陕西省西安市和咸阳市建成区之间，区域范围涉及西安、咸阳两市所辖7县（区）23个乡镇和街道办事处，规划控制面积882平方公里。

贵安新区位于贵州省贵阳市和安顺市结合部，区域范围涉及贵阳、安顺两市所辖4县（市、区）20个乡镇，规划控制面积1795平方公里。贵安新区要着力推进体制机制创新，探索欠发达地区城市发展建设新模式；着力调整优化经济结构，建立现代产业体系；着力提升对内对外开放水平，促进区域经济协调发展；着力推进生态文明建设，促进人与自然和谐发展，不断增强综合竞争实力，带动周边地区共同发展，把贵安新区建设成为经济繁荣、社会文明、环境优美的西部地区重要的经济增长极、内陆开放型经济新高地和生态文明示范区。

国家级新区，是指新区的成立乃至开发建设上升为国家战略，总体发展目标、发展定位等由国务院统一进行规划和审批，相关特殊优惠政策和权限由国务院直接批复，在辖区内实行更加开放和优惠的特殊政策，鼓励新区进行各项制度改革与创新的探索工作。目前共有8个国家级新区：1992年10月上海浦东新区成立，1994年3月天津滨海新区成立，2010年6月重庆两江新区成立，2011年6月浙江舟山群岛新区成立，2012年8月甘肃兰州新区成立，2012年9月广东南沙新区成立。2014年1月国务院批复同意设立陕西西咸新区和贵州贵安新区。

16. 发改委再部署东北老工业基地转型

2014年2月11日，国家发改委发布数据显示，2013年前三季度，东北三省实现地区生产总值3.6万亿元，同比增长8.6%。同时，国家发改委对东北老工业基地2014年的工作做出部署，资源枯竭型城市转型成为重点。

根据发改委披露的数据，2013年，东北地区等老工业基地经济社会继续保持平稳较快发展。前三季度，东北三省实现地区生产总值3.6万亿元，同比增长8.6%；完成固定资产投资3.6亿元，增长22%；实现地方财政一般预算收入4445亿元，增长8.6%。

不过，发改委同时也认为，东北作为以重工业、原材料为主要产业的老工业基地，问题仍然较为突出，不少行业生产经营仍面临较大困难，市场供大于求的矛盾继续延续，企业经济效益仍未好转，需要继续采取有针对性的政策措施，推动东北地区等老工业基地持续健康发展。

17.《国家新型城镇化规划（2014 ~2020 年)》发布

2014 年 3 月发布的《国家新型城镇化规划（2014 ~2020 年)》（以下简称《规划》）在推进人口管理、土地管理、财税金融、城镇住房等方面加强了制度顶层设计。城镇化的核心在人，《规划》发展目标也同样聚焦于此。《规划》明确，城镇化健康有序发展，常住人口城镇化率达到 60% 左右，户籍人口城镇化率达到 45% 左右。

18. 河北：打造京津保三角核心区

2014 年 3 月 26 日出台的《河北省委、省政府关于推进新型城镇化的意见》明确，这个省将落实京津冀协同发展国家战略，以建设京津冀城市群为载体，充分发挥保定和廊坊首都功能疏解及首都核心区生态建设的服务作用，进一步强化石家庄、唐山在京津冀区域中的两翼辐射带动功能，增强区域中心城市及新兴中心城市多点支撑作用。

按照拟定的《河北省新型城镇化规划》，这个省将打造京津保三角核心区，做大保定城市规模，以保定、廊坊为首都功能疏解的集中承载地和京津产业转移的重要承载地，与京津形成京津冀城市群的核心区。把首都周边的一批县（市）建设成规模适度、特色鲜明、设施完善、生态宜居的卫星城市，构筑层次分明、梯度有序、分工明确、布局合理的区域城镇布局结构。

19. 京津冀一体化规划完成并推出

2014 年 6 月 17 日，北京、天津、河北三地卫生部门就“共同建立区域突发事件卫生应急协作机制”签署协议，一旦遇到突发事件，在药械、设备、技术等方面，三方将相互支援，资源共享。

三地职能部门之间的频繁对接，标志着京津冀一体化进入实质性阶段。而天津市已经上报建设国家行政副中心方案的消息则更让处于京津同城发展桥头堡的天津宝坻兴奋不已。

据了解，作为京津冀一体化先行区，天津宝坻将重点承接发展电子商务、现代物流、科技创新等高端产业。与此同时，宝坻还在全力布局生活、休闲、娱乐等配套设施的建设。

20. 国家级城镇化试点名单年内公布初定“62 +2”方案

据悉，自 2014 年 6 月发布《关于开展国家新型城镇化综合试点工作的通知》后，国家发改委共收到 169 个市、县、镇的申报方案。现阶段，发改委、财政部、国土部、住建部等 11 个部委初步确定了“62 +2”的试点方案，即在 62 个市、县和两个省（安徽、江苏）开展新型城镇化试点。新型城镇化的试点名单是通过采取兼顾公平和均衡原则确定的，均衡涵盖东部沿海和中西部地区城市。试点内容包括探索农业转移人口市民化成本分担机制，探索多元化可持续的城镇化投融资机制，进行农村土地产权制度的改革和探索更加高效、行政成本更低的设市模式。

值得一提的是，此次试点重点内容之一的建立行政管理创新和行政成本降低的设市模式，将重点在“镇改市”试点进行。

按照城市设置和简化行政机构联动原则，探索新设市城市的行政管理模式，合理增设城市建制，优化行政层级和行政区划设置，提高行政效能，降低行政成本。

后　记

2012 年以来，国内和国外的区域经济学研究都有很大的变化，特别是对于热点问题的研究，达到了一个新的热度。我们在本书中分五个部分对 2012 年以来的区域经济学研究的前沿问题进行介绍：国外区域经济学前沿研究的期刊文献，国外区域经济学前沿研究的主要著作，国内区域经济学前沿研究的期刊文献，国内区域经济学前沿研究的主要著作，国内区域经济学大事记。

首先非常感谢书中所列文章和图书的作者，感谢你们给区域经济学学科带来的新的学术血液和学术视野。与往年一样，这本书是我们团队合作的结果。借助我们每周一次的读书会，我们翻译并研读了国内外的主要学术热点，愿将最新的一些热点与学界同仁分享。区域经济学学科是一个发展非常迅速的学科，学术前沿百家齐放，限于时间和篇幅，我们概括得还不全面，请学界同仁批评指正。

各章分工如下：

第一章：孙久文、胡安俊、顾梦琛、李恒森

第二章：顾梦琛、李坚未、唐泽地、孙翔宇、热娜·艾尔肯、石林、闫昊生、王麒懿、刘璐、李静怡、夏添、胡安俊

第三章：唐泽地、孙翔宇、石林、热娜·艾尔肯、闫昊生、李恒森、夏添、霍露萍、卢怡贤、石林

第四章：夏添